ज्ञान गरिमा के

68 वर्ष

भारतीय ज्ञानपीठ

निर्मल वर्मा और उत्तर औपनिवेशिक विमर्श

(आलोचना)

निर्मल वर्मा
और
उत्तर औपनिवेशिक विमर्श

कृष्णदत्त पालीवाल

भारतीय ज्ञानपीठ

लोकोदय ग्रन्थमाला : ग्रन्थांक 1056
ग्रन्थमाला सम्पादक
रवीन्द्र कालिया
सह-सम्पादक
गुलाबचन्द्र जैन

निर्मल वर्मा और उत्तर औपनिवेशिक विमर्श
कृष्णदत्त पालीवाल

प्रथम संस्करण : 2012
मूल्य : 270 रुपये

ISBN 978-81-263-4048-4

प्रकाशक : **भारतीय ज्ञानपीठ**
18, इन्स्टीट्यूशनल एरिया, लोदी रोड, नयी दिल्ली-110 003

मुद्रक : विकास कम्प्यूटर ऐंड प्रिंटर्स, दिल्ली-110032

आवरण : ज्ञानपीठ कला प्रभाग

NIRMAL VERMA AUR UTTAR AUPNIVESHIK VIMARSH
(Criticism)
by Krishnadutt Paliwal

Published by : **Bharatiya Jnanpith**
18, Institutional Area, Lodi Road, New Delhi-110 003

e-mail : jnanpith@satyam.net.in, sales@jnanpith.net
website : www.jnanpith.net

First Edition : 2012
Price : Rs. 270

निर्मल वर्मा के मित्र
प्रोफेसर तोषियो तनाका
के लिए

निवेदन

निर्मल वर्मा के सृजन और चिन्तन पर केन्द्रित यह पुस्तक मेरे पिछले चार-पाँच वर्षों के दौरान लिखे गये लेखों का संकलन है। समय-समय पर लिखे जाने के कारण इनमें पाठकों को कुछ विचार-सूत्रों की आवृत्ति मिलेगी। भीतरी प्रश्नाकुलताओं और मान्यताओं को पुन:परिभाषित करने की प्रक्रिया में यह आवृत्ति हो जाना स्वाभाविक ही है। निर्मल वर्मा के सृजन-चिन्तन के 'पाठ' पर 'विमर्श' करना मनोभूमि में उठते जटिल सन्दर्भों को सुलझाना उतना नहीं है—जितना कि उनका सामना करना है। विचारधारा की गुलामी में जकड़े आलोचकों ने निर्मल वर्मा पर मनमाने, निरर्थक आरोप गढ़-गढ़ कर लगाये हैं। उन्हें निर्मल वर्मा की भारतीयता छाती में खूँटे की तरह गड़ती रही है। वे उन्हें बाबावादी चिन्तक कहकर घेरने का हौसला दिखाते रहे हैं। आज न 'थियरी' रही है न 'विचारधाराएँ'। आलोचना के सामने केवल रचना है। विमर्श-विश्लेषक-आलोचक पूरे पाठक मन से रचना-संवाद कर रहा है और पाठकवादी सृजनात्मक आलोचना का क्षेत्र विस्तृत हो रहा है। जागरूक सहृदयों, आस्वादकों को इन लेखों में आलोचना-कर्म का यही रूप मिलेगा। इस पाठ-विश्लेषण के विमर्श में जैसे मुझे सुख मिला है वैसा ही सुख पाठकों को भी मिलेगा ऐसी मुझे आशा है।

अन्त में, मैं भारतीय ज्ञानपीठ के प्रति आभार प्रकट करना चाहूँगा जिसने सुरुचि-सम्पन्नता के साथ पुस्तक को प्रकाशित किया है।

—कृष्णदत्त पालीवाल

गंगा दशहरा
21 जून, 2010

अनुक्रम

रचनाकार की मनोभूमिका

सृजन और चिन्तन की गहराइयों में उतरने वाले तो हर देश और काल में बहुत भारी मात्रा में मिल जाएँगे लेकिन उनके मूल स्रोतों, परम्परा और संस्कृति, इतिहास और साहित्य के समग्र परिप्रेक्ष्य को अतीत और वर्तमान में संवाद-सेतु निर्मित करते हुए, उससे जीवन्त साक्षात्कार कराने वाले सन्त-साधक, मनीषी-भाष्यकार तो विरले ही होते हैं। निर्मल वर्मा ऐसे ही एकाग्रचित्त विरले मनीषियों में थे, जिनका चिन्तन भाषा, संस्कृति, साहित्य, इतिहास, भूगोल, समाजशास्त्र और साहित्य के सौन्दर्यशास्त्र में अपनी एकदम अलग, विशिष्ट और अद्वितीय पहचान रखता है। आप उनसे असहमत हो सकते हैं लेकिन उनके चिन्तन की बारीक पकड़ से अभिभूत हुए बिना नहीं रह सकते। इस उत्तर-आधुनिकता के समय में पश्चिमी उपभोक्तावादी संस्कृति की मार से तड़पते-कराहते हुए इस देश को निर्मल वर्मा का चिन्तन ही 'तपन में शीतल मन्द बयार' बन कर दिशा और दृष्टि दे सकता है। निर्मल हमारी मानसिक दासता से मुक्ति दिलाने के प्रयासों में जुटे सर्जक और चिन्तक हैं। अज्ञेय जी की भाँति उनके लिए एक ही मूल्य सर्वोपरि है—स्वतन्त्रता। यही वह मूल्य है जिसके लिए पीढ़ियाँ प्राणों का बलिदान देती हैं और सभ्यता-संस्कृतियाँ एड़ी-चोटी का संघर्ष।

निर्मल वर्मा की पूरी मनोभूमिका का निर्माण और परिष्कार भारतीय स्वाधीनता आन्दोलन, सुधार-जागरण युग की प्रेरणाओं से हुआ है। इसलिए एक गहरे और सच्चे अर्थ में वे देशभक्त सर्जक और चिन्तक हैं। उनके चिन्तन की उजली भारतीयता ने ही उन्हें यह कहने के लिए बार-बार विवश किया है कि उनके लिए एक भारतीय होने का अर्थ क्या है ? निर्मल के लिए देश ज़मीन का टुकड़ा मात्र नहीं है, तन-मन-धन से प्यार करने की चीज़ है, संकल्प है, प्रेरणा है, विनम्र और कभी न ख़त्म होने वाली प्रार्थना का पावन स्वर-राग। वे स्वयं प्रश्न उठाते रहे हैं कि स्वतन्त्रता के पचास-साठ वर्ष हो जाने के बाद भी 'मेरे लिए भारतीय होने का अर्थ'—सच्चा अर्थ क्या है ? और सोच कर तकलीफ़ के साथ कहते हैं—"जिसे देश की संज्ञा दी जाती है, क्या मैं उसे प्यार करता हूँ ? क्या ज़मीन के टुकड़े से प्यार किया जा सकता है,जिसका

अपना आकाश है, समय है, अतीत है; जहाँ जीते हुए लोग ही नहीं, मृतात्माएँ भी बसती हैं? देश-भक्ति, देश-प्रेम...क्या ये सिर्फ थोथे शब्द हैं, जिन्हें हमारे आधुनिक बुद्धिजीवी मुँह पर लाते हुए झिझकते हैं। जैसे वे कोई अपशब्द हों, सिर्फ एक सतही सस्ती, भावुकता, और कुछ नहीं? कौन स्वतन्त्र हुआ? वे हिकारत से पूछते हैं...गरीब, अमीर, छोटे, बड़े कौन? और यदि कोई उत्तर में कहे...मैं और तुम नहीं, बल्कि वह जो हमारे बीच में है। हमें बाँधता हुआ, शताब्दियों से हमें 'हम' बनाता हुआ, खुद अदृश्य होते हुए भी हमें एक परिदृश्य में अंकित करता हुआ...क्या है यह? क्या इस अनाम भावना को कोई नाम दिया जा सकता है?'' (निर्मल वर्मा, 'आदि, अन्त और आरम्भ', मेरे लिए भारतीय होने का अर्थ, पृ. 9-10, राजकमल प्रकाशन, दिल्ली, प्र. सं.2001) निर्मल के इस 'टेक्स्ट' या पाठ का भाष्य कौन करेगा? वे बुद्धिजीवी, बिके हुए आलोचकों के दल, भीख माँगती पंडाकर्म में प्रवृत्त सरकारें, आपातकाल या विपत्ति के समय सत्ता की दलाली करने वाले सम्पादक, मीडिया-कर्मी, रचनाकार? आखिर कौन करेगा इस पाठ में दमित अर्थ-सन्दर्भ को उजागर करने का साहस या 'डिस्कोर्स'? क्या वे आलोचक इस 'पाठ' का बहुलार्थक समय-सन्दर्भ खोल सकेंगे, जो उनका उपहार 'एक सौन्दर्योपासक सन्त की षष्टिपूर्ति पर' एक संवाद के नाम पर नंगा नाच का बखेड़ा झूठा 'आइडियालॉजिकल' मुखौटा लगाकर खड़ा कर देते हैं? इस तरह के आलोचकों-सम्पादकों को निर्मल वर्मा की देशभक्ति एक पलायनवादी आध्यात्मिकता और ढोंगी सन्त की बला ही लगेगी। कुछ भी हो, निर्मल के सर्जन और चिन्तन की, उनके टेक्स्ट की 'अर्थ मीमांसा' तो करनी ही पड़ेगी। इसलिए करनी पड़ेगी कि निर्मल वर्मा का पूरा चिन्तन साम्राज्यवाद-उपनिवेशवाद-विरोधी और एक सन्त, एक रचनाकार का देशभक्ति में पोर-पोर डूबा चिन्तन है।

भारतीय चिन्तन परम्पराओं की कई दिशाओं में आँख फैलाकर देखने पर मुझे जाने क्यों अपने भीतर-बाहर झाँकने पर लगता है कि अपने जीवन-काल में निर्मल वर्मा भी अज्ञेय की तरह व्यर्थ के अबौद्धिक-अतार्किक-अप्रासंगिक प्रहारों से प्रताड़ित रहे। उनकी कही-अनकही पीड़ा को आँकने के लिए उनकी कलाकृतियों के मौलिक नये प्रयोगों को जानना-परखना ही काफ़ी नहीं है, बल्कि उनके व्यक्तित्व-कृतित्व से उपजे अस्तित्व मात्र ने स्वयं हमारे संस्कार-संस्कृति बोध, परम्परा-आधुनिकता के बोध, अतीत और वर्तमान में जो एक नयी चिन्तन लय, एक नयी अन्तर्दृष्टि और समझ दी है उसको भी ठीक सन्दर्भों में जानना ज़रूरी है। यह कार्य वही संस्कारी व्यक्ति, इन्फॉर्म्ड या जागरूक पाठक कर सकता है जो अपने अनुभवों में खुला और सावधान, संवेदनशील और पढ़ने के प्रति समर्पित हो। पढ़ने के प्रति जागरूकता इसलिए भी अपेक्षित है कि निर्मल वर्मा पुरानी सैद्धान्तिक जड़ताओं, देशी-विदेशी निर्जीव कठघरों

और भड़कीले नकली अकादमिक फार्मूलों से मुक्त रहकर रचते और सोचते हैं। निर्मल वर्मा चिन्तन और चेतना के उन सीमान्तों पर खड़े होकर बोलते-बतियाते मिलते हैं जहाँ रचना-कर्म की सर्जनशीलता का सभी ख़तरों-जोखिमों से छाती तान कर सामना किया जा सके। वे यदि हिन्दी कथा-साहित्य, यात्रा-साहित्य, निबन्ध-साहित्य आदि में आधुनिकता, उत्तर-आधुनिकता के चिन्तन के प्रमुख प्रवक्ता बने तो इसी समय-समाज की प्रखर चेतना के कारण। निर्मल ने शहरी मध्यवर्ग की बौद्धिकता को सृजन-चिन्तन में शब्द मूर्त किया। फलतः वे प्रेमचन्द और रेणु की किसान-संवेदना से हटकर जैनेन्द्र एवं अज्ञेय की संवेदना-भूमि की ओर पूरी चित्त समाधि से प्रवृत्त हुए और उन्होंने अज्ञेय की परम्परा की प्रेरणा का अर्थ विस्तार किया। रेणु बड़े हैं कि अज्ञेय कि निर्मल वर्मा, हमें इस निरर्थक बहस में पड़ने की जरूरत नहीं है। जबकि हिन्दी आलोचना बार-बार हमें इस 'व्यर्थ की बहस' में फँसाती और नचाती रही है। निर्मल वर्मा की आधुनिकता, उत्तर-आधुनिकता इसमें निहित नहीं है कि उन्होंने टी. एस. एलियट, कामू, टामस मान, काफ्का, वर्जीनिया वुल्फ की तरह हिन्दी की सर्जनात्मकता को नये धरातल पर प्रतिष्ठित किया है, बल्कि वह इसमें है कि उन्होंने कथा-साहित्य में अनछुए क्षेत्रों को लेकर नये कथ्यगत, रूपगत प्रयोग किये हैं। मानव-अस्तित्व को यातना के साथ जोड़ा और सृजन मार्ग को ही नया मोड़ दे दिया है। विदेशों में रहने पर भी निर्मल अपने संस्कारों और विचारों में भारतीय स्मृति, स्वप्न एवं आकांक्षा के रचनाकार हैं।

निर्मल वर्मा का जन्म 3 अप्रैल 1929 में शिमला, हिमाचल प्रदेश में हुआ। माता धार्मिक-संस्कारों में परिमार्जित और पिता रेलवे की नौकरी में रहे। आठ भाई-बहिनों में निर्मल का बचपन पला। उनका बचपन पहाड़ पर खेलकर बड़ा हुआ। इसलिए हरे-भरे पर्वत, पहाड़ और बर्फ़ के प्रति उनका आकर्षण अद्‌भुत ढंग से साहित्य में व्यक्त हुआ है। निर्मल की स्मृतियों में शिमला एक औपनिवेशिक पहाड़ी सैरगाह थी जहाँ चारों ओर ब्रिटिश उपस्थिति थी। आखिर शिमला अँग्रेजों की ग्रीष्मकालीन राजधानी थी। ''मुझे याद है उस समय ब्रिटिश लड़के, चुस्त, सुन्दर वर्दी में स्कूल जाते थे और ब्रिटिश लड़कियाँ चमचमाते हुए कपड़ों में बॉलरूम डांस करने जाया करती थीं। मुझे शानदार घोड़ों को दौड़ के लिए तैयार किये जाने की याद है। ब्रिटिश लोग शब्दशः हमसे ऊपर थे। वे शिमला के ऊपरी भाग में रहते थे और हम शहर के उस निचले हिस्से में निर्वासित थे जहाँ ब्रिटिश राज के बंगाली, कुमाऊँनी तथा कुछ पंजाबी अधिकारी और क्लर्क रहते थे। हमारा अपना अलग सामुदायिक जीवन था। हमारी रामलीला तथा रासलीला होतीं।'' ('संसार में निर्मल वर्मा', सं. गगनगिल, पृ. 17)

निर्मल स्मृति में जीने वाले रचनाकार हैं। इस स्मृति का एलबम बचपन को

लेकर खुलता है। "मेरा स्कूल एक पहाड़ी के ऊपर था। पिता नहीं चाहते थे कि मुझे स्कूल तक पैदल जाना पड़े। इसलिए सुबह के समय हम टट्टुओं पर चढ़कर स्कूल जाते थे। शाम के समय हम पैदल ही वापस आते थे जबकि उतरते समय भी हमें तीखी ढलान पर उतरना पड़ता था। उन दिनों हम छह महीने शिमला और छह महीने दिल्ली में रहते थे और हमारा स्कूल भी छह-छह महीनों के लिए जगह बदलता। लेकिन युद्ध के दिनों में हम पूरे साल शिमला में ही रहे जो देश निकाले जैसा था। तब मैं शिमला से कुछ ऊब गया। 1940 के दशक के मध्य में मेरे पिता की सेवानिवृत्ति से थोड़ा पहले हम स्थायी रूप से दिल्ली आ गये।" (वही, पृ. 17-18)

निर्मल वर्मा स्थायी रूप से करोल बाग, पूसा रोड, दिल्ली में बस गये। दिल्ली की याद में डूबकर कहते हैं—"दिल्ली शान्त थी, केवल प्रशासन की दृष्टि से व्यस्त। नयी दिल्ली तो कोलाहल से दूर और दूर तक निर्जन। थोड़े से छोटे-छोटे घरों में क्लर्क और अधिकारी। उन दिनों भी पुरानी दिल्ली बेहद भीड़ भरी थी। हम नहाने के लिए जमुना जाते और मिठाई खरीदने के लिए चाँदनी चौक की मशहूर दुकानों पर पहुँचते। हम बच्चों के लिए वह त्यौहार का-सा होता।" हिन्दुओं में वैसे भी हर रोज तीज, पर्व-पूजा, त्यौहार-भजनोत्सव, लीलोत्सव रहता है। बहुदेववाद और बहुलतावादी संस्कृति का अपना सदाबहार आनन्द होता है। अब तो स्वतन्त्रता दिवस भी याद आता है—"ख़ूब याद है। उस दिन भव्य रोशनी की गयी थी। हमने स्वतन्त्रता के आने का स्वागत अपने तरीके से 'मिट्टी के दिये' जलाकर किया था। उस दिन हम इतने खुश कि उस खुशी को शब्दों में बता पाना असम्भव है।" स्वतन्त्रता की खुशी कैसे रात के अवसाद में बदली है—निर्मल वर्मा का सर्जन और चिन्तन उसका गवाह है। निर्मल को वह दिन याद है जब गाँधी की हत्या की गयी। उस समय वे स्टूडेंट्स फेडरेशन के सदस्य थे जो भारत में साम्यवादी दल की विद्यार्थी शाखा थी। उनके विचार कांग्रेस से न मिलते थे लेकिन गाँधी के प्रति आकर्षण कम न था। यही गाँधी के प्रति राग का भाव उन्हें गाँधी की प्रार्थना सभाओं में ले जाता था। फिर देखा निर्मल वर्मा ने भारत विभाजन का क्रूर-कठोर समय। हिन्दू-मुस्लिम दंगों से पूरी दिल्ली का दर्द। इस दर्द का "मैं न केवल गवाह हूँ, बल्कि स्टूडेंट्स माध्यम से राहत कार्यों में सक्रिय रूप से शामिल भी रहा। डरे हुए मुसलमान पाकिस्तान जाने की तैयारी कर रहे थे लेकिन उन्हें सुरक्षित ले जाने के लिए पर्याप्त रेलगाड़ियाँ नहीं थीं। उन्होंने अस्थायी रूप से पुराना किला में शरण ली थी और हमारा काम उन्हें भोजन-पानी पहुँचाना था। हमने रेलवे स्टेशन ले जाकर रेल में बैठने में उनकी मदद की। मुझे यह भी याद है कि हमने मुसलमान लोगों के शवों को पुरानी दिल्ली स्थित मकानों के ऊपरी तलों से नीचे लाने का भयानक और दिल दहला देने वाला काम भी किया। शव वहाँ कई

दिनों से पड़े होने के कारण बुरी तरह सड़ गये थे, इसलिए उन्हें नीचे उतारना और अच्छी तरह से उनका अन्तिम संस्कार करना बहुत ही कठिन था। एक घर में हमें सड़े मांस में से केवल चूड़ियों से सजा एक औरत का कटा हुआ हाथ ही मिल पाया था। वह हाथ मवाद से पूरी तरह सना हुआ था...वह हाथ आज भी मेरी यादों में अटका है।'' (वही पृ. 18)

निर्मल वर्मा की शिक्षा-दीक्षा अँग्रेज़ी माध्यम से हुई लेकिन उन्होंने लिखना उस भाषा में तय किया जिस भाषा-संस्कार में उनका पालन-पोषण हुआ। घर-परिवार आस-पास के रिश्तेदारों की भाषा हिन्दी थी और अनेक प्रभाव, धर्म और उत्सव तथा भावनात्मक मन हिन्दू-संस्कारों से निर्मित हुआ। इन हिन्दू संस्कारों ने निर्मल को बाँधकर खोला और खोल कर बाँधा भी। बचपन में निर्मल का अरमान जहाज का कप्तान बनने का था जो पूरा न हो सका। समुद्र की लहरों ने उन्हें नहीं बुलाया; क्योंकि नियति तो उन्हें लेखक बनाना चाहती थी। उन्होंने किसी संकल्प से लिखना शुरू नहीं किया। हाँ, उनके बड़े भाई कलाकार-चित्रकार रामकुमार ही उनकी 'प्रेरणा' बने। परिवार में बड़े भाई से पहले न कोई चित्रकार था, न कहानीकार। केवल परिवार को पढ़ने का शौक था और इस परिवेश ने ही निर्मल के मन की बातों को उचकाकर प्रज्वलित किया। कुशाग्र बुद्धि वाली बड़ी बहन पुरस्कार में किताबें लाती थी और पत्रिकाएँ मँगवाया करती थी। लिखने की प्रेरणा अवचेतन में बसे प्रेमचन्द और रवीन्द्रनाथ को पढ़कर ली। चेखव, टाल्स्टॉय, रोमाँ रोलाँ ने सृजन प्रेरणा को सींचा। यह बात दिलचस्प है कि निर्मल के लेखन का प्रस्फुटन कविताओं से हुआ। कश्मीर जाने पर उन्हें झील के सौन्दर्य ने ऐसा मोहित किया कि तमाम अँग्रेज़ी में रोमांटिक कविताएँ लिखीं और कविताओं की कापी खो जाने के कारण पाठक उनसे वंचित रह गये।

निर्मल के साहित्य का बीज और अंकुर शिमला के परिवेश की देन है। शिमला में निर्मल वर्मा के दादा कृपा मुरारी वर्मा को पुस्तकें खास तौर पर 'कल्याण' आदि पढ़ने का बहुत शौक था। वे स्वयं पढ़ने के साथ निर्मल से कहते थे कि पढ़कर सुनाओ तो। इस तरह अक्सर 'कल्याण' पढ़कर दादा को सुनाते थे। यहाँ शिमला का प्राकृतिक परिवेश इतना ज्यादा काव्यात्मक था कि हस्तगत प्रकृति-लय का राग-दीप्त संसार था। धार्मिक माँ के कारण घर पर साधु-संन्यासी-भिक्षुक आते थे और सत्कार पाते थे। कभी-कभार मुस्लिम पीर भी घर पर आते थे और यात्रा-संस्मरण सुनाते थे। घर पर एक महात्माजी तो तीन-चार माह ठहरते थे और भाई-बहन उनकी बातें ध्यान से सुनते थे। अचानक तिब्बती भिक्षुओं को शिमला में देखकर मन रोमांच से भर जाता था। बालपन की यही ग्रहणशीलता निर्मल वर्मा के लेखन की बाद में असली पूँजी रही

है। निर्मल ने प्रेमचन्द, जैनेन्द्र, गोर्की, अज्ञेय, चेखव, रवीन्द्रनाथ को रच-पचकर पढ़ा-गुना। इस प्रकार के रासायनिक सम्मिश्रण से उनके रचनाकार ने साहित्य-सृजन की अनुकूल भूमि को प्राप्त किया। निर्मल वर्मा को पढ़ने का बहुत शौक रहा। बड़ी बहिन को पुरस्कार में जो किताबें मिलतीं उन्हें वह जब तक उलटतीं—तब तक निर्मल वर्मा उन्हें पढ़ जाते। बड़े भाई राजकुमार की कहानियाँ पढ़ जाते थे—'मुझे हर किताब या पत्रिका पढ़ने का शौक' था। पढ़ाकू निर्मल उसके आस्वादन में देर नहीं करते। इसी पठन-पाठन में इतिहास का चस्का लगा और विश्व इतिहास-संस्कृति पर लिखने का मन बनाया। विद्यार्थी जीवन में कम्युनिस्ट पार्टी में थे—लेकिन राजनीतिक संसार बहुत कुछ अमूर्त था। इसलिए भाव-जगत में 'कहानी' की निष्पत्ति ने जोर लगाया। नतीजा यह हुआ कि कहानी बचपन से 'क्रिस्टलाइज़' हुई। मार्क्सवादी पार्टी में रहते हुए मार्क्स को गहराई से पढ़ा। लेकिन 1942 में जब कम्युनिस्ट पार्टी ने 'अँग्रेज़ों भारत छोड़ो' के गाँधी-आन्दोलन में गाँधीजी का साथ नहीं दिया तो क्रोध-विक्षोभ और पीड़ा से मन भर गया। इस तरह मार्क्स से तो नहीं, लेकिन भारतीय मार्क्सवादियों से निर्मल वर्मा का मोह-भंग हो गया। बाद में मार्क्स को फिर पढ़ा तो रही-सही मार्क्स के प्रति आस्था भी जाती रही। वे अरविन्द, विवेकानन्द, महर्षि रमण, गाँधी, लोहिया और जयप्रकाश नारायण के विचारों की ओर झुकते गये। जवाहरलाल नेहरू और इन्दिरा गाँधी में उनकी आस्था कभी नहीं रही। निर्मल मानते रहे हैं कि नेहरू जी ने पश्चिमी आधुनिकता का मॉडल इस देश को दिया और इसी मॉडल ने भाषा-शिक्षा, संस्कृति-परम्परा—सभी से काटकर इस देश को पश्चिम का पिछलग्गू बनाया। गुलामी की मानसिकता को दृढ़ किया और 'प्रगति' तथा 'विकास' की पश्चिमी अवधारणाओं से जन-संस्कृति, जन-मानस को बंजर तथा चौपट। इस तरह पश्चिम की संस्कृति ने अलगाव का बीज बोया और भारतीय जीवन की लय को तोड़ने की तैयारी की। निर्मल वर्मा की धारणा के शब्द हैं—''पश्चिमी संस्कृति अलगाव का फल है भारतीय जीवन का अविच्छिन्न हिस्सा जैसे तुलसी की रामायण हमारी संस्कृति का अंश है।'' ('शब्द और स्मृति', पृ. 58) इस तरह का रचाव पश्चिम में नहीं आया।

पश्चिम के 'सेक्युलरवाद' या धर्म-निरपेक्षता ने भारत में एक घटिया राजनीति को जन्म दिया। इस राजनीति में न धर्म-धर्म रहा, न धर्म का निरपेक्ष रूप। राजनीति ने गँवार शक्तियों के हाथ में पकड़कर 'सेक्युलरिज़्म' में धर्म को 'रिलीज़न' का छौंक दिया जबकि धर्म का सही अनुवाद 'रिलीज़न' में नहीं है। यह ग़लत अनुवाद ही पूरी भ्रान्ति का कारण है। धर्म को 'रिलीज़न' का पर्याय मानने वालों ने इसे हिन्दुत्व से, साम्प्रदायिकता से नत्थी कर दिया। चिन्तन के इतिहास में भारतीयता के लिए यह सबसे

काला दिन रहा होगा। हमारे पूरे भारतीय चिन्तन को 'धर्म' के 'रिलीज़न' अनुवाद ने ही चौपट किया है। इस धर्म और दर्शन को भारतीय विश्वविद्यालयों में ठीक सन्दर्भ से 'पढ़ाने' की जरूरत है ताकि अज्ञान का अँधेरा छँट सके। क्योंकि जिस धर्म निरपेक्ष समाज में हम रह रहे हैं उसमें उसके क्या परिणाम हुए? हमारे शिक्षा-संस्थाओं, स्कूलों-कॉलेजों में धर्म-शिक्षा के लिए कोई स्थान नहीं है जिसके कारण ही कक्षा में पढ़ने वाले हिन्दू-मुस्लिम-सिक्ख-ईसाई छात्र एक-दूसरे के धर्म विश्वासों-अनुष्ठानों, पर्वों के प्रति कोई स्थान, कोई जिज्ञासा नहीं रखते।' (वही, पृ. 91) हमारे समाज में बढ़ती साम्प्रदायिकता इसी 'अज्ञान के अँधेरे' की उपज है। धर्म के कुपाठ ने पूरी 'भारतीयता' को गलत बहस में डालकर चिन्तन को भ्रष्ट किया है।

हिन्दी के लेखकों में उन पर सर्वाधिक असर जैनेन्द्र और अज्ञेय का पड़ा। स्कूल के दिनों में अज्ञेय का 'शेखर : एक जीवनी' पढ़ा तो अविस्मरणीय प्रभाव पड़ा। 'क्रिस्तीफ़' में रोमाँ रोलाँ की काव्यात्मकता किशोर मन को भा गयी। बाद में चेख़व, टाल्स्टॉय और दोस्तोयवस्की। एम.ए. प्रीवियस की पढ़ाई के दिनों में वर्जीनिया वुल्फ का जादू सिर चढ़कर बोला।

हिन्दी-साहित्य में निर्मल वर्मा कहानीकार कैसे बने, यह जिज्ञासा अनन्त रूपों में सामने आती रही है। दिलचस्प बात यह है निर्मल इस जिज्ञासा का जीवन भर उत्तर देते रहे और उत्तर पूरा नहीं कर सके। शुरू में उन्होंने स्कूल के दिनों में कहानियाँ लिखीं। कुछ कहानियों को पढ़कर प्रेरित और अधीर भी हुए। लेकिन पहली व्यवस्थित कहानी तो सेंट स्टीफेंस कॉलेज, दिल्ली की पत्रिका में लिखी। इस समय वे इतिहास में एम.ए. कर रहे थे और बड़े भाई के नक्शे कदम पर चलने का मन बना चुके थे। फिर अगली कहानी भैरव प्रसाद गुप्त की 'कहानी' पत्रिका (इलाहाबाद से) में छपी। सन् 1954 में बद्री विशाल पित्ती ने 'रिश्ते' कहानी 'कल्पना' (हैदराबाद) में प्रकाशित की। सन् 1952-53 में एम.ए. किया और साहित्य पढ़ने का शौक उमड़ा। यह काल हिन्दी साहित्य में नये परिवर्तनों, प्रयोगों, नयी राहों के अन्वेषियों का दौर था। एक इंटरव्यू में निर्मल वर्मा ने स्वयं कहा है कि 50 और 60 का दशक नयी कहानी के आन्दोलन का दौर था और उस आन्दोलन के साथ मेरा नाम भी जोड़ा जाता है। हालाँकि मैं इससे आश्वस्त नहीं होता कि मैंने ऐसे किसी आन्दोलन में सक्रिय रूप से भाग लिया। इलाहाबाद उन दिनों साहित्यिक सरगर्मियों का केन्द्र था, साहित्य की दृष्टि से दिल्ली तो एक कस्बा जैसा था, एक तरह से बंजर। इलाहाबाद और देश के दूसरे भागों के लेखकों से मेरा नाता इतना ही था कि मेरी और उनकी कहानियाँ पत्रिकाओं में छपती थीं और मैं उन्हें पढ़ता था—'वे मुझे पढ़ते थे।' (वही, पृ. 78) इस तरह निर्मल वर्मा नयी कहानी आन्दोलन से अपने को नहीं जोड़ते।

नयी कहानी आन्दोलन के ज्यादातर बड़े लेखक इलाहाबाद में डटे थे। इस आन्दोलन की प्रमुख पत्रिकाएँ भी वहीं से निकल रही थीं। इन नये कहानीकारों से—कमलेश्वर हों या धर्मवीर भारती, मोहन राकेश हों या अश्क या अन्य कोई—निर्मल वर्मा का मिलना-जुलना भी कम था। उस समय के लेखकों में नरेश मेहता, श्रीकांत वर्मा और मनोहर श्याम जोशी उनके मित्र थे। नरेश जी की पत्रिका 'कृति' में निर्मल ने सहयोग दिया, उसके लिए लेख और कहानियाँ लिखीं। उस समय ख़ाली थे—न नौकरी, न बिजनेस, समय काटने के लिए लिखने-पढ़ने का धन्धा। माता-पिता के पास थोड़ी आर्थिक सुविधाएँ थीं इसलिए वे नौकरी करने के लिए दबाव नहीं डाल रहे थे। उन्होंने निर्मल को खुला-मुक्त जीवन दे रखा था। पार्टीशन के बाद के दिनों में जेब खर्च निकालने के लिए करोल बाग के एक प्राइवेट कॉलेज में नौकरी की। यहाँ वे हिन्दी और पॉलिटिकल साइंस पढ़ाते थे। उन्हीं दिनों 'हिन्दुस्तान टाइम्स' तथा अन्य अखबारों में निर्मल ने अच्छे मानदेय पर लेखन किया। हिन्दी पुस्तकों की अँग्रेज़ी में समीक्षाएँ लिखीं। इन दिनों 1951-52 में वे कम्युनिस्ट पार्टी में थे। उनका ज़्यादातर समय पार्टी के कार्यों में लगता था।

निर्मल वर्मा की सर्जनात्मक मनोभूमिका का निर्माण 'कल्चरल फ़ोरम, दिल्ली' ने किया है। छप्पन-सत्तावन में 'कल्चरल फ़ोरम' नाम से एक संस्था बनी। यह संस्था अपना सांस्कृतिक कार्यक्रम प्रत्येक रविवार को करती थी। कोई रचनाकार अपनी ताज़ा रचना पढ़ता था—फिर उस रचना पर गरमागरम बहस होती थी। इस संस्था के संगठन को चलाने में देवेन्द्र इस्सर की भूमिका मुख्य थी। वे नये और पुराने रचनाकारों को खोज-खोजकर आमन्त्रित करते थे। भीष्म साहनी, कृष्ण बलदेव वैद, मनोहरश्याम जोशी, निर्मल वर्मा आदि सभी इसमें हिस्सेदारी करते थे। इस फ़ोरम में निर्मल ने कहानियाँ पढ़ीं और बहसों को सुना। नयी कहानी आन्दोलन की जो मुख्यधारा मानी जाती थी, इस फ़ोरम के लोग उससे थोड़ा अलग थे—पर बाद में तो सभी एक ही आन्दोलन के सदस्य मान लिये गये। कहानी में नये प्रयोग का तात्पर्य था ज़िन्दगी के ताज़े-अनछुए अनुभवों को अन्तर्वस्तु में स्थान देना, नयी भाषा तथा कथन शैली में पुरानेपन से परहेज़। स्वतन्त्रता के बाद मध्यवर्गीय परिवारों में जो विघटन हुआ, टूट-फूट हुई, जिन्दगी में असुरक्षा की भावना बढ़ी। उस पीड़ा-यातना-विषाद, ऊब-उदासी, अकेलेपन और तनाव को कहानी के 'प्लाट' में स्थान मिला। परिवार में पनपता पिता-पुत्र तनाव, स्त्री-पुरुष सम्बन्धों में आ रहे परिवर्तन, स्वतन्त्र होती स्त्री की जिन्दगी, गाँव से उखड़कर शहरों की ओर आ रहे लोगों का अकेलापन और यातना, असन्तोष और आशाओं से मोह भंग आदि। नयी कहानी इन सभी समस्याओं को कथ्य के घेरे में लाकर नये प्रयोग कर रही थी। अज्ञेय के 'प्रयोगवाद' की गहरी धमक भी इन सभी रचनाकारों पर थी। इन सभी का कथ्य मध्यवर्गीय जीवन की समस्याओं-चिन्ताओं

से जुड़ा था।

निर्मल ने कहानी-कथा यात्रा में महसूस किया कि सबसे बड़ी बात इस बीच यह हुई है कि फणीश्वरनाथ रेणु के उपन्यास 'मैला आँचल' ने नयी ज़मीन तोड़ी है। भारतीय गाँवों का नया यथार्थ, नये-नये परिवर्तनों, कांग्रेस, समाजवादी, साम्यवादी पार्टी के आपसी संघर्षों का इतना रचनात्मक, नाटकीय, सुन्दर और काव्यात्मक चित्रण रेणु से पहले हिन्दी में कहीं नसीब न था। रेणु की कहानियों का स्वर प्रेमचन्द की औपनिवेशिक निराशा से एकदम अलग था। रेणु के कथा-संसार में कहीं गरीबी, कहीं उल्लास—लिरिकल किस्म का उल्लास और लोक जीवन का पका-सधा मीठा संगीत, ग्राम-भाषा की लचीली, अदाभरी ठसक थी। हर कोण से रेणु सभी से अनूठे और अलग थे। कहना होगा कि नयी कहानी की तुलना में अकेले रेणु ने हिन्दी कहानी के कथ्य-रूप और परिवेश को कहीं अधिक विस्तृत और सर्जनात्मक बनाया। इसी भूमि पर आगे चलकर मार्कण्डेय, शिवप्रसाद सिंह ने नयी दुखती-कसकती कहानियाँ लिखीं। पर रेणु जैसा प्रभाव ये कहानीकार नहीं छोड़ पाये। वस्तुतः रेणु ने हिन्दी के यथार्थवादी उपन्यासों की सीमाओं का अतिक्रमण किया और नये उपन्यास को नया कथ्य नया ढाँचा दिया। स्वतन्त्र भारत का मानस रेणु की समय संरचनाओं में खुलकर सामने आया।

निर्मल ने कुछ समय तक सेंट स्टीफेंस कॉलेज, दिल्ली में इतिहास के प्राध्यापक पद पर काम किया और शीघ्र ही इस कार्य से छूटकर अपने को लेखन में एकाग्रचित्त से समर्पित कर दिया। शुरुआती लेखन बिना किसी योजना के किया फिर सावधान हो गये। फिर मन आ गया तो उन्नीस सौ सत्तावन में राज्यसभा सचिवालय में अनुवादक का काम किया। राज्यसभा में होने वाली डिबेटों का हिन्दी अनुवाद। उनसठ में चेकोस्लोवाकिया के ऑफर पर लम्बी-यात्रा को निकल पड़े। चेक भाषा सीखने के साथ समकालीन चेक लेखकों—मिलान कुंदेरा, इवान क्लीमा, हराबल आदि की रचनाओं का हिन्दी अनुवाद किया। चेक पृष्ठभूमि पर लिखा उनका पहला उपन्यास 'वे दिन' आया। यह उपन्यास लिखा दिल्ली में गया। चेकोस्लोवाकिया जाने से पहले 'परिन्दे' अट्‌ठावन में आ गया था। इस तरह निर्मल के लेखन और अनुवादक की जिन्दगी में एक गहरा तालमेल रहा है। 'परिन्दे' छपते ही निर्मल रातोंरात प्रसिद्ध हो गये। क्यों न होते, कम्युनिस्ट पार्टी के प्रसिद्ध प्रकाशन 'पब्लिशिंग हाउस' ने उसे छापा और 'कहानी, नयी कहानी' पुस्तक में नामवर सिंह ने इस 'कहानी' को समीक्षा में आकाश तक उठा दिया। आज के नामवर सिंह तब के नामवर सिंह नहीं थे—उनका आलोचक जगा हुआ था और अच्छी चीज़ को अच्छी चीज़ कहने का उनमें साहस था। इसलिए 'परिन्दे' कहानी को उन्होंने नयी कहानी के आन्दोलन की प्रथम रचना घोषित

किया। 'परिन्दे' के मुलायम, लिरिकल काव्यात्मक गद्य का संगीत हिन्दी पाठक के हृदय में उतर गया। 'परिन्दे' के काव्यात्मक गद्य से हिन्दी पाठक का यह भ्रम भी निर्मल ने तोड़ा है कि काव्यात्मक रूप केवल कविता और नाटक तक सीमित हैं। गद्य हो या पद्य काव्यात्मकता भाषा की सबसे मूल्यवान निधि है। अँग्रेज़ी में लारेंस फास्टर और वर्जीनिया वुल्फ इस काव्यात्मक कला के हुनर में माहिर रहे हैं। रचनाकार के अनुभूति-अनुभव संसार की प्राणवान ऊर्जा गद्य में रमने पर काव्यात्मक शक्ति का विस्फोट कर देती है। हम जानते हैं कि केथरीन मैन्सफील्ड की सर्वाधिक मनोरम कहानियाँ लिरिकल फॉर्म में रची गयी हैं। सघन काव्यात्मकता क्या है? बिम्बों से आत्मा के अँधेरे में प्रकाश फैलाने की कला।

यहाँ ग़ौर करने की बात यह है कि निर्मल वर्मा ने नयी कहानी आन्दोलन के 'परिन्दे' नशे में अपने को ग़र्क नहीं किया। उसी मुहावरे की कहानियों पर कहानियों का ढेर नहीं लगाया, न वे आलोचना के कुरुक्षेत्र में कूदे। कोई स्वतन्त्र आलोचना पुस्तक या साहित्य के नये प्रतिमान गढ़ने का दम्भ नहीं पाला। केवल अपनी चिन्ताओं को मौलिक ढंग से सुलझाने के लिए वे निबन्ध की ओर उन्मुख हुए। इन निबन्धों में न अपनी कहानियों की वकालत की, न अपने उपन्यासों और अनुवादों की। निर्मल ने सही समय पर समझ लिया कि ज़रूरी नहीं है कि हर लेखक आलोचना के भँवर में कूदे। निर्मल ने देखा-समझा था कि टी. एस. एलियट ने अपनी कविता के साथ आलोचनात्मक निबन्ध भी लिखे। यही काम घूम-फिर कर अज्ञेय, विजयदेवनारायण साही, मलयज, रमेशचन्द्र शाह, अशोक वाजपेयी ने किया। निर्मल वर्मा इस आलोचना क्षेत्र में अपने मित्रों से थोड़ा अलग रहे। चुप रहे और मौन में मथकर विचारपरक निबन्धों का सृजन किया। नयी कहानी और नयी कविता के आलोचकों ने अपने को बहुत बढ़ा-चढ़ाकर प्रस्तुत किया। इससे हिन्दी आलोचना का बड़ा अहित हुआ। बहाना बनाकर रचनाकार अपने ही सृजन का पैरोकार बन गया। उसने आचार्यत्व की मुद्रा में अपने कवित्व की, प्रयोगों की मौलिकता के झंडे फहराये। कवि ही नये रचनाकारों के लिए आलोचना का 'फ़िलहाल' बन गया और कला के सभी क्षेत्रों में पाँव फैलाकर विचार की सफ़ाई का जादू दिखाने लगा। लेकिन निर्मल वर्मा अकादमिक आलोचना के तान्त्रिक नहीं बने। उन्होंने एकाग्र चित्त से चिन्तनपरक निबन्धों का रास्ता अपनाया। यह बात भूलने के विरुद्ध है कि निर्मल वर्मा ने सृजनात्मक पक्ष से कम आदर चिन्तन पक्ष को नहीं दिया। लेकिन चिन्तन को कहानियों-उपन्यासों में ज़बरदस्ती नहीं ठूँसा और न कला की स्वायत्तता का गौरव गायन किया। उन्होंने भारतीय लेखक की बौद्धिक भूमिका का निर्वाह अपने निबन्धों में किया है। इन निबन्धों में उन अनछुए, अनचीन्हे और उपेक्षित पक्षों को उजागर किया जिन्हें राजनीति अपनी झोंक में अनदेखा कर जाती है।

निर्मल ने अपने 'आत्म' को टटोलने पर पाया कि स्वतन्त्रता के बाद भारत में मौलिक चिन्तन का विकास अवरुद्ध हो गया है। हम भारतीय आत्मधिक्कार के शिकार होकर यूरोप, अमेरिका की नकल में लग गये हैं। हम यह तथ्य ही विस्मृत कर बैठे कि अरविन्द, रामकृष्ण परमहंस, विवेकानन्द, तिलक, गाँधी, लोहिया, रवीन्द्रनाथ, रामचन्द्र शुक्ल, महर्षि रमण और जयप्रकाश नारायण ने अपने मौलिक चिन्तन से जिस सांस्कृतिक नव-जागरण का सूत्रपात किया था, वह सूत्र ही छूटा जा रहा है। इसका कारण है कि हमें अपनी चिन्तन परम्पराओं और देश-भक्ति में आस्था नहीं रही। लेकिन इस कठिन समय में भी निर्मल ने महसूस किया कि "भावनाएँ भी घटनाएँ होती हैं। आत्मा की घटनाएँ...जैसी नादीन गॉडीमार ने कहा है। मेरे लिए 'देश प्रेम' एक ऐसी ही घटना है। मेरे जीवन में यह घटना कब घटी, कहना असम्भव है किन्तु एक बार जन्म लेने के बाद वह एक बेल की तरह फैलती गयी। यह एक विचित्र भावना है, जो किसी घटना की प्रतिक्रिया में नहीं जगती, बल्कि स्वयं अपने भीतर उच्छ्वसित होती है। हम उस पर अँगुली नहीं रख सकते। जैसे हम देश को छूकर उसकी समग्रता नहीं पा सकते, सिवा एटलस के नक्शे पर, किन्तु तब बोर्खेस की कहानी की तरह नक्शा उतना ही बड़ा होना चाहिए, जितना बड़ा देश है, उसकी जमीन, पहाड़ों, नदी-नालों के इंच-इंच को अपने में समाता हुआ। नहीं, देश के प्रति यह लगाव न तो इतिहास में अंकित है, न भूगोल की छड़ी से नापा जा सकता है क्योंकि अन्ततः वह एक स्मृति है, व्यक्तिगत जीवन से कहीं अधिक विराट् और समय की सीमाओं से कहीं अधिक विस्तीर्ण...हमारे समस्त पूर्व जन्मों का पवित्र स्थल, जहाँ कभी हमारे पूर्वज और पुरखे रहते आये थे। यदि हर भावना एक घटना है तो 'देश प्रेम' एक चिरन्तन घटना है, हर पीढ़ी की आत्मा में नये सिरे से घटती हुई।" (निर्मल वर्मा, 'आदि, अन्त और आरम्भ', पृ.10)

निर्मल वर्मा ने एक भावनात्मक घटना का उल्लेख करते अपनी मनोभूमिका को बहुत सुन्दर उदाहरण से आलोक-दीप्त किया है। "किन्तु वह कोई अमूर्त भावना नहीं, एक कविता की तरह वह किसी ठोस घटना अथवा अनुभव के धुँधले, टीसते, टिमटिमाते बिन्दु से उत्पन्न हो सकती है। अपनी बात कहूँ तो मुझे बचपन का वह क्षण याद आता है, जब मैं माँ के साथ ट्रेन में बैठकर जा रहा था। कहाँ जा रहा था, कुछ याद नहीं। सिर्फ इतना याद है कि मैं सो रहा था। अचानक मुझे धड़धड़ाती-सी आवाज सुनाई दी, हमारी ट्रेन पुल पर से गुज़र रही थी। माँ ने जल्दी से मेरे हाथ में कुछ पैसे रखे और मुझसे कहा कि मैं उन्हें नीचे फेंक दूँ, नीचे नदी में। नदी? कहाँ थी वह? मैंने पुल के नीचे झाँका। शाम के डूबते आलोक में एक पीली, डबडबायी-सी रेखा चमक रही थी। पता नहीं वह कौन-सी नदी थी, गंगा, कावेरी या नर्मदा?

मेरी माँ के लिए सब नदियाँ पवित्र थीं। यह मेरे अपने लिए अपने देश 'भारत' की पहली छवि थी, जो मेरी स्मृति में टँगी रह गयी हैं...।" (वही, पृ.11) इस तरह देश प्रेम यदि 'आत्मा की घटना' है तो वह सिर्फ एक ऐसी संस्कृति में पल्लवित होती है—जहाँ 'स्पेस' और 'स्मृति' अन्तर्गुम्फित रहती हैं। प्रकृति के प्रति इस आत्मिक लगाव ने देश-प्रेमियों में देश-भक्ति की भावना को जन्म दिया जो राष्ट्र की सेकुलर और संकीर्ण भावना से बहुत भिन्न था। निर्मल ने इसी प्रश्न को मथते हुए पूछा है कि क्या भारत का कोई ऐसा कोना है जहाँ रामायण, महाभारत और पौराणिक कथाओं के प्रतीक मनुष्य को अपने जीवन की सार्थकता पाने में सहायक नहीं होते? पूरे देश में भूगोल की देह पर संस्कृति के स्मृति स्थल क्यों अंकित हैं? हर पर्वत-नदी-देवता की यात्रा में तीर्थ यात्रा का भाव क्यों? इसलिए देश प्रेम का गहरा अर्थ परम्परा और संस्कृति की स्मृति से जुड़ा है। लेकिन आज का अभागा आधुनिक भारतीय बुद्धिजीवी भारत के हर सन्दर्भ को 'विकृत' करने पर आमादा है। उसकी अन्धी धर्मनिरपेक्षता का आलम यह है कि वह 'वन्दे मातरम' जैसे गीत में भी साम्प्रदायिकता सूँघ लेता है। जबकि निर्मल ने गाँधी की आँखों में भारत पाया है और नर्मदा की सहस्र धाराओं में भारतीय संस्कृति का उजला, अनेकार्थक और पवित्र प्रतीक भाव। निर्मल के पूरे चिन्तन में इस बात को लेकर शोक छाया हुआ है कि आज इस उजले प्रतीक को मलिन और विकृत किया जा रहा है। हम उस स्मृति से काटे जा रहे हैं जिसे एक प्राचीन वट-वृक्ष की तरह भारतीय संस्कृति ने न जाने कितनी जातियों, जनजातियों, धार्मिक समुदायों के आत्म-रस से सींचकर बड़ा किया है। हमारी आध्यात्मिक परम्परा की ऊँचाई का ही नतीजा है कि हमने 'आत्म' और 'अन्य' के भेद को अविद्या का लक्षण घोषित किया। निर्मल तो यहाँ तक कहने का साहस दिखाते हैं कि भारतीय सभ्यता के इस आध्यात्मिक सिद्धान्त को अनदेखा करने का ही दुष्परिणाम था कि पश्चिमी इतिहासकारों और उनके भारतीय 'सबाल्टर्न' अनुयायियों की आँखों में भारत की अपनी कोई सांस्कृतिक इयत्ता नहीं। वह तो सिर्फ कबीलों, जातियों, सम्प्रदायों का महज एक पुंज मात्र है। (वही, पृ.15)

निर्मल वर्मा की पूरी मनोभूमिका में वैष्णव-बौद्ध-जैन-शैव दर्शन का ख़मीर उठता रहा है। देश से दूर विदेश जाने पर उनकी भारतीयता और भारत-प्रेम का नया रूप निखर कर, निथुर कर सामने आया है कि धर्म-परिवर्तन से ही किसी देश की अतीत परिवर्तन नहीं हो जाता। एक देश की पहचान सिर्फ उन लोगों से नहीं बनती जो आज उसमें जीते हैं, बल्कि उससे भी बनती है जो एक समय में जीवित थे और आज उसकी मिट्टी के नीचे दबे हैं। (पृ.16) इस दृष्टि से निर्मल के लिए देश राजनीतिक, सैद्धान्तिक आग्रहों से बहुत ऊपर है। उनकी निगाह में गाँधी से बड़ा

भारत प्रेमी कौन हो सकता था लेकिन वह भारतीय समाज के सबसे बड़े आलोचक भी थे क्योंकि जो व्यक्ति हृदय से अपने देश को प्यार करता है, उसे ही आलोचना का अधिकार भी प्राप्त है। इस तरह निर्मल वर्मा का पूरा निबन्ध-चिन्तन देश-प्रेम की अद्‌भुत मिसाल है।

निर्मल वर्मा के लिए भारतीय सभ्यता प्राचीन वट वृक्ष ही नहीं है—वह संस्कृति का 'भारतीय सभ्यता : तीसरा महाकाव्य' है। इस सभ्यता में सनातन परम्पराओं के प्रवाह हैं जो इतिहास के थपेड़ों से आहत, घायल होकर भी जीवित हैं। इन परम्पराओं ने हमारे पाँच हजार वर्ष के चिन्तन को 'ठहराव' नहीं दिया, प्रत्येक परिवर्तन के साथ गति दी है। 'आत्म' में 'अन्य' को समाहित करने की शक्ति का नाम ही भारतीय सभ्यता है। इसमें प्रकृति नदी के विराट् लीला स्थल है—रास स्थल हैं, पशु-नदी-पहाड़, देवी-देवता मनुष्य सभी के एकाकार का विस्तार। इसी दृष्टि से भारतीय संस्कृति में दो नहीं, तीन महाकाव्य हैं—रामायण और महाभारत और उसके अलिखित पाठ। तीसरा अलिखित महाकाव्य स्वयं भारतीय सभ्यता है, जिसे हम पढ़ते नहीं, क्योंकि हम स्वयं उसके द्वारा रचित हैं। उसके अनलिखे पृष्ठ पर हम अपने को लिखते हैं। एक खुली सभ्यता-संस्कृति का खुला पन्ना, जिस पर वेद भी लिखा जा सकता है और भवभूति भी, गाँधी भी लिखा जा सकता है और ल्योतार भी।

निर्मल वर्मा के सृजन और चिन्तन तल में काम करती हुई मनोभूमि का निर्माण चेकोस्लोवाकिया में बिताए गये वर्षों में एक खास ढंग से हुआ जहाँ वे 1959 से 1968 के बीच कुछ-कुछ अन्तराल के साथ आठ वर्ष रहे। ये आठ वर्ष चिन्तन के 'अष्ट सिद्धि' दाता रहे। उनके बड़े भाई प्रसिद्ध चित्रकार-कहानीकार रामकुमार के चित्रों की एक प्रदर्शनी प्राग में लगी थी इसी दौरान रामकुमार की भेंट 'चेक ओरियंटल संस्थान' के डायरेक्टर डॉ. मीरास्लाव क्रासा से हुई। इस भेंट में डॉ. क्रासा ने कहा कि उन्हें एक ऐसे हिन्दी लेखक की आवश्यकता है जो चेक भाषा सीखने में दिलचस्पी रखता हो और नामी-गरामी आधुनिक चेक लेखकों का हिन्दी में अनुवाद कर सके। रामकुमार ने भारत लौटने पर अपने छोटे भाई निर्मल से चेकोस्लोवाकिया जाने के बारे में विचार-विमर्श किया। निर्मल चेक लेखकों को पहले ही पढ़ रहे थे इसलिए प्रसन्न भाव से जाने को तैयार हो गये। निर्मल को चेक लेखकों में यारोस्लाव होलुव बहुत प्रिय थे और फिर चेकोस्लोवाकिया के माध्यम से यूरोप को जानने-समझने का अच्छा अवसर था।

जिस समय रूसी टैंकों ने प्राग को ध्वस्त किया उस समय निर्मल लन्दन में थे। प्राग में आने पर पाया कि देश एक बड़ी त्रासदी से ध्वस्त हो गया है। लेकिन लेखक मानवीय मूल्यों के लिए जी-जान से संघर्ष कर रहे हैं और रचनाओं में

कई तरह के नये-नये प्रयोग। सन् 1959 में जब निर्मल प्राग गये तब चेकोस्लोवाकिया में पुस्तकों पर पाबन्दियाँ, सेंसरशिप और हर तरह का दमन अपनी पिशाच लीला के चरम पर था। 'स्टालिनिस्टिक टेरर' का जो समय कहा जाता है वह समय अपने भयंकर रूप में वहाँ मौजूद था। निर्मल चेक भाषा सीखने और आधुनिक चेक लेखकों की चुनिन्दा रचनाओं के चयन और हिन्दी में अनुवाद के लिए गये थे और भारतीय होने के नाते उन पर सेंसरशिप या सरकार की कड़ी नज़र न थी जितनी कि यूरोपीय और अमेरिकी लोगों पर थी। सन् 1961-62 के दौरान निर्मल ने चेक भाषा का अध्ययन समाप्त किया और प्राग की चार्ल्स यूनिवर्सिटी चेक साहित्य के 'लेक्चर्स' में शामिल होने लगे। लेकिन इस बीच पाया कि अधिनायकवादी व्यवस्था का सेंसरशिप न समकालीन चेक लेखकों की रचनाएँ छपने देता था न सरकारी पत्रिकाएँ उन्हें छापती थीं। किन्तु इस अन्धकार में भी रचनाकार चुप नहीं थे—वे कहानियाँ, उपन्यास, कविताएँ लिखते थे और मित्रों के बीच 'सर्कुलेट' करते थे। इस काल के सभी रचनाकारों से निर्मल का आत्मीय संवाद अटूट रहा। सन् 1965 तक आते-आते कठोर अनुशासन थोड़ा ढीला पड़ा—हालाँकि सेंसरशिप तब भी थी लेकिन जागरूकता का जन स्तर बढ़ गया था। लेखक और संस्कृति मंत्रालय, दोनों की प्रबुद्धता ने नयी आँखों से जीवन को देखना शुरू किया था। इन दिनों इन कानूनों की चौहद्दी के भीतर ही मिलान कुंदेरा का 'जोक', श्कवरोस्की का 'कावर्ड्स' और वास्लाव हावेल का नाटक 'दि गार्डन पार्टी' छपकर आया। चौकन्ने और पढ़ाकू निर्मल इन्हें पहले पढ़ चुके थे, अतः हावले के नाटक 'दि गार्डन पार्टी' का मंचन हुआ तो उसे पूरे मन से देखा। उन्हें लगा कि यह नाटक बैकेट या आइनेस्को की 'एब्सर्ड परम्परा' का जीवन्त दस्तावेज है। नाटक जिस माहौल में खेला गया, उस सांस्कृतिक वातावरण ने एक हवा ही चला दी। इस हवा ने मानव स्वतन्त्रता और उससे जुड़े अनेक सरोकारों को प्रबुद्ध अर्थ-सन्दर्भ दिए। इन सन्दर्भों ने निर्मल के लेखक की भीतरी मिट्टी को भीतर से जोतकर उपजाऊ बनाया। निर्मल ने वहाँ के रचनाकारों तथा चिन्तकों से मिलने पर महसूस किया कि हर देश का साहित्य अपनी अलग पहचान, अलग सांस्कृतिक मुहावरा रखता है—चाहे बड़ा देश हो या छोटा। उसे 'यूनीफार्मिटी' के निष्कर्ष पर नहीं परखा जा सकता क्योंकि सत्ता-विरोध की अभिव्यक्तियों का ध्वन्यर्थ अलग-अलग रूपों-प्रतीकों-बिम्बों-लयों में आता है।

दरअसल निर्मल ने अपने एक साक्षात्कार में कहा है—'सत्ता के प्रति विरोध की अभिव्यक्तियाँ भी बहुत अलग-अलग तरह की होती हैं। पश्चिम में सोवियत, पोलिश या चेक साहित्य के बारे में बहुत सरलीकृत अवधारणा है कि वह एक तरह का 'डिसिडेंट', 'एण्टी ऑफीशियल', 'एस्टिब्लिशमेंट लिट्रेचर' है। व्यापक रूप से यह सही है लेकिन किताब का अपना एक विशिष्ट संसार होता है जिसमें विरोध

या असन्तोष का एक अंश आता है और वह अंश भी उस लेखक के वैयक्तिक स्तर पर ही अभिव्यक्त होता है। मैं आपको इसका एक उदाहरण दूँ; वास्लाव हावेल का नाटक 'दि गार्डन पार्टी' एक ऐसा नाटक है जिसे हम 'एब्सर्ड' नाटक की परम्परा में बैकेट या आईनेस्को की परम्परा में कह सकते हैं। लेकिन यह एक बहुत ही सामान्यीकृत और भ्रामक कोटि है क्योंकि हावेल के नाटक किसी मेटाफिजीकल या अस्तित्ववादी अर्थ में 'एब्सट्रेक्ट' नहीं है, जैसे कि बैकेट के नाटक होते हैं। वे एक ठोस चेक राजनीति का सन्दर्भ लिए हुए हैं जहाँ नौकरशाही का भ्रष्टाचार अपनी चरम सीमा पर है, जहाँ सत्य की अभिव्यक्ति के लिए गुंजाइश नहीं है, जहाँ झूठ का 'कल्ट' अपनी युक्तियों के द्वारा मनुष्य के जीवन पर कलुषित प्रभाव डालता है।' (निर्मल वर्मा, 'मेरे साक्षात्कार', 'निर्मल वर्मा के कथा देश में', पृ. 65, प्र. सं., किताबघर दिल्ली)

इस नाटक में निर्मल ने पाया, चेक दर्शन के प्रतीक और संकेत वहाँ के 'नेटिव' तो दूर तक समझ लेते हैं लेकिन विदेशी दर्शक उस नाटक को भीतर पीड़ा-यातना की अन्तर्ध्वनि, परिवेश की विद्रूपताएँ, एब्सर्डिटी उस भाव-ऊष्मा से ग्रहण नहीं कर पाता। फिर सेंसरशिप के आपातकाल में रचनाकार अपने साहित्य की परम्परा को अन्य देशों की साहित्य-परम्परा से नहीं जोड़ पाता। मिलान कुंदेरा का 'पाइंट' था—पन्द्रह वर्ष तक उनकी परम्परा छिन्न-भिन्न रही। फिर जब ढील मिली तो उसके सूत्र दुबारा मिले। सच है कि हावेल से बिल्कुल अगल दिशा मिलान कुंदेरा की है। कुंदेरा अपने में अलग और अद्वितीय हैं—'पॉलिटिक्स' और 'इरॉटिसिज्म' में। उनके जैसा अनुभव पाठक किसी भी यूरोपीय लेखक में नहीं पाता। हावेल, इवान क्लीमा और मिलान कुंदेरा—सभी राक्षसी-नरक का एक अलग तरह का नक्शा पेश करते है। कुंदेरा ने यौन को राजनीति प्रश्न बनाकर दम लिया और पूरी स्थिति को नया मोड़। 'जोक' में राजनीतिक बदला एक व्यक्ति उस व्यक्ति से लेता है जिसने उसे आरोप लगाकर पार्टी से निकाल दिया है—वही व्यक्ति पार्टी के उस व्यक्ति की पत्नी के साथ सोता है। मूल बात यह कि कुंदेरा पहले लेखक हैं जिन्होंने सेक्स को एक नये मनोभाव से देखा और पॉलिटिकल रूपक को मेटाफर के रूप में प्रयुक्त का उसे एक 'पॉलिटिकल ईडियम' बनाया।

निर्मल ने चेकोस्लोवाकिया में रहते हुए अनेक प्रसिद्ध कृतियों के अनुवाद किये और लम्बे समय तक वहाँ की रचनाओं का मर्म ग्रहण किया। फलतः उनके अपने रचना-कर्म पर 'प्राग-वसन्त' की छाया मौजूद है। निर्मल की कहानियों के नैरेटर—इवान क्लीमा की कहानियों के नैरेटरों की स्मृति ताज़ा करते हैं और उनके उपन्यास श्कलोवस्की की याद जगाते हैं जबकि निर्मल की कोई भी रचना चेक रचनाकारों की नकल नहीं है, केवल 'प्रभाव' भर है और 'प्रभाव' जागरूकता की निशानी।

'फ़िक्शनल आई' उसे पकड़ती ही है और निर्मल जैसा संवेदनशील आधुनिक बुद्धिजीवी तो मानवीय मूल्यों के प्रति समर्पित लेखकों-चिन्तकों-बुद्धिजीवियों के प्रभाव से बच नहीं सकता। निर्मल ने अनुभव किया कि हंगरी या पोलैंड के विपरीत-चेकोस्लोवाकिया में मस, जी. मसार्यिक के युग की एक उदार परम्परा रही है। इसलिए जब साम्यवादी सत्ता में आये तो लोग बहुत प्रसन्न हुए। लेकिन शीघ्र ही इस प्रसन्नता पर वज्रपात हुआ। एक बड़े साम्यवादी देश ने एक छोटे साम्यवादी देश को (धर्म और आइडियालॉजी तक पर भी) कैसे बोटी-बोटी काटकर तड़पाया और रौंदा है। यह इतिहास निर्मल की स्मृति में 'भूलने के विरुद्ध' रहा है। निर्मल ने पाया कि इस यातना के भयंकर काल में वहाँ के बुद्धिजीवी दुम दबाकर दुबक नहीं गये। उन्होंने स्थिति का डटकर सामना किया और अन्ततः अलेक्जेंडर द्युबचेक नेता बने तो उनकी बात सुनी गयी। द्युबचेक ने साम्यवादी दल को बदल डाला। इस बदलाव का वहाँ की जनता ने जी खोलकर स्वागत क़िया। आज का चेक एक गैर-साम्यवादी देश है लेकिन मानव-नियति यह है कि एमस्टर्डम के वेश्यालयों में चेक लड़कियाँ भरी पड़ी हैं।

इतिहास की विचित्र विडम्बना देखिए स्टालिन के अधीन चेकोस्लोवाकिया शान्त था और उपभोक्तावादी संस्कृति से दूर। वह पश्चिम से कटा देश था और लोगों को यात्रा करने की अनुमति नहीं थी। निर्मल वहाँ पाते थे शान्त काफ़्का का घर। लेकिन जब निर्मल साम्यवाद के पतन के बाद चेक गणतन्त्र में गये तो उन्हें भारी धक्का लगा। धक्का इसलिए लगा कि वहाँ संस्कृति का व्यापारीकरण, वलगराइजेशन था। उनका कहना सुनिये 'अब काफ़्का का घर एक पर्यटन स्थल बन गया था। उसे देखने के लिए टिकट की लम्बी कतारों में लगना होता था। चारों ओर अश्लील पत्रिकाएँ बिक रही थीं और वेश्याएँ खुलेआम ग्राहक ढूँढ़ रही थीं। चेकोस्लोवाकिया की मेरी इस अन्तिम यात्रा ने मेरे मन में बसी पुरानी यादों को ध्वस्त कर दिया। जिन मूल्यों के लिए मैंने हमेशा संघर्ष किया, निस्सन्देह वहाँ हैं। स्वतन्त्रता है। लोकतन्त्र कायम हो गया है लेकिन पश्चिमी संस्कृति भी जैसे हरहराती चली आयी हो। खैर, आप सब कुछ तो नहीं पा सकते?' ('संसार में निर्मल वर्मा', सं. गगन गिल, 'क्या आप कोई सुखी चरित्र ढूँढ सकते हैं?' तमिल लेखक पी. कृष्णन से बात, पृ. 21) निर्मल ने पाया कि साम्यवाद के खँडहरों में नैतिक विवेक भटक गया। पश्चिम उपभोक्तावादी मॉडल से भिन्न एक सामाजिक लोकतान्त्रिक पद्धति की स्थापना नहीं हुई। 'मानवीय चेहरे वाले साम्यवादी' देश पर पश्चिमी उपभोक्तावादी-संस्कृति का वर्चस्व कायम हो गया। पश्चिम कायम हो गया। पश्चिम उपभोक्तावादी संस्कृति का मॉडल भारत को भी पागल किये है। इस मॉडल को भारतीय संस्कृति की छाती पर सवार देखकर निर्मल की बेचैनी बढ़ जाती थी। इसी बेचैनी में वे 'भारतीयता' की पुकार लगाते

हैं जिसे दुष्टबुद्धि के या प्रपंच बुद्धि के बुद्धिजीवी, निर्मल के चिन्तन का हिन्दुत्ववादी-बाबावाद कहते है। बार-बार प्रश्न उठाते हैं वामपन्थी आलोचक, कि क्यों चाहते हैं निर्मल 'भारतीय आध्यात्मिक की गरिमामयी रोशनी' (नामवर सिंह, आलोचना अंक 90, जुलाई सितम्बर 1989—सम्पादकीय।)

निर्मल वर्मा ने चेकोस्लोवाकिया में 1964 के बाद याद किया है—जब वे लन्दन चले गये और सोवियत फौजें चेकोस्लोवाकिया की छाती पर चढ़ बैठीं। यह इतिहास की गहन यातना का काल था। वहाँ समाजवाद का दमनशील फासिस्ट चेहरा उभरा था। इतिहास के साथ हुई इस धोखाधड़ी ने निर्मल की मानसिकता में घाव किया। बीसवीं शताब्दी के अन्त में जब 'पोस्ट माडर्निटी', 'पोस्ट स्ट्रक्चरलिज्म', 'लेट कैपटिलिज्म' आदि पर करारी बहसें उठीं तो निर्मल ने पाया कि चेकोस्लोवाकिया में वाकई 'इतिहास का अन्त' हो गया है। फूकोयामा का 'एण्ड ऑफ हिस्ट्री' तथा ल्योतार का 'दि पोस्ट मार्डन कंडीशंस' का सत्य दरवाजा खोलकर कह रहा है कि समाजवाद-मार्क्सवाद के 'मेटा नैरेरिज़्म' का त्रासद अन्त हुआ है। बहस में हैबरमास और ल्योतार जूझ रहे है और समाज को बदलने वाले मार्क्स के सिद्धान्तों का गला स्टालिनवाद ने घोंट दिया है। 'हेगल की रेशेनेलिटी' का अन्त आश्वित्ज के कंसन्ट्रेशन कैम्प कर रहे हैं। किसे पता था कि इतिहास विधाता का रथ हिटलर हाँकेगा और स्वतन्त्रता, मानव-विवेक, मानव-मुक्ति का अन्त बीसवीं शताब्दी में ही हो जाएगा। निर्मल की प्रश्नाकुलता फैलती है और वे सोचते हैं—जर्मनी, सोवियत यूनियन तथा चेकोस्लोवाकिया का मानव-भविष्य क्या होगा। इतिहास की त्रासदी को भूलकर क्या नयी चेतना अपनी रचनात्मकता के साथ उभर रकेगी? क्या अडोर्नो का कथन दिमाग़ में टकराते हुए नहीं गूँजेगा कि...आश्वित्ज के बाद कविता नहीं लिखी जा सकती। क्यों आश्वित्ज के बाद 'इतिहास' सम्भव नहीं होगा।

निर्मल की मनोभूमिका में ल्योतार, फूकोयामा, हैबरमास के साथ उत्तर-औद्योगिक समाज में ज्ञान की स्थिति, इतिहास एक महाख्यान (ग्रैंड नैरेटिव) तथा नये आख्यानों की स्थिति के प्रश्न टकराते हैं। हैबरमास इतिहास की अव्यवस्था में व्यवस्था को 'पोस्ट माडर्निटी' में देखते हैं। समाज में उत्तर आधुनिकता को धड़कनें, नैतिकता, धर्म, साहित्य, इंडस्ट्री जैसी चीजों की वैधता समाप्त कर दी है। निर्मल को याद आता है नीत्से का वह कथन जो नीत्से ने सुकरात के बारे में कहा था कि वे पहले व्यक्ति थे जिन्होंने 'हिस्ट्री' के 'इल्यूजन' की शुरूआत की। ल्योतार ने नीत्शे के इस कथन को पोस्ट माडर्निज़्म की शुरुआत मानी है। निर्मल ने ल्योतार की पोस्ट माडर्निज़्म के स्वीकार-अस्वीकार की 'एम्बीग्युटी' को असन्तोष माना है। साथ ही यह भी कहा कि ये लोग यूरोप से बाहर नहीं निकलते; दुनिया यूरोप से बाहर भी बसती है।

निर्मल वर्मा की मनोभूमिका की बनावट का एक पक्ष उनके द्वारा किये गये अनुवादों स जुड़ता है। निर्मल से बेहतर अनुवाद शायद ही किसी हिन्दी लेखक ने किये हों। उनके अनुवादों की सर्जनात्मकता में रचना के मूल से कम आनन्द प्राप्त नहीं होता। बल्कि वे लोग जो न अँग्रेज़ी जानते हैं, न चेक, न फ्रेंच उनके लिए तो निर्मल के द्वारा किये अनुवाद एक अद्‌भुत उपलब्धि हैं। निर्मल ने अज्ञेय जी की भाँति हिन्दी के पाठकों का यह भ्रम भी तोड़ा है कि अँग्रेज़ी ही विश्व ज्ञान का ठेका लिए है। ध्यान में रखने की बात है निर्मल ने मिलान कुंदेरा के प्रसिद्ध होने से पहले ही उनकी कृतियों के अनुवाद किये थे। उसके बाद तो यूरोपीय भाषाओं के साहित्य में भी प्रसिद्ध हुए। इसलिए यूरोपीय भाषा से भारतीय भाषा में अनुवाद के अनुभव उनके लिए और उनके पाठकों के लिए महत्त्वपूर्ण रहे हैं। अपने तमिल-मित्र पी. कृष्णन से बातचीत में कहा है—

'मुझे खुशी है कि आपने यह पूछा। हमें अँग्रेज़ी के द्वारा ही विश्व साहित्य को जानने से बचना चाहिए। हमें फ्रेंच, रूसी, चेक, स्पेनिश, जर्मन और स्वीडिश भाषाओं से भी सीधा सम्बन्ध रखना चाहिए, ताकि अनुवाद सन्दर्भ में हम विवेक से काम लेते हुए ऐसे लेखकों और कथ्यों का चुनाव कर सकें जो भारतीय पाठकों की रुचि के अनुकूल हों। दूसरी बात यह कि अँग्रेज़ी की अपेक्षा, हिन्दी चेक भाषा से अधिक मेल खाती हो। जो कहानियाँ अँग्रेज़ी में अनुवाद के बाद फीकी-सी लगने लगती हैं वही चेक भाषा में जीवन्त हो उठती हैं।' (संसार में निर्मल वर्मा, सं. गगन गिल, पृ. 21-23)।

इस अनुभव के आधार पर उन्होंने आगे कहा—'चेक साहित्य का हिन्दी अनुवाद करते हुए मुझे इन दोनों के घनिष्ठ सम्बन्ध को जानकर बहुत हैरानी हुई। अच्छे विश्व साहित्य का चुनाव करते हुए अँग्रेज़ी पर निर्भरता अनर्थकारी है। यदि हम अँग्रेज़ी में उपलब्ध चयन तक ही सीमित हो जाएँगे तो निश्चित रूप से हम विश्व साहित्य के बहुत से लेखकों का लेखन नहीं पा सकेंगे। इसलिए जितना शीघ्र ही विश्व साहित्य को अँग्रेज़ी के झरोखे से देखने का प्रयास छोड़ दें, उतना ही अच्छा होगा। हमें अपने बुद्धि, विवेक से ही श्रेष्ठ का चयन करना चाहिए। कुंदेरा, क्लीमा या हावेल को अनुवाद करते हुए मुझे ऐसा ही महसूस हुआ। वे मेरी पसन्द के लेखक थे और मुझे मालूम था कि हिन्दी के पाठक भी उन्हें पसन्द करेंगे। जैसे कि मैंने यान ओत्सनिक के 'रोमियो जूलियट और अँधेरा' का अनुवाद किया। यह एक यहूदी लड़की की कहानी है। जब जर्मनी ने चेकोस्लोवाकिया पर अधिकार कर लिया था और यहूदियों को ढूँढ़-ढूँढ़कर उनके साथ दुर्व्यवहार किया जा रहा था तब इस यहूदी लड़की को एक चेक लड़के ने अपने घर में शरण दी। इस सम्बन्ध में इस ऐतिहासिक सन्दर्भ को समझे बिना ओत्सनिक की

समीक्षा करना कठिन है।' (वही, पृ. 22) इन अनुवादों में निर्मल की मनोभूमिका इतनी रमी है कि उन्होंने विध्वंस और पाशविकता से दूर रहकर एक भारतीय और ब्राजीली की कहानी लिखी है जो किसी पूर्वी देश में कार्य करने की अनुमति की प्रतीक्षा कर रहे हैं। कहानी के कथ्य पर उस अनुभव की छाया है। दो वर्ष तक निर्मल वर्मा लन्दन में रहे। लन्दन का जीवन उन्हें बहुत रास आया।

वे 1970 में भारत लौट आये। देश की राजनीति में गर्म हवाएँ चल रही थीं। आखिर उन हवाओं ने आपातकाल का रूप धारण कर दिया। निर्मल वर्मा आपातकाल से भीतर तक आहत हुए। उन्हें लगा कि इस देश की लोकतान्त्रिक परम्पराओं पर वज्रपात हुआ है। निर्मल उन थोड़े से व्यक्तित्ववान लेखकों में हैं जिन्होंने आपातकाल से डर कर घुटने नहीं टेके। निर्भयता से आपातकाल के झंझावत को झेला और कहा—'हमें पहले से ही आशंका थी कि इस तरह का कुछ-न-कुछ होगा, लेकिन जब हुआ तब हमें गहरा आघात लगा। जिस जयप्रकाश आन्दोलन का हम समर्थन कर रहे थे वह अपने चरम की ओर बढ़ रहा था। इन्दिरा गाँधी को जल्दी में जवाबी कार्रवाई करनी पड़ी। या तो उन्हें अपना डेरा-डम्बर समेट लेना या (आन्दोलन का) प्रतिकार करना था। लेकिन इन्दिरा तो इन्दिरा ही थीं, उन्होंने प्रतिकार करने का फैसला लिया। प्रेस के कायरतापूर्ण व्यवहार से मुझे बहुत हैरानी हुई, आघात पहुँचा। हमें ज़रा भी उम्मीद नहीं थी कि वह ऐसे भीगी बिल्ली बन कर सेंसर व्यवस्था और अन्य अपमानजनक शर्तों के समक्ष समर्पण कर देगा। सबसे अधिक चौंकाने वाली बात थी, इन्दिरा गाँधी की अलोकतान्त्रिक तथा अत्याचारी नीतियों का बुद्धिजीवी वर्ग द्वारा ज़रा भी विरोध न किया जाना। सोवियत संघ में साम्यवादियों की निरंकुशता के खिलाफ़ इन्हीं लोगों ने बहुत शोर मचाया था। वैसे तो इन्दिरा गाँधी की तानाशाही उससे निश्चित रूप से हलकी थी लेकिन इस हल्के संस्करण ने भी हमारे बुद्धिजीवी वर्ग को खासा भयभीत कर दिया। थोड़ा-बहुत, राजनैतिक दलों तथा राजनैतिक कार्यकर्ताओं की ओर से हुआ। मुझे एक घटना याद है, रोमेश थापर ने मुझसे अपनी पत्रिका 'सेमीनार' के लिए आपातकाल पर एक लेख लिखने का आग्रह किया। मैंने उनसे कहा कि मैं यह तभी करूँगा जब लेख बिना किसी परिवर्तन के प्रकाशित किया जाएगा। थापर ने मुझ से वादा किया कि वह एक भी शब्द नहीं बदलेंगे और उन्होंने वैसा ही किया। वह 'सेमीनार' का आखिरी अंक था। लेकिन थापर जैसे लोग भयंकर अल्पमत में थे।' ('संसार में निर्मल वर्मा', सं. गगन गिल, पृ.23) निर्मल वर्मा का अँग्रेज़ी पत्रिका 'सेमिनार' में छपा यह लेख हिन्दी अनुवाद में उनकी पुस्तक 'आदि, अन्त और आरम्भ' में पूरा मौजूद है। इसे शीर्षक दिया गया है—अहिंसा और आजादी : आदमी के स्वयं आदमी होने की शर्त' (आपातकाल की छाया में)। यह लेख अँग्रेज़ी मासिक पत्रिका

'सेमिनार' के जुलाई 1976 के अंक में प्रकाशित हुआ था। देश में जब चुप्पी और भय का अन्धकार तना हुआ था, तब निर्मल वर्मा में मौन तूफान पछाड़ें खा रहा था।

उन्हें इस बात की अपार पीड़ा थी कि हिन्दी की क्रान्तिकारी विद्रोही कबीरी परम्परा का कायरता से सिर क्यों झुका है। क्यों हिन्दी के प्रगतिशील लेखकों और सम्पादकों की जीभें तालू से लग गयी हैं ? इसका उत्तर कौन देगा ? निर्मल ने कहा—'दिनमान' के सम्पादक रघुवीर सहाय इन्दिरा गाँधी के आलोचकों तथा जयप्रकाश के प्रबल समर्थकों में से थे। उन्होंने बिना किसी परेशानी के सेंसर व्यवस्था के सामने घुटने टेक दिये। धर्मवीर भारती ने भी ऐसा ही किया। ये लोग राजनीतिक कार्यकर्ता नहीं थे, लेकिन राजनीतिक रूप से जागृत अवश्य थे। हमें उम्मीद नहीं थी कि वे इतने क्षणभंगुर और सारहीन सिद्ध होंगे। हिन्दी के बाकी साहित्यकार किसी गिनती में नहीं आते थे। आपातकाल का एक अन्य पक्ष था। इन्दिरा गाँधी ने केवल समाचार पत्रों तथा पत्रिकाओं पर ही ध्यान केन्द्रित किया था। उन्होंने किताबों की चिन्ता नहीं की और किताब को सेंसर तक पहुँचाने का कोई नियम भी नहीं था।' (वही पृ. 23) इसलिए बिना किसी बाधा के किताबें छपती रहीं। भवानीप्रसाद मिश्र ने अपने कविता-संग्रह 'त्रिकाल सन्ध्या' में आपातकाल की भयंकरता का बेख़ौफ़ जिक्र किया है और भूमिका में कहा है कि नागार्जुन जेल गये और माफी माँग कर जेल से छूटे। प्रगतिवादी विचारधारा की कटती नाक पर नागार्जुन को रत्तीभर मलाल नहीं हुआ। क्या परिवेश बना था कि हिन्दी के नामवर आलोचक आपातकाल के समर्थन में हस्ताक्षर कराते घूम रहे थे। इनकी आपातकाल लीला का एक काला इतिहास है जो माखनलाल चतुर्वेदी, नवीन, सुभद्राकुमारी चौहान की क्रान्तिकारी परम्परा को कलंकित करता है। इस आपातकाल में निर्मल वर्मा ने अपनी निर्मल छवि को मलिन नहीं होने दिया। यह बहुत बड़े कलेजे की बात है कि वे शब्द की गरिमा के लिए जिए और शब्द को कलंकित नहीं होने दिया।

दरअसल निर्मल के घर-परिवार के संस्कार काफी देशी थे इसलिए बौद्धिकता, विवेक वयस्कता के भीतर उनमें एक ठेठ देशी मानस सक्रिय था। उनका आन्तरिक मानस जटिल नहीं, एकदम सहज। उन्हें ध्यान भी रहता था कि मैं किसी राज परिवार से नहीं हूँ—एक साधारण खाते-पीते मध्यवर्गीय परिवार का व्यक्ति। माता-पिता के रिश्तेदारों की एक पूरी फौज और इस फौज ने निर्मल के मानस को इतना उद्वेलित-प्रभावित किया कि उन्होंने पारिवारिक सम्बन्धों की कहानियाँ खूब लिखीं। मध्यवर्ग के परिवारों की आन्तरिकता, सम्भावनाएँ, औसत वंचनाएँ, कुंठाएँ, स्त्री-पुरुष सम्बन्धों की रागात्मक दिशाएँ, अलगाव और अकड़ने का जगत् निर्मल के सृजन यथार्थ में बसता है। वस्तुतः परिवार-सन्दर्भों से जुड़े निर्मल अपने को 'नयी कहानी आन्दोलन' से जुड़ा रचनाकार नहीं मानते। वे कहते रहे हैं कि मैं उसी (वाटरलू के युद्ध)

नायक जैसा हूँ...उन दिनों में सिर्फ अपने लेखन पर ध्यान देता था, नयी कहानी आन्दोलन के विषय में लिखे जा रहे घोषणा पत्रों पर नहीं। इसके अलावा, मैं इस आन्दोलन को, अगर वह आन्दोलन था तो 'नयी कहानी' कहना भी ठीक नहीं समझता। साहित्य में 'नये' का अर्थ होता है—पुराने रूप, पुरानी प्रक्रिया तथा पुराने ढाँचे में आमूलचूल परिवर्तन। जैसे कि फ्रेंच में नया उपन्यास आन्दोलन हुआ। राब्ब ग्रिये, मिशेल बूते तथा क्लाउद मॉडरिएक जैसे लेखकों ने परम्परागत प्रारूप और शैली, कथानक और चरित्र को छोड़ देश और काल को लाँघा और विचारों और भावनाओं का अर्थान्वय पाठकों पर छोड़ दिया।' ('संसार में निर्मल वर्मा', पृ. 24)

निर्मल वर्मा को सृजन-चिन्तन की प्रेरणा भूमि उनके बड़े भाई रामकुमार से मिली। इस प्रेरणा का सत्य निर्मल की पत्नी गगन गिल द्वारा सम्पादित पुस्तक 'प्रिय राम' के पत्रों से (निर्मल वर्मा के पत्र रामकुमार के नाम) हो जाता है। दोनों भाइयों का अभिन्न 'सखा-भाव' आश्चर्य और अद्‌भुत की सृष्टि करता है। कभी भी, कहीं भी निर्मल वर्मा अपने बड़े भाई के प्रेरणात्मक स्नेह को भूलते नहीं हैं। 'हमारे बड़े भाई रामकुमार ने अपना जीवन लेखन से शुरू किया था। बड़े चित्रकार बने। फ्रांस गये तो वहाँ से कई चित्रकारों को मेनीफ़ेस्टोज़, पेम्फ़लेट्स भेजते रहते थे। उनके आर्टिस्ट का जीवन मेरे लेखन का एक हिस्सा बन गया। यह बड़ी चीज़ है कि आपके भाई या बहिन आपको नये अनुभव क्षेत्र में लाने का प्रयत्न करते हैं। यूरोप के बारे में उनके अनुभव, यात्रा-वृत्तान्त मैंने तब पहली बार पढ़े थे। थियेटर, कला, संगीत का ज्ञान पेरिस से भेजी उनकी चिट्ठियों से ही होता था।' (वही, पृ. 200) निर्मल ने पश्चिमी शास्त्रीय संगीत में बहुत शौक पैदा किया अपने लिए। प्राग का अकेलापन संगीत, फिल्म, थियेटर और शाम को कंसर्ट में जाकर बैठने से ही दूर होता रहा। सच बात तो यह है कि निर्मल की शिक्षा-दीक्षा का एक महत्त्वपूर्ण पक्ष पश्चिमी शास्त्रीय संगीत रहा है। भारत वापस आने पर भारतीय शास्त्रीय संगीत में रुचि तो दिखाई लेकिन पूरी 'सहृदयता' से रसमग्न रसिक नहीं बन सके। उन्हें यह अनुभव-सत्य तो विदेशी-संगीत से मिल ही गया था कि संगीत हमारे भीतर की चुप्पी को—अवसाद और ठिठुरन को तोड़ता है। इसलिए कहानियों-उपन्यासों में संगीत निर्मल को भीतर से पकड़ता है। फिर निर्मल ने 'शाश्वत छात्र' की जिन्दगी से बोहेमियन की जिन्दगी को मिलाकर एक नयी धुन तैयार की है।

निर्मल वर्मा एक प्रखर-निर्भय आधुनिक बौद्धिक को सामाजिक-सांस्कृतिक भूमिका में अवस्थित होते गये और रामकुमार को भीतर लेकर नये विचार-आलोक में डटकर नहाये। लेकिन उनका एक पैशन सिनेमा भी रहा। यह पैशन कभी कम

नहीं हुआ। इस पैशन ने भी रचनाकार निर्मल को न जाने कितनी बार तरोताज़ा किया। पहली डॉक्टर पत्नी बकुल और बेटी पुतुल को लेकर भी निर्मल वर्मा का राग-दीप्त मन चलचित्र की तरह रामकुमार के सामने चल पड़ा है। प्राग में कभी बकुल के स्वास्थ्य और नौकरी की चिन्ता, फिर बकुल की लन्दन में नौकरी, बेटी पुतुल का जन्म, पालन-पोषण, माँ जी की स्मृति, स्वामीनाथन की पत्रिका, कहानी-संग्रह प्रकाशित कराने के लिए नामवर सिंह जी की स्मृति, कुछ नयी फ्रेंच फिल्मों के देखने की चर्चा—सभी कुछ 12.1.1967 में लिखे पत्र में राम को बता दिया है। 27.7.67 के पत्र में दक्षिण मोराविया, पोलैंड जाने का विचार, चैम्बर म्यूजिक के कन्सर्ट, बीथोवन या मोत्सार्ट का संगीत, राउ-आल्ट के चित्रों की प्रदर्शनी का गहरा अनुभव तथा अँग्रेज़ी-पुस्तकों की एक नयी लाइब्रेरी खुलने की प्रसन्नता के साथ रामकुमार को लिखा—'अगर तुम्हें स्टीफर स्पेन्डर की आत्मकथा 'वर्ल्ड विदिन वर्ल्ड' पढ़ने को मिले तो अवश्य पढ़ना। पिछले दिनों शायद ही किसी पुस्तक ने अपनी ईमानदारी और संवेदनशीलता के कारण मुझे इतना उद्वेलित किया हो। उसे पढ़ते हुए आदमी स्वयं अपने जीवन की उलझनों, कुंठाओं और तनावों को ज्यादा सफाई और तटस्थता से समझने की कोशिश करने लगता है, किन्तु जिस चीज़ ने मुझे सबसे अधिक प्रभावित किया वह लेखक की humbleness या capacity to bear humiliations है—यों एक कवि का गद्य भी इतना 'पवित्र' और प्रवाहपूर्ण हो सकता है यह मेरे लिए अद्वितीय अनुभव। उनके अलावा नीरद चौधरी की भी अन्तिम दो पुस्तकें पढ़ीं—मैं धीरे-धीरे उनका 'भक्त' होता जा रहा हूँ। शायद हिन्दुओं का इतना खरा और सही विवेचन तुम्हें कहीं और नहीं मिलेगा।' ('हे-राम', पृ. 24) निर्मल वर्मा के इन पत्रों से उनकी पूरी मनोभूमि की बुनावट को 'गहा' जा सकता है। निर्मल की प्रश्नाकुल प्रज्ञा कैसे 'भारतीयता' में आस्था बढ़ाती गयी और कैसे वे कम्युनिस्ट विरोधी होकर अस्तित्ववाद की ओर मुड़े, यहाँ वे सभी 'क्लू' मौजूद हैं।

बड़े भाई रामकुमार को लिखे निर्मल के ये पत्र आज एक ऐसी मूल्यवान 'टेक्स्ट' हैं जिनकी 'क्लोज रीडिंग' से निर्मल के रचनाकार व्यक्तित्व के संघर्षों और तनावों को गहराई से 'जाना' जा सकता है क्योंकि अन्तर्मुखी व्यक्तित्व के निर्मल अपने जीवन-रहस्यों के विषय में प्राय: तान्त्रिक योगियों की तरह मौन रहते थे। मनोहर श्याम जोशी से लेकर अशोक वाजपेयी तक उनके तमाम मित्र बतरसी-गप्पी-हँसोड़ लेकिन निर्मल वर्मा हँसते हुए मौनी। किसी भी घटना, व्यक्ति, प्रकरण-प्रसंग रूपक के 'पाठ' को बहुलार्थक शब्द व्यंजकों को भीतर से पकड़ कर खोलते हुए, हर पाठ के भीतर अपना एक निजी पाठ रचने वाले निर्मल वर्मा कुछ-कुछ अज्ञेय की राह के राही थे। निर्मल वर्मा, कहना होगा कि अज्ञेय से प्रेरित, प्रभावित ही नहीं थे दोनों

की मनोभूमिका में एक गहरा साम्य दिखाई देता है। दोनों के भीतर विदेशी यायावरी, विश्वभर की कलाओं-चिन्तन-परम्पराओं की सूक्ष्म, गहन समझ ने ही 'पावन' और 'दिव्य' भावों से सम्पन्न 'भारतीयता' के चिन्तन को जन्म दिया है। इस चिन्तन के कारकों को न समझने वाले बौड़मों ने दोनों को 'भारत व्याकुल', कभी 'पुनरुत्थानवादी', कभी 'अध्यात्मवादी', कभी 'हिन्दू बाबा' आदि कहकर कलावादी-प्रतिक्रियावादी सिद्ध किया है। कितने दुर्भाग्य की बात है कि लाल फरेरा और भगवा दरेरा वाले आज भी इन दोनों के पीछे हाथ धोकर पड़े हैं। भारतीय सभ्यता-संस्कृति-साहित्य परम्परा का मूल बहुलतावादी स्वभाव इन दोनों ने विस्मृत कर दिया है। निर्मल को हम स्मृति और इतिहास के बुनियादी प्रत्ययों से काटकर न समझ सकते हैं, न उनके सर्जन और चिन्तन के साथ न्याय कर सकते हैं। निर्मल ने बोर्खेस, काफ़्का, टामस मान, रिल्के, वर्जीनिया वुल्फ़, कोएत्जी के साथ रामायण, उपनिषद, गीता, अरविन्द, महर्षि रमण, गाँधी, लोहिया, रवीन्द्रनाथ और अज्ञेय को मथकर जो जीवन का सत्य पाया है वह हमें पलायन नहीं, कर्म-सौन्दर्य की ओर प्रवृत्त करता है। इसलिए निर्मल को ठीक से 'री-राइट' करने की ज़रूरत है।

निर्मल वर्मा को मार्क्सवाद ने संसार-ज्ञान के बारे में एक फ्रेमवर्क दिया है तो अस्तित्ववादी चिन्तन ने एक नया जीवन-दर्शन। अस्तित्ववादी चिन्तन में पहली बार निर्मल ने गहराई से महसूस किया कि इतिहास को हम जैसे एक क्रमबद्ध विकास के रूप में स्वीकार करते हैं, वह हकीकत नहीं है। दुनिया उतने क्रमबद्ध रूप में विकसित नहीं होती बल्कि उसके बिल्कुल उलटे हम एक अराजकता और अर्थहीनता की सृष्टि में रहते हैं। यह सचमुच ही काफी भयानक अनुभव हो सकता है—"इतिहास का कोई मतलब नहीं है और वह काफी मनमाना हो सकता है कि जीवन में घटनाएँ होती हैं—मेरा मतलब है कि इतिहास के भीतर जो घटनाएँ होती हैं उनके पीछे कोई बहुत ही (अति पवित्र) सर्वमान्य नियम हो, ऐसा कोई ज़रूरी नहीं है। जब इसकी जागरूकता एक बार ही जाए तो फिर वह काफी ज़रूरी हो जाता है कि हम सृष्टि के अर्थ को ईश्वर या इतिहास में न देखकर अपने नैतिक अर्थ में पाएँ और मनुष्य खुद इस नैतिकता का निर्माण करे क्योंकि इसके भी कोई फार्मूले नहीं हैं जो आपको बने बनाए मिल सकते हों।' (निर्मल वर्मा, 'मेरे साक्षात्कार' पृ. 10) निर्मल ने ईश्वर और इतिहास के चक्रवात में न पड़कर अस्तित्ववाद से यह बहुमूल्य चीज़ प्राप्त की है कि यह आदमी पर निर्भर करता है कि वह उस अर्थ और नैतिकता को जन्म दे जिससे कि बाहरी दुनिया के साथ एक अर्थपूर्ण रिश्ता कायम किया जा सके। चूँकि निर्मल ने मार्क्सवाद से शुरू किया था इसलिए प्रौढ़ उम्र की दौड़ में अस्तित्ववाद के प्रति इतने गहरे राग के आकर्षण

में बँधना अनिवार्य रहा है।

अपने सृजन कर्म के प्रति हर क्षण समर्पित इस लेखन में किसी तरह का 'प्यूरिटन' भाव नहीं रहा, न कभी किसी के प्रभाव-दबाव में लिखने की विवशता रही। सत्ता की राजनीति से अलग रहकर अपनी शर्तों पर लिखने वाले लेखक रहे निर्मल वर्मा। उन्होंने हमेशा माना कि रचनाकार के लिए सबसे बड़ा मूल्य है स्वाधीनता और स्वतन्त्रता, अपनी स्वतन्त्रता के लिए अधिकाधिक 'स्पेस' बनाना। निर्मल को उन लेखकों की करतूत से आन्तरिक आघात लगा जिन्होंने अपनी सुविधाओं को लिए आपातकाल में सत्ता के सामने नववधू की तरह समर्पण कर दिया। निर्मल ने दुनिया को छानकर, उबाल कर जाना—जिया—चाहे वे दिल्ली में रहे हों या अमेरिका में या लन्दन में। लन्दन की ज़िन्दगी पर वे फ़िदा रहे, विशेष रूप से वहाँ की प्राइवेसी पर (जिस में कोई हस्तक्षेप नहीं करता) लन्दन में रहकर ऐसा शान्त सुख पाया कि उस शहर में आधा भूखा रहकर भी रहने का मजा। शहरी जीवन के अकेलेपन का आनन्द लन्दन में ही पाया। वे कुछ समय तक आयोवा (अमेरिका) में सेनफ्रांसिस्को में रहे। आयोवा में उन पर यूरोप से अलग तरह के प्रभाव पड़े। महाशक्ति अमेरिका में लोगों को काफी उदासीन पाया। अमेरिकन को अपनी स्वतन्त्रता ही अभिशाप नजर आती है। बीसवीं शताब्दी, जिसमें दो विश्वयुद्ध, यातना शिविर, लेबर-कैम्प, विएतनाम की स्मृतियाँ हों, वहाँ के लोग स्वतन्त्रता को बोझ समझें? इसलिए अमेरिकी लोगों से हताश निर्मल ने वहाँ के यात्रा-संस्मरण नहीं लिखे। यूरोप में उनका मन रमा और बड़े उत्साह की अतंरगता का सहभाव सर्जनात्मकता से भर गया। यात्रा-संस्मरण, डायरी-विधा में ऐसे रमे कि न जीवनवृत्त लिखा, न आत्मकथा। भारत में आलोचना-आत्मालोचना की परम्परा नहीं है और वैचारिक गुलामी की जड़ें आकाश-पाताल तक फैली हैं। इसलिए आत्मकथा लेखन की सफलता में गाँधी-अपवाद रहे। बाकी हिन्दी के सभी आत्मकथा लेखक अपनी महानता के चक्कर में अपने कमीनेपन को नहीं लिख सके।

निर्मल वर्मा की कठोर, कड़वी, बेसिरपैर निन्दा या आलोचना इसलिए भी हुई कि उन्होंने सम्पादकों-आलोचकों की राय पर कभी नहीं लिखा। उनकी अपनी राय, अपनी दृष्टि, अपनी आकांक्षा का यहाँ तक विस्तार हुआ कि पचास वर्ष की उम्र में तीस वर्ष की लड़की से प्रेम किया और उससे ब्याह रचाया। उम्र को अतिक्रमण करता नायक—दोनों में खूब पटी। गगन गिल कवयित्री, निर्मल की दूसरी ब्याहता पत्नी। दोनों देश-विदेश घूमे लेकिन भारतीय परम्परा के भीतरी चौखटे में अपनी विशिष्टताओं का निर्वाह किया। परम्परा-संस्कृति में हस्तक्षेप करने वाली पश्चिमी सभ्यता के प्रति, उनकी ऐतिहासिक दृष्टि के प्रति युगल सतर्क रहे।

निर्मल ने पश्चिमी-सभ्यता-संस्कृति-साहित्य को भरपूर समझा—पढ़ा लेकिन

हिन्दी साहित्य के प्रति कभी ढीलेपन का परिचय नहीं दिया, न ढिल्लड़ 'कमेंट' किये। हिन्दी कविता के छायावाद, प्रगतिवाद, प्रयोगवाद, नयी कविता के कवियों को उन्होंने मनोयोगपूर्वक पढ़ा। उनके ज्यादातर मित्र भी कवि रहे चाहे नरेश मेहता हों या रघुवीर सहाय या धर्मवीर भारती। तभी तो अनुभव की संश्लिष्ट वास्तविकता को वे अपने रचना-कर्म में सही शब्द से सार्थक कर सके। वे यह निर्णय करने की क्षमता रखते हैं—कैसे प्रेमचन्द और निराला एक ही समय में अलग-अलग विधाओं को क्लासिक ताकत दे सके। उन्होंने इस मुद्दे पर हमेशा ध्यान केन्द्रित किया कि दो सौ वर्ष के अँग्रेज़ी राज ने भारतीय मानस को बहुत हद अपनी जड़ों से उन्मूलित किया। इसके कारण उत्तरी भारत के लेखकों में, खासतौर पर ग्रामीणों और किसानों में कहीं एक गहरा विषाद, यातना बोध, शत्रुता बोध तथा आध्यात्मिकता के साथ भौतिक असुरक्षा का बोध उत्पन्न हुआ। प्रेमचन्द के कथा-साहित्य, निराला के काव्य और प्रसाद के दर्शन में इसी क्षेत्र की कथा-व्यथा ने रूप पाया। जमींदारी प्रथा का प्रकोप दक्षिण भारत से ज्यादा उत्तरी भारत को भोगना पड़ा और इसी क्षेत्र में स्वाधीनता संग्राम की आग ने जोर पकड़ा। कालिदास, भवभूति और भारतेन्दु की इस भूमि को अँग्रेज़ी राज ने हर तरह से विपन्न बनाया इसलिए राम, कृष्ण, गौतम और महावीर को आधार बनाकर ज्यादातर रचनाएँ इसी क्षेत्र में हुईं। आखिरकार इन्हीं क्षेत्रों से सूर, जायसी, कबीर, तुलसी की परम्परा में भारतेन्दु श्रीधर पाठक, हरिऔध, मैथिलीशरण गुप्त, रामनरेश त्रिपाठी, निराला, प्रसाद, पन्त, महादेवी, प्रेमचन्द, जैनेन्द्र, अज्ञेय, मुक्तिबोध और रेणु उठे और पूरे साहित्य का चरित्र बदल दिया। अज्ञेय की बुनियादी चिन्ता यही थी कि अँग्रेज़ी ने हमारी लोक लय से हमें विच्छिन्न कर बहुमूल्य संस्कारों से वंचित कर दिया। आधुनिकता की आड़ में नयी तबाही दी—ऐसी तबाही कि देश बेहाल भिखारी बन गया। उपनिवेशवाद, उत्तर उपनिवेशवाद, मीडिया क्रान्ति ने सोचने का चैन छीन लिया। निर्मल तो इतिहास के गहन अध्येता रहे हैं। वे इस निष्कर्ष पर पहुँचे थे कि हिन्दी प्रदेश के बुद्धिजीवियों में अँग्रेज़ी राज के प्रति हमेशा द्विविधापूर्ण भावना रही। इन्हें मालूम था कि बदहाली, भूख-गरीबी, बेरोजगारी के लिए अँग्रेज़ी राज जिम्मेदार है फिर भी वे अँग्रेज़ी राज को हुक्का भरने में अपना सम्मान समझते रहे। गाँधी ने आकर भारतीय परिदृश्य में भारतीय चेतना को जगाया। लेकिन बाद हम फिर यूरोप, अमेरिका की ओर भाग खड़े हुए। नरसी मेहता, नामदेव, तुकाराम, रैदास, कबीर, सूर, जायसी, तुलसी का बोध हमारी सांस्कृतिक परम्परा की अमूल्य धरोहर है। लेकिन पूरी धरोहर को धता बताकर हम आँखों पर पट्टी बाँध कर 'सेकुलरिज़्म' , 'माडर्निज़्म' को और 'पोस्ट माडर्निज़्म' की ओर भाग खड़े हुए। हमारे रहने-सोचने के पूरे ढंग पर पश्चिमवाद—अमरीकावाद 'मॉडल' बनकर सामने आया।

अपने अतीत का बोझ उठाकर फेंकने के चक्कर में हमने 'आधुनिकता' को ब्रह्मास्त्र बनाया तथा अरविन्द, विवेकानन्द, गाँधी को प्रतिक्रियावादी कहकर ठुकराना चाहा। हम भूल गये कि लैटिन अमरीका के मूल निवासियों की संस्कृति का जो हाल हुआ, वही हाल भारतीय संस्कृति का भी हो सकता है। हाय रे, हमारा सब कुछ होना सरल हो गया केवल 'भारतीय' होना कठिन हो गया।

प्रश्न है, यह कौन-सा बुद्धिजीवी वर्ग और राजनीतिक चिन्तन है जो 'भारतीयता' के नाम पर गाली दे रहा है, पूरी हिन्दू धर्म संस्कृति को साम्प्रदायिकता का नाम दे रहा है और भिखारी भाव से अमरीका-ब्रिटेन-रूस को सींच रहा है? हमारी स्मृति, सांस्कृतिक परम्परा, धर्म-दर्शन, अध्यात्म, नैतिक बोध पर रोज कौन हमला कर रहा है, उसे घायल कर रहा है, मिटा रहा है? भाषा और अस्मिता को उजाड़ रहा है? इस तरह के प्रश्न निर्मल वर्मा की चिन्ता के केन्द्र में हैं। वे एक 'साक्षात्कार' में कहते हैं—"साहित्य न सही किन्तु मानवीय चेतना के स्तर पर भारत के मनीषियों ने बीसवीं शाताब्दी में 'आधुनिक सभ्यता' के समक्ष जो प्रश्न रखे हैं, वे अत्यन्त महत्त्वपूर्ण हैं। क्या किसी पश्चिमी लेखक ने हिटलर के हॉलोकास्ट, स्तालिन के लेबर कैम्पों में मरने वाले लाखों लोगों की यातना, हिरोशिमा के विनाश के परिप्रेक्ष्य में, यूरोपीय, सभ्यता के पुनर्मूल्यांकन का काम ज़रूरी समझा? नहीं। इसीलिए मार्क्वेज जैसे लेखक फिदेल कास्त्रो की तानाशाही और नेरूदा और सार्त्र जैसे लेखक स्तालिनवादी आतंक को न्यायोचित बताते रहे। पश्चिम में हर अमानुषिक कृत्य के पीछे कोई न कोई ऐतिहासिक और दार्शनिक कारण ढूँढ़ने में माहिर बुद्धिजीवियों और लेखकों की एक लम्बी जमात रही है। विडम्बना यह है कि यही लोग पूर्व के 'अन्धविश्वासों' के विरुद्ध अपने को यूरोप की रैशनेलिस्ट परम्परा का उत्तराधिकारी मानते हैं।" (निर्मल वर्मा, 'मेरे साक्षात्कार' पृ. 25)

प्रश्न उठता है कि भारतीय साहित्य पर मार्क्वेज जैसे लेखक अपना असर क्यों नहीं छोड़ सके? कारण, मार्क्वेज अपनी ऐतिहासिक माइथालॉजी में रचे-बसे हैं। उनका 'जादुई यथार्थवाद' भले ही सार्वभौमिक हो, अपने प्रतीक और बिम्ब हर लेखक अपनी परम्परा—अपने जातीय-स्मृति मंडल से प्राप्त करता है। हाँ, यह सच है कि टॉलस्टॉय, तुर्गनेव और दास्तोएवस्की की कृतियों के अनुवाद ने भारतीय साहित्य और पाठक-वर्ग को बहुत प्रभावित किया, जबकि अँग्रेज़ी की गुलामी भोगने पर भी अँग्रेज़ लेखकों का प्रभाव हम पर बहुत कम पड़ा। इंग्लैंड के रोमांटिक कवियों में शेली, कीट्स और वर्डस्वर्थ पर मुग्ध हुए किन्तु समकालीन हिन्दी लेखक आधुनिक अँग्रेज़ी साहित्य के पीछे नहीं पड़ा। उसने फ्रांस के अस्तित्ववादी रचनाओं का विशेष कर काम्यू का प्रभाव ग्रहण किया और समय-समय पर हेमिंग्वे, फॉकनर और स्टाइन बेक को याद भर किया। निर्मल ने तो यहाँ तक कहा कि हिन्दी स्वाधीनता-संग्राम की भाषा थी तो हिन्दी के माध्यम से ही राष्ट्रीय आन्दोलन की लय से वे जुड़ते गये। फिर तो ऐसा हुआ कि विदेशी साहित्य पढ़ने पर भी

अपनी राष्ट्रीय समस्याओं-चिन्ताओं-सरोकारों से सम्पृक्त होकर आगे बढ़ते गये। इसलिए अनुभव और स्मृति के बीच जो सत्य छिपा है, वह 'भारत' का सच है उसमें पश्चिम नहीं 'भारतीयता' बोलती है। निर्मल के पहले उपन्यास 'वे दिन' तथा कुछ कहानियों को छोड़कर शेष समस्त लेखन की पृष्ठभूमि में भारत है; चेक प्रवास के अनुभव भी कथा साहित्य में नहीं, निबन्धों में मिलते हैं।

निर्मल वर्मा के सृजन-चिन्तन की मानसिकता को समझने-पाने की दृष्टि से उनका यह कथन उनके अनुभव की गीता है कि "मेरे चेक प्रवास का अनुभव मेरी कहानियों और उपन्यासों पर उतना नहीं जितना मेरे निबन्धों पर पड़ा था, जो मैंने अपने देश लौटकर लिखे थे। पश्चिम सभ्यता, विशेषकर समाजवाद के बारे में मेरी विचार-दृष्टि में एक तरह का रैडिकल परिवर्तन आया, जिसने मेरे बहुत से भ्रमों और सम्मोहनों को तोड़ दिया। यह इतिहास की गूढ़ विडम्बना ही कही जाएगी कि जब चेक लोगों ने कम्युनिस्ट तानाशाही से छुटकारा पाकर समाजवाद के मानवीय चेहरे से साक्षात्कार किया तभी उस चेहरे को इतनी क्रूरता से कुचल दिया गया। मेरे लिए यह वैसा ही कटु अनुभव था जैसा कुछ वर्षों बाद भारत में हुआ जब इन्दिरा जी ने हमारी लोकतान्त्रिक-परम्पराओं की उपेक्षा करके समूचे देश पर इमर्जेंसी लागू कर दी थी। इन घटनाओं ने मुझे भारतीय संस्कृति, राष्ट्रीय अस्मिता, भारत और पश्चिम के अन्तर्सम्बन्धों के बारे में पुनः सोचने के लिए विवश किया, जिसकी कुछ झलकें मेरे निबन्ध-संग्रहों 'शब्द और स्मृति', 'कला का जोखिम' और 'ढलान से उतरे हुए' में देखी जा सकती हैं" ('मेरे साक्षात्कार', पृ. 28) इन विचारों का पूरा विस्तार 'भारत और यूरोप : प्रतिश्रुति के क्षेत्र', 'आदि, अन्त और आरम्भ' तथा 'दूसरों शब्दों में' जैसे निबन्ध संग्रहों के तर्कपुष्ट चिन्तन से हुआ।

निर्मल वर्मा ने विदेश में जाकर बस गये राजाराव, रामानुजन, कमला मार्कण्डेय आदि लेखकों के भारत-सम्बन्ध पर विचार करते हुए माना है कि विदेश में जाकर बसने पर भी वे कम भारतीय नहीं है। आखिरकार जेम्स जॉयस से बड़ा कौन आयरिश लेखक हो सकता है जिसने जीवन के अधिकांश वर्ष आयरलैंड से बाहर व्यतीत किये। भारतीय लेखक इसलिए कम भारतीय नहीं हो जाता कि वह बाहर रहता है। निर्मल ने विदेश सन्दर्भ से अपने बारे में टिप्पणी की है कि 'मुझे नहीं लगता कि मैं स्वयं अपने देश और अपने समाज के काले और उजले पक्षों को इतने निस्संग भाव से देख पाता अगर मुझे विदेश जाने का अवसर न मिलता। किन्तु नायपॉल जैसे लोग...हमेशा एक आउटसाइडर की हैसियत से ही भारतीय जीवन की विसंगतियों और विद्रूपताओं को देखते रहे हैं।' (वही पृ. 29) यह ऐतिहासिक बात समझना आवश्यक है कि भारतीय संस्कृति पर तमाम विनाशकारी आक्रमण हुए हैं और इन आक्रमणों को झेलकर भी यह संस्कृति अविरल रूप से प्रवाहमान है। यह क्या भारतीय संस्कृति के कम जीवट का प्रमाण है?

इस तथ्य को याद रखना जरूरी है कि निर्मल के साहित्य संस्कारों पर एक खास दौर में सबसे ज्यादा धमक जैनेन्द्र, अज्ञेय, टी. एस. एलियट, डी. एच. लारेंस और काफ्का की रही। एलियट का जादू तो उन पर इस कदर रहा कि 'फोर क्वार्टर्स' तथा 'वेस्ट लैण्ड' का वे उसी भाव से पाठ करते रहे जैसे 'भगवत-गीता' का पाठ। उनके चित्त को 'फोर क्वार्टस' शान्ति देता रहा। कुछ समय बाद ऐसा ही अनुभव उन्होंने अरविन्द, कुमारस्वामी, गाँधी और लोहिया को पढ़कर किया। प्रेमचन्द और रेणु, लोर्का और प्रूस्त—इन सभी ने उद्वेलित किया। किर्केगार्द और रिल्के को पढ़कर यह विचार दृढ़ हुआ कि ईश्वर में विश्वास किये बिना कोई सन्त नहीं हो सकता और साहित्य हमें पानी नहीं देता, सिर्फ अपनी प्यास का बोध कराता है। भारतीय साहित्य और संस्कृति पर ध्यान देते हुए यह समझना होगा कि उसने इतिहास को अस्वीकृत करके अपना अस्तित्व बनाया है। इसका प्रमाण हमारा काल-चिन्तन 'काल-मृगया' या आवर्ती काल के रूप में देता है। काल का डमरू नाद हमारी संस्कृति का एक अद्‌भुत भाष्य है। साहित्य 'सच्चा' और 'कलात्मक' और 'कालजयी' तभी हो सकता है जब वह जीवन का विषपान कर शिव की तरह नीलकंठ बने। सच्ची कलाकृति ही शिव का नील कंठ है जो अपने जहर से जीवन के झूठ को मार सकती है। इसीलिए भारतीय लोकचित्त में लोक परम्पराओं में शिव की प्रधानता है। कोई भी कला और कलाकृति भीतरी अनुभूतियों का उन्मोचन भर नहीं है। वह उससे अधिक है, शिव की तीसरी आँख। यह आँख 'निर्वैयक्तिकता' का सच सामने लाती है।

निर्मल वर्मा ने ग्रामीण जीवन और किसानों पर नहीं लिखा क्योंकि वह सब उनके अनुभव-अनुभूति का हिस्सा नहीं था—उनके अनुभव का संसार शहरी था और उसमें शहरी मध्यवर्ग। लेकिन उनमें प्रेमचन्द और रेणु की किसान-संवेदना, ग्रामीण चेतना के प्रति गहरा आकर्षण रहा है। वे यह सोच कर व्यथित होते रहे हैं कि ग्रामीणों-किसानों को अन्धाधुन्ध 'प्रगति' के नाम पर उनकी जमीन से उखाड़कर शहरों में भटका दिया गया। यहाँ वे हर तरह से सूख रहे हैं और अपनी प्रकृति-लय तथा स्मृति खोकर बंजर हैं। आजाद भारत ने 'प्रगति' और 'विकास' के झूठे सपने दिखाकर हमारे देश के लोक को, लोक-स्मृति को कितनी धूर्तता से नष्ट किया है। भारतीय संस्कृति का लोक उजड़ रहा है। व्यापक पैमाने पर ग्रामीण समाज का विनाश 'आधुनिकता' की आड़ में किया गया है—सह सब निर्मल को आन्तरिक पीड़ा देता है। लुकाच, टामस मान, काफ़्का, हेगेल, मार्क्स, गोल्डमान, ग्राम्शी—सब पर उनका मन ठहरता है और वे भारत की बर्बादी को याद करके उदास हो जाते हैं। निर्मल को पता है कि स्वामीनाथन मेक्सिको, अमरीका और यूरोप की यात्रा लौटे हैं और वे पश्चिमवाद से दुःखी क्यों हैं।

विटगेन्श्टाइन को पढ़ते हुए निर्मल को रमण महर्षि का ध्यान आता है। वे प्रश्न करते हैं—'मौन क्या है?' और रमण महर्षि का उत्तर आता है—'वह स्थिति जो वाक् और विचार का अतिक्रमण कर सके, मौन है। वह ध्यान ही है जिसमें कोई मानसिक हरकत नहीं होती। मन को काबू में लाना, यही ध्यान (मेडीटेशन)। गहरा ध्यान एक ऐसा 'कथन' है जो चिरन्तन है। मौन हमेशा मुखरित होता है, वह भाषा का चिरन्तन प्रवाह, जिसे हम बोलकर तोड़ देते हैं।' मुझे लगता है कि एक गहरे अर्थ में निर्मल वर्मा भी अज्ञेय की तरह ही मौन के सर्जक और चिन्तक हैं। निर्मल वर्मा के दार्शनिक मित्र रामचन्द्र गाँधी उनकी कहानियों के महर्षि रमणवाद का भाष्य इस मौन में करते हैं। शिमला, मुक्तेश्वर, मनाली, कोसानी, रानीखेत, मणिकर्ण के अनुभव उनके मौन में मुखर हुए हैं—कभी 'परिन्दे' कहानी बनकर, कभी 'लाल टीन की छत', कभी 'अन्तिम अरण्य' और कभी 'लाली बुआ' बनकर। यह अलग बात है हर अनुभव एक अलग फॉर्म को जन्म देता रहा है। उनका 'मौन' ही भाष्य कर पाता है कि पन्त के कवि पर अध्यात्म बोझ बन गया लेकिन निराला पर परमहंस का प्रभाव वरदान। प्रसाद ने दर्शन को काव्य बनाया और एलियट की कैथोलिक आस्था उनकी कवि-यात्रा का सत्य है। उनकी लम्बी कविता 'फोर क्वार्टर्स' को तो निर्मल भक्ति-भाव से जीते रहे। इसलिए जीते रहे कि जीवन की मरुस्थली यातनाओं का यह कविता प्रखर आलोक है। गोएटे के मनुष्य-प्रकृति के अद्वैत सिद्धान्त को ठुकराकर बीसवीं शताब्दी ने प्रकृति पर विजय पाने की लालसा, प्रगति की अन्धी दौड़ और प्रकृति का औपनिवेशीकरण किया तो यूरोप के मानव की विज्ञानबुद्धि, तर्कबुद्धि ने जीवन के विनाश को बुलावा दिया। रूसो और गोएटे का तुलनात्मक विश्लेषण निर्मल की मनोभूमिका में हरदम सक्रिय रहा है।

सोचने की बात है कि हेनरी मिलर के ट्रॉपिक ऑफ कैंसर का 'पाठ' उस पाठ का साहित्यिक ऐस्थेटिक अनुभव निर्मल वर्मा के चित्त को आँधी में झकझोरे पीपल के पत्तों की तरह क्यों हिलाता है? क्यों उन्हें लगता है जैसे अभी शीतल जल से स्नान किया है। टॉलस्टॉय के 'अन्ना कारेनिना' तथा तुर्गनेव की 'शिकारी कथाएँ' क्यों भाती हैं? क्यों वे दोस्तोएवस्की के उपन्यासों में प्रकृति और पशु गायब पाकर चिढ़ते हैं? क्यों उन्हें धूप में नहाते बच्चे, घास चरती बकरियाँ, कंचे खेलते छोकरे पसन्द हैं? तारों भरा आकाश, देवदारु-चीड़ के वन, पहाड़ी रास्ते, हिमालय की बर्फीली रंगत, भीम बेटिका की काली-सफेद चट्टानी गुफाएँ, मांसल टाँगों वाली लड़कियाँ और उनींदे ताल भाते हैं? इन सभी से ही उनका अन्तर्जगत् बना है और इस अन्तर्जगत् का एकान्त-अकेलापन, योगी की कुटिया (करोलबाग की बरसाती) और कुटिया में सिगरेट सुलगाते, खाते-पीते, संगीत सुनते समय के

अनहद नाद में मस्त मौन निर्मल का सर्जक और चिन्तक। इस चिन्तक को लिखने की कोई हड़बड़ी नहीं, घंटों बैठने पर भी एक वाक्य तक न लिखना और लिखना हो तो धीरे-धीरे रिसना-निचुड़ना-निथुरना। एक अलग तरह की रचना-प्रक्रिया। संसार के तमाम प्रलोभनों-स्वार्थों, कुटिलताओं से दूर निर्मल का मायावी संसार नारी देह से प्रेम का पतंगा वाला पहाड़ी मन। तभी तो मायावी प्रलोभन उनके चिन्तन के सातत्य को कभी नहीं जोड़ सके। अज्ञेय और रेणु दोनों ही निर्मल से बड़े रचनाकार हैं लेकिन इन दोनों के सामने भी वे बौने नहीं दिखाई देते। उनके लेखक की एक अलग महिमा है—एक अलग मुहावरा—एक अलग अस्मिता और ठसक।

निर्मल वर्मा ने अपनी 'डायरी' में कहा है—'मुझे ये तीनों व्यक्ति क्यों इतना अभिभूत करते हैं, क्यों उनके बारे में सोचते हुए मुझे अपना आपा इतना दरिद्र, इतना कड़ा, इतना कीचड़ में सना जान पड़ता है ? शायद इसलिए कि तीनों के ही विटगेन्श्टाइन, गाँधीजी, सिमॉन बेल के जीवन और चिन्तन के बीच कोई खाई नहीं थी। उनका व्यक्तित्व एक साफ अकम्पित लौ की तरह मेरे भीतर के पाप और अँधेरे को काट जाता है। मेरी कोई प्रार्थना है तो यही— मैंने आज तक कोई मनोकामना नहीं माँगी सिवाय इसके कि मैं अपने लेखन और जीवन को वैसे ही पवित्र और एकाग्र साधना में समर्पित कर सकूँ, उतनी ही सम्पूर्ण और अबाध रूप से—जैसी उनमें थी।' ('धुन्ध से उठती धुन', डायरी नोट्स, जर्नल्स, पृ. 75) निर्मल जी की यह प्रार्थना 3 फरवरी 1982 की है। फिर वे प्रूस्तमय हो गये क्योंकि उनके मन में प्रूस्त की गहन, पारदर्शी अन्तर्दृष्टि की अद्वितीयता का गान चलता था। इसलिए निर्मल अपनी कहानियों की तपती, बेचैन बुखार से कराहती सतह को छोड़कर चिन्तनपरक निबन्धों में उतरकर विश्राम पाते हैं। कहानी, उपन्यास, यात्रा-संस्मरण निर्मल वर्मा के 'घर' नहीं हैं, बाहरी भटकाव हैं। निर्मल वर्मा का 'घर' है उनका निबन्ध लेखन। यहीं वे अपने पुरखों की स्मृतियों के साथ विश्राम पाते हैं और अपनी आन्तरिक शंकाओं-चिन्ताओं से मुक्ति। क्या विडम्बना है कि निर्मल के इन निबन्धों की ओर बहुत कम ध्यान दिया गया है। केवल कहानियों, उपन्यासों की वाह-वाही की गयी है और निबन्धों की 'भारत व्याकुल' कहकर उपेक्षा। उपेक्षा इसलिए कि हिन्दी आलोचना ने उन्हें एक आँख से और वह भी प्रतिबद्ध बीमार आँख से देखना चाहा है। एक समय के बाद नामवर सिंह की राय निर्मल वर्मा को लेकर बदलने लगी। उनकी राय में 'सौन्दर्यवादी सन्त' कलावादी-प्रतिक्रियावादी, अध्यात्मवादी-बाबावादी हो गया तो निर्मल वर्मा ने अपनी दुर्दशा पर कहा—'नामवर सिंह जी का साहित्य से सरोकार जितना कम होता गया है, साहित्य की राजनीति से उतना ही अधिक। इससे उनकी राजनीति तो विक्षत हुई ही है, साहित्य भी हताहत हुआ है। यह उनके लिए

शायद नहीं, हमारे लिए एक दुर्भाग्यपूर्ण स्थिति है। वे राजनीति के योद्धा हैं और साहित्य के कुरुक्षेत्र को साहित्य के धर्मक्षेत्र में ला रहे हैं। इससे वे साहित्य का अहित तो करते ही हैं, राजनीति का भला भी नहीं करते।' (निर्मल वर्मा, 'मेरे साक्षात्कार', पृ. 88)

निर्मल वर्मा अपने रसिक मित्र मिहिरजी के साथ महुए की मुस्कुराहट में जीवन की मीठी गन्ध पाते रहे हैं। पकी देह की मुज़रावाली बौरा बाई। मिहिरजी उस गौरा का नंगा पेट छू कर कहते हैं—'क्या बकरी की तरह बच्चे जनती हो' और गौरा बाई हँसते हुए मिहिरजी की तोंद गुदगुदाती है। अवसन्न दोपहर की मन्थर उदासी और आस-पास मँड़राते बच्चे और बार-बार मिहिरजी उसके आँचल के नीचे अंगिया को छूते हैं और वह हँसते हुए उनका हाथ झटक देती है। अब करिए इस प्यार का 'पाठ' लोक-व्यंजना का अनन्त संसार। दोपहर में बजता प्यार का हारमोनियम—यह हमारा ग्रामीण संसार है, लोक है—मीडिया के बालमवाद से दूर लोक। भारतीय मन का यह भी एक तीर्थ है—लोक तीर्थ। इस लोक तीर्थ की सीढ़ियों पर बैठकर निर्मल नहाते हैं और पाते हैं कि गौराबाई तो नर्मदा और गंगा की तरह पवित्र है। इस भाव से निर्मल वर्मा की नारियों पर नारी-विमर्श कीजिए न; जिसमें न झूठा मर्दवाद है, न शोषणकारी आतंकवाद। नर-नारी का सहज राग-रंगभरा रिश्ता है। नारी में नर्मदा के हजार-हजार स्रोत पाकर निर्मल निराश नहीं हैं। हर ओर से उनके लिए नारी तीर्थ स्थल है जिसकी अन्तर्यात्रा में न कोई पाप है, न ताना, न कुंठा। अज्ञेय का प्रेम 'कांगड़े की छोरियाँ' पर उमड़ता है और निर्मल वर्मा का मणिपुरी लड़की को देखते ही प्रेम उमड़ने लगता हैं क्योंकि अज्ञेय और निर्मल, दोनों राग-दीप्त आलोक के भरे-पूरे रचनाकार हैं। दोनों के नारी प्रेम में देश प्रेम और देश प्रेम में नारी प्रेम समाहित है। दोनों प्रकृति का सौन्दर्य-दर्शन जीते हैं। इसलिए निर्मल के लिए यह संसार अविद्यामूलक माया कभी नहीं रहा। वे जानते हैं संसार का सच्चा सौन्दर्य भागने में नहीं, भोगने में हैं। कृष्ण-राधा भाव की इस नयी उजली भारतीयता में अज्ञेय और निर्मल, दोनों जीते रहे हैं। यह राग या प्रेम निर्मल वर्मा को तिब्बत प्रेम की ओर ले गया। दलाई लामा और तिब्बत-संस्कृति के विनाश की व्यथा पर भरे हृदय से विचार करने वाले हिन्दी में वे पहले बड़े लेखक हैं। भारत ने तिब्बत के साथ कैसे दगा किया, कैसे दलाई लामा को नेहरू जी ने भारत में शरण दी और फिर उन्हें असहाय छोड़ दिया; तिब्बत की बौद्ध संस्कृति को चीन ने कैसे-कैसे बहाने बनाकर धूल में ध्वस्त किया और हमारी सरकार बोली नहीं। इस कायरता पर निर्मल के चिन्तन और रचनाकार ने व्यथा-कथा कही है। निर्मल ने 'भारतीय' और भारतीय सभ्यता-संस्कृति, लोक स्मृति और लोक संस्कृति के विनाश के लिए पश्चिमवाद-मार्क्सवाद को दोषी पाया है। इसलिए उनके चिन्तन का सबसे ज्यादा विरोध मार्क्सवाद के खेमे में

होता है—होता रहा है। लेकिन निर्मल वर्मा इस विरोध से न आहत हुए, न अपने चिन्तन को लगाम दी। धन्य है ऐसा एक भी रचनाकार, जिसने अपने स्वाधीनता आन्दोलन के संस्कारों को मरने नहीं दिया। मानव स्वतन्त्रता के लिए हर जोखिम झेलकर वैचारिक घमासान में हार नहीं मानी। सत्ता-राजनीति के सामने घुटने नहीं टेके। धर्मनिरपेक्षता, भूमंडलीकरण, आधुनिक बुद्धिजीवी, आध्यात्मिक कुंठाएँ, भारत के औपनिवेशिक मानस, उत्तर औपनिवेशिकता के दौर में वे लगातार जागरण के मंत्रों का निर्भय अखंड पाठ करते रहे। उनकी बुनियादी चिन्ता भूमंडलीकरण के दौरान भारतीय संस्कृति के विनाश की रही और वे पूरी शक्ति से धर्म, लोकतन्त्र, साम्प्रदायिकता, भारतीय बुद्धिजीवी, भारतीयता, धर्मनिरपेक्षता की अवधारणाओं पर गहन विमर्श प्रस्तुत करते रहे। ऐसा देशभक्त चिन्तक 2005 में हमें छोड़कर संसार से विदा हो गया। उन्हें ज्ञानपीठ पुरस्कार, मूर्तिदेवी पुरस्कार, साहित्य अकादेमी सम्मान, उत्तर प्रदेश का लोहिया साहित्य सम्मान, साहित्य अकादेमी की महत्तर सदस्यता तथा विदेशों से न जाने कितने सम्मान मिले किन्तु वे इन सम्मानों के दास नहीं बने। उनका नाम नोबेल पुरस्कार के लिए भी चला। लेकिन तब तक वे स्वयं इस लोक से चले गये।

निस्सन्देह, निर्मल वर्मा का सर्जनात्मक और चिन्तनपरक अवदान भारतीय साहित्य और हिन्दी साहित्य के लिए बहुत बड़ा है। आज तो उनकी स्मृति से प्रेरणा की सुगन्ध आती है—निर्मल वर्मा के जीवन का 'टेक्स्ट' उनके पाठक के साथ बदलता है। उत्तर आधुनिक बुद्धिजीवियों और प्रबुद्ध पाठकों के बीच उनकी रचनाओं का सच पाठक के 'पाठ' की मानसिकता पर ही निर्भर करता है कि वह उन्हें किस कोण, विचार, दृष्टि भाव या भूमिका से देखता है क्योंकि किसी भी टेक्स्ट का कोई मूल या स्थायी सत्य नहीं होता। 'पाठ' में सोये अर्थ को पाठक ही जगाकर अर्थ देता है।

उत्तर औपनिवेशिक विमर्श का व्योम

हिन्दी आलोचना के लिए एक विकट चुनौती रहे हैं निर्मल वर्मा। उनके सर्जन और चिन्तन का नया परिप्रेक्ष्य पुरानी अवधारणाओं, सैद्धान्तिक दृष्टियों एवं प्रविधियों की अपर्याप्तता सामने लाता है। उनका समग्र लेखन और अलीकी चिन्तन उत्तर औपनिवेशिक समाज-संस्कृति, धर्म-अध्यात्म, भाषा और दर्शन के बुनियादी प्रश्नों को उनके मूल से उठाता है। इसलिए उनकी चिन्ताओं की धार बहुत पैनी है और गहन भारतीय बौद्धिकता से भरी लबालब सोच। साहित्य-सत्ता-राजनीति-अध्यात्म में पश्चिमवादी आधुनिकता से सीधे-सीधे मुठभेड़ करने वाले वे साहित्य के राममनोहर लोहिया हैं। लोहिया जी की तरह मौलिक, निर्मम, देशभक्त, भारतीयता के पवित्र भावों की रक्षा करने वाले और अपनी परम्परा-संस्कृति की गौरव गरिमा से सम्पन्न एवं समर्थ। एक ऐसा शीर्षस्थ रचनाकार और मौलिक चिन्तक जिसने आपातकाल के अन्धकार में बौद्धिक मशाल जलाकर रोशनी की। न सत्ता के सामने घुटने टेके, न कोई प्रशस्ति-वाचन किया।

क्या यह सच नहीं है कि रचना की मीडिओक्रेसी से काफी ऊपर उठकर निर्मल वर्मा ने अपने चिन्तन के अस्त्रों-शस्त्रों पर भरोसा किया और ऐसे भरोसे की बौद्धिक सांस्कृतिक जागरण से सम्पन्न सोच दी जिसने अपने पाठक को सोचने के विचार सूत्र दिये। उनमें भारतीय चिन्तन-परम्परा और पश्चिमवाद का द्वन्द्व एक नयीरचनात्मक सोच की निष्पत्ति करता है। सोच में एकदम नया 'फ़्यूजन'। पश्चिमी आधुनिकता के आतंक से मुक्त होने के लिए निर्मल ने अपनी चिन्तन की 'कैमिस्ट्री' से भारतीय आत्म-विश्वास को जागृत करने का संकल्प लिया। इस संकल्प की शक्ति से ही वे बासी-बजबजाती क्रान्तिकारिता की छलनाओं से समाज को बचाने में समर्पित होते गये।

बहुतों ने उनके भारतीय साहस को देखकर खिसियायी खीसों से उन्हें ('डाउन' करने की नीयत से) 'बाबावादी', 'अध्यात्मवादी', 'हिन्दुत्ववादी सोच', 'पुनरुत्थानवादी', 'भारत व्याकुल' और 'अजब-गजब का प्रतिक्रियावादी' तक कह दिया। जबकि जहाँ से ये गालियाँ ढोकर लायी गयी हैं वे देश स्वयं टूट-फूटकर अपने फूटते भाग्य पर

विलाप कर रहे है। इतिहास विधाता के रथ के नीचे आज उनके चिन्तन की केवल धुन्ध-धूल उड़ रही है। लोहिया ने 'इतिहास चक्र' पुस्तक में यह केन्द्रीय विचार व्यक्त किया था कि भारत अपने इतिहास-बोध पर नहीं, अपनी लोक स्मृति की ताकत पर जिया है। रामायण-महाभारत के साथ भारतीय संस्कृति का एक तीसरा अलिखित, अलक्षित लेकिन अद्‌भुत शक्ति से सम्पन्न महाकाव्य है जिसमें हमारी लोक संस्कृति, मिथक, पूजा-भक्ति, अध्यात्म-दर्शन की लय गूँजती रही है।

इसी लोक लय, लोक संस्कृति के राग को तोड़ने के लिए अँग्रेज़ी-साम्राज्यवादियों, उपनिवेशवादियों ने एड़ी-चोटी का जोर लगाया। स्मृति को मिटाकर ही देश को विस्मृति के अन्धकार में धकेला जा सकता है। इस स्मृति को बचाने के लिए ही निर्मल वर्मा का पूरा चिन्तन लहूलुहान हुआ है। अपने समाज-संस्कृति के इतिहास और यथार्थ को बचाना न 'भारत व्याकुल' हो जाना है न अपने सामाजिक दायित्व के साथ गफलत का काम। निर्मल वर्मा के लिए 'स्मृति' एक मात्र ऐसा प्रत्यय है जिसमें उनके चिन्तन की सम्पूर्ण धरती और आकाश अन्तर्व्याप्त है। इस स्मृति में इतिहास, धर्म, मिथक, आख्यान, दर्शन, अध्यात्म, भाषा, परम्परा, संस्कृति, आदि क्या-क्या समाहित नहीं है। 'इतिहास' की पश्चिमी अवधारणा में निर्मल को विश्वास नहीं हैं, क्योंकि उसके सामान्यीकरण मनुष्य को अन्धी गुफा में लेकर पागल कुत्तों के सामने छोड़ देते हैं। 'स्मृति' में इतिहास की विद्यमानता का अर्थ है चिन्तन के ठोस अनुभवों का ज्ञान। इसलिए वे 'इतिहास' का औपनिवेशक और उत्तर औपनिवेशक स्थिति-परिस्थिति में नया 'डिस्कोर्स' करते हैं। इस 'डिस्कोर्स' का केन्द्रीय मुद्दा है 'स्मृति'। 'स्मृति' को 'टेक्स्ट' बनाकर ही इतिहास और परम्परा, सभ्यता और संस्कृति की अर्थ-मीमांसा को सम्भव बनाने वाले चिन्तक हैं निर्मल वर्मा। इतिहास का अतिक्रमण करने वाली भारतीय मनीषा सच में वाचिक परम्पराओं, लोक मिथकों, नदियों-तीर्थों-पर्वों, अनुष्ठानों और अध्यात्म में धड़कती रही है। भारतीय चिन्तन के बहुलतावादी स्वभाव का ही नतीजा है कि यहाँ न जाने कितनी परम्पराएँ रही हैं इसलिए पहली परम्परा, दूसरी परम्परा, तीसरी परम्परा जैसी व्यर्थ की माथा पच्ची का क्या अर्थ? विद्वता झाड़नी हो तो करो इन परम्पराओं का बँटवारा। अन्यथा भारतीय संस्कृति तो नर्मदा की शत-शत धाराओं की तरह है जिसके न जाने कितने रंग और रूपक-सांगरूपक-निरंगरूपक हैं। पश्चिमी आधुनिकता के जोरदार आक्रमण ने भारतीय परम्परा में जो दरार डाली है, निर्मल वर्मा उसके प्रति सावधान करने वाले चिन्तक हैं। राग-विराग, आस्था-अनास्था, प्रवृत्ति-निवृत्ति, धार्मिक-अधार्मिक के द्वन्द्व की नयी समझ निर्मल वर्मा की कथा-भूमि है—लेकिन प्रेमचन्द और रेणु से एकदम अलग तथा जैनेन्द्र और अज्ञेय के बहुत पास। दरअसल निर्मल वर्मा तो अज्ञेय-परम्परा का ही नया विस्तार हैं। बौद्धिक रुझानों में अज्ञेय से एक दो कदम आगे उठाए हुए उनके रिक्थ को आँख

की पुतली की तरह रक्षा करते हुए चिन्तक। वे न सन्त हैं, न दार्शनिक, न समाज सुधारक, न नेता—केवल चिन्तक रचनाकार हैं।

निर्मल वर्मा ने लगभग पाँच-छह दशकों तक औपनिवेशिक दौर के घाव अपनी आत्मा पर झेले हैं। भारतीय मनुष्य के 'आत्म-उन्मूलन' का दरवाजा खटखटाया है। निर्मल की रचना की कथा-व्यथा यूरोपीय आधुनिकता के दंगल में खोए भारतीय मनुष्य की मुक्ति-गाथा का यातना भरा इतिहास-भूगोल है। उनके निबन्ध आधुनिकता की एक सतत सतायी अन्तर्यात्रा का अटूट सिलसिला हैं और उनका रचनाकर्म उसका पूरक। इन सबसे उनकी भारतीय मनीषा का नाभि-नाल सम्बन्ध है। आप चाहे तो इसे हिन्दू चिन्तन तितीर्षा का व्यायाम भी कह सकते हैं, लेकिन यह 'हिन्दू' कहीं भी भगवा दरेरावादियों का 'हिन्दू' नहीं है। यह हिन्दू योगी अरविन्द का हिन्दू है या गाँधी-लोहिया का हिन्दू। अपने इस हिन्दू को वे निरन्तर यूरोपीय भेदमूलक आधुनिकता से निजात पाने का रास्ता सुझाते हैं। इस तरह वे पश्चिम की आधुनिक योजनाओं के कपट जाल को उघाड़ कर रख देने वाले लेखक हैं और प्रगतिशील आधुनिकता के छलिया वृत्तान्तों-दृष्टान्तों से दूर। वे सरलीकृत प्रगतिशील आधुनिकता का सर्वाधिक प्रबल प्रतिकार हैं तथा भारतीय स्वत्व को बौद्धिक रुझानों से भाषित करने को आतुर। निर्मल को पश्चिम के मानववादी चिन्तन में खतरनाक खतरे की घंटी सुनाई देती है—उन्हें न मार्क्स पर भरोसा है, न नीत्से पर, न सार्त्र पर और न देरीदा पर। उनकी निगाह में ये सभी पश्चिमी चिन्तन के चमत्कारी अघोर साधक हैं। भारतीय सभ्यता-संस्कृति को बचाना है तो इन पश्चिमी कापालिक अघोरियों से बचना होगा। इस तरह निर्मल उत्तर औपनिवेशिक सांगरूपक हैं—रूपक के भीतर रूपक, जो अपनी 'स्मृति' को बचाना चाहते हैं—सुरक्षित रखना चाहते हैं। उनका भारत पश्चिमी चिन्तन को ललकारने की 'दृष्टि' देता है और वे विवेकानन्दी अन्दाज़ से पश्चिम को टटोलते हैं—उस 'पश्चिम' को, जो 'भारत' को नयी-नयी बीमारियाँ लगाता रहा है। उनका इलाज है—निर्मल का उत्तर औपनिवेशिक विमर्श, जो पश्चिम से मुक्ति की तलाश में निकल पड़ा है। मूल बात यह कि निर्मल के चिन्तन का भारतीय बनाम हिन्दू हाशिया एक नये औपनिवेशिक 'पाठ' की माँग करता है ताकि यूरोप के दमन चक्र का काला रजिस्टर पढ़ा जा सके। निर्मल अपने सोच से एक नयी भारतीय आधुनिकता का अनभै साँचा गढ़ते हैं ताकि समग्र भारतीयता को यूरोप के सामने रखकर 'संवाद' किया जा सके। मिशेल फूको, एडवर्ड सईद जैसे चिन्तक-विमर्शकार निर्मल की उत्तर आधुनिकतावादी जिरह के सीमान्तों को नये सिरे से परख सकते हैं, एक बहस करती भारतीय मेधा के साथ।

भूलने के विरुद्ध बात यह है कि निर्मल की हिन्दू पाठशाला में मुसलमान बेखौफ़ पढ़ सकते हैं और ईसाई थोड़ी-सी सतर्कता के साथ। इस हिन्दू में बौद्ध-

जैन–श्रमण–सिख–पारसी सभी समाहित हैं। इसलिए इनमें उत्तर आधुनिकतावाद का खेल काफी दिलचस्प है। इनका 'मल्टी कल्चर' मुखड़ा भेद में अभेद है, द्वैत में अद्वैत। इनमें कोई आस्तिक–नास्तिक, निर्गुण–सगुण झगड़ा नहीं है। यहाँ विरुद्धों का सामंजस्य और साझेदारी का अनादिकाल से चला आता विभाव मौजूद है। आज का जागरूक पाठक निर्मल को भीतर तक हिला देने वाला चिन्तक पाता है चाहे उनसे सहमत हो या असहमत। फिर हिन्दी की 'सभ्यता समीक्षा' में निर्मल वर्मा मार्क्सवादियों की सबसे विकट चिन्ता हैं। एक असहनीय समस्या, एक नींद उड़ाने वाला दाँत का दर्द। इस उत्तर औपनिवेशिक हिन्दू से मार्क्सवादी घबराता है, मुठभेड़ से बचता है। निर्मल के भीतर का गाँधी–लोहिया उनसे सवा सेर पड़ता है। निर्मल के 'पाठ' में मार्क्सवाद मिलाते ही वह हनुमान हो जाता है और उनकी लंका जला देता है क्योंकि निर्मल के पास भारत की सीता शक्ति का जप–तप है। निर्मल के हिन्दू से, धर्म से, अध्यात्म से टकराने में 'सेकुलरिज्म' से फुस्सड़ कुछ नहीं है। सेकुलर उनसे नहीं लड़ सकता। इस सेकुलर को उनका एक ही बाण धूल में ध्वस्त कर देता है। परम्परा और आधुनिकता, दोनों भीतर से निर्मल का शस्त्रागार हैं, जिसकी थाह मार्क्सवाद नहीं पा सकता। मार्क्सवाद का खोटा सिक्का निर्मल के 'हाट' में नहीं चलता। तभी तो हिन्दी के मार्क्सवादियों के लिए निर्मल अव्याख्येय चुनौती हैं। कारण, मार्क्सवाद के हाथी को मारने के लिए निर्मल के विचार की चींटी ही काफी है।

कवि–आलोचक रमेशचन्द्र शाह ने निर्मल वर्मा के निबन्ध–संग्रह 'शब्द और स्मृति' के विचारों से चकित होकर कहा है कि इनमें 'सार्वजनिक शास्त्रार्थ का मसाला जुट सकता है। कैसे जुटता है ? यहाँ वह निमित्त, दादाभाई नौरोजी, अरविन्द, विवेकानन्द, गाँधी, कुमारस्वामी, नरेन्द्रदेव, लोहिया, रमण महर्षि, एम. एन. राय, जयप्रकाश नारायण तक सभी की खोपड़ियाँ एक साथ संवाद करती मिलती हैं। यह स्थिति साहित्य में संग्राम का पर्याय है। विचारों में यूरोप प्रवास की लम्बी अवधि का निचोड़ (समय–समय पर हिन्दी–अँग्रेज़ी पत्रिकाओं में लिखे लेख) है। अधिकांश लेख पश्चिमी और पूर्वी यूरोप की राजनीतिक, सांस्कृतिक परिस्थितियों की 'प्रतिक्रिया' भर हैं। बीसवीं शताब्दी के यूरोप के विचारों का उथल–पुथल भरा दृश्य यहाँ है, जिसमें फ्रैंकफुर्त स्कूल के विचारकों में वॉल्टर बेंजामिन, अडोर्नो, मार्कूजे जैसे मार्क्सवादी दर्शन की रूढ़िगत संकीर्णताओं से बाहर आकर 'यूरोपीय संस्कृति के संकट का पुर्नपरीक्षण' वाले चिन्तक हैं। दूसरा दृश्य सोल्जेनित्सिन, वात्सलाव्हीवल, मिलान कुंदेरा से भरा है जिसमें यह लेखक 'पहली बार साम्यवादी व्यवस्था की अमानवीय विकृतियों और छलनाओं को भेदने का नैतिक दुस्साहस' करता है। इतिहास के इस निर्णायक मोड़ पर निर्मल वर्मा यूरोप के हृदय स्थल प्राग में थे और प्राग उस समय पूर्वी और पश्चिमी संस्कृतियों का संगम तीर्थ भी था। साथ ही 'प्रतिद्वन्द्वी विचारों की टकराहट का कुरुक्षेत्र

भी'। ('शब्द और स्मृति : बीस वर्षों बाद'-पृ. 8)

निर्मल वर्मा ने इसी 'कुरुक्षेत्र' का भाष्य करते हुए कहा है—'कहते हैं कि कुछ जानवर सैकड़ों मील दूर से आने वाले भूकम्प की थरथराहट सुन लेते हैं। शायद यह बात 'समय' पर भी लागू होती है। आज यूरोप में जो अविश्वसनीय परिवर्तन हुए हैं, उसकी धीमी-सी गड़गड़ाहट उन वर्षों में सुनाई देने लगी थी, तब मैं यूरोप में था। मैं केवल बाहरी घटनाओं का मूक गवाह ही नहीं था, उन अदृश्य परिवर्तनों का साक्षी भी था, जो अपने देश वापिस लौटा था।' (वही पृ. 8) जो निर्मल भारत वापिस आया था—वह यूरोप के अनुभवों और भीतर की अन्तर्प्रक्रियाओं के बीच वैचारिक संगति खोजने का प्रयास कर रहा था। इतिहास उसके लिए बाहर की चीज़ नहीं था, भीतर का दस्तावेज था अर्थात् 'स्मृति' में मथता-उमड़ता इतिहास। इसलिए इन निबन्धों में निर्मल के विचारों के वे बीज मौजूद हैं जिनका विकास और विस्तार बाद के चिन्तन में हुआ। पहले 'प्राक्कथन' में निर्मल ने इन निबन्धों को 'गैर आधुनिक' कहा था क्योंकि इनमें आधुनिकता के उन सब अन्धविश्वासों, रूढ़िगत फैशनों और फार्मूलों पर चिन्ता प्रकट की गयी है, जिन्हें हम आँख मूँदकर स्वीकार कर लेते हैं। कितना अजीब व्यंग्य है कि आधुनिकता का जो आन्दोलन बीसवीं शताब्दी के आरम्भ में विक्टोरियन विश्वासों को तोड़ने में सफल रहा था, स्वयं वह आज एक रूढ़िगत संस्कार बन चुका है अपने को संगठित घोंसलों में समेटने का एक सुविधाजनक साधन बन चुका है। आज इन 'घोंसलों' पर अनेक आकर्षक लेबिल चिपके हैं...प्रगति, ऐतिहासिक विकास, समय की माँग, जनता, सामान्य व्यक्ति इत्यादि। इन लेबिलों से एक तरफ अपने को 'आधुनिक' और 'प्रगतिशील' साबित किया जा सकता है, दूसरी तरफ कोई खतरा, कोई जोखिम उठाने से भी हम बच जाते हैं। 'हम अपोलोनियन वाली आधुनिकता से कितना दूर हट गये हैं जहाँ उन्होंने शब्दों की सरहद पर एक अनजानी धरती पर सत्य-अन्वेषण का आस्वादन किया। इसके विपरीत हम आज एक नितान्त अनोखी स्थिति में हैं जब सत्ता की छाँह में बैठे सुरक्षित बुद्धिजीवी आसानी से अपने को एक साँस में 'प्रगतिशील' कह सकते हैं और साथ ही अपने समाज में होने वाले हर अन्याय के प्रति आँखें भी मूँद सकते हैं।' (वही पृ. 9-10) हिन्दी में यही 'हर अन्याय के प्रति आँखें मूँदने वाले', 'प्रगतिशील' निर्मल को 'प्रतिक्रियावादी' कहते हैं। फलतः इनकी 'अपराधी आत्मा' की 'दुहरी प्रकृति' पर निर्मल विचार करने को विवश हैं। क्यों विवश किया है? ''मैं बरसों से अपने देश से बाहर रहा हूँ। इससे मेरे भीतर एक अलगाव-सा उत्पन्न हुआ है जो मुझे कभी-कभी बोझ सा जान पड़ता है। किन्तु दूसरी तरफ इसी 'अलगाव' ने मुझे अपनी जातीय अस्मिता और संस्कृति को एक ऐसे कोण से देखने का अवसर दिया

है, जहाँ भ्रम और भुलावे के लिए गुंजाइश बहुत कम है।" (वही पृ.10)

निर्मल की भारतीय आत्मा पर 'लेबलों' से उत्पन्न 'अलगाव', 'अन्याय' को सहने की पीड़ा, अन्यायी को समझने का दर्द, उनके उत्तर आधुनिक मन में या कहना चाहिए उत्तर औपनिवेशिक मानस में एक मरोड़ पैदा करती है। पूर्व-पश्चिम के चिन्तन की मरोड़ का दर्द झेलते निर्मल पाते हैं कि उस दर्द ने उन्हें बाहर-भीतर से माँज दिया है—'पश्चिम से मुझे तार्किक अन्तर्दृष्टि मिली है, जिसके सहारे मैंने अपनी संस्कृति के मिथक-बोध, बिम्बों और प्रतीकों की गैर तार्किक अन्तश्चेतना को परखने की चेष्टा की है। दूसरी तरफ मैं खुद इस अन्तश्चेतना का अंश हूँ, जिसके आधार पर मुझे आधुनिक तर्कशील तकनीकी सभ्यता के अन्तर्विरोधों का अहसास भी होता रहा है।' (वही)। निर्मल को इस आत्ममन्थन की पारदर्शी पीड़ा ने उस सूखे रेगिस्तान के बीच खड़ा कर दिया है जो शब्द और यथार्थ के बीच फैला है। इस रेगिस्तान के बीच खड़े होकर 'लिखना' का अर्थ है—रेगिस्तान पर चलना और नैतिकता तथा सौन्दर्यबोध के सत्य से जूझना। शब्द की 'पवित्रता' को बचाने के लिए यथार्थ को कसौटी बनाकर शब्द को उसका मौलिक अर्थ प्रदान करना। यही है न लेखक का धर्म। अनिवार्य और नैसिर्गिक—जैसे नदी के पार का बहना। इस तरह स्वाधीनता के बाद की निराशा का अर्थ-सन्दर्भ उभरता है एक पीड़ा के साथ। यही है 'लौटने की यातनामय प्रक्रिया'। इस प्रक्रिया को समझने के लिए स्मृति और भाषा की अँधेरी जड़ों को टटोलने की तैयारी। इस तैयारी से पता चलता है कि यूरोपीय नवजागरण का अन्त कैसे पीड़ादायक आधुनिकता का अन्त बना और कैसे यूरोपीय आधुनिकता ने मानव का चैन छीन लिया।

दरअसल, निर्मल वर्मा हिन्दी के आधुनिक तबके में उस उत्तर-आधुनिकता के प्रथम प्रवर्तक हैं जिसके अन्धड़ को यूरोप ने साठ-सत्तर के दशकों में झेला है। आधुनिकता के असह्य बोझ को फेंककर ही पोस्ट माडर्निज्म ने हल्की राहत को महसूस किया। लेकिन हम कहें निर्मल को उत्तर-आधुनिकता तो ऐसी लगती है कि उन्हें भारत से उखाड़कर यूरोप में फेंक दिया है। ऐसा फेंकना उन्हें बर्दाश्त नहीं है, क्योंकि वे अपनी भारतीय पहचान पर ज्यादा गर्व महसूस करते हैं। फिर उनका 'गैर आधुनिकपन' भी अपने पूरे पाठ में उनको उत्तर-आधुनिकता से लैस सिद्ध नहीं करता। क्योंकि उत्तर-आधुनिकता 'महावृत्तान्तों' को रौंद कर उदात्त-चिन्तन की पहचान मिटाती है। स्मृति के बहते अनुभवों के बीच ठहर जाने की कोशिश में अन्त:सूत्रों को तोड़ देती है और इतिहास के उस भूल-भुलैया में धकेल सकती है जहाँ सर्जनात्मक क्षण बनते-बनते मिट जाता है। यहाँ सृजन में 'नैतिकता' के लिए न कोई जगह है, न कोई अर्थ। इतिहास के अन्त में खड़ा आदमी न 'रचना' है, न 'गौरव'। 'रचना' के अन्त के साथ 'विचार' का अन्त और विचार के अन्त के साथ उस प्रतिबद्धता का अन्त

जिसे 'सामूहिक अनुभव' कहकर बहुत समय तक ढोया गया। रचना की खोखल में फँसी काफ़्का की तड़पती आत्मा निर्मल वर्मा को नया तर्क देती है, क्योंकि उत्तर-आधुनिकता ने महावृत्तान्तों को तोड़कर दम लिया है चाहे वे हीगेल हों या मार्क्स या फ्रॉयड। युद्धोत्तर विश्व की मूल्यान्धता में वे जी नहीं सके। इसलिए 'साहित्य और लेखक की आस्था' पर भय और शर्मिन्दगी का वातावरण बना है। मृतकों के बीच जीवित बचे लोगों की समस्या है इतिहास के 'प्रेतों' से मुक्ति कैसे हो क्योंकि वे सताई गयी आत्माएँ अन्धकार में गुहार लगाती हैं, दरवाजा खटखटाती हैं। मुक्तिबोध की लम्बी कविता 'अँधेरे में' के काव्य-नायक की तरह इस 'गुहार' से प्रतिबद्धताएँ टूटती हैं, विचारधाराओं के अन्त का जनाजा निकलता है। हर हरकत से साहित्य को विकृत करने की योजना। समस्याओं का सामना करने की बजाय उनसे कतराकर निकल जाने की धूर्त तैयारी। बौद्धिक समझौतावाद का माहौल—जैसा कि भारत में आपातकाल (1975) के आस-पास बना। सब बुद्धिजीवी, प्रतिबद्ध चिन्तक अपने गटरों में छिप गये। वे चुनौती भरी समस्याओं के सरल समाधान सुझाने लगे। समय के विषम अर्थ खोजने की अभिलाषा का नाटक। जीवन की प्रतीयमान अर्थहीनता में टी. एस. एलियट के 'वेस्ट लैंड' की पिशाच छाया। निर्मल वर्मा इस छाया को पुट्ठों तक चोट खायी गाय के दर्द की तरह झेलने वाले लेखक हैं।

निर्मल के लिए लेखक की विश्वदृष्टि का 'पाठ' क्या है? विचारधाराओं के भ्रामक प्रत्ययों का अन्त। कला में झूठी विचारधाराओं के सकारात्मक नायकों का अन्त। साहित्य केवल ऐन्द्रिय भाषा-जाल जिसका विचार से कोई नाता नहीं। निर्मल ने अनुभव किया है कि हाल के वर्षों में विचारधाराओं का मोह टूटने से लेखक किसी भी तरह की आस्थाओं (या विश्वासों) से ही डर गया है जैसे विश्वास किसी अजीब तरीके से उसकी रचनात्मक आजादी को कैद कर लेंगे या उसके अनुभव की पवित्रता को नष्ट कर देंगे। विचारधाराओं में बद्ध और अनुभववादी, दोनों एक ही तरह की आस्था से आतंकित जान पड़ते हैं।

दरअसल, आस्था के आतंकग्रस्त होने से भीतर की पवित्रता काली पड़ जाती है फिर शुरू होता है उत्तर औपनिवेशिक और उत्तर आधुनिक यथार्थ का खेल। इस खेल में सभी कन्फ़्यूज़्ड हैं—चिन्ताओं के डिप्रेशन से बुझे और बेचैन।

इस उत्तर औपनिवेशिक भाव-जगत् में यातना की रामायण का अखंड पाठ यूरोप क्यों कर रहा है। जार्ज लुकाच उन्हें यातना से विराम क्यों नहीं दे पा रहे हैं—यूरोपीय यथार्थवाद का यथार्थ केवल पीड़ा, यातना और तड़प से भरी हताशा क्यों है? अपने भारत में 'आस्था' खोकर 'पराये' यूरोप से पाये अभिशाप झेलने की आधुनिकता। इस आधुनिकता में नैतिक मान्यताओं पर पूरा सन्देह और मानव-विवेक की शून्यता

में जागा हुआ बोरिस पास्तरनाक का व्यवस्था-विरोधी तर्क। अवमूल्यित कठमुल्लेपन में पश्चिम के उन बीटनिक कवियों की याद, जिन्होंने हरेक अनुभव को क्षुद्र उत्तेजनाओं का रूप दे दिया। क्यों लेखक और कलाकार, दोनों 'आत्म' को खोकर सन्त्रस्त प्राणी से लगते हैं। सॉल बैलो के उपन्यास 'नायक' का हरजोग-सा पात्र अँधेरे में क्यों छलांग लगाता है। पश्चिम की टेक्नालॉजिकल संस्कृति में साहित्य का अवमूल्यन वहाँ अन्य पेशों की तरह साहित्य को भी एक पेशा मानता है जिसकी इज्जत नहीं। 'समस्या यह है कि एक सम्पूर्ण समाज में सृजन कल्पना की भूमिका का पुनराविष्कार कैसे किया जाए।' (वही पृ.31) साहित्य को विचारधाराओं की रखैल बनने से बचना होगा ताकि वह स्वतन्त्रता का संवाहक हो सके, वैचारिक रहस्यीकरण और नैतिक पूर्वाग्रहों के बोझ से मुक्त हो सके।

वो कलाकार बोहेमियन और विदूषक हिजड़ा होकर जी सकेगा क्या? कलाकार की नपुंसक बौद्धिकता दिवालियापन नहीं है क्या? 'आधुनिक-बुद्धिजीवी' के पाठ में व्यंजक दमित अर्थ है—कुछ न कर सकने वाला असहाय प्राणी। केवल साँपों की लड़ाई में जीभों की लपालप में डूबा प्राणी। जार्ज लुकाच का यह कहना कि अन्ना कारेनिना सही रूप में उसी क्षण जीवित हो पाती है जब वह आत्महत्या करने को तत्पर होती है। अपने पतियों से असन्तुष्ट स्त्री की दारुण व्यथा। समझौता नहीं, 'समझ' है। भोगना और अनुभव करना दोनों अलग चीज़ें हैं—इसे जितना 'कलाकार' जानता है कोई दूसरा व्यक्ति नहीं। लेखक और समाज के बीच बढ़ते असन्तुलित तनाव को निर्मल वर्मा रक्त और त्वचा दोनों में महसूस करते हैं। इस महसूस करने को 'समाजवादी दृष्टिकोण' के विरुद्ध सिद्ध किया जाता है। अनुभव के अकेलेपन को समाज से कटाव कहकर धिक्कारा जा सकता है। समाजवादियों के 'पाठ' में निर्मल समाज विरोधी, व्यक्तिवादी, घोर असामाजिक लेखक हैं। वे भूल जाते हैं कि निर्मल वह उत्तर औपनिवेशिक मनोभूमिका का लेखक और चिन्तक है जो हर किस्म की परम्परागत नैतिकताओं को अस्वीकार करने के जोखिम पर रचता है।

''पश्चिम के तकनीकी समाज में 'सम्प्रेषण का संकट' अर्थ खोने से उपजा है। तकनीकी समाज में व्यापक मशीनी साधनों ने (मास मीडिया) शब्द को स्मृति से अलग कर दिया है। इसलिए 'भाषा का रूप संस्कार' नष्ट हो चुका है और औसत अनुभव के बीच शब्द केवल सूचना का साधन रह गया है—स्मृति का वाहक नहीं।'' (वही, पृ. 45) वह हमारे व्यक्तित्व के ऊपरी, सतह और उथले पहलू का स्पर्श करके खोजता है। शब्द केवल सम्प्रेषण का साधन है इसलिए अपनी प्रकृत सम्प्रेषण-शक्ति से हीन। आज हमारा 'मौन' बुद्ध का गम्भीर मौन नहीं है वह हताशा से मारा, मुरझाया मौन है। जॉयस का उपन्यास 'यूलिसिस' शब्द को सार्थक अर्थ देने की चेष्टा नहीं

करता, बल्कि उसके छद्म बाजारू, हल्के अर्थों को उछालता और खोलता है। यह नष्ट करने का वह प्रयोग है जो शब्द पर चढ़े उदात्त के छिलके को छीलकर उतार देता है। वह अर्थ को नहीं रचता, केवल उसे अर्थहीन कर देता है और यह अर्थहीनता अपने में एक अर्थ बन जाती है जिसके न जाने कितने उदाहरण 'अवाँगार्द' साहित्य में मौजूद हैं। निर्मल के इन निबन्धों की 'टेक्स्ट' की व्याख्या-पुनर्व्याख्या में उत्तर-आधुनिकता के तन्तुजाल लिपटे मिलते हैं। इसलिए निर्मल के निबन्धों का 'पाठ' उनकी कहानियों-उपन्यास-यात्राओं से जोड़कर किया जाना चाहिए। कारण, निर्मल का लेखन 'आत्म-प्रदर्शन', 'फैशन' और 'नकली विद्रोह' भंगिमाओं से दूर मानव यातना को परखता है जो मनुष्य और शब्द के बीच एक फाँक बनकर मौजूद है।

'संस्कृति, समय और भारतीय उपन्यास' में निर्मल की प्रश्नाकुलता जानना चाहती है कि विधा के प्रति बौद्धिक सतर्कता क्या प्रेरणा को बनावटी और बोझिल नहीं बनाती है? क्या विधाओं के बारे में माथापच्ची व्यावसायिक आलोचना का काम है जो कटघरों में सृजन को बाँट कर उसका गला घोंट देती है? 'भारतीय अनुभव' यूरोप के अनुभव से अलग हैं इसलिए भारतीय उपन्यास भी यूरोप के उपन्यास से अलग होगा ही। इतनी ही बात नहीं है, भीतरी बात है कि यूरोप की परम्परा में 'संस्कृति', 'समाज', 'डेमोक्रेसी' जैसे शब्द कोई मानी नहीं रखते। भारतीय सन्दर्भ में और तो और 'संस्कृति' जैसा शब्द भी अजनबी जान पड़ता है। यूरोप में संस्कृति का अहसास ही एक आत्म-सजग, विकसित आत्मचेतना से जुड़ा है—एक ऐसे समाज में ही संस्कृति का बोध होता है जहाँ मनुष्य का धार्मिक अनुभव उसके सेक्युलर अनुभव से स्पष्ट रेखा द्वारा विभाजित हो; किन्तु 'भारतीय सन्दर्भ' में इस तरह का कोई विभाजन न था। धर्म की धारा में संस्कृति का उतना ही समावेश था, जितना अध्यात्म का। (वही पृ. 58) संस्कृति की संस्कारवान लय हमें तुलसी और कबीर में ऐसे मिला देती है कि अलग से उसका बोध ही नहीं होता। लेकिन ऐसा बोध शेक्सपियर पढ़ते हुए एक यूरोपियन को नहीं होता क्योंकि वह अपने आत्म में छानकर शेक्सपियर को उस तरह एक लय नहीं बनाता जैसा एक भारतीय। हमारे हाथ-पाँव, मन-बुद्धि 'संस्कृति' में जज़्ब हैं, आधुनिकता में नहीं। हम सनातन काल के प्रवाह में जीते हैं। काल का डमरूनाद तीनों कालों को वर्तमान पर एकाग्र करते हुए सुनते हैं। काल के भागते घोड़े की पीठ पर बैठ कर हँसना ही 'भारतीयता' की गति है। इस सैद्धान्तिकी के लिए यूरोप में जगह ही नहीं है। इसीलिए यूरोपियन को हमारा धर्म-अध्यात्म-दर्शन एक-दूसरे में तदाकार नहीं दिखाई देता। उनकी मानसिकता में अद्वैत के भाव को ग्रहण करने की क्षमता ही नहीं है। पश्चिमी हमें 'आध्यात्मिक' कहकर मूर्ख तो बना सकता है, बनाता रहा है किन्तु हमारी आध्यात्मिकता के भीतर

बैठकर उस मानव प्रकृति के एकाकार भाव को नहीं समझ सकता जिसके 'आत्म' में 'अन्य' अविद्या का लक्षण है। वहाँ तर्क में बदलने वाली आधुनिकता में प्रकृति के अनुभव का निषेध है इसलिए निर्मल पश्चिमी आधुनिकता से उलट सोचते हैं। निर्मल में भारतीय नववेदान्तवाद और पश्चिमी आधुनिकता के बीच एक खाई है जो उनसे पाटे नहीं पटती। यूरोप की तरफ से भी निर्मल बोलते हैं—लेकिन अपने अनुभवों में रची-बसी भारतीयता की बलि देकर नहीं। यह भारतीयता ही इतिहास का निषेध करती है—ऐतिहासिकता का तिरस्कार और तर्कवाद पर मुँह बनाती है। उनका 'टेक्स्ट' अनेक अन्तरालों की अर्थ-सन्धियों को ठेलता है लेकिन वाक् की रहस्यानुभूति के सामने मौन हो जाता है। लेकिन यह रहस्य परिचित रहस्यवाद नहीं है। रहस्यवाद एक पश्चिमी अवधारणा है जिसे निर्मल अस्वीकार करते हैं। उनकी 'आत्म' की अवधारणा के केन्द्र में प्रकृति है, ईश्वर नहीं। वे ईश्वरवादी नहीं हैं और न सन्त। इसलिए उनके विमर्श में परम्परावाद के लिए कोई 'स्पेस' है ही नहीं । निर्मल के विश्वासों का ईश्वर मरा नहीं है, हिरा गया है—सन्त्रास में खो गया है। उसे 'पाप' ने नहीं खोया, आत्मज्ञान ने खोया है। हर बार निर्मल ने उसे 'आत्म' में खोजा है लेकिन उसके दर्शन नहीं हुए। इसलिए निर्मल वर्मा ने रमण महर्षि के 'मौन' में शरण पायी हुई है। आधुनिकता ने उसके मन को केले के पत्ते की तरह चीरा हुआ है। इसलिए वे न भक्त बन पाते हैं, न रजनीश भगवान, न झूठे-मक्कार नेता। वे स्मृति की अनन्त धारा में घुसकर (मार्कण्डेय पुराण की कथा) विष्णु की देह में प्रवेश कर जाते हैं—जहाँ भीतर का प्रकाश है—आत्म-चैतन्यता का प्रकाश—पवित्र अनुभव की अनिवर्चनीयता। यही निर्मल की आधुनिकता में मौजूद अध्यात्म है जिसे दार्शनिक रामचन्द्र गाँधी ने निर्मल की कहानी 'कव्वे और कालापानी' के सन्दर्भ में विस्तार से व्याख्यायित किया है। एकदम नये तरह का ताजा विमर्श इस विश्लेषण की अचूक ताकत है। हालाँकि इस ताकत के पीछे कहीं-न-कहीं रमण महर्षि हैं, गाँधी हैं, उपनिषद् का दर्शन है और गीता चिन्तन का दोहन। जहाँ मनुष्य कर्ता नहीं है—केवल माध्यम है—अहं से रहित समर्पित माध्यम। इसमें कहीं भी पश्चिमी आधुनिकता का कर्ता वाला अहंकार नहीं, यह पूर्णानुभव का भाव ही इतिहास के आतंक से मुक्ति है—या इसे कहिए इतिहास का अतिक्रमण।

निर्मल में 'स्मृति' की बुनियादी समस्या आधुनिकता से ग्रस्त इतिहास है। स्मृति से ही इतिहास के इस आतंक का निषेध किया जा सकता है। विडम्बना यह है कि यह स्मृति इतिहास बनकर भी इतिहास नहीं है। यह स्मृति इतिहास रूढ़ चौखटों का अतिक्रमण है जिसका कोई केन्द्र नहीं है। भारतीय धर्म-चिन्तन से निर्मल वर्मा इतिहास के इस केन्द्रवाद को ध्वस्त करते हैं—जिसमें मिथक अतीत नहीं हैं वर्तमान में जलते

आत्म के दीपक हैं। ये आत्म दीपक उत्तर-उपनिवेशी आधुनिकतावाद का निषेध करते हैं—'मर्डर ऑफ हिस्ट्री'। पुराने इतिहास की क्रमिकता का अन्त। इस अन्तवाद के बाद निर्मल अरविन्द और विवेकानन्द जैसा हिन्दू-यूटोपिया निर्मित करते हैं। निर्मल के इस हिन्दू-यूटोपिया से पार पाना मुश्किल है क्योंकि उसमें मुसलमानों-ईसाईयों-यहूदियों सभी को स्थान है। निर्मल की 'हिन्दू' अवधारणा अनन्त तक फैली है जिसका विखंडन दरीदाई पद्धति से करने पर भी उसे 'साम्प्रदायिकता' नहीं कहा जा सकता। उसमें उत्तर-आधुनिकतावाद का अनेकान्तवाद मौजूद है। इसमें 'सेक्युलर' से बहुत ज्यादा अर्थ समाया हुआ है क्योंकि सेक्युलर तो 'आत्म उन्मूलन' की ओर ले जाता है—'अलगाव' को जन्म देता है। यही वह विचार केन्द्र है कि निर्मल वर्मा अपने को नीत्से के महामानव में गर्क नहीं करते। वे गाँधी के 'दरिद्र नारायण' में रम जाते हैं। गाँधी से निकलकर लोहिया, जयप्रकाश नारायण में प्रवेश कर जाते हैं। वे हिन्दू होकर भी भगवावादी हिन्दुत्व की अन्धी गली में दौड़ नहीं लगाते। गाँधी का 'हिन्द-स्वराज' पहला उत्तर-आधुनिक दस्तावेज है जिसका निर्मल पुन:पाठ करते हैं।

सच है कि निर्मल वर्मा को हिन्दू धर्म-दर्शन-अध्यात्म से जुड़े प्रश्न भारतीयता और कला-चिन्तन की ओर ले गये। उनके विमर्श से निकला एक नया सन्दर्भ तो यही है कि कला-चिन्तन का पुन:पाठ हो; और वह है आधुनिक सभ्यता में कला का स्थान। ''पिछले वर्षों मुझे लगता रहा कि हमारी दुनिया में कला का स्थान दिनोंदिन धुँधला, अनिश्चित और सन्दिग्ध बनता गया है—जो मेरी समझ में कला का सबसे बीहड़ जोखिम है। बीसवीं शती के आरम्भ में 'आधुनिक कला' ने जिस औद्योगिक सभ्यता की चुनौती में और उसके बीच अपनी शक्तियों को समेटा था, आज इस शती की ढलती कड़ियों में आधुनिक सभ्यता ने मानो प्रतिशोध में स्वयं कला को मनुष्य के जीवन में सन्देहास्पद बना दिया है।'' ('कला का जोखिम', भूमिका) आधुनिक कला का 'धुँधला 'अनिश्चित' और 'सन्दिग्ध' परिदृश्य निर्मित किसने किया है? आधुनिक सभ्यता ने। आधुनिक सभ्यता का आधार है आधुनिकता-उत्तर-आधुनिकता। इस उत्तर आधुनिकता में निहित भूमंडलीकरण और भूमंडलीकरण में निहित 'बाजारवाद'। आधुनिक बाजारवाद की विकृतियाँ कला को 'संदिग्ध' बना रही हैं। यह संदिग्धता ही चिन्ता की बात है। कला के साथ जुड़ा युग का विशिष्ट अभिशाप यह है कि 'कला एक ओर तो मनुष्य के कार्यकलाप से विगलित हो गयी है वहाँ दूसरी तरफ कला की स्वायत्त सत्ता नहीं बन सकी है। नतीजा यह हुआ है कि कला की स्वायत्तता, गरिमा ही 'अनिश्चतता' में फँस गयी है। ऐसी स्थिति सभ्यता में सम्पूर्ण रूप से स्वतन्त्र रह सके और स्वतन्त्र रहकर भी अपने अलगाव का अतिक्रमण कर सके।' (वही, भूमिका) यहाँ 'अलगाव' का सम्बन्ध शायद पश्चिम के अस्तित्ववादी अलगाव से है आत्म-

उन्मूलन की यातना के साथ।

इस अलगाव का भारतीयता में प्रवेश अर्थात् भारतीय लय की अखंडता का खंड-खंड हो जाना। भारतीय चिन्तन में काव्य को विद्या कहा गया है और कला को उपविद्या। पश्चिमी चिन्तन में काव्य को कला माना गया और उसमें चमत्कारी हुनर को स्थान मिला। पश्चिम की नकल में हमने भी काव्य को कला मानने की 'आधुनिकता' का बीज रोपा। आचार्य रामचन्द्र शुक्ल और जयशंकर प्रसाद कहते रह गये कि हमारे यहाँ सारी गड़बड़ी काव्य को कला मानने से हुई। स्वयं अज्ञेय प्रमाण हैं, वे असाध्य वीणा में कहते हैं 'कलाकार हूँ नहीं, शिष्य-साधक हूँ'। काव्यकार और कलाकार में भारतीय संस्कृति में फ़र्क़ किया गया। क्यों फ़र्क़ किया गया? क्योंकि काव्य सभी तरह के भाव ज्ञान का उत्तमांश रूप ग्रहण करता है जबकि कला में कौशल रहता है। इसी अर्थ में पश्चिमी कला से 'भारतीय आत्मा' का 'अलगाव' स्वाभाविक है। पश्चिम के तर्क और इतिहास में 'अलगाव' का व्यंजन अर्थ है—प्रकृति के ऊपर मानव की सत्ता और सत्ता का स्वामीवाद। निर्मल का 'ईश्वर में विश्वास नहीं' और पुराने अर्थ में 'आत्मा' में भी नहीं। लेकिन उनकी नास्तिकता में सर्जनात्मकता की पवित्रता का अर्थ विस्मृत नहीं है। भारतीयता और भारतीयता से जुड़ी सर्जनात्मक पवित्रता की दृष्टि की रक्षा करने का भाव एक उत्तर औपनिवेशिक सांस्कृतिक विमर्श है। इतिहास के जड़ और उपनिवेशी चिन्तन से मुक्ति का रूप है—नटराज, नटवर, नटेश का भाव-दर्शन। इसी से जुड़ा है मनुष्य का प्रकृति-बोध और आत्म-बोध।

मनुष्य के इस आत्म-बोध को कि मैं हूँ और मनुष्य हूँ निर्मल वर्मा 'कला, मिथक और यथार्थ' निबन्ध में उठाते हैं। मानव का आत्मबोध उसकी अस्मिता से जुड़ा यक्ष प्रश्न है। ईसाई-यहूदी परम्परा में धरती पर अकेला अजनबी मानव अपना विशिष्ट आध्यात्मिक चरित्र खोजता है। इसी चिन्तन धारा को परिणति 'रेनेसाँ' में हुई। उस मनुष्य में हुई जिसे अपने कर्तापन का गुमान था कि मैं हूँ, धरती के केन्द्र में हूँ। रेनेसाँ का आत्मविश्वासी, गर्वीला मनुष्य अपने को कर्ता मानकर 'प्रकृति' पर वर्चस्व स्थापित करने को चला था। इस वर्चस्व स्थापन के लिए उसे काफी कीमत देनी पड़ी जबकि मध्यकाल में चर्चवाद के प्रभाव से उसे कोई 'शंका' नहीं थी। यूरोप की मानेस्टरियों का एक बन्द और तंग समाज 'धर्मकेन्द्रित' था किन्तु यूरोप में रेनेसाँ के बाद धर्म और सुरक्षा के फूले विश्वास डगमगा कर गिरने लगे। 'धर्म के ढहने से आदमी 'स्वाधीन' तो हुआ लेकिन 'असुरक्षित' हो गया। ईसाईवाद ने ईश्वर और मानव के बीच जो 'संवाद-सेतु' बनाया था वह टूटकर बिखर गया लेकिन भारत में 'धर्म' का वह यूरोपीय-भारतीय जड़वाद मध्यकालीन सन्तों के लोक जागरण स्वर की शक्ति से कभी आया ही नहीं। भारत के धर्मतन्त्र को दर्शनतन्त्र ने ज्ञान का नया पाठ या

आलोक दिया और 'धर्म' का अर्थ 'रिलीजन' नहीं किया। इसलिए भारतीय मध्यकालीन साहित्य में 'रिलीजियस लिट्रेचर' और 'सेकुलर लिट्रेचर' जैसे झूठे भेद कोई महत्त्व नहीं रखते। धर्म का भारतीय अर्थ है—'कर्तव्य बोध' या 'वस्तु का स्वभाव'। इसलिए हमें भक्ति तन्त्र के टूटने की प्रतीक्षा नहीं करनी पड़ी जबकि पश्चिम में लूथर ने चर्चवाद की आस्था पर इतना जोरदार आघात किया कि उसने पूरे यूरोपीय मानव को निर्मल वर्मा के शब्दों में 'विचलित और उद्वेलित कर दिया था' ('कला का जोखिम', पृ. 14) इस 'विचलित' स्थिति को पास्कल ने समझा—'यूरोपीय मनुष्य के उस भयावह आतंक को समझा'। प्रथम बार आदमी ने अपने को विषम चिन्ताओं (एंग्नाइटी) से ग्रस्त पाया। आदमी की 'चिन्ता' से जन्मा वह 'अन्धकार' जिसने यूरोपीय मानस पर घेरा डाल दिया। 'क्या मतलब है इस अँधेरे का? इस प्रश्न के सामने वह बिल्कुल निरुत्तर था। अब मनुष्य विश्व के केन्द्र में नहीं, अपने शून्य के केन्द्र में था और वहाँ वह बिल्कुल अकेला था।' (वही पृ. 14) इससे सिद्ध हो गया कि मनुष्य का आत्मबोध या आत्म-सजगता कोई शाश्वत स्वभाव नहीं है। वह मात्र एक प्रक्रिया है? इस प्रक्रिया में स्वतन्त्रता की आशा और अकेलेपन की पीड़ा, दोनों है। पहली बार जब मानव जाति प्रकृति के अभिन्नत्व से टूटी तो इस टूट ने गहरी मानसिक दरार पैदा की। आधुनिक सभ्यता का असली संकट वहीं से शुरू हुआ जहाँ से मानव प्रकृति से छिटक गया। मानव सभ्यता और मानव यातना को यही स्रोत मानव को घसीटकर 'अणु-युग' तक ले आया। इस स्थिति परिस्थिति ने मानव को अकेला, असहाय और अनाथ बनाकर दम लिया। 'भयावह अकेलापन' मानव को भीतर से घुन बनकर खाने लगा। इसी बिन्दु ने ऐतिहासिक मनुष्य और प्रागैतिहासिक मनुष्य की पीड़ा पर गहरा अर्थ ग्रहण करना शुरु किया। इसी पीड़ा से मिथकों का जन्म हुआ ताकि वह प्रागैतिहासिक मनुष्य के उस आघात को कम कर सके। मिथकों ने प्रकृति और देवताओं के मानवीकरण से उस पीड़ा को कम किया। 'प्रकृति से भिन्न होने का नास्टेल्जिया प्राथमिक स्मृति की कौंध' भी अकेलेपन के दर्द को कम न कर सकी। निर्मल ने याद दिलाया 'मिथक और इतिहास के बीच महाकाव्य एक सेतु है, जो पुरातन स्वप्नों को काव्यात्मक ढाँचे में अवतरित करता है लेकिन महाकाव्य के मिथक करें क्या? प्रकृति से छिटक कर मानव और नियति के बीच खाई चौड़ी होती गयी। इस परिवर्तन में 'कला' का स्वप्न बिखर गया। फिर उठा ईश्वर की मृत्यु का नीत्से आर्त्तनाद। इस आर्त्तनाद से खौला अवचेतन—सामूहिक अवचेतन, जिसे फ्रॉयड ने सिद्धान्तों में प्रस्तुत किया। फिर शुरू हुआ अस्मिता की धुँधली पहचान का 'चक्र'। 'मैं' स्वर्ग है तो 'दूसरे' नरक। इस तरह हमेशा दूसरे को दूसरे के विरोध से परिभाषित किया जाने लगा।

यह 'पीड़ायुक्त मनुष्य' समय के प्रति सचेत हुआ—ऐसा समय, जो उसे भीतर-

बाहर से यन्त्र युग की ओर ले जा रहा था। अब यह मनुष्य इतना ताकतवर हो गया कि 'इतिहास की गति का निर्माण करने लगा'। पश्चिम की काल चेतना की वक्रगति ने सहसा निर्मल का ध्यान भारतीय समय की 'चक्राकार' गति पर लगाया। मृत्यु में समाया जीवन-पुनर्जीवन का चक्राकार अनवरत क्रम। शिव के डमरू नाद के दर्शन अर्थात् वर्तमान में गुम्फित अतीत और भविष्य। काल-चक्र से बड़ा महाकाल, महाकालेश्वर शिव। कला और काल का एक ही देवता शिव। इस तरह फिर भारतीयता का सांस्कृतिक उत्तर औपनिवेशक सन्दर्भ। निर्मल वर्मा की पूरी मानसिकता में उभरा है 'इतिहास' के पश्चिमीवादी सोच का नकार और मिथक-चेतना में महाभारत का मॉडल। महाभारत की तरह निर्मल वर्मा के पाठ, अन्तःपाठ को करने में उसे उलट कर अर्थात् आदि से नहीं, अन्त से पढ़ना चाहिए। उन्होंने अपने एक निबन्ध-संग्रह को शीर्षक ही दे दिया 'आदि, अन्त और आरम्भ'। भारतीय चिन्तन का चिरन्तन वर्तमान 'क्लोज रीडिंग' में कला की पार्वती को निरन्तर नये सौन्दर्य से गढ़ता है, उसे निर्मित करता है और विसर्जित भी। फिर विसर्जित को निर्मित करता है और निर्मित को विसर्जित। हर साल बंगाल की देवी पूजा में यह सर्जन-विसर्जन चक्र चलता है। हमीं सम्पूर्ण कला से देवी दुर्गा की मूर्ति को निर्मित करते हैं और नवरात्रि की पूजा के बाद विसर्जित। विसर्जित करने के बाद फिर प्रतीक्षा और उत्साह; तो 'भारतीयता' क्या है? विसर्जित करने के बाद फिर निर्मित करने की प्रतीक्षा का भाव-विभाव। 'भारतीयता' का विश्वास न 'प्रगति' के भविष्यवाद में है न उस इतिहासवाद में, जो 'सम्पूर्ण' को ढके हुए है। फ्रॉयड ने कहा है कि तमाम प्रभावों को हम विवश होकर अवचेतन की तहों में गाड़ देते है, वे कभी नष्ट नहीं होते। लेकिन कला में ऐसे प्रगट होते हैं मानो अभी जन्मे हों। होते वे पुरातन हैं इसलिए उनमें प्रूस्त की स्मृति यात्रा की बारात चलती है। निर्मल की 'स्मृति' में हिन्दू काल-चेतना का 'प्रकृति की कला चेतना' वाला चक्र चल पड़ता है जिसमें आदि-यथार्थ के मिथक, जादू-अनुष्ठान, जल पूजा, नन्दी-शिव, देव पूजा, वृक्ष पूजा के मिथक सदा जीते है। कुछ समय बाद सभ्यता के विकास के साथ 'मिथक' का स्थान 'आइडियालॉजी' ले लेती है ताकि 'इतिहास' की भूख को शान्त किया जा सके। हेगेल और मार्क्स, दोनों ही इस 'सच' को जानते थे। हेगेल मनुष्य का इतिहास के साथ एकाकार करना चाहते थे और मार्क्स इतिहास को बदलने की आकांक्षा रखते थे। लेकिन दोनों को पता था कि मनुष्य और इतिहास के बीच जो सम्बन्ध बना था वह टूट गया है और मनुष्य हो गया 'आत्म-निर्वासित'। यह निर्वासन इतिहास में हुआ है इसलिए इतिहास में उसका 'निवारण' नहीं हो सकता। इसी से पैदा हुआ 'आइडियालॉजी का संकट' और यह संकट एक दिन डेनियल बेल के तर्क से कहें तो एक दिन 'आइडियालॉजी के अन्त' में बिखर गया।

हुआ यह कि लपककर 'आइडियालॉजी' की जगह 'पूँजी' (कैपिटल) ने ले ली। उत्तर-पूँजीवाद ने 'विचारधारा' के केन्द्रवाद को ध्वस्त कर दिया। विकेन्द्रीकरण भूमंडलीकरण और ग्लोबल इकोनॉमी का ग्लोबल मार्केट। ग्लोबल मार्केट का ग्लोबल मैन, ग्लोबल कल्चर, ग्लोबल थॉट और ग्लोबल विलेज। इसी दर्शन से ब्रिटेन के केन्द्रवाद को उखाड़ कर अमरीकावाद का डंका बजा। तब तक सोवियत यूनियन अपने ही अन्तर्विरोधी, दमनकारी करतूतों से भूसे की तरह बिखर गया। पूरी तरह विश्व पर काबिज हो गया अमरीकी नव सांस्कृतिक साम्राज्यवाद, पूँजीवाद। अब कला मिथक इतिहास के बीच कोई दीवार नहीं रही। कला में शुरू हुआ अनेकान्तवादी, बहुलतावादी खेल। रिल्के के कवि को दार्शनिक नीत्से ने एकान्त में धमकाया—देखो न, मनुष्य की आत्म-चेतना कितनी विद्रूप और भयानक हो गयी है। किसी भी मूल्य पर सत्य पर विश्वास करना धोखा है। अब अमरीकावाद की पकड़ में आते भारत को ध्यान आया—सत्यनारायण की लीला का भाव-विस्तार। सत्य यदि कुछ है तो केवल नारायण। नर के अविश्वास में उसे सहारा देता नारायण। 'आत्म -दर्शन' में समाया नर की आँखों में नारायण का सच। पता नहीं, वह भी सच है या नहीं। इसलिए उत्तर-आधुनिकतावाद के सभी बीज पश्चिम को भले ही सुकरात के 'इल्यूजन' में मिलें, भारतीयों को तो वे न जाने कब से उनके धर्म-दर्शन में मिलते रहे हैं। बुद्ध के दर्शन में समाया वेद-उपनिषद भाष्य। यही भाष्य शंकराचार्य में तब बोला जब उन्हें प्रच्छन्न बौद्ध कहा गया। निर्मल में भारतीयता की जड़ों की तलाश यूरोप की निगाह में भारतीयता का 'डिस्कोर्स' अर्थात् संचयी उत्तर औपनिवेशिक कला-दक्षता है। उन्होंने कहा है 'हमें एक बार फिर बोधिवृक्ष का फल चखना पड़ेगा ताकि हम पुनः अपनी निर्बोध अवस्था में पहुँच सकें।' ('कला का जोखिम', पृ. 23) निर्मल वर्मा के इस तरह के नये भाष्य एक 'इंटर-टेक्स्ट' रचते हैं जिसमें भारतीयता का स्पष्ट बिम्ब यूरोप के धुँधलके को फाड़कर निकल रहा होता है।

भारतीयता को पश्चिम की छूत से बचाने की पवित्र कोशिश में किसी भगवा दरेरा-बोध को खोजना व्यर्थ है। यह तो औपनिवेशिक गुलामी के दौर के चिह्नों को मिटाकर खाँटी भारतीयता की तलाश है। जिस 'हिन्दुत्व' को भाजपा और संघ परिवार 'सांस्कृतिक अर्थ में 'हिन्दू राष्ट्र' मानता है, वह हिन्दुत्व न दयानन्द सरस्वती का है, न अरविन्द का है, न विवेकानन्द का है, न गाँधी-लोहिया का है। वीर सावरकर जिस 'हिदुत्व' की अवधारणा की बात करते हैं उस पर संघ बात नहीं करता। वह अपनी बात में विवेकानन्द को लपेटता है ताकि भ्रम को बढ़ाया जा सके। संघ परिवार में ऐसे भी हैं जो हिन्दुत्व के बीज दयानन्द सरस्वती (1924-1883) में खोजते हैं। रामकृष्ण परमहंस और स्वामी श्रद्धानन्द के विचार भी इसमें खाद का काम करते हैं। चिन्तक पत्रकार प्रभाष जोशी ने लिखा है—''लेकिन न सिर्फ अवधारणा, हिन्दुत्व का

तो नाम ही वीर सावरकर ने निकाला है। सावरकर की पुस्तक 'हिन्दुत्व : हिन्दू कौन है?' हिन्दुत्व की बीज पुस्तक है। दयानन्द सरस्वती, रामकृष्ण परमहंस, स्वामी विवेकानन्द के साहित्य में आपको हिन्दुत्व शब्द नहीं मिलेगा और इसकी जो अवधारणा वीर सावरकर ने विकसित की है उसका तो जिक्र भी इन विचारों के साहित्य में नहीं है। इन सब विचारकों की पहली चिन्ता हिन्दू धर्म की थी। वीर सावरकर के लिए धर्म इतना महत्त्वपूर्ण नहीं था, न वे धार्मिक व्यक्ति थे।...वे मानते थे किसी भी धार्मिक आस्था और कर्मकांड में युक्तिहीनता होती है। इसलिए उनका हिन्दुत्व कोई धार्मिक अवधारणा नहीं है। धर्म हिन्दुत्व का एक कारक है।" (प्रभाष जोशी, 'हिन्दू होने का धर्म', पृ. 21) सावरकर की पुस्तक 'भारत का पहला स्वतन्त्रता संग्राम : 1857' मराठी में 1907 में लिखी गयी 1909 में अँग्रेज़ी अनुवाद में हालैंड से प्रकाशित हुई। भारत में आजादी के बाद छप सकी। सावरकर के हिन्दुत्व को समझने के लिए यह ज़रूरी है कि इसमें सावरकर ने हिन्दू-मुस्लिम एकता को भारत की एकता के लिए अनिवार्य माना है। 1857 स्वाधीनता संग्राम में हिन्दू-मुसलमान एक होकर अँग्रेज़ी राज से लड़े। इसलिए इतिहास कोई पवित्र पाठ नहीं है जिससे छेड़छाड़ न की जा सके। वह राष्ट्र के पास अपने भविष्य को बनाने की सामग्री है। भारत में हिन्दू-मुस्लिम भेद के बीज सावरकर ने नहीं, अँग्रेज़ों ने बोये। हिन्दू-मुस्लिम साम्प्रदायिकता अँग्रेज़ों की देन है। (वही, पृ. 22) इस दृष्टि से देखें तो निर्मल वर्मा के हिन्दू धर्म चिन्तन में न राजारामोहन राय हैं न दयानन्द सरस्वती। मूलतः उनकी पूरी सोच अरविन्द, विवेकानन्द, गाँधी और लोहिया से प्रेरित है। इसलिए इसमें आज थोड़े से सबाल्टर्नवादी, गाँधीवादी और लोहियावादियों के साथ प्रगतिवादियों को भी शामिल किया जा सकता है। निर्मल वर्मा विद्यार्थी जीवन में कम्युनिस्ट पार्टी में सक्रिय रहे थे और बाद में उसे छोड़ा लेकिन उनके कम्युनिस्ट संस्कार उनका साथ कभी नहीं छोड़ सके। वे कभी भी इस्लाम को लेकर नहीं बहके, कुछ मुद्दों पर ईसाइयत से हटे। यह कहना कि वे ईसाइयत से चिढ़े, सही नहीं है। सुधीश पचौरी का 'निर्मल वर्मा का उत्तर उपनिवेशवाद' शीर्षक पुस्तक में यह कहना 'उनके यहाँ ईसाइयत से लगभग वैसे ही चिढ़ है जैसी विवेकानन्द में है।...' (पृ. 28) निर्मल वर्मा की 'भारतीयता' के साथ थोड़ी ज्यादती है। दूसरे, निर्मल के मॉडल दयानन्द विवेकानन्द नहीं है, गाँधी हैं, अरविन्द हैं, कुमारस्वामी हैं, रमण महर्षि हैं, लोहिया हैं।

निर्मल वर्मा के लिए औपनिवेशिक पश्चिमवाद-यूरोपवाद खलनायक है। यूरोप के चिन्तन का चक्रव्यूह है—'इतिहास'। यह 'इतिहास' मानव को तोड़कर उसकी अस्मिता मिटाता है, उसकी 'स्मृति' को पोंछ कर साफ कर देना चाहता है और 'अलगाव' के घाव को बढ़ाता-फैलाता है। इसी के भीतर से जिन्नावाद का चेहरा

'नस्लवाद' बनकर निकला। मानववाद की आड़ में इतिहास के अपराध कभी भी विस्मृत नहीं किए जा सकते हैं। इसी अँग्रेज़ी साम्राज्यवाद के 'इतिहास' ने भारत को भेदभाववाद, नस्लवाद, धर्मवाद, लिंगवाद, सेक्युलरवाद के चक्कर में फँसाया-सताया और दिशा भ्रष्ट कर दिया। इसलिए निर्मल वर्मा में इतिहास का यह विचार 'भारत और यूरोप : प्रतिश्रुति के क्षेत्र' बनकर फूट-फट पड़ा। यह एक अलग तरह की भारतीयता की तलाश है।

मिशेल फूको ने एडवर्ड सईद जैसे उत्तर संरचनावादी में जिस बहस को 'ओरिएंटलिज्म' तथा 'कल्चर एण्ड इम्पीरियलिज्म' जैसी अपने दो विश्व प्रसिद्ध पुस्तकों से जन्म दिया उसके पीछे पश्चिमी लूटतन्त्र की धोखाधड़ी का धूर्तोपाख्यान सक्रिय है। मिशेल फूको का 'पॉवर डिस्कोर्स' (डिस्कोर्स ऑफ पॉवर एण्ड नॉलेज) शक्ति और ज्ञान का विमर्श एडवर्ड सईद के भीतर चक्रवात की तरह उठा क्योंकि वे फिलिस्तीनी थे। फ्रांसीसी दार्शनिक फूको थे साहित्य-संस्कृति-विज्ञान के मर्मज्ञ। लेकिन जब 1980 में फ्रांस में नयी समाजवादी सत्ता आयी और उधर पोलैंड में दमन चक्र का दौर बेकाबू होता नजर आया तो फूको ने बोदियों के साथ मिलकर पोलैंड में समाजवादी दमन का जोरदार विरोध किया। वे स्वयं पोलैंड गये और पाया कि समाजवादियों में शासन चलाने की समझ नहीं है। फूको के सैद्धान्तिक सूत्रों को एडवर्ड सईद ने खोला कि कैसे शक्ति विमर्श के माध्यम से काम करती है, अतः शक्ति और विमर्श एक-दूसरे से जुड़े हैं। फूको की 'आरक्योलॉजी ऑफ नॉलेज' को सईद ने एक नये पाठ में ढाला। इस पर निर्मल वर्मा की टिप्पणी है—"एडवर्ड सईद जैसे आलोचक इसका सारा दोष यूरोपीय 'इंडोलाजिस्ट्स' पर थोपकर अपने को निष्कलंक महसूस करते हैं। वे यह भूल जाते हैं कि एशिया के अधिकांश देशों के 'औपनिवेशिक' बुद्धिजीवियों और पश्चिमी शिक्षित भारतीयों ने अपनी सांस्कृतिक धरोहर की पहचान इन्हीं पाश्चात्य विद्वानों के अनुसन्धानों और अनुवादों द्वारा की थी। यह एक कड़वा सत्य है जिसकी ओर से आँख मूँदना अपने को धोखा देना होगा। यह सही है कि इन यूरोपीय विद्वानों ने गैर पाश्चात्य संस्कृति के सारभूत तत्त्वों को अपनी भाषा के प्रत्ययों और अवधारणाओं में ढालकर एक हद तक झुठलाया था, किन्तु दोष हमारा भी है कि अपनी औपनिवेशिक मानसिकता के कारण हमने उनके निष्कर्षों को जस का तस स्वीकार कर लिया जो उन्होंने हमारे अतीत, इतिहास और संस्कृति के बारे में प्रतिपादित किये थे।" (निर्मल वर्मा, 'दूसरे शब्दों में', पृ. 38)

विशेष बात यह है कि निर्मल वर्मा ने औपनिवेशिक दासता के दौर में प्रतिपादित पश्चिमी प्रत्ययों और अवधारणाओं को चुनौती दी। उनके 'टेक्स्ट' का कई कोणों से भाष्य किया और उनकी अवधारणाओं तथा प्रत्ययों की नियत के धूर्त पक्षों को खोलने

में अपार श्रम। इस श्रम की ताकत से ही वे कह सके प्रश्न यह नहीं है कि वे निष्कर्ष अपने में कितना सही या गलत थे, बल्कि यह कि जिन बौद्धिक चौखटों के भीतर से वे निकाले गये थे, क्या हमने स्वाधीन चेतना से उनका आलोचनात्मक अन्वेषण किया था। श्री अरविन्द पहले मनीषी थे जिन्होंने 'फाउंडेशन ऑफ इंडियन कल्चर' में यह विश्लेष्ण किया था, किन्तु हमारे विश्वविद्यालयों और दर्शन के विभागों में आज भी उनका स्थान नगण्य ही माना जाएगा। स्वयं सईद की पुस्तक 'ओरिएंटलिज़्म' में श्री अरविन्द का जिक्र एक बार भी नहीं आता। 'अन्य के सम्पर्क में आकर अपने को परखना एक बात है, अन्य की आँखों से अपने को परिभाषित करना बिल्कुल दूसरी बात है।' (वही, पृ. 38) अरविन्द ने भारत की पाँच हजार साल की संस्कृति का अन्तःपाठ उठाया। इसी अन्तःपाठ से दिशा-दृष्टि पाकर निर्मल वर्मा 'भारतीयता' को खोजने में सक्रिय रहे। 'स्मृति' में छिपा भारत का सांस्कृतिक सातत्य 'भारतीयता' की वह पहचान देता है जिसे यूरोप मिटाने पर आमादा रहा है। निर्मल हिन्दू हैं—हिन्दुत्वादी नहीं हैं और उनके 'हिन्दू' को समझना आसान नहीं है—क्योंकि इस 'हिन्दू' ने न जाने कितने प्रभावों से अपने को माँजकर चमकाया है और 'सेक्युलर' की खोटी अवधारणा से छूटकर अपने को आगे बढ़ाया है। इसीलिए निर्मल की भारतीयता को 'धर्मनिरपेक्षता' के अधम तुच्छ अर्थ में नहीं खोला जा सकता क्योंकि धर्म से निरपेक्ष कौन हो सकता है ? केवल पशु या पशुवृति का प्राणी।

निर्मल वर्मा के चिन्तन का उत्तर आधुनिक विमर्श सांस्कृतिक चिन्ताओं से भरा है। तीसरी दुनिया के देशों की आर्थिक दुर्दशा ने अपनी नियति में उस 'उपनिवेश' को पाया और भोगा है जिसने उसे भीतर से लूटकर खोखला कर दिया है। भारत के उपनिवेश होने की नियति की यह जालिम और जुल्म भरी यादगार दास्तान है—'इतिहास का दंड'। इस इतिहास के चिन्हों से मुक्ति का प्रयास पूरा उपनिवेशोत्तर प्रयास है। इस प्रयास की ऐतिहासिक उत्प्रेक्षाएँ चाहे मिथिकल हों या नस्लवादी, स्थानवाची हों या सांस्कृतिक आध्यात्मिक संवेदनाओं की नैतिकताओं को जगाकर उन्हें चिढ़ाने वाली हों। धर्म को चिढ़ाने वाला सेक्युलरवाद भी उसके प्राणों का पीछा कर सकता है। कर नहीं सकता, उसने पीछा किया है और भारत के धर्म का चेहरा ही पश्चिमी तेजाब फेंककर विकृत कर दिया है। निर्मल वर्मा की चिन्ता में आधुनिक भारतीयता का वह विमर्श है जिसे भगवा दरेरा और लाल फरेरा ने अपने-अपने मतलब के लिए इस्तेमाल किया है। इन दोनों की 'साम्प्रदायिकता' का एक अलग अन्तःपाठ है। इस अन्तःपाठ में भारतीय स्मृति का सतयुग-त्रेता-द्वापर गायब है केवल कलियुग का काला पाठ भरा रजिस्टर है जिसमें अपने-अपने 'घृणा' के हाशिये कैद हैं। दोनों ही शुद्धता-पवित्रता के पाठ में अपना 'हिडन एजेंडा' रखते हैं जिसमें इस्लाम और

ईसाई चिन्हों को, प्रतीकों को, मिथकों को उबालकर 'भारतीयता' के 'स्वत्व' के अनुकूल ढालने का उपाय खोजा जा रहा है ताकि एक रसायनवादी भारतीयता की 'कैमिस्ट्री' तैयार की जा सके। इस भारतीयता में उत्तर औपनिवेशिक विमर्श का आलम यह है कि उसमें पश्चिम के चिन्हों को रगड़कर-पटककर काबू में करने का खेल चल रहा है। एक नवबौद्धिकतावादी भारतीय तबका (एक छोटा-सा तबका) एक ऐसी भारतीयता की किस्म तैयार करना चाहता है जिसमें गाँधी भी हों मार्क्स भी हों, माओ भी हों अम्बेडकर भी और सबाल्टर्नवादी भी हों। सब में बराबरी के स्तर पर आकर एक भारतीयता को छानकर रूप दें। सर्वमय सर्वेश्वरवाद जिसे सौन्दर्यवादी 'सन्त' नाम दिया जा रहा है। वह भारतीय राजनीति का सर्वसत्तावादी अन्धापन है — केवल सत्ता में रहने का तिकड़मवाद-जातिवादी राजनीति का तेंदुआवाद।

पश्चिमवाद का छलिया खल कल तक देश और देशी को चूस रहा था। देशी के पैदा किये हुए समस्त कच्चे माल पर उसका क़ब्ज़ा और उसकी रक्तपायी आधुनिकता का फिरंगी प्रहसन अपना इतिहास छोड़ गया है—इस उपनिवेशवादी शोषण के इतिहास में संकेत, संकेतक और संकेतित—तीनों उत्तर-संरचनाएँ सक्रिय हैं। यही इतिहास निर्मल वर्मा की छाती में कटारी चलाता है—इतिहास के छात्र और अध्यापक रहे हैं न निर्मल वर्मा। इसलिए इतिहास के इस उपनिवेशवाद में उन्हें चील वाली तेज आँख प्राप्त है जो सूक्ष्म-से-सूक्ष्म को देखती रही है और 'स्मृति' के आकाश में उन्मुक्त-एकाग्र। निर्मल के पूरे अन्तर्जगत को इस स्मृति और इतिहास ने स्थायी रूप से घेरा हुआ है। हर साँस में इस किस्म की भारतीयता स्मृति में मौजूद है। यही वह स्मृति है जो गीता, अरविन्द, विवेकानन्द, महार्षि रमण, गाँधी, जयप्रकाश नारायण और लोहिया को पूरी उठान से न केवल आदर देती है बल्कि उसे सर्जनात्मकता में एक विमर्श का सन्दर्भ बनाती है। भारतीय आदमी की चेतना में अन्तर्भूत उसका औपनिवेशिक अतीत को सृजन में अर्थ-विस्तार है। इस आत्मदर्शन और आत्ममन्थन में भारतीय अध्यात्म (रमण महर्षि का चिन्तन) उनमें नये लीला कमल खिलाता है। मौन में खिलते विचार का शतदल आने वाले कल को शब्द में समाए समय की तरह देखता है। यह वह 'स्मृति' में अनुसन्धान से प्राप्त भूमि है जिसे 'उपनिवेश' में खड़े भारत में दबा दिया गया था ताकि भारतीयों को हमेशा के लिए गुलाम बनाकर काबू में रखा जा सके। भारत की पुरानी प्रज्ञा का नवजागरण आधुनिक भारत को ललकारता है कि पूरा अँग्रेज़ जाल 'शैतान-सभ्यता' (गाँधी—हिन्द स्वराज) का धोखा है ताकि वह उसमें पकड़ कर पिशाच लीला कर सके। निर्मल को 'इतिहास' के उस स्वर की याद है कि कैसे विचाराधारा समय का उपनिवेशीकरण बनती है और समय के दबावों को 'न्यूट्रल' नहीं करती, उन्हें लील लेती है ताकि उनका अस्तित्व ही न रहे। कई शताब्दियों में समय को निरन्तर

अतिक्रान्त करती यूरोपीय जातियाँ समय के हर दबाव को झेल गयीं तो उसका कारण उनकी सभ्यता-संस्कृति की भीतरी शक्ति नहीं बल्कि भारतीय चिन्तन से निकले नीत्से का उभार है, एलियट का उपनिषद् पाठ और सास्यूर का पाणिनि प्रदेय है। इस अर्थ में यूरोप द्वारा भारत का उपनिवेशीकरण 'इतिहास चक्र' में उनकी मृत्यु से बचने की तरकीब है। 'भारत' को 'इंडिया' बनाकर यन्त्र और यन्त्रणा से ग्रस्त 'अजनबीपन' का नाटक खेलता है यूरोप।

भारतीय अतीत की स्मृति का जल उमड़कर निर्मल की चेतना को पानी-पानी कर देता है। अतीत को लेकर निर्मल का कथन है—'इतिहास की अभी कोई ऐसी दीवार नहीं बनी है जो शहर को कब्रगाह से अलग कर सके। जिन मुरदों को हम दफना कर घर लौटते हैं तो पाते हैं कि वो पहले ही हमारी प्रतीक्षा में बैठे हैं।' ('कला, स्मृति और आकांक्षा', पृ. 9) इसलिए भारतीय-संस्कृति को निर्मल वर्मा 'जीवित' और 'मृत' संस्कृति में नहीं बाँटते। हमारे पुरखे हमारी स्मृतियों में, मिथकों में, कथाओं-गीतों में रमे हुए हैं। अज्ञेय जी पर जो निर्मल वर्मा ने लिखा है वह जितना अज्ञेय जी के लिए सच है, उतना ही निर्मल वर्मा के लिए। निर्मल ने लिखा—'ओझल अतीत को ज्यों का त्यों अनावृत करना जैसा वह किसी अन्य समय में जीवित था, यह पुरातत्त्व का काव्यशास्त्र है। इसलिए यह बिल्कुल ही आकस्मिक नहीं था कि अज्ञेय ने अपने अन्तिम वर्षों में तीर्थ यात्राएँ कीं, वे चाहे कृष्ण की द्वारिका में हों अथवा सीता की जन्मभूमि में, एक तरह से अपने को उन कालखंडों में ले जाने का प्रयास था जिन्हें उनके पिता ने विस्मृति के अँधेरे से बाहर निकाला था। (वही, पृ. 10) भारतीयता को उसके अतीत में खोजना-छानना, फटकना-साफ करना फिर ग्रहण करना—क्या यह निर्मल वर्मा के 'गद्य-काव्य' का काव्यशास्त्र नहीं है? गद्य में भी कब कहाँ कितना 'कवि' हुआ जा सकता है यह क्लासिक धैर्य निर्मल वर्मा के पास है। उनके लिए 'इतिहास' (ऐसा होता रहा है) एक अन्तर्यात्रा है 'हिस्ट्री' नहीं जिसमें 'ऐसा हुआ था' का भाव हो। इसलिए 'इतिहास' एक टेक्स्ट है जिसके अनेक अर्थ निकाले जा सकते हैं और उसका हर निकाला हुआ अर्थ दूसरे अर्थ की गर्दन मरोड़ सकता है, उसकी अर्थहीनता पर मुँह चिढ़ा सकता है, उसे कुत्ते की तरह दुत्कार सकता है और आस्तीन के साँप की तरह पाल भी सकता है। यूरोप में विचारधाराओं के खंडित अवशेष दिखाई दिये तो फूकोयामा का ध्यान उसकी अर्थहीनता की ओर गया। उसे महसूस हुआ कि मानव नियति को इतिहास की रस्सी से बाँधकर नहीं रखा जा सकता। इतिहास हो या विचारधाराएँ वे एक उम्र जीकर चुक जाती हैं। इसलिए पहले की जो विचारधाराएँ उन्नीसवीं-बीसवीं शताब्दी में 'प्रगति', 'विकास', 'परिवर्तन', 'क्रान्ति', 'विद्रोह' आदि न जाने कितनी अवधारणाओं को उछालती थीं उनका 'यथार्थ' हमारे समय में ही

'छलना' सिद्ध हुआ। हम जिसे 'तर्क बोध का युग' कहते आये थे, वह 'आत्म-प्रवंचना का युग' निकला। इतिहास के प्रहारों से क्षत-विक्षत मनुष्य की (एक हिन्दू बुद्धिजीवी की) आत्म-अस्मिता का संघर्ष यदि रवीन्द्रनाथ के उपन्यास 'गोरा' में मिलता है जहाँ वह स्वयं अपनी जड़ों से उन्मूलित होने लगता है। यह बोध औपनिवेशिक सन्दर्भ में कितना भयावह अकेलापन ला सकता है इसका क्या कोई विवरण इतिहास में मौजूद है?

धार्मिक और लौकिक या सांसारिक (सेक्युलर) अनुभवों का जो यातनादायक विभाजन यूरोपीय समाज में हुआ उसके कारण स्मृति और इतिहास के बीच हमेशा के लिए खाई बन गयी। इस विभाजन को हम भारतीयों ने स्वीकार नहीं किया , किन्तु 'उपनिवेश' होने के कारण वह अनुभव हमारे ऊपर चढ़ बैठा और इधर की भारतीय राजनीति में (उत्तर औपनिवेशिक भारतीय राजनीति में) ऐसी स्थिति पैदा की गयी कि वह उतरने का नाम नहीं ले रहा। इस उत्तर औपनिवेशिक सन्दर्भ पर निर्मल ने 'आदि, अन्त और आरम्भ', 'भारत और यूरोप : प्रतिश्रुति के क्षेत्र', 'दूसरे शब्दों में' तथा 'शताब्दी के ढलते वर्षों में' के कई निबन्धों में विस्तार से प्रस्तुत किया है। इसलिए ऐसा किया है कि यूरोप में संस्कृति 'आत्मसजग, विकसित चेतना' का नया ब्रांड है लेकिन भारतीय अर्थ में वह 'स्वभाव' है। यूरोप के इतिहास में कर्ता है मनुष्य अर्थात् ईश्वर की जगह लेता मनुष्य, लेकिन भारत में 'कर्ता भाव' से मुक्ति का दर्शन है। यह दर्शन गाँधी से, गीता से, परम्परा से, भारतीय जीवन की कालिदासीय लय से निर्मल वर्मा में प्रवाहित है। इसलिए वह यूरोप से कुछ-कुछ लेकर भी 'सबकुछ' नहीं लेना चाहते क्योंकि उनके पास उस चिन्तन का मूल्यवान रिक्थ (धरोहर) है और यही सम्पूर्ण रिक्थ राग एक 'सजग हिन्दू' है 'हिन्दुत्व' नहीं है। निर्मल के लिए 'सेक्युलर' में हिन्दू धर्म की समायी नहीं है इसलिए वे उसका विरोध करते हैं। राजनीतिज्ञों ने धर्मनिरपेक्षता (सेक्युलर) का अर्थ भ्रष्ट कर दिया है इस अर्थ-संकोच के कारण इसका असली अर्थ हो गया है—साम्प्रदायिकता। एक भगवा साम्प्रदायिकता, एक सफेद टोपी की साम्प्रदायिकता, एक लाल टोपी की साम्प्रदायिकता। अनेक रंगों, झंडों, पंडों, डंडों की साम्प्रदायिकता। ऊपर से सेक्युलर और भीतर से साम्प्रदायिक (विषकुंभं पयो मुखम्), ऊपर दूध, भीतर जातिवाद-रंगवाद-नस्लवाद का विष। राजनीति के बबूलवाद में चिन्तन की बकरी जातिवाद के पत्ते खाकर लँगड़ी हो रही है। सभी ने गाँधी की बकरी को खा लिया है। फलत: उत्तर औपनिवेशिक भारत में जन्मा है नव बकरीवादी विमर्श तथा लेट कैपिटलिज्म की पूजा का पाठ।

डॉ. राममनोहर लोहिया कहते थे कि राजनीति एक अल्पकालीन धर्म है और धर्म एक दीर्घकालीन राजनीति। कितनी ही कोशिश कीजिए धर्म से राजनीति को

नहीं निकाला जा सकता। धर्म की अनेक संरचनाओं पर निर्मल वर्मा बार-बार लौटते हैं। क्यों लौटते हैं, इसलिए कि उन्हें इसकी गहन जानकारी है कि धर्म आदमी के भीतर रंग-बिरंगे कपड़े पहनकर आज भी मौजूद है। नतीजा यह है कि निर्मल धर्म को आधुनिकता के प्रतिकार के रूप में देखते हैं। ज्यादा भड़कते हैं तो धर्म के सेमिटाइजेशन पर उतर आते हैं। लेकिन उनके भीतर कवि धूमिल का वह डरा हुआ हिन्दू है, जो शिमला के मन्दिरों में बन्दरों को चना खिला रहा है जो रमण महर्षि के उपदेश सुन रहा है और तीर्थराज प्रयाग की झोंपड़ियों में साधुओं के कीर्तन में शामिल हो रहा है। वह यहाँ तीर्थों में अपनी पश्चिमी आधुनिकता के पके पीव-मवाद को धोकर साफ मन हो जाना चाहता है जो रघुवीर को देखते ही केवट हो जाने को लाचार है। निर्मल वर्मा जानते हैं कि पश्चिमी शिक्षा से लैस थोड़े से बुद्धिजीवी पश्चिमी आधुनिकता में कितना ही भौंकें, भारतीय चेतना का हाथी निर्भय गुजर जाता है। भारतीय लोक मन, लोक हृदय, लोक स्मृति, लोक संस्कृति, लोक धर्म उसे कभी स्वीकार नहीं करता। इसलिए कि यह देश अपने ही भीतर देशी-विदेशी कुश्ती लड़ता रहा है। हमारे उत्तर औपनिवेशिक मानस का नारा है—'यहाँ सब चलता है।' यही सही का पाठ है, कुपाठ है, दोनों है।

भारतीय मानस उस राष्ट्रवाद-सांस्कृतिक राष्ट्रवाद से डरता है जिसका उत्तर औपनिवेशिक सांस्कृतिक राष्ट्रवाद यूरोप की तरह के युद्धोन्माद के बीज अंकुरित करना चाहता है। इसलिए निर्मल वर्मा आधुनिकता से निकलकर वहाँ जाना चाहते हैं जहाँ रमण महर्षि का मौन है जो आधुनिकता को दबोच सके। उस पर प्रश्न उठाकर उसे समस्या ग्रस्त कर सके। उसके वे दाँत तोड़ सके जो सर्वसत्तावाद, फासिस्टवाद जैसी क्रूरताओं के बीज बोते हैं। हिन्दी के लोकतन्त्र में 'अन्य' का दाँव-पेंच नहीं है। केन्द्रवाद का तर्क टूटते ही स्वायत्तता का केन्द्र नहीं रुक पाता तो फिर 'आधुनिकता' का घेरा क्यों नहीं ढह पाता? इसलिए कि, आनन्द कुमारस्वामी के शब्दों में, उस अवधारणा में पश्चिम की पूरी राजनीति का दमनकारी साम्राज्यवादी क्रूर चेहरा निहित है। आधुनिकता बोध पश्चिम का वह सफेद भालू है जो अन्य देशों के शहद को चाटकर पलता रहा है इसलिए उसका विलोमवाद नहीं है। पश्चिमी आधुनिकता भारतीयता को दमनकारी धूर्ततावाद से बचाने में असमर्थ है। इसी धूर्ततावाद को 'जानने' वाले निर्मल वर्मा वैष्णव भागवत परम्परा के जीव गोस्वामी और रूप गोस्वामी जैसे तत्त्वचिन्तक बनते हैं जो इसके शास्त्र में तत्त्वमीमांसा को ठोंक दें। प्रश्न उठता है फिर निर्मल वर्मा हिन्दी में 'डेंजर' क्यों हैं? क्यों उनका मोहभंग यूरोप और यूरोप की ज्यादातर विचारधाराओं से हो गया है? मनुष्य का हर बिम्ब उन्हें खंडित और अधूरा क्यों दिखाई देता है? आधुनिक मनुष्य उन्हें 'स्मृतिहीन' मनुष्य क्यों दिखाई देता है? क्या वह इतिहास और स्मृति के बीच का खाली स्थान है जिसे 'आकांक्षा' से भरा जा रहा

है? देश-विदेश में घूमा नारद अपने 'प्रलोभन' में 'बिम्बों' की बालाओं या आइटम गर्ल्स (शरीर से सुन्दर दिमाग से खाली) को क्रय-विक्रय के बाजार में क्यों उतार रहा है? निर्मल को न देह व्यापार पसन्द है, न देह व्यापार की राजनीति। वे जब दुबारा लोकतान्त्रिक चेक में गये तो वहाँ यूरोपवाद की देहवादी संस्कृति पाकर बैचेन हो गये। उनके कथ्य के स्पेस में यथार्थ और माया का युद्ध हुआ। 'मनुष्य की विडम्बना यह है कि वह अपना निषेध करके भविष्य में जाना-होना चाहता है। वह नहीं है जो अतीत में खो चुका है।' ('स्वप्न, स्मृति और आकांक्षा', पृ. 15) मूल बात यह कि भविष्य के यूटोपिया अतीत की स्वप्न कथाओं में पुनर्जन्म ले लेते हैं। स्मृति की महिमा यही है कि वह अतीत को पुनर्जीवित कर सकती है।

यहाँ फिर उपस्थित है वह प्रश्न जो जानना चाहता है कि उत्तर औपनिवेशिक विमर्श की असली समस्या क्या है? उस समस्या को जन्म किसने दिया है? क्या उस समस्या के जनक के दिमाग में 'पोस्ट कोलोनियलिटी' या उत्तर औपनिवेशिकता का कोई स्पष्ट नक्शा था? क्यों आधुनिकता और औपनिवेशिता का कोई भी 'पॉवर डिस्कोर्स' जब 'वाद' में घिरता है तो एक विचार का भला-बुरा केन्द्रवाद स्थापित करता है। मनुष्य और स्वतन्त्रता प्रश्न-प्रतिप्रश्न बनकर अड़ जाते हैं। कैसे पता चले आखिर सच क्या है?

अकीरा कुरोसावा की जापानी कहानी पर बनाई गयी फिल्म 'राशोमन' देखने गया—दिल्ली के जापान कल्चरल सेंटर में। फिल्म में जंगल में हुई हत्या और इस हत्या के बारे में पात्रों के एक-दूसरे अलग बयान। लकड़हारे का बयान, उस पुरुष के बयान, उस पुरुष के बयान से भिन्न, जिसकी हत्या की गयी है। उसकी पत्नी का बयान इन दोनों बयानों से अलग, उस डाकू के बयान से अलग जिसने पुरुष की हत्या की है। प्रश्न है कि सच क्या है और किसके पास है? जापानी कहानी की तरह हमारे भी जीवन सच अलग-अलग होते हैं—नाजी कन्स्ट्रेशन कैम्पों का सच हो या हिरोशिमा का सच। हर सच आधा-अधूरा, धूमिल, गढ़ा गया और फन्तासी भरा। सच की सभी ध्वनियाँ-अन्तर्ध्वनियाँ उसमें विलीन। सच है लेकिन हम उसे पकड़ नहीं पाते, उसका 'सम्पूर्ण' बयान नहीं कर पाते। केवल एक कोना ही छू पाते हैं और वह 'आत्म' से आरोपित। उत्तर आधुनिकतावाद ने स्थापित किया है कि विचारधाराओं के सच का अन्त हो गया है, इतिहास का अन्त हो गया, महानायकों, महाआख्यानों का अन्त हो गया है और जिसे हम 'सच' कहते हैं—वह झूठ में गर्क-तर्क है। पूँजी-ज्ञान शक्ति सत्ता के गलियारों में न 'स्वत्व' जीवित है, न 'स्वतन्त्रता' और न वह मनुष्य जो प्रकृति और नैतिकता में जीता था। कोई विचार और विचारधारा मतान्धता से अलग नहीं है तो हम चीजों-विचारों को 'फिल्टर' कैसे करें? उदाहरणार्थ उत्तर औपनिवेशिक विमर्श में 'राष्ट्रवाद' की क्या व्याख्या करें? राष्ट्रवाद को हम अपने

देश के सन्दर्भ में देशभक्ति, देशप्रेम, भारतीयता मानें तो कैसे मानें? क्योंकि सबके राष्ट्रवाद को लेकर अलग-अलग अर्थ हैं—सच हैं। सबाल्टर्न वाले पार्थ चटर्जी हों या ज्ञानेन्द्र पांडेय या शाहिद अमीन—ये सभी राष्ट्रवाद को एक समस्या के रूप में व्याख्यायित करते हैं। इनके लिए माखनलाल चतुर्वेदी की लम्बी कविता 'कैदी और कोकिल' का देश प्रेम। साम्राज्यवादी जुल्मों से भरा वह अर्थ नहीं देता है जिस पर हम साहित्य के पाठक पले हैं। इसलिए 'गोदान' हो या 'कैदी और कोकिल' जैसा साहित्य हो, सबाल्टर्न वालों का पाठ हमारे पाठ से हमेशा अलग। शायद हमेशा के लिए अलग क्योंकि वे अमरीका को अपने प्रत्ययों में भरकर मूल्यांकन कर रहे हैं और हम भारतीयता की देश प्रेम धारा से भरकर। प्रश्न उठता है किसका सच सच है और किसका सच धोखा है—फ्रॉड है। कौन करेगा 'सच' का निर्णय? पाठ का अर्थ-बहुलतावाद ही न।

यही हाल आजादी के मिलने का है। एक धारा कह रही है भारत आजाद हुआ—उपनिवेशवाद के बन्धन से मुक्त हो गया। लेकिन दूसरी धारा के लोग पूछ रहे है—कौन आजाद हुआ? अधूरी राजनीतिक आजादी और तीन रंगों का थका झंडा—आर्थिक-सामाजिक आजादी दे पाया क्या? थोड़े से लोगों को आजादी को लाभ मिले बाकी सब वंचित। हमारी जनता की समस्याओं का आज़ादी ने हल नहीं किया। नव औपनिवेशिक वर्चस्व से हम सब आज भी जूझ रहे है। समाज का बुद्धिजीवी वर्ग डरपोक, कायर, स्वार्थी, आत्मलिप्त। उसमें मूल जन के लिए विस्तार ही नहीं। अति पिछड़ी आदिवासी जातियों में अँधेरा ही अँधेरा। नतीजा यह है उत्तर पूँजीवाद, बाजारवाद, भूमंडलीकरण उसकी 'स्मृति' मिटा रहा है—गाँव उजाड़कर शहर बढ़ा रहा है। निर्मल ने 'धुन्ध से उठती धुन' में ध्यान दिया है—'बाहर यूक्रेनियन चेहरे बिल्कुल ग्रामीण किसानों जैसे दिखाई देते हैं, जिन्हें पिछले वर्षों के अन्धाधुन्ध औद्योगीकरण ने अपनी जमीन से उखाड़कर शहरों में ला फेंका है। शायद ही कोई कल्पना कर सके कि रूस में समूहीकरण के अभिशाप ने किसानों की पूरी एक पीढ़ी को कितनी निर्ममता से उन्मूलित कर दिया है—स्तालिन के लेबर कैम्पों से कहीं अधिक व्यापक पैमाने पर रूसी कृषक समाज का विनाश हुआ है। उनके मानसिक संस्कारों पर जो जख्म पड़े हैं, वह एक अलग त्रासद घटना है। आश्चर्य है, जॉन बर्जर ने अपनी पुस्तक 'पिग-अर्थ ' में जहाँ यूरोप के अन्य देशों में किसानी संस्कृति के विनाश के भयावह परिणामों का इतना मार्मिक विवेचन किया है, वहाँ रूस में होने वाले 'जेनोसाइड' का कोई उल्लेख नहीं किया 'क्या अपने वामपन्थी दुराग्रहों के कारण?' (पृ. 46) कुछ भी रहा हो, निर्मल का ध्यान अन्धाधुन्ध औद्योगीकरण और उसके परिणाम के रूप में किसानी-संस्कृति के विनाश पर गया। कहीं-न-कहीं उनके मन में भारतीय किसान की ग्रामीण पीड़ा की रामायण खुली

है जिसने शहरीकरण, औद्योगीकरण से होने वाली तबाही की ओर उनका ध्यान केन्द्रित किया। फिर कहा—'संयोग से मुझे इसी डायरी के पन्नों में जॉन बर्जर का वह उद्धरण भी मिल गया जो दिल्ली में मैंने उनकी पुस्तक से टीपा था। वह सोवियत व्यवस्था के समाजवाद पर उतना ही लागू होता है, जितना पूँजीवादी देशों पर।' निर्मल वर्मा की अपनी उत्तर औपनिवशिक मानसिकता का विचार-बिम्ब भी यहाँ झील में चाँद की तरह चमक रहा है। बर्जर लिखते हैं—'पूँजीवाद की यह ऐतिहासिक भूमिका रही है कि जिसकी ऐडम स्मिथ और मार्क्स ने कल्पना भी नहीं की थी कि वह इतिहास को ही नष्ट कर देता है। यह भूमिका वह किसानों को नष्ट करने में पूरी करता है क्योंकि किसानों का ही एक ऐसा वर्ग जो परम्परा को कायम रखता है। अतीत का बोध इतिहास की चेतना से जुड़ा होता है। पूँजीवाद अतीत से जुड़ी हर शृंखला को तोड़ देता है। पूँजी इस तरह अपने को सुरक्षित रख सकती है कि वह अपने को अनवरत पुनरुत्पादित करती रहे, उसका मौजूद यथार्थ उसकी भावी सम्पूर्ति पर निर्भर करता है। यहीं पूँजी का मेटाफिजिक्स है जो अपने को उपभोक्तावाद में परिणत कर लेता है। यह वह सिद्धान्त है जो किसानों को पिछड़ा हुआ वर्ग मान कर चलता है। किसान जीवन के तन्तुजाल में बैठकर उसे उन्मूलित कर देता है, जहाँ वे झुग्गी-झोपड़ी में रहने को विवश होते हैं। अपने अतीत-बोध से वंचित हो जाते हैं और समय के साथ-साथ वे अपने समस्त कर्मकांडों, पर्व-अनुष्ठानों को भूल जाते हैं, जो कभी उनकी जीवन प्रणाली को सातत्य प्रदान करते थे। इस तरह हम देखते हैं कि जिसे हम इतिहास में 'प्रगति' का नाम देते हैं, वह स्वयं इतिहास को नष्ट कर देती है।' ('धुन्ध से उठती धुन', पृ. 46-47)

संयोगवश 'लोकायत' संस्था की ओर से निर्मल वर्मा सिंगरौली 1983 में गये। सिंगरौली क्षेत्र के एक गाँव—नवागाँव गये। इन्हीं गाँवों में एक गाँव का नाम है अमझर—आम के पेड़ों से घिरा गाँव। ये सभी गाँव सिंगरौली प्रोजेक्ट में कैसे उजाड़े गये—उस त्रासदी की करुण कथा। निर्मल वर्मा को शहरी विस्थापित अनाथ उन्मूलित जिन्दगी की याद आयी कि कैसे गाँव के विस्थापित किसान मजदूर शहरों की गन्दी दम घुटती भयावह बस्तियों के स्लम्स में रहते हैं। सिंगरौली में ध्यान आया 'विकास' और 'प्रगति' के नाम पर सब कुछ मटियामेट हो जाएगा झोंपड़े, आम के पेड़ ढ़ोर, खेत को उजाड़ कर गन्दी 'आधुनिक औद्योगिक कॉलोनी' का विकास होगा। औरतें तब सड़क पर पत्थर कूटती मिलेंगी। कुछ वर्षों के बाद उनकी स्मृति का गाँव भी स्वप्न की तरह झर जाएगा। उनके बच्चों को मालूम ही नहीं होगा कि कभी गाँव था जहाँ आम झरते थे। निर्मल वर्मा के उत्तर औपनिवेशिक मानस से यह वाक्य निकले 'ये लोग आधुनिक भारत के नये 'शरणार्थी' हैं जिन्हें औद्योगीकरण के झंझावात ने अपने घर जमीन से

उखाड़ कर हमेशा के लिए निर्वासित कर दिया है। प्रकृति और इतिहास के बीच यह गहरा अन्तर है।...किन्तु विकास और प्रगति के नाम पर जब इतिहास लोगों को उन्मूलित करता है तो वे फिर उपने घर वापस नहीं लौट सकते। आधुनिक औद्योगीकरण की आँधी में सिर्फ मनुष्य ही नहीं उखड़ता बल्कि उसका परिवेश और आवास स्थली हमेशा के लिए नष्ट हो जाते है।' ('धुन्ध से उठती धुन'–सिंगरौली, पृ. 24) एक पूरे ग्रामीण अंचल को कितनी 'नासमझी और निर्ममता' से उजाड़ा गया, सिंगरौली इसका ज्वलन्त उदाहरण है। कैसे दिल्ली के सत्ताधारियों और उद्योगपतियों ने सिंगरौली की अपार सम्पदा को डकार जाने के लिए आदिवासियों को उजाड़कर नष्ट किया। 'विकास' के नाम पर विनाश और अँधेरा। भारत के औद्योगीकरण का जो चक्कर स्वतन्त्रता के बाद चलाया गया उसे रोका जा सकता था। पश्चिम जिस विकल्प को खो चुका था, भारत में उसकी सम्भावनाएँ थीं। तमाम प्रयत्नों के बावजूद अँग्रेज़ भारत को अपनी 'सांस्कृतिक कालोनी' बनाने में असफल रहे। इसलिए कि 'भारत की सांस्कृतिक विरासत यूरोप की तरह म्यूजियम और संग्रहालयों में जमा नहीं थी। वह उन रिश्तों से जीवित थी जो आदमी को उसकी धरती, उसके जंगलों–नदियों और एक शब्द में कहें उसके समूचे 'परिवेश' के साथ जोड़ते थे। अतीत का समूचा 'मिथक संसार पोथियों में नहीं, इन रिश्तों की अदृश्य लिपि में मौजूद रहता था।' यूरोप में पर्यावरण का प्रश्न मनुष्य और भूगोल में सन्तुलन बनाए रखने का था तो भारत में मनुष्य और उसकी संस्कृति के बीच। अपनी गैर ज़िम्मेदाराना हरकतों और मूर्खताओं से हमने पश्चिम की नकल पर मनुष्य, प्रकृति और संस्कृति के रिश्ते को नष्ट किया। कभी टिहरी गढ़वाल में प्रकृति–विनाश किया तो कभी मध्य प्रदेश में, कभी कहीं, कभी कहीं। 'विकास' और आधुनिकता के नाम पर ग्रामीणों के जीवन की अपार तबाही पैदा की। दरअसल 'सिंगरौली' निर्मल वर्मा के औपनिवेशिक विमर्श के लिए सर्वांग 'पाठ' है, जो विद्वान उस चिन्तन को यूरोप की सभ्यता–संस्कृति की नकल मानते हैं—उन्हें सिंगरौली के 'टेक्स्ट' को फिर से पढ़ना चाहिए।

'पोस्ट कोलोनियलिज़्म' की संकल्पना का उदय भले ही पश्चिम में हुआ है और उसे लेकर वहाँ बहुत सरगर्मी भी रही है किन्तु यह 'डिस्कोर्स' नारीवाद, मार्क्सवाद, उत्तर संरचनावाद की तरह मात्र पश्चिमी नहीं है—इसमें उपनिवेशित 'अन्य' (कोलोनाइज़्ड 'अदर') के बारे में चर्चा है। प्रो. हरीश त्रिवेदी ने ध्यान दिलाया है कि पश्चिमी ज्ञान–जगत के इतिहास में सम्भवतः पहली बार किसी मुख्य डिस्कोर्स के केन्द्र में गैरपश्चिम रहा। भले ही यह औपनिवेशिक भौतिक शोषण की क्षतिपूर्ति के रूप में क्यों न रहा हो।' ('इन्ट्रोगेटिंग पोस्ट कोलोनियलिज़्म,

टेक्स्ट एंड कन्स्टेक्ट इंडिया एंड पोस्ट कोलोनियल डिस्कोर्स', सम्पा. हरीश त्रिवेदी तथा मीनाक्षी मुखर्जी, पृ. 232) निर्मल वर्मा ने एक गैर-पश्चिमी चिन्तक की भाँति इस उत्तर उपनिवेशवाद की संकल्पना का संस्कृति चिन्तक भाषा के 'डिस्कोर्स' में उपयोग किया। लेकिन 'तीसरी दुनिया' के देशों की हीनता ग्रन्थि से लगभग मुक्त होकर भारतीय सांस्कृतिक-राजनीतिक चेतना को प्रस्तुत किया। उन्हें ध्यान रहा है कि एक समय पोस्ट कोलोनियल साहित्य की संकल्पना 'कॉमन वेल्थ साहित्य' के स्थान पर प्रयोग करने के लिए की गयी। इस तरह लेबल के रूप में यह उन देशों के व्यापक रेंज की रचनाओं के लिए इस्तेमाल होती रही जो एक जमाने में यूरोपियन शक्तियों के अधीन या उपनिवेशित थी। साथ ही, पोस्ट कोलोनियल प्रत्यय के अर्थ-विस्तार के बारे में काफी डिबेट रही है कि क्या इसमें उन देशों के साहित्य को भी शामिल किया जाए जो एक जमाने में उपनिवेश थे किन्तु आज जिन पर गोरी जातियों का आधिपत्य है—जैसे कनाडा, आस्ट्रेलिया। यह डिबेट भी उठी है कि संयुक्त राष्ट्र अमेरिका को दोनों ही सूचियों से बाहर क्यों रखा जाता है अर्थात् पूर्व उपनिवेशों की सूची से बाहर और उपनिवेश स्थापित करने वाली शक्तियों से बाहर क्यों रखा जाता है। व्यवहार में पोस्ट-कोलोनियल साहित्य का इस्तेमाल प्रायः अफ्रीका के साहित्य, भारतीय उपमहाद्वीप के साहित्य, कैरेबियन तथा अन्य उन क्षेत्रों के साहित्य के लिए किया जाता है जो बीसवीं शताब्दी में उपनिवेशवाद, उपनिवेशवाद विरोधी आन्दोलनों तथा स्वातन्त्र्योत्तर परिवर्तनों के देश रहे हैं। इस विस्तृत साहित्य पर विचार (आलोचनात्मक विचार) अक्सर पोस्ट कोलोनियल थियेरी के सन्दर्भ में किया जाता है थियेरी का विकास अस्सी या नब्बे के दशक में हुआ। इस क्षेत्र का युगान्तरकारी कार्य एडवर्ड सईद की 'ओरिएंटलिज़्म' पुस्तक में हुआ है। पोस्ट कोलोनियल सिद्धान्त राष्ट्रीय और एथनिक (नृजातीय) पहचान के बेचैन कर देने वाले सांस्कृतिक-राजनीतिक सवालों पर विचार करता है — 'अदरनेस', 'रेस', 'इम्पीरियलिज़्म', 'लेंग्वेज' के साथ कोलोनियल समय और उसके पश्चात के समय पर विचार करता है। उत्तर संरचनावादी थियरी में डीकांस्ट्रक्शन थियरी को ग्रहण करने पर आपत्ति उठाते हैं। लेकिन इस आधार से विचार चल पड़ा है। एडवर्ड सईद के पश्चात इस क्षेत्र के प्रमुख विद्वान हैं—गायत्री चक्रवर्ती स्पीवाक और होमी भाभा आदि। इस क्षेत्र को लेकर उत्तर उपनिवेशिक विमर्श में निर्मल का संकट क्या है? स्वाधीनता संग्राम के दिनों में इतिहास विरोधी सामूहिक स्मृतियों के उभार में 'अलगाव', 'धर्म नस्ल के संकट' और हिन्दू अस्मिताओं के भीतर अगड़े-पिछड़ों के उभार। डॉ. राममनोहर लोहिया 'इतिहास चक्र' में निरन्तर पिछड़ी जातियों के अधिकार के बात करते रहे। 'चले देश में देशी भाषा' का नारा देकर अँग्रेज़ी साम्राज्यवाद का विरोध। साम्राज्यवादियों

द्वारा लिखे भारतीय इतिहासों का विरोध। क्योंकि साम्राज्यवादियों ने भारतीय 'इतिहास' को इस ढंग से गुमराह किया है कि यह देश, धर्म, जाति, रंग के नाम पर एक न हो सकें। इसी साम्राज्यवादी दृष्टि से हटकर इतिहास के प्राध्यापक और व्याख्याकार निर्मल वर्मा ने 'तीसरी दुनिया' की 'संस्कृति' और 'साहित्य' के अन्त:सूत्रों पर पुनर्विचार किया है।

यूरोपीय साम्राज्यवाद ने भारतीय राष्ट्रवाद को अपनी वैचारिक गिरफ्त में लेकर 'आत्म-दर्शन' को विकृत किया है। इसलिए निर्मल का संकट है—भारत में उस 'यथार्थ' की खोज जिसे 'दमित' किया गया है—एक प्रकार से उत्तर उपनिवेशवाद भारत के भीतर मौजूद भारत की खोज—'लोक' के साथ 'लोकोत्तर' की खोज। ध्यान रहे, निर्मल का 'लोकोत्तर' कोई अरूप अलौकिक नहीं है वह उनकी लोक चेतना का आत्म विस्तार है। निर्मल 'भारतीयता' से भारत के विश्वासों को लेकर ही निबटना चाहते हैं। इसका कारण है—'एक देश की पहचान सिर्फ उन लोगों से नहीं बनती, जो एक समय में जीवित थे और आज उसकी मिट्टी के नीचे दबे हैं। समय बीतने के साथ भूमि की भौगोलिक सीमाएँ धीरे-धीरे संस्कृति के नक्शे में बदल जाती हैं। एक के खंडित होते ही दूसरे की गरिमा को भी चोट पहुँचती है।...मेरे लिए देश प्रेम मेरे राजनीतिक आग्रहों से कहीं ऊपर है—या होना चाहिए।' ('आदि, मध्य और आरम्भ', पृ. 16) भारतीयता की खोज में उनके साथ गाँधी के विचार हैं और लोहिया का राजनीतिक तर्क हैं।

निर्मल वर्मा की भारतीयता एक तरह से भारतीय उत्तर-आधुनिकता का वह नीलकंठ है जिसमें जीवन और मृत्यु, अमृत के साथ विष को साधने की दृष्टि से परेशान नहीं है। हाँ, यह एक विवेक-वयस्क की भारतीयता है जो गया, गंगा, गीता, रामायण, वेद के कारण अपने को हीन हिन्दू नहीं समझता है। निर्मल प्रश्नाकुल मुद्रा में इसे जानना, समझना चाहते हैं।

'क्या भारत का कोई ऐसा कोना है जहाँ रामायण, महाभारत और पौराणिक कथाओं के प्रतीक मनुष्य को अपनी अर्थवत्ता पाने में सहायक नहीं होते? यदि एक भूखंड में जीता हुआ व्यक्ति एक 'रूपक' में अपने होने का प्रत्यक्षीकरण करता है तो यह वही सम्भव हो सकता है जहाँ भूगोल की देह पर संस्कृति के स्मृति स्थल अंकित रहते हैं। पत्थर को छूते हुए कोई देवता, नदी का स्पर्श करते ही कोई स्मृति, पहाड़ पर चढ़ते हुए कोई किसी पौराणिक कथा की अन्तर्कथा—ऐसे पदचिह्न हैं जिन पर कदम रखते हुए हम अपनी जीवनयात्रा को तीर्थ-यात्रा में परिणत कर लेते हैं।' ('आदि, अन्त और आरम्भ'—मेरे लिए भारतीय होने का अर्थ, पृ. 12)

निर्मल वर्मा परम्परागत भारतीय लोक मन और आज के आधुनिक भारतीय बुद्धिजीवी के मन को 'टटोल' कर व्यथित होने वाले चिन्तक हैं। 'आज के आधुनिक

भारतीय धर्मनिरपेक्षीय बुद्धिजीवियों को भारत के सन्दर्भ नें ईश्वर और पूर्वजों की स्मृति का उल्लेख करना कितना अजीब जान पड़ता होगा, इसका अनुमान करना कठिन नहीं है। वे लोग तो 'वन्देमातरम्' जैसे गीत में भी साम्प्रदायिकता सूँघ लेते हैं। सच बात तो यह है कि देश प्रेम की भावना को देश से जुड़ी स्मृतियों और उसके इतिहास की धूल में सनी पीड़ाओं को अलग करते ही इस भावना की गरिमा और पवित्रता नष्ट हो जाती है।'' (वही, पृ. 19) तब प्रश्न उठता है देश प्रेम की 'गरिमा' और 'पवित्रता' को अपने टेक्स्ट में डीकांस्ट्रक्ट करते निर्मल को 'भारत व्याकुल' मानने का क्या अर्थ ? निर्मल ने अज्ञेय व्याख्यानमाला के 'भारत भवन' में दिए भाषण का शीर्षक दिया 'आदि और अन्त' और अज्ञेय की भाषा 'स्मृति के परिदृश्य' को याद किया। हमारे समाज में समग्र व्यक्ति को जगह नहीं है और दो विश्व युद्धों में भीतर-बाहर से दरका-पिचका यूरोप का आत्म-विभाजित, आत्म-संशकित व्यक्ति—इन दोनों में आज तालमेल बैठा पाना कठिन है। क्यों कठिन है ?

'अक्सर इतिहास के अन्त की, आइडियालॉजी के अन्त की, यहाँ तक की कला के अन्त की भविष्यवाणियाँ की जाती हैं। मुझे नहीं मालूम उनमें कितनी सच्चाई है, किन्तु मुझे लगता है। ये सब अन्त अगर सच है तो व्यक्ति के अवसान से जुड़े हैं, जिसने इतिहास के आतंक और आइडियालॉजी के ज्वर को अपनी नंगी त्वचा पर झेला था, उसके अद्वितीय असाधारण अनुभव को अपनी अवसादपूर्ण कला में अभिव्यक्त किया था। यूरोपीय साहित्य एक अर्थ में इसी 'सम्पूर्ण बोध' के विस्मृत हो जाने का विलाप गीत माना जा सकता है। किन्तु जो विस्मृत है वह मृत नहीं हो जाता।' (वही—'आदि, अन्त और प्रारम्भ') काफ्का कहते रहे कि हमारे मधुर गीत भीतर के नरक से आते हैं, वे विस्थापित आत्मा की पुकार हैं—जो हमें बीथोवन के अन्तिम क्वाट्रेट्स में, रिल्के की कविताओं में, टामस मान के अभिशप्त कलाकारों की गाथाओं में सुनाई देते हैं। जब एलियट ने कहा था कि आरम्भ में ही अन्त निहित रहता है तब क्या उसने यह ध्वनित नहीं किया था ? मनुष्य की समस्त परिकल्पित यूटोपिया एक तरह से उस खोए हुए 'पैराडाइम' की पुनर्निमिति नहीं है क्या ? वैदिक ऋचाओं की तरह मनुष्य को उसकी विराट्ताओं में देख पाना क्या यूरोपीय आँख के लिए सम्भव है ? मिथक और इतिहास के बीच का यह अन्तर पश्चिमी संस्कृति और भारतीय परम्परा में साफ परिलक्षित होता है। आज 'आत्म-विभाजित' होने का बोध 'मॉडर्न' हो जाने का बोध है जिसके पास 'प्रकृति दर्शन' नहीं है, सिर्फ इतिहास है और इतिहास के ध्वस्त खँडहर। आधुनिक कला के कुमारस्वामी यदि इतने कठोर आधुनिक थे तो सिर्फ इसलिए कि उन्हें उसमें मनुष्य के अन्त की रिक्तता दिखाई देती थी। क्या वहाँ युंग ने 'मैन इन सर्च ऑफ हिज सोल' पुस्तक इसी दर्द में डूबकर नहीं लिखी ? फिर प्रश्न उठा, 'आज बींसवी शती

के अन्त में जब हम उत्तर आधुनिकता की बात करते हैं तो मनुष्य के आधुनिक बोध के इस आध्यात्मिक पक्ष को बिल्कुल भुला देते हैं। एक ऐसा बोध जिसकी सम्भावनाएँ कभी पूर्ण रूप से यूरोप में उद्‌घाटित नहीं हों पायीं। असली उत्तर आधुनिकता वह होती जो मनुष्य की अधूरी, बीच में टूटी हुई यात्रा में परम का वह अंश जोड़ पाती। उस बीहड़ तनाव के बीच रास्ता बना पाती जो आधुनिक कला के आत्मसंघर्ष की आधार भूमि थी।...इसलिए उत्तर-आधुनिकता की विचारधारा में जो बहुलता दिखाई देती है वह खुलापन नहीं, ढीलापन है—विशृंखलता जो केन्द्रहीनता से उत्पन्न होती है। आधुनिक मनुष्य के अन्तर्विरोधों की पीड़ा और उनका अतिक्रमण करने का आध्यात्मिक गौरव—वह दोनों के प्रति निरपेक्ष जान पड़ती है।' (वही, पृ. 41)

'भारतीयता' के इस 'पाठ' में निर्मल वर्मा को 'एक भारतीय बुद्धिजीवी की भूमिका' का ध्यान आता है। बुद्धिजीवी ? कौन बुद्धिजीवी ? पत्रकार, प्रोफेसर, लेखक, वैज्ञानिक, कौन ? बुद्धि से रोजी-रोटी कमाने वाले लोग क्या हैं बुद्धिजीवी ? भारतीय परम्परा में बुद्धि को केन्द्रीय बनाकर सोचने वाला मनीषी ही बुद्धिजीवी हैं। आज के भारतीय बुद्धिजीवी की बौद्धिक बनावट पश्चिमी शिक्षा-दीक्षा से बनी है और वह एक बौद्धिक मरुस्थल में रहने को अभिशप्त है। बौद्ध और सांख्य दर्शन के बुद्धिजीवी-अर्थात् बुद्धिजीवी का अर्थ विशेषज्ञ नहीं होता। भक्ति काल के कवि कबीर, तुलसी, तुकाराम को कहाँ रख दें ? कहाँ रखें अरविन्द, रवीन्द्रनाथ और गाँधी को ? क्या गाँधी को बुद्धिजीवी कहा जा सकता है ? क्योंकि वे तो परम वैष्णव आत्म-चिन्तननिष्ठ थे। क्या आर्वेल, सार्त्र, नीत्से, कामू, सिमॉन बेल को बुद्धिजीवी कहें जो बुद्धि के एकांग्री प्रयोग का विरोध करते थे ? कैसे होगा 'बुद्धिजीवी' और आधुनिक बुद्धिजीवी का 'पाठ' और 'इंटरप्रटेशन'। इन अन्तःपाठात्मकता में बुद्धि और आत्म, दोनों का मरण छिपा है।

निर्मल का उत्तर औपनिवेशिक विमर्श किसे मथता है, किसे विखंडित करता है—'धर्म, लोकतन्त्र और साम्प्रदायिकता' को ही न। गाँधी कभी भी 'सेक्युलर' बनने का आग्रह नहीं करते हैं। आग्रह करते है 'अच्छा हिन्दू' और 'अच्छा मुसलमान', 'अच्छा बौद्ध', अच्छा ईसाई बनने का। 'गाँधी के इस एक छोटे से सरल वाक्य में क्या धर्म, धर्मनिरपेक्षता और साम्प्रदायिकता के बीच भेद कुछ स्पष्ट नहीं हो पाता।' (वही, पृ. 55) क्यों गाँधी ने उन्हें एक अच्छा इनसान बनने की राय नहीं दी जो कहीं यूरोप की 'मानववादी' परम्परा में तो संगत जान पड़ती, किन्तु भारत के सांस्कृतिक परिवेश में उसका कोई अर्थ न होता। धर्म से अलग मानवीयता का कोई अर्थ निकल सकता है, इसकी कल्पना भी गाँधी नहीं कर सकते थे।'

(वही, पृ. 6) इस तरह भारत में साम्प्रदायिक होने का अर्थ धार्मिक होना नहीं है। सम्प्रदाय अपने में धर्मनिरपेक्ष शब्द है—मैं एक कम्युनिस्ट अथवा धार्मिक सम्प्रदाय का सदस्य हो सकता हूँ' भारतीय मनीषा विविध, बहुआयामी और अनेकधर्मा है। भारतीय समाज के लोकतान्त्रिक चरित्र का अर्थ है सभी सम्प्रदायों के रहते हुए भी 'साम्प्रदायिकता' से मुक्ति। दरअसल, इधर 'साम्प्रदायिकता' राजनीतिज्ञों की देन है सेक्युलरिज़्म की देन है धर्म की देन नहीं है।

सन् 1982 के आसपास जर्मनी की एक संस्था ने लेखकों को आमन्त्रित किया ताकि 'शीत युद्ध' के स्थान पर 'शान्ति का विमर्श' आरम्भ किया जा सके। शान्ति का विमर्श इसलिए आवश्यक कि बेचैन पश्चिम में अनेक आत्म-विस्थापित पश्चिम हैं। फ्रांस का साहित्य, अँग्रेज़ी के साहित्य से भिन्न है। फिर क्या उन दोनों में स्पन्दित सांस्कृतिक चेतना एक है? सच है यूनानी सभ्यता की पीठिका और ईसाई-यहूदी धार्मिक परम्पराओं ने यूरोप को एक ऐसी सांस्कृतिक इकाई में ढाला है जो एशिया—विशेषकर भारत की जीवन-दृष्टि और आध्यात्मिक चरित्र से बहुत कुछ अलग हो जाती है फलत: संस्कृत के प्रत्ययों का यूरोपीय भाषाओं में कोई पर्याय नहीं मिलता। कुमारस्वामी जैसे प्रबुद्ध विद्वान इसीलिए भारतीय ग्रन्थों के यूरोपीय अनुवादों से बिदकते हैं। भारतीय अवधारणा का विदेशों में अनुवाद अपना मर्म और सौन्दर्य खो देता है। साहित्य में पूर्व और पश्चिम का विभाजन अपना तर्क रखता है। लेकिन न एलियट को अज्ञेय बनाया जा सकता है, न अज्ञेय को एलियट। क्योंकि दोनों की परम्परा, मिथक चेतना, परिवेश, सांस्कृतिक-संवेदना, भाषा-अस्मिता भिन्न है। अज्ञेय की सांस्कृतिक जड़ें भारत में हैं यूरोप में नहीं, चाहे वे कितने ही यूरोपीय साहित्य में रमे। यही बात निर्मल वर्मा के लिए है वे यूरोप के भारतीय लेखक हैं और भारत के यूरोपीय लेखक। अन्तर कलाकृतियों में नहीं, अन्तर दोनों की सांस्कृतिक परम्पराओं में है। भारतीय परम्परा में मनुष्य सभी जीव सत्ताओं से ऊपर है तो अपनी ब्रूट फोर्स या पाशविक सत्ता के कारण नहीं, बल्कि स्वचेतना के कारण। मनुष्य के लिए प्रकृति भोगने की वस्तु नहीं, एक आन्तरिक पवित्रता की शक्ति है जिसका विनाश जीवन का विनाश है। इसी तरह रामायण, महाभारत, गीता न तो 'इलियड' की तरह 'सेक्युलर' हैं, न बाइबिल की तरह धार्मिक ग्रन्थ। उनमें दोनों के तत्वों का सम्मिश्रण है। इसलिए—

'पश्चिमी परम्परा की तरह भारतीय मानस में दिव्य और अलौकिक, धार्मिक और सेक्युलर के बीच स्पष्ट विभाजन रेखा नहीं है। भक्तिकाव्य इसका सर्वोत्तम उदाहरण है—कबीर, तुलसीदास, मीरा के काव्यात्मक सौष्ठव को क्या उनकी गहन आध्यात्मिक दृष्टि से अलग किया जा सकता है?' (वही, पृ. 71) इस तरह हर रचना

अपनी संस्कृति की स्मृति है भूगोल है। पश्चिमी सभ्यता में समय की अवधारणा अतीत, वर्तमान और भविष्य में विभाजित है जबकि पूर्वी संस्कृतियों के मानस में इस तरह का विभाजन निरर्थक है। चीन, जापान, भारत में जिन कथ्यात्मक शैलियों का विकास हुआ वे यूरोप की उपन्यास विधा से बहुत भिन्न थी। अन्त में निष्कर्ष यह कि—

'एक भारतीय के लिए, पश्चिमी साहित्य से मेरा सम्बन्ध वैसा ही है जैसा पश्चिमी सभ्यता से है जिसने पिछले दो सौ वर्षों से एक औपनिवेशिक सत्ता के रूप में हमारी जीवन-शैली और चिन्तन-पद्धति में प्रवेश किया है? मुझे लगता है कि अँग्रेज़ों की गुलामी ने हमारी मानसिकता को जिस तरह विकृत और विखंडित करके छोड़ा है, उसके घाव आज भी हमारी आत्मा में नासूर की तरह रिस रहे हैं। पश्चिमी सभ्यता ने जिस तरह दम्भी हो स्वयं हमें अपनी जड़ों से उन्मूलित किया है, उसके कारण हमारी स्वयं अपने बारे में पहचान विकृत तो हुई ही है, पश्चिमी साहित्य का सही आकलन करने के रास्ते में भी अवरोध उत्पन्न किया है। यदि हम पश्चिमी जगत से बराबरी के आधार पर अपना सम्बन्ध बनाते तो न तो हम स्वयं अपनी सांस्कृतिक अस्मिता के प्रति हीन भावना से ग्रस्त होते, न पश्चिमी सभ्यता की वह छवि हमारे सामने आती, जो औपनिवेशिक चौखटे के भीतर दिखाई देती है।' (वही, 'पूर्व और पश्चिम', पृ. 74) इस तरह निर्मल के डिस्कोर्स में पश्चिमी सभ्यता संस्कृति के दो रूप हैं—एक धूर्त, लोभी-लुटेरा लम्पट-साम्राज्यवादी रूप, जिसने आतंकवादी प्रभुत्व स्थापित किया—दूसरा वह जो कला-साहित्य-दर्शन-चिन्तन में उभरा—अभिशप्त अकेले, खोखले आदमी का रूप। पश्चिमी-सभ्यता के ज्ञान का अधूरापन भारतीय दार्शनिक जड़ावलाल मेहता के कथन से दूर किया जा सकता है कि पूर्वी देशों के लिए यूरोपीकरण की लम्बी यात्रा स्वयं अपने आत्म (सेल्फहुड) तक पहुँचने के लिए ज़रूरी है। 'यह यात्रा तभी सम्पूर्ण और सार्थक हो सकेगी जब हम यूरोप के इन दो चेहरों (रूपों) से सीधा सामना करने की सामर्थ्य जुटा पाएँगे।' (वही, 'पूर्व और पश्चिम', पृ. 75) यहाँ कहना होगा कि निर्मल वर्मा का पूरा उत्तर औपनिवेशिक विमर्श यूरोप के दोनों चेहरों से सीधा सामना करने की शक्ति एवं विश्वास देता है। भारतीयों को हीनताओं से मुक्ति के लिए ही वे अपनी भारतीय जड़ों की तलाश करते हैं। इन जड़ों की तलाश जिनकी विचार चेतना के 'आत्म' में 'अन्य' समाहित है। कहना होगा यह अन्तर्दृष्टि ही भारतीय परम्परा की अनुपम देन है। आज की भूमंडलीकरण की कूट राजनीति में कल्पना तो एक विश्व की है लेकिन भीतर बहुत गड़बड़ है। यही कारण है कि एकीकृत करने के प्रयत्नों के बावजूद यह विश्व विभाजित है और अनेक छलनाओं का शिकार। मार्क्स इसलिए असफल हो गये कि वे शोषण के ऐतिहासिक कारकों को समझते हुए भी मनुष्य को उसकी समग्रता में नहीं देख सके—उसे अधूरा देख

पाय। आर्थिक सुविधाओं के बावजूद मनुष्य ने अपने को आत्म-निर्वासित (सेल्फ एलीनिएटिडन) पाया।

आज अमरीका एक देश का नाम नहीं, एक महाशक्ति का रूपक है। भूमंडलीकरण के इतिहास का सबसे समर्थ 'टेक्स्ट'। इस टेक्स्ट के डिस्कोर्स में विश्व संस्कृति का केन्द्र स्थापित है—उसके इर्द-गिर्द घूमता पूरा भूमंडल। निर्मल के शब्दों में एक ऐसा मेग्नेटिक फील्ड, जिसकी ओर पूर्व-पश्चिम के सभी देश खिंचे चले आते हैं। कहने को भूमंडलीकरण की अवधारणा पूरी दुनिया को अपने में समाहित करती है, किन्तु कौन नहीं जानता कि इसकी चालक शक्ति का मूल स्रोत पश्चिमी सभ्यता के रथ के साथ जुड़ा है, जिसके दोनों पहिए सार्वभौमिकता और समांगता के विकास के राजपथ पर एक साथ भागते चलते हैं।' (वही, पृ. 80) यह सच है कि संचार साधनों के क्रान्तिकारी विकास के कारण 'सम्प्रेषण' की सम्भावना प्रशस्त हुई है। 'दुनिया सचमुच एक गाँव में सिकुड़ गयी है।' लेकिन मनुष्य के मनुष्यत्व के भीतर ऐसा विषैला कीड़ा बैठा है जो उसे काटकर 'अजनबी' बनाता है और मानव अपने अहं का अतिक्रमण नहीं कर पाता। दूसरे को नष्ट करके ही अपनी अस्मिता की रक्षा का भयानक राक्षस चुप नहीं है तो एथेनिक आइडेंटिटी पर भी गर्व करना व्यर्थ। भूमंडलीकरण अपने वर्चस्व के तले आदमी को रौंदकर स्मृतिहीन मशीनी पुतला बनाता है। दुनिया जो भूमंडलीकरण के गाँव में बदली है वह गाँधी की कल्पना का गाँव, (हिन्द-स्वराज का गाँव) नहीं है जिसमें आदमी अपने 'आत्म के अनुरूप' जी सके। 'पिछले तीन सौ वर्षों के दौरान पश्चिमी-यूरोपीय सभ्यता ने मनुष्य की जिस छवि को गढ़ा है—एक ऐसे आत्मकेन्द्रित, आक्रामक, सेक्युलर मनुष्य की छवि जो समूची प्रकृति और प्राणिजगत का प्रभुत्व प्राप्त करके अपने को समूची सृष्टि के केन्द्र में अवस्थित करता है। मनुष्य की इस एकांगी अवधारणा को भूमंडलीकरण के नाम पर अन्य गैर-यूरोपीय परम्पराओं पर आरोपित करना कहाँ तक उचित है जहाँ मनुष्य की कल्पना नितान्त अलग सांस्कृतिक परिप्रेक्ष्य में की गयी है।' (वही, पृ. 83)

बुद्धि से, विचार से, निर्मल वर्मा पश्चिमी संस्कृति के खटके से बेचैन प्रश्नाकुल रहे हैं, लेकिन भाव और संस्कार से भारतीय परम्पराओं, मिथकों, गाथाओं, लोक स्मृतियों, नदियों-तीर्थों-अनुष्ठानों-पर्वों में उनका मन बसता है। एक छोर पर यूरोप दूसरे छोर पर पूर्व या भारत। एक छोर पर इतिहास दूसरे छोर पर स्मृति। निर्मल वर्मा दोनों में सन्तुलन बैठाने की जी तोड़ कोशिश करते हैं और यह प्रयत्न कम मूल्यवान नहीं है।

निबन्ध : विचार की उपजाऊ भूमि

यह एक बड़ी विचित्र बात है कि निर्मल वर्मा के विचारपरक निबन्धों पर बहुत कम ध्यान दिया गया जबकि उत्तर औपनिवेशिक भारतीय मानस की भारतीयता का सर्जनात्मक चिन्तन एक नयी कैमिस्ट्री के साथ इन निबन्धों में निष्पत्ति पाता रहा है। आज चारों ओर जिसकी चर्चा है हिन्दी में उस उत्तर आधुनिकतावादी विमर्श के प्रवर्तकों में निबन्धकार निर्मल वर्मा का नाम लिया जा सकता हैं और नाम लेना चाहिए।

क्या यह सच नहीं है कि निर्मल वर्मा हिन्दी की पूरी निबन्ध परम्परा का एक समर्थ और सम्पन्न नाम है। उनका समग्र निबन्ध चिन्तन उत्तर औपनिवेशिक समाज में बहुत मौलिक और धारदार प्रश्न उठाता है। यह प्रश्नाकुलता एक गहरी आधुनिक-बौद्धिकता और आध्यात्मिक बेचैनी लिये हुए है। इसमें भारतीय चिन्तन-परम्परा और पश्चिमी आधुनिकता का द्वन्द्व न जाने कितने रंगों के साथ मौजूद है!

भारतीय और पाश्चात्य सभ्यता-संस्कृति की ताल-लय-गति और क्लासिकल संवेदना के अर्थ-विन्यासों की आहटों को महसूस करने वाला यहाँ अद्‌भुत सांस्कृतिक-विमर्श का निबन्ध-क्षेत्र है जिसे धर्म-क्षेत्र मानकर विचारों का कुरुक्षेत्र लड़ा जा रहा है। निर्मल वर्मा के गद्य गल्प में एक कवि, योगी के भाव से विचार की समाधि लगाए बैठा है और अपनी संस्कृति की हजार-हजार धाराओं वाली नर्मदा में नहाया हुआ मन सौन्दर्य बोधात्मक संस्थापनाएँ करने के लिए प्रयत्नशील है।

न जाने क्यों मुझे हमेशा इन निबन्धों की अन्तर्यात्रा में आचार्य रामचन्द्र शुक्ल के 'चिन्तामणि' चिन्तन का यह कथन याद आता रहा है कि यात्रा के लिए निकलती रही है बुद्धि लेकिन हृदय को साथ लेकर। हृदय और बुद्धि की इस आन्तरिक विचार-यात्रा में आचार्य हजारी प्रसाद द्विवेदी का मिथक और स्मृति का पुनराविष्कार भी शामिल हो गया है। आचार्य हजारी प्रसाद द्विवेदी की पुण्य स्मृति में लिखे लेख का ध्यान आता है। निर्मल वर्मा ने आचार्य हजारी प्रसाद द्विवेदी को लेकर मूल्यांकनपरक वाक्य लिखा—'आधुनिकता और हिन्दुत्व इन दोनों के मेल से वह प्रामाणिक अर्थ में भारतीय बने थे।' मुझे लगता है कि आचार्य द्विवेदी की उजली-उच्छल भारतीयता

का चिन्तन निर्मल वर्मा के उत्तर औपनिवेशिक विमर्शों में नये तर्कों और नये सन्दर्भों के साथ आया है। मैं मानता हूँ कि निर्मल वर्मा के चिन्तन का उत्तर उपनिवेशवाद संस्कृति, राजनीति, इतिहास, साहित्य, अध्यात्म, धर्म, दर्शन और भाषा के नय प्रत्ययों-अवधारणाओं में ढलता है और उसमें इतनी नयी चिन्तन ऊर्जा है कि वह कमजोर स्ट्रक्चर में भरा नहीं रह पाता। दूध में आये उफान की तरह भलभलाकर बाहर गिर पड़ता है।

निर्मल वर्मा के चिन्तन में अज्ञेय और कुमारस्वामी, गाँधी और अरविन्द, रवीन्द्र नाथ और राममोहन लोहिया छन-छनकर आते दिखाई देते हैं। उन पर सर्वाधिक असर अज्ञेय और कुमारस्वामी, टी. एस. एलियट और वर्जीनिया वुल्फ का है। वैसे उन पर पड़े अनगिनत देशी-विदेशी प्रभावों की शिव जटाओं को गिना नहीं जा सकता। दिलचस्प बात यह है कि प्रभावों के प्रवाह ने उनके मूल चिन्तन को और उर्वर बनाया है।

निर्मल वर्मा ने हिन्दी की कथा-साहित्य की विधा से कम महत्त्व अपनी निबन्ध विधा को नहीं दिया है। अपनी आन्तरिक संरचना की कसावट में उनके निबन्ध उनके उपन्यासों से ज्यादा सुगठित और तगड़े हैं। कथा के जैसा ढिल्लड़पन उनके पहले उपन्यास 'वे दिन' में पाया जा सकता है, वैसा ढिल्लड़पन 'शब्द और स्मृति' जैसे उनके निबन्धों के पहले संग्रह में नहीं है। ये निबन्ध एकदम विचारों के व्यायाम से बँधे-गठे छरहरे शरीर का सौन्दर्यशास्त्र निर्मित करते मिलते हैं। फलतः चिन्तनशील स्वभाव के निर्मल की मानसिकता के सर्वाधिक निकट और आत्मीय संवाद से इन निबन्धों का नाभि-नाल का सम्बन्ध है। ज्यादातर निबन्ध निर्मल वर्मा ने अपनी चिन्ताओं-समस्याओं, प्रश्नाकुलताओं को भीतर से सुलझाने के लिए लिखे हैं। इसलिए इन निबन्धों का काव्यशास्त्र चिन्तन की मनोदशाओं, आन्तरिक तनावों, संघर्षों-द्वन्द्वों की लपट से निर्मित हुआ है। वे कोई भी निबन्ध का 'पूर्व' ढाँचा स्वीकार नहीं करते हैं, खुद ही महीनों, वर्षों तक भीतर जूझकर उसे कथ्य के अनुरूप रूपाकार देते हैं।

निर्मल वर्मा के निबन्धों की व्याख्या के तल में ऐतिहासिक, सांस्कृतिक तथा राजनीतिक-सामाजिक परिवर्तनों की समसामयिकता-तात्कालिकता के विचार-पैटर्न गुँथे मिलते हैं। उनमें सघन काव्यात्मक अनुभव आत्माभिव्यंजना के पहाड़ी निर्झर-स्रोत अपने लिरिकल संगीत की ध्वनियों में समाहार पाते हैं। इन निबन्धों को काव्यात्मकता का वरदान क्या मिला, इनके भीतर के विचारों की गुनगुनी गरमाहट अपने पाठ की ठिठुरन को भगाती रहती है। लेखक और पाठक का ऐसा साधारणीकरण या तो अज्ञेय के निन्बधों को नसीब हुआ या फिर विद्यानिवास मिश्र, कुँवर नारायण, मलयज और रमेशचन्द्र शाह के निबन्धों को। भारत और यूरोप के विचारों की धुनाई-कताई-सफाई में निर्मल वर्मा अद्वितीय हैं। उन जैसा निबन्ध का शैलीकार इस दौर के निबन्धकारों में कोई नहीं। निर्मल स्मृति और शब्द के संयोग कर्म से बने निबन्धकार हैं। 'इतिहास'

उनके लिए 'घटना' से ज्यादा 'टेक्स्ट' है जिसमें वे प्रबुद्ध पाठक की हैसियत से अपने अर्थ की—अपनी शर्तों पर अर्थ की उत्पति करते हैं। निर्मल का चिन्तन-स्वभाव काफ्का, प्रूस्त, नीत्से, हाइडेगर और रोला बार्थ से मिलता-जुलता है और उन्हीं की तरह वे जटिल, चुनौती भरे असुविधाजनक प्रश्नों से जूझने में आनन्द पाते है। उनकी निर्भय भारतीय आधुनिकता, उत्तर आधुनिकता उन्हें पश्चिमी संस्कृति के विचारों से अतिक्रान्त पर आतंकित नहीं करती—बल्कि मुक्त करती है। उनका मुक्त स्वाधीन चिन्तन हमारी पीढ़ी के लिए प्रेरणा है। निर्मल वर्मा के पास उतना निर्भय मानस है कि इतिहास और स्मृति से जुड़े अनेक तरह के जटिल संश्लिष्ट रिश्तों और जिज्ञासाओं पर अपने निबन्धों में नये सिरे से विचार करते हैं, उन्हें डीकान्स्ट्रेक्ट करते है। यहाँ साहित्य और इतिहास 'पाठों' से 'अन्त:पाठात्मकता' स्थापित करता है उन्हें गैर साहित्यिक बनाकर। चाहे वे धार्मिक स्वरूप के हों उनकी अन्तर्वस्तु को पहले रेशे-रेशे उघाड़ता है और फिर धैर्य से बुनता है। उनका गद्य हड़बड़ाहट का गद्य नहीं है उसमें क्लासिकल संयम की कला का प्रकृत निवास है। बड़ी बात यह है कि निर्मल ने मिशेल फूको, एडवर्ड सईद की शैली में विचारधारात्मक विमर्श पर बल दिया है। वे विचारधाराओं की प्राचीन संकल्पनाओं को गोल्डमान और टेरी ईगल्टन की तरह निरस्त करते हैं और कहते हैं कि विचारधारा वही नहीं है जो संस्थानों, धार्मिक-राजनीतिक ग्रन्थों और साहित्यिक कृतियों में मौजूद रहती है—विचारधारा वह भी है जो संस्कृति की, लोक कथाओं, लोक स्मृतियों, मिथकों, वार्ताओं, वाचिक परम्पराओं और तीर्थों-पर्वों में निवास करती है। इसे वह रामायण-महाभारत से अलग भारतीय सभ्यता-संस्कृति के तीसरे महाकाव्य का नाम देते हे। उनकी सामाजिक-सांस्कृतिक शक्ति सदा विमर्श से क्रियाशील होती है। सभ्यता-संस्कृति, परम्परा, कला तथा औचित्य के सभी मानदंड शक्ति के विमर्श से उत्पन्न होते हैं। कौन किस सच्चाई के भीतर है और कौन बाहर, यह तो विमर्श ही तय करता है। निर्मल में चला आ रहा 'विमर्श' नया 'पाठ' बनाता है और स्वयं यही 'पाठ' अपनी जगह विमर्श को अर्पित कर देता है। उनका पहला निबन्ध संग्रह 'शब्द और स्मृति' ऐसा ही नया विमर्श है।

निर्मल वर्मा की मनोभूमिका पर निबन्ध विधा का स्थायी क़ब्ज़ा गद्य भर का क़ब्ज़ा नहीं है, चिन्तन की काव्यात्मकता का ज्वालामुखी विस्फोट है। गद्य के घेरे में काव्यात्मक ऊर्जा भीतर से विचार में ज्यादा प्राणवत्ता भर देती है। काव्यात्मकता से यहाँ अर्थ छायावादी काव्यात्मक लिरिकल फॉर्म से नहीं है—उस गहन विचार की भावात्मक, ज्ञानात्मक अनुभव भूमि से है जो हर बार परती जमीन तोड़कर नया बीज बोती है। नयी फसल उपजाती है जिसमें संस्कृति ही उनके चित्त की खेती है और जिसे वे अँधेरे में आक्रमण करने वाले कीड़ों तथा अन्य जीवों से बचाते हैं। यह कार्य

उन्होंने आलोचक बनकर नहीं, निबन्धकार बनकर किया है। उन्होंने लिखा है—

'मैंने आलोचना पुस्तक नहीं, अधिकतर निबन्ध ही लिखे। नयी कहानी की वकालत करने के लिए निबन्ध लिखना ज़रूरी समझा। आलोचना कभी-कभी करनी पड़ती है। ज़रूरी नहीं हर लेखक करे। अपने दौर की कहानियों-कविताओं में ऐसे जो परिवर्तन आये हैं, जिनके कारण से लेखक ने पहली पीढ़ी के लेखन से अपने को अलग किया है। इस अलगाव को देखाने के लिए कभी-कभी खुद भी लिखना पड़ता है। इसका सबसे बड़ा उदाहरण इलियट हैं जिन्होंने कविता के साथ अपनी कविता के बारे में विचारवान निबन्ध भी लिखे। ज़रूरी नहीं हर लेखक ऐसा करे। नये लेखक को आलोचक आलोकित करते हैं, इसलिए सामान्यतः लेखक को ऐसा करने की ज़रूरत नहीं पड़ती।' ('संसार में निर्मल वर्मा', सम्पा. गगन गिल—पृ. 196)

निर्मल का रुझान निबन्ध लेखक की ओर क्यों रहा? इसलिए कि वे मूलतः चिन्तक हैं उन्हें चिन्तन का जन्मजात व्यसन है और उनके चित्त को चिन्तन में आत्म विश्रान्ति का सुख मिलता है। वे कहते हैं—

'एक सीमा पर मुझे हमेशा यह महसूस हुआ कि अनेक बातें-समस्याएँ-प्रश्न मुझे परेशान करते हैं जिनका देश व जाति की नियति अथवा अस्मिता से सीधा-सीधा सम्बन्ध होता है। भारतीय दृष्टि और भारतीयता के बारे में गलतफ़हमी जो औपनिवेशिक सत्ता की देन थी, अतीत और परम्परा का वह महत्त्व जिसे आधुनिकता के आन्दोलन ने कहीं पीछे ठेल दिया था, प्रगतिशील आन्दोलन की सीमाएँ और उनकी भ्रान्तियाँ—ये सब ऐसे प्रश्न थे जिन्हें मैं कहानियों या उपन्यासों में वस्तुपरकता के साथ प्रकट नहीं कर सकता था। इसके लिए एक नयी विधा चुनने की बाध्यता मेरे सामने आयी। मुझे लगा कि शुद्ध रूप से जिसे आलोचनात्मक कहा जा सकता है, परम्परागत अर्थ में अकादमिक आलोचना कही जा सकती है। वह सब तो नहीं, पर तीसरा चिन्तनपरक निबन्धों का रास्ता अपनाना उचित होगा। इसलिए अपने लेखन के इस चिन्तन पक्ष को उतना ही महत्त्वपूर्ण मानता हूँ जितना कि तथाकथित सृजनात्मक पक्ष को।' (वही, पृ. 197)

यह वास्तविकता है कि निर्मल वर्मा का चिन्तनपक्ष उनके सृजन कर्म की पूर्ति है। वह भी एक प्रकार का सर्जन ही है ठोस मूर्त कमाया हुआ जीवन सत्य। जीवन की तत्त्व-मीमांसा से उपजा चिन्तन रसायन। इस तरह निर्मल वर्मा की निगाह में उनके चिन्तनपरक निबन्ध, उपन्यास-कहानियों से कम नहीं है। कम इसलिए नहीं कि—'यदि मैं निबन्ध न लिखता तो ऐसी चीज़ों को अपनी कहानियों में, उपन्यासों में जबरदस्ती लाने की कोशिश करता। वह एक तरफ कहानी-उपन्यास को अशक्त बनाते, दूसरी तरफ यह प्रश्न भी पूरी स्पष्टता और संश्लिष्टता के साथ अभिव्यक्त न हो पाते। मैं समझता हूँ कि भारतीय लेखक को समय-समय पर एक बुद्धिजीवी की भूमिका

अपनानी पड़ती है। शायद किसी पश्चिमी देश का लेखक यह ज़रूरत महसूस न करे, वह केवल कविता, कहानी लिखकर सृजनात्मक सन्तोष पा ले। पर मुझे नहीं लगता कि भारतीय परिस्थिति में एक लेखक का दायित्व इतना सीमित रहना चाहिए। उसे समय-समय पर उन प्रश्नों को व्यक्त करना चाहिए, जिसे राजनीति, उपेक्षित अनदेखी कर देती है।' (वही, पृ. 197)

भारतीय राजनीति, संस्कृति, साहित्य, धर्म, धर्मनिरपेक्षता, अध्यात्म के कसकते-करकते अनुभव इन चिन्तनपरक निबन्धों में ही व्यक्त हो सकते थे—अन्य विधाएँ अपनी प्रकृति से ऐसा न कर पाने को विवश रही हैं। जहाँ ऐसा किया कि कविता पर चिन्तन का बोझ बढ़ गया है, वहाँ उसकी आन्तरिकता का सहज सौन्दर्य बाधित हुआ है। 'रामचरितमानस' में तुलसीदास जैसे सिद्ध कवि अपने विचार रखने के लिए बालकांड जितना लम्बा-चौड़ा और आख्यान-व्याख्यान देते रहे पर पूरी तरह 'कविता में निचुड़ नहीं सके—काफी दूर तक अतृप्त रह गये दिखाई देते हैं। चिन्तनपरक लेखन में मौलिकता और गूढ़ार्थता का प्रश्न निबन्ध को ही भाता है; न कहानी को सुहाता, न कविता और न उपन्यास को। फिर आजाद भारत में चिन्ताओं के विकराल पहाड़ खड़े हुए उनसे बच पाना प्रश्नों से पलायन होता। निर्मल वर्मा ने उनसे मुठभेड़ करना ज़रूरी समझा है। उनका कथन है—

'स्वतन्त्रता के बाद दुर्भाग्य से भारत में मौलिक चिन्तन का वह विकास अवरुद्ध हो गया, एक समय जिसका गाँधी, अरविन्द, रवीन्द्रनाथ, शुक्ल आदि के लेखन ने इतनी प्रगल्भता के साथ सूत्रपात किया था। तकाजा तो यह था कि हमारे राजनीतिज्ञ स्वतन्त्र चिन्तन की परम्परा को अधिक नये सन्दर्भों में अधिक स्पष्टता के साथ मुखरित करते। भारतीयता क्या है, परम्परा से हमारा विच्छेद कैसे हुआ? दो सौ वर्षों की औपनिवेशिक गुलामी से किस तरह के दोष आये, हम कैसे मानसिक दासता के उत्तरोत्तर शिकार होते चले गये, अँग्रेज़ी के प्रभुत्व से किस तरह हमारे साहित्य की ऊर्जा नष्ट हुई, हम किस तरह स्वतन्त्र होने के बाद भी आत्मनिर्वासन की स्थिति जीने को अभिशप्त हुए—ऐसे सारे प्रश्न जिन पर बीसवीं शताब्दी के शुरू में विचार होना शुरू हो गया था, एक अधूरे एजेंडे की तरह रह गये। स्वतन्त्रता से पहले मालूम था कि हमें क्या करना चाहिए, और अपने जीवन में वह कैसे करना है या आना चाहिए, यह उस एजेंडे का अधूरा भाग था। हमारे राजनीतिक मनीषियों ने यह अधूरा छोड़ दिया। नेहरू के औद्योगीकरण के ढाँचे को यथावत् रखकर, अँग्रेज़ों द्वारा स्थापित संस्थाओं को उसी रूप में रखकर, शिक्षा या शासन जैसी पद्धतियों में किसी तरह के परिवर्तन की जरूरत न मानकर हमने वह सब नहीं किया जो हम उस अधूरे एजेंडे को पूरा करने के लिए कर सकते थे। यह अपने दायित्व से भागना ही था।' (वही, पृ. 138)

एक कर्तव्यनिष्ठ देशभक्त, देशप्रेमी की भूमिका में दृढ़ता से अपने को झोंककर

निर्मल वर्मा ने भारतीयता औपनिवेशिक मानवता से जुड़े तमाम कराहते-टूटते मुद्दों पर चिन्तन किया। उन्होंने देश-विदेश में पत्रकारिता, अनुवाद, अध्ययन, अनुसन्धान करते हुए पाया कि हमारी शिक्षा पद्धति का ढाँचा घुना हुआ है—पूर्ववत् है, वह चीन-जापान जैसे देशों की तरह न टेक्नोलॉजी का विकास कर रहा है, न उस भाषा का जो ज्ञान के लिए अपेक्षित है। साहित्य और साहित्य-सिद्धान्तों में अँग्रेज़ी की गुलामी का एक अन्तहीन सिलसिला है। इस स्थिति को बदलने का दायित्व हमारे बुद्धिजीवियों-लेखकों-पत्रकारों पर है, वे बचते क्यों हैं? इन दायित्वों से बचना देश के प्रति खुला धोखा है—'और मुझे दुख के साथ कहना पड़ता है कि हमारे बुद्धिजीवी इस दायित्व को पूरा करने में केवल असमर्थ ही नहीं रहे, उन्होंने अपनी सभ्यता और संस्कृति के बारे में पश्चिमी वैचारिक ढाँचे के अनुसार भ्रान्तिपूर्ण धारणाएँ प्रचारित की जैसी कि एक जमाने में मैकाले और अँग्रेज़ शासक प्रचारित करते आये थे। यह ऐसी दयनीय स्थिति थी कि राजनीति के रूप में स्वतन्त्र होने के बावजूद हम वैचारिक रूप से उतने ही पराधीन रहे जितने स्वतन्त्रता मिलने से पहले थे। इसीलिए निबन्धों का क्षेत्र चुनना मेरे लिए कुछ हद तक इस अभाव को दूर करने का प्रयास था, जिसे मैं अपने सामाजिक-राजनीतिक जीवन में महसूस करता था। मुझे नहीं मालूम कि मैं किस हद तक अपना दायित्व पूरा कर सका हूँ। किन्तु यदि मैं उन प्रश्नों पर निगाह डालता जिसके बारे में ज्यादातर लोग चुप रहने से ही स्वयं को सुरक्षित मान लेते हैं, तो यह भाव मेरे भीतर एक अपराध-बोध की तरह जमा रहता।' (पृ. 198)

निर्मल वर्मा के तमाम कथनों में उनका अन्तरंग बजता है— यातना का बादल उमड़कर बरसता है और इन बादलों में वह अटूट संकल्प और अरमान बिजली की तरह कड़कता है जिसमें देश के प्रति प्रेम है, देश प्रेम का स्वाधीनता-आन्दोलन वाला सांस्कृतिक नवजागरण है, वह अदम्य प्रेरणा है जो पराधीन चिन्तन के प्रति मधुर विद्रोह के बीज बोती है। इसलिए उनके चिन्तनपरक निबन्धों में काकासाहेब कालेलकर और कुमारस्वामी वाला आत्म-चैतन्य व्यंजित होता है जिसकी इस देश के 'आधुनिक भारतीय बुद्धिजीवी' में अकाल जैसी स्थिति हो गयी है। अरविन्द, विवेकानन्द, तिलक, गाँधी, लोहिया की एक समूची बलिष्ठ परम्परा के प्रति उदास होकर हम पश्चिमवाद के नरक की ओर बढ़ रहे हैं। निर्मल ने पीड़ा भरे हृदय से कहा है—

'इन निबन्धों के लिखने से पहले एक तरह की बौद्धिक परेशानी, एक तरह की मानसिक उलझन मैं महसूस करता हूँ और सोचता हूँ कि अपने इस चिन्तन को मैं निबन्ध, डायरी या जर्नल में लिखकर इन प्रश्नों का अधिक ठोस और स्पष्ट रूप से सामना कर सकूँगा। यदि यह मानसिक-बौद्धिक परेशानी न होती, यदि अखबारों

में इस तरह का झूठ न फैलाया जाता, यदि हमारे हिन्दी लेखक अपनी तथाकथित क्रान्तिकारी और वामपन्थी रिहाटरिक की रौ में आकर कई प्रश्नों को गलत रूप में प्रस्तुत न करते या ऐसी प्रस्तुतियों पर चुप रहते। उनकी चुप्पी, उनकी गलत प्रस्तुति से मानसिक परेशानी होती है, उन्हें सुलझाने, शान्त करने को मैंने निबन्ध लिखे।'

यहाँ निर्मल का कड़कता स्वर वामपन्थ के अभागे, दुर्भाग्यपूर्ण हाशिये पर उँगली रखकर अपनी पीड़ा की रामायण बाँचता है। उनकी निगाह में वामपन्थी करतूतों का काला रजिस्टर है जिसमें गाँधी के साथ दगा करने वाला 1942 का 'भारत छोड़ो आन्दोलन' लिखा है। वामपन्थी राजनीति और वामपन्थी आलोचना का पूरा 'पाठ' वे अपने निबन्धों में करने के लिए जगजाहिर रहे हैं। पश्चिमी वामपन्थियों की करतूतों को 'मानववाद की छलनाएँ' कहकर निर्मल ने 'भारत और यूरोप : प्रतिश्रुति के क्षेत्र' शीर्षक अपनी निबन्ध पुस्तक में जो 'पाठ' उठाया है उसे पढ़कर भारत के वामपन्थियों की कमर टूट गयी है—मार्क्सवादी झूठे प्रचार का निर्मल भाष्य करते हैं। वामपन्थी चरित्र के दोगलेपन को अपने सभी संग्रहों के निबन्धों की एक अन्तर्वस्तु या कथ्य बनाते हैं और कथ्य को इतिहास के उदाहरणों से प्रामाणित करते हैं। निर्मल वर्मा में निबन्धों से कम्युनिस्ट झूठ की झोली काँपती है और खिसियाकर कहते हैं कि निर्मल वर्मा का चिन्तन 'भारत-व्याकुल', 'बाबावादी', 'विदेश से आयातित', 'कलावादी' और 'प्रतिगामी चिन्तन' का हिमालय है। किन्तु इस हिमालय से जो भारतीयता की जनगंगा निकलती है—उससे वामपन्थी ऐसे बिदकता है जैसे पागल पानी से डरता है। गंगा से लिपटे मिथकों या मन्दिरों में उन्हें हिन्दू-धर्म का संकुचित-सिकुड़ा धर्म-दम्भ से भरा नरक दिखाई देता है। लेकिन निर्मल हैं कि वामपन्थ की परवाह नहीं करते। उन्हें अँगूठा दिखाते हैं—चिढ़ाते हैं और भारत के आपातकाल 'इमर्जेंसी' के दिनों की काली करतूतों का शीशा दिखाकर बखान करते हैं। हिन्दी के वामपन्थियों को निर्मल वर्मा ने हर तरफ से उधेड़कर रख दिया है।

इस तरह निबन्ध कला निर्मल वर्मा की भीतरी बेचैनियों को बाहर निकालने वाली—उनका 'कैथार्सिस' करने वाली सुदर्शन चूर्ण कला है और संजीवनी बूटी का प्रकृति-रस। वामपन्थी जुकाम की एलर्जी को ठीक करने वाला काढ़ा है यह निबन्ध-चिन्तन। उनका विचार है कि—

'जबकि कहानियाँ-उपन्यास लिखने के पीछे जिन स्पष्ट चीजों को रूपायित करने की आकांक्षा होती है, उसका क्षेत्र बिल्कुल अलग है। वह हमारी स्मृतियों, अनुभूतियों से कहीं गहरा सम्बन्ध रखता है। यह नहीं कि स्मृति और अनुभूति बिम्बों में नहीं आती। यह विभाजन मैं नहीं कर रहा, पर हाँ, उनमें अधिक होती है। उन स्मृतियों को जो हमारे अतीत जीवन का हिस्सा बनी थीं, स्पष्ट करने का मन करता है। यूँ कहें कि कहानियों के बीच में जो खाली जगह बच जाती है, उसे निबन्ध

पूरा करते हैं। निबन्धों के बीच में जो निराशाएँ, पीड़ाएँ वाणी नही पातीं, वे कहानी में परोक्ष रूप से आती हैं। इन दोनों के सम्बन्ध में मैं इतना ही कह सकता हूँ कि आलोचकों के इस कथन से सहमत नहीं हूँ कि निबन्ध एक दिशा में और कहानी दूसरी दिशा में। निबन्ध में क्या होना चाहिए, यह प्रश्न प्रमुख है जबकि कहानी में क्या है, प्रमुख है। भारतीय परम्परा में हमेशा यह रहा है। महाभारत में भगवद् का परिवेश है।' (वही, पृ. 199)

विदेश के जीवन्त अनुभवों, विचारधाराओं के प्रवाहों, इतिहास के मोड़ों और कोणों की साक्षात गहरी जानकारी ने इन निबन्धों का एक अन्तर्राष्ट्रीय 'विजन' परोसा है। निर्मल का यह कथन उनकी निबन्ध मानसिकता को समझने-जानने के 'क्लू' देता है कि कैसे हुआ उनके चिन्तन का विस्तार—

'विदेश जाकर एक बात जरूर होती है कि आदमी को परिवेश से बाहर देखने का मौका होता है। जातीय समस्याओं को तब वह तुलनात्मकता से आँक सकता है। अपनी आदतों से मुक्त होकर स्वतन्त्र रूप से अपने देश-समाज को आँकने-समझने का मौका मिलता है। पहले जो बुराई या शक्ति उसे नहीं दिखती थी, अब दिखने लगती है। वहाँ जाकर व्यक्ति को अपने समाज की शक्ति और उन मूल्यों के पुनः अन्वेषण का मौका मिलता है जिनके काले-उजले पक्षों से ऊपर उठकर देखने का अवकाश अपने देश में रहते न मिलता। मेरे लिए यूरोप का प्रवास-आवास इन अर्थों में बहुत महत्त्व रखता है। यदि मैं भारत में रहता तो शायद यह सब न हो पाता।'

निर्मल को निबन्धकार चिन्तक बनाने में यूरोप का बहुत हाथ है। इतना अधिक हाथ है कि अभी हमने उनके निबन्धों के प्रेरणा स्रोतों पर गहन गम्भीर विचार नहीं किया है। जब कभी विचार किया जाएगा तब उसका रहस्य खुलेगा। कैसे खुलेगा—

'स्वीकार-अस्वीकार का प्रश्न नहीं है यह। मैं समझता हूँ—यूरोप की समृद्ध सभ्यता है। सांस्कृतिक देन है। मैं स्वयं को कृतज्ञ मानता हूँ कि मैं उस सभ्यता और संस्कृति के सम्पर्क में आया। अगर मैं उस संस्कृति के परिचय में नहीं आता तो मेरे जीवन के कई क्षेत्र सूखे पड़े रहते। उसी तरह भारतीय संस्कृति के कुछ ऐसे उपदान हैं जो अन्य संस्कृतियों में दुर्लभ हैं। जैसे मनुष्य के आत्म और प्रकृति के साथ सम्बन्ध, अद्वैत की यह भावना कि मनुष्य और सृष्टि की अन्य चीज़ों में भेद भ्रम है, इल्यूजन है। अलगाव में समष्टि को देखना और समष्टि में हर व्यक्ति की जो अलग विशिष्टताएँ हैं, उन्हें पहचानना। ये सारे ऐसे उपदान, अंग, अवयव हैं जो मुझे भारतीय मनुष्य के लिए महत्त्वपूर्ण जान पड़ते हैं। अपने बारे में यही कह सकता हूँ कि जीवन के बारे में एक समग्र दृष्टि प्राप्त करने के लिए यूरोप की सभ्यता और संस्कृति को पहचानना उतना ही महत्त्वपूर्ण है जितना कि जीवन के प्रति भारतीय दृश्य को जानना।' (वही, पृ. 199) निर्मल वर्मा की निबन्ध-कला में भारतीय और यूरोपीय दृष्टियों की

तुलना का एक ऐसा संसार है जो उनके पाठक को चिन्तन की अन्तर्दृष्टि और संस्कृति-चिन्तन के नये आयाम देता है। इन निबन्धों में पश्चिमी संस्कृति के अलगाव, अकेलापन, आत्म-निर्वासन, अवसाद, पीड़ा, यातना और पूँजीवादी उपभोक्तावादी संस्कृति से उपजे नरक के साथ भूमंडलीकरण की विस्तार से चर्चा है। प्रश्न उठता है कि उन पश्चिमी अवधारणाओं के मन्थन में क्या विदेशी अनुभवों और विदेशी साहित्य, विदेशी-चिन्तकों का अवदान नहीं है। इसी अर्थ में निर्मल वर्मा के चिन्तनपरक निबन्धों का सांस्कृतिक विमर्श पूरे हिन्दी साहित्य में अपने ढंग का अकेला और अद्वितीय है। अपनी निबन्ध कला में निर्मल वर्मा ने अधिक संस्कार, अधिक संश्लिष्टता, कथ्य का संयम, शब्द-चेतना की तलाश, मिथकों की व्याख्या, विदेशी-देशी साहित्य की पुनर्व्याख्या से न जाने कितनी कलात्मक क्षमताओं की शक्ति को अर्जित किया है।

निर्मल वर्मा के निबन्ध-संग्रह उनके चिन्तन के बढ़ते चरण हैं चिन्तन के शिखरों की ओर बढ़ते निबन्ध। उनके निबन्ध संग्रहों का क्रम इस प्रकार है : 'शब्द और स्मृति' (1975), 'कला का जोखिम' (1981), 'ढलान से उतरते हुए' (1985), 'भारत और यूरोप : प्रतिश्रुति के क्षेत्र' (1991), 'कला, स्मृति, आकांक्षा' (1991), शताब्दी के ढलते वर्षों में' (1995), 'दूसरें शब्दों में' (1997) तथा 'आदि, अन्त और आरम्भ' (2001)। यहाँ इन पर क्रमबद्ध चर्चा अपेक्षित है।

निर्मल वर्मा के निबन्धों को लेकर यह भ्रम फैलाया जाता रहा है कि वे बड़े जटिल दार्शनिक निबन्धकार हैं, जबकि सच इसके उलट है। अपने मूलगामी चिन्तन में वे सांस्कृतिक विमर्शों पर केन्द्रित प्रबुद्ध विश्लेषक हैं—एकाग्रचित्त सांस्कृतिक विश्लेषक। उनके चिन्तन में अध्यात्म और धर्म जीवन के एक अंग के रूप में आता है किन्तु वे ईश्वर में विश्वास करने वाले धार्मिक लेखक नहीं हैं, एक खास तरह के आस्तिक-नास्तिक और नचिकेता वृत्ति के प्रश्नाकुल। एक सच्चे दार्शनिक के पास अवधारणात्मक ढाँचा (कन्सेपचुअल स्ट्रक्चर) होता है वह इस ढाँचे के भीतर ही विचार क्रीड़ा करता है। जबकि निर्मल के पास जो निबन्ध प्रेरणा है उसमें कहीं अवधारणात्मक ढाँचा नहीं है। वे किसी सिद्धान्त या विचारधारा को प्रामाणिक ठहराने के लिए नहीं लिखते। उनमें विचार-मन्थन तेज हो जाता है और विचार-मन्थन ही निबन्ध लिखने की आन्तरिक विवशता बन जाता है। निर्मल वर्मा सच्चे अर्थों में समाज-साहित्य की चिन्ताओं से जुड़ते-भिड़ते प्रश्नाकुल निबन्धकार हैं। कभी उन्हें 'धर्म' मथता है कभी 'सेक्यूलरिज़्म' कभी 'मार्क्सवाद' मथता है तो कभी 'साम्प्रदायिकता'। वे इस सच से अनभिज्ञता नहीं दिखाते हैं कि पश्चिम की औपनिवेशिक गुलामी के निशान हम भारतीयों के चेतन-अवचेतन-सामूहिक अवचेतन में समा

गये हैं—उन्होंने हमारे पूरे चिन्तन को विकृत, भ्रष्ट एवं दिशाहीन बना दिया है। हम यूरोप की हर बात का विचार में अनुकरण करने वाले बन्दर रह गये हैं। इस गुलामी को निचोड़कर, पेरकर भीतर से बाहर कैसे निकाला जाए, यह समस्या निर्मल वर्मा का माथा गरम रखती है—इसे लेकर हर समय परेशान। जड़-जबदी पूर्वनिर्मित धारणाओं-पूर्वाग्रहों से कैसे मुक्ति पा सकें यही प्रश्न धनीभूत पीड़ा की तरह उनका दुर्दिन बनकर निबन्धों में बरसता रहता है। प्रश्नों पर विचार-मन्थन करना ही प्रेरणा है, चुनौती है—पुरानी लीकों का अस्वीकार है। और धुन है—भारतीयता की खोज। यह भारतीयता की खोज कहीं भी हिन्दुत्व की खोज नहीं है जिसे आलोचना की प्रपंचवादी बुद्धि ने उन पर चस्पाँ करना चाहा है। निर्मल का अरमान है (अन्तरआत्मा की पवित्र पुकार है) भारत और यूरोप के बीच एक वैचारिक पुल का निर्माण। वे इस कार्य में पूरी निष्ठा से समर्पित रहे हैं और गाते रहे हैं महादेवी वर्मा के गीत की नवजागरण शक्ति से भरी गीत की कड़ी 'पन्थ होने दो अपरिचित प्राण रहने दो अकेला।' इस 'प्रेरणा' की अन्तर्ध्वनि को गहने के लिए प्रथम निबन्ध-संग्रह 1975 के 'प्राक्कथन' तथा दूसरे संस्करण के 'शब्द और स्मृति : बीस वर्षों के बाद' के कुछ अंश यहाँ उद्धृत हैं :

1. ''इस पुस्तक में मैंने अधिकांश उन निबन्धों को संकलित किया है जो मैंने शिमला इंस्टीट्यूट के आवास (1972-74) में लिखे थे। किन्तु कुछ ऐसे भी लेख हैं जो उससे पहले या बाद में लिखे गये। रचना का समय कुछ भी रहा हो, ये निबन्ध मेरे उन सब आग्रहों और मान्यताओं को कहीं न कहीं छूते हैं, जो पिछले वर्षों में मुझे आक्रान्त और उद्वेलित करते रहे हैं। इस दृष्टि से इन्हें 'पर्सनल ब्रूडिंग' के निबन्ध कहा जा सकता है।''
2. ''इन निबन्धों को मैं 'गैर-आधुनिक' कहना चाहूँगा क्योंकि इनमें आधुनिकता के उन सब अन्धविश्वासों, रूढ़िगत फैशनों और फार्मूलों पर शंका प्रकट की गई है जिन्हें हम आँख मूँद कर स्वीकार कर लेते है। कितना अजीब व्यंग्य है कि आधुनिकता का जो आन्दोलन बीसवीं शताब्दी के आरम्भ में विक्टोरियन विश्वासों को तोड़ने में सफल रहा था, स्वयं वह आज एक रूढ़िगत संस्कार बन चुका है। अपने को सुरक्षित घोंसलों में समेटने का एक सुविधाजनक साधन बन चुका है। इन घोंसलों पर अनेक आकर्षक लेबल चिपके हैं—प्रगति-ऐतिहासिक विकास, समय की माँग, जनता, सामान्य व्यक्ति इत्यादि। इन लेबिलों से एक तरफ अपने की 'आधुनिक' और 'प्रगतिशील' साबित किया जा सकता है, दूसरी तरफ कोई खतरा, कोई जोखिम उठाने से भी हम बच जाते हैं।''
3. ''हम अपोलोनियन की उस आधुनिकता से कितना दूर हट गये हैं जहाँ

उन्होंने शब्दों की सरहद पर, एक अनजानी धरती पर सत्य अन्वेषण का आह्वान किया था। इसके विपरीत हम आज एक नितान्त अनोखी स्थिति में है जब सत्ता की छाँह में बैठे हुए सुरक्षित बुद्धिजीवी आसानी से अपने को एक साँस में 'प्रगतिशील' भी कह सकते हैं पर साथ ही अपने समाज में होने वाले हर अन्याय के प्रति आँखें मूँद सकते हैं। अपनी अपराधी आत्मा को पहचानने का इससे बेहतर रास्ता और क्या हो सकता है।''

4. ''इन निबन्धों में मैंने 'भारतीय आत्मा' की इस दुहरी प्रवृत्ति को कुरेदने की कोशिश की है—एक तरह से यह खुद अपनी आत्मा की जाँच-पड़ताल करने की कोशिश की है। मैं वर्षों से अपने देश से बाहर रहा हूँ। इससे मेरे भीतर एक अलगाव-सा उत्पन्न हुआ जो मुझे कभी-कभी बोझ सा जान पड़ता है। किन्तु दूसरी तरफ इसी 'अलगाव' ने मुझे अपनी जातीय अस्मिता और संस्कृति को एक ऐसे कोण से जानने का अवसर दिया है, जहाँ भ्रम और भुलावे के लिए गुंजाइश कम है।''
5. ''मैं एक साथ अपने को बाहर और भीतर पाता रहा हूँ। पश्चिम से मुझे एक तार्किक अन्तर्दृष्टि मिली है, जिसके सहारे मैंने अपनी संस्कृति के मिथक बोध, बिम्बों और प्रतीकों की गैर तार्किक अन्तश्चेतना को परखने की चेष्टा की है।''
6. ''अत: आत्ममन्थन की घड़ी में एक सालती-सी पीड़ा छिपी रहती है। किन्तु यही पीड़ा एक तरह का पारदर्शी बोध भी देती है। हम उस सूखे रेगिस्तान के बीच चले जाते हैं जो शब्द और यथार्थ के बीच फैला है। एक भारतीय 'लेखक' के लिए लिखने का मतलब है, इस रेगिस्तान पर चलना ताकि हम गर्मी और सर्दी को वैसे ही भोग सकें, जैसी वह है। इस यात्रा के दौरान सौन्दर्य का भी सृजन होता है और नैतिकता का भी। हम यथार्थ को कसौटी बनाकर शब्द को उसका भौतिक अर्थ प्रदान करते हैं जिससे नैतिकता का जन्म होता है।''
7. ''हमें समय-समय पर अनेक 'वादों' और आदर्शों ने उम्मीद दी थी, जिन पर ठिठकते हुए हमने अपने हाथों को सेंका था। आज उनके अंगारे मद्धिम हो चले हैं सिर्फ राख बची रह गयी है जो फूँक मारने से कभी दाईं तरफ जाती है, कभी बाईं तरफ। जिस दिशा में जाती है हम उधर भागते हुए कभी दक्षिणपन्थी हो लेते हैं, कभी वामपन्थी। लेकिन राख, राख है उसके पीछे अधिक दूर नहीं भागा जा सकता। आखिर में अपने पास लौटना पड़ता है। इस पुस्तक में जैसा आप देखेंगे, लौटने की यातनामय प्रक्रिया को

आँकने की कोशिश की गयी है।''

8. ''इस शुरू को पकड़ने के लिए हमें सदैव अपनी स्मृति और भाषा की अँधेरी जड़ों में रास्ता टटोलना होगा। इस पुस्तक की मूल प्रेरणा मेरे इसी विश्वास में निहित है।''
9. ''मैं कहानियाँ लिखता हूँ, किन्तु निबन्ध लिखने का शौक स्कूल से ही रहा है। (स्कूल में कहानियाँ लिखना मना था) मैंने अपने अधिकांश निबन्ध कहानियों के हाशिये पर नहीं, उनके बीच लिखे हैं।''
10. ''क्या वे प्रश्न और पीड़ाएँ प्रासंगिक हो चुकी हैं जिनकी छाया तले 'शब्द और स्मृति' के निबन्ध लिखे गये थे। इसका उत्तर पाने के लिए शायद उस पृष्ठभूमि पर निगाह डालना ज़रूरी है जिसमें इन निबन्धों का जन्म हुआ था। यूरोप-प्रवास की लम्बी अवधि में (1959-70) समय-समय पर मैं अँग्रेज़ी-हिन्दी पत्रिकाओं के लिए लेख लिखता रहता था। अधिकांश लेख पूर्वी और पश्चिमी यूरोप की राजनीतिक और सांस्कृतिक परिस्थितियों के सम्बन्ध में मेरी तात्कालिक प्रतिक्रियाओं को प्रतिबिम्बित करते थे। वे भी शायद यूरोप की बीसवीं शती के वैचारिक आलोड़न और उथल-पुथल के सबसे रोमांचकारी और अविस्मरणीय दशक माने जा सकते हैं। प्राग-वसन्त और पेरिस में छात्र-विद्रोह ने शीतयुद्ध के लगे-बँधे सैद्धान्तिक चौखटों को तोड़कर मुक्ति के नये आयामों को उद्घाटित करने का बीहड़ और गौरवपूर्ण प्रयास किया था। एक तरफ फ्रैंकफुर्त स्कूल के विचारकों वाल्टर बेंजामिन, अडोर्नो, मार्कूजे मार्क्सवादी दर्शन की रूढ़िगत संकीर्णताओं से बाहर आकर यूरोपीय संस्कृति के संकट का पुनर्परीक्षण किया, दूसरी तरफ सोल्जेनित्सिन, बात्सलाव होवल, मिलान कुन्देरा जैसे लेखकों ने पहली बार साम्यवादी व्यवस्था की अमानवीय विकृतियों और छलनाओं को भेदने का नैतिक दुस्साहस किया था।''
11. ''यह संयोग या सौभाग्य कि इतिहास के इन निर्णायक वर्षों में मैंने अपने को ठीक यूरोप के हृदयस्थल प्राग में पाया जो पूर्वी और पश्चिमी संस्कृतियों का संगम तीर्थ भी था और प्रतिद्वन्द्वी विचारधाराओं की टकराहट का कुरुक्षेत्र भी। कहते हैं कुछ जानवर सैकड़ों मील से आने वाले भूकम्प की थरथराहट सुन लेते हैं। शायद यह बात 'समय' पर भी लागू होती है...शब्द और स्मृति के निबन्ध यदि बीस वर्षों के लम्बे अन्तराल के बाद भी मुझे इतने प्रिय और आत्मीय लगते हैं तो शायद इसलिए कि पहली बार मैंने इनमें अपने बाहरी अनुभवों और भीतर की अन्त:प्रक्रियाओं के बीच एक वैचारिक संगति खोजने का प्रयास किया था। इतिहास मेरे लिए बाहर की चीज़ नहीं, भीतर, का दस्तावेज रहा है।...बाद के वर्षों में मैंने जो कुछ भी सोचा, सीखा

है, मुझे लगता है, उसके बीज इन निबन्धों के मूल विश्वासों में निहित हैं।''

('शब्द और स्मृति : बीस वर्षों बाद')

इन निबन्धों ने अपने प्रकाशन के साथ ही हिन्दी की एक नयी सर्जनात्मक और चिन्तनशील पीढ़ी में कैसा वैचारिक उद्वेलन पैदा किया था कि रमेशचन्द्र शाह जैसा रचनाकार चिन्तक भीतर तक हिल गया। शाहजी ने 'शब्द और स्मृति' पर एक बहुत विचारोत्तेजक लम्बी और गहरी समीक्षा लिखी। शायद आज यह कहना अनुचित न होगा कि 'शब्द और स्मृति' के चिन्तनपरक निबन्धों को पढ़कर शाह ने एक बड़े 'वैचारिक भूकम्प के झटके को अपने भीतर महसूस किया। हिन्दी निबन्ध की अन्तर्यात्रा में इस तरह के भारत तथा यूरोप दोनों को खंगालकर ऐसे निबन्ध लिखे नहीं गये थे। कुछ-कुछ इस तरह के निबन्ध निर्मल वर्मा से पहले अज्ञेय ने लिखे थे लेकिन उनकी टोन दूसरी थी। अज्ञेय की प्रगाढ़ वैविध्यपूर्ण अनुभव सम्पदा और प्रचंड आधुनिक संवेदना का बौद्धिक ताप वामपन्थियों को असह्य था और वे 'तारसप्तक' के विचारों से घबरा गये थे। उसी तरह की आग एक नयी लपट के साथ निर्मल के उत्तर औपनिवेशिक मानस से उठी, जिसने चिन्तन के पूरे माहौल की ठिठुरन को दूर कर दिया। शब्द और स्मृति का दरवाजा खोलकर निर्मल हिन्दी के वैचारिक गद्य को नये सिरे से गढ़ने के लिए अपनी आत्मा-अन्तरात्मा के लुहारखाने में जोर से हथौड़ा चलाते नजर आये ताकि पुराने संस्कारों की घुन और सड़न से नयी पीढ़ी को दूर किया जा सके। इस प्रेरणा से संचालित निर्मल ने 'सृजन में सौन्दर्य और नैतिकता', 'साहित्य और लेखक की आस्था', 'सृजन-प्रक्रिया और मूल्यांकन', 'सम्प्रेषण का संकट', 'संस्कृति, समय और भारतीय उपन्यास', 'लेखक और समाज-व्यवस्था', 'अतीत : एक आत्ममन्थन', 'गद्य का पतन', 'साहित्य सिनेमा : सही रिश्ते की पहचान', 'तीन एकान्त : एक अनुभव', 'मैं कहीं भटक गया हूँ : लन्दन में बोर्खेस' तथा 'पत्थर और बहता पानी' शीर्षकों ने बारह निबन्धों की एक नयी बारहखड़ी पढ़ दी। इन निबन्धों से मेरे जैसे पाठक को अज्ञेय के निबन्ध-संग्रह 'त्रिशंकु' की स्मृति ताजा हो गयी। अज्ञेय वाली चौकसी का ध्यान दिलाते निर्मल वर्मा के निबन्ध।

अपने समय के प्रमुख चिन्तक और रचनाकार ने 'शब्द और स्मृति' की गम्भीर समीक्षा में पहला वाक्य लिखा—'शब्द और स्मृति एक ऐसे रचनाकार, एक ऐसे आत्मसंशयी वेदन-तन्त्र का आत्ममन्थन है जो अपने आपको नहीं, बल्कि अपनी कला को गम्भीरता पूर्वक लेता है।' (वागर्थ) कला को गम्भीरतापूर्वक लेने से तात्पर्य विचार को शब्द के स्तर पर, कविता के स्तर पर अन्वेषित करने और अन्त:प्रमाण देने की कोशिश करे।' इस कोशिश को कोई सचमुच समझे तो इन निबन्धों से

एक 'सार्वजनिक शास्त्रार्थ का मसाला भी जुट सकता है।' प्रश्न उठता है कैसे? वह निमित्त, वह उत्प्रेरणा यहाँ निश्चय ही मौजूद है जो हमें राममोहन राय से लेकर दयानन्द, बंकिम, दादाभाई नौरोजी, अरविन्द, गाँधी, कुमारप्पा, नरेन्द्रदेव, लोहिया-नेहरू, एम. एन. रॉय, जयप्रकाश नारायण तक हमारे वर्तमान के उजाले-अँधेरे में छिपी हुई जड़ी-बूटियों को पहचानने, बीनने और अपने दिमागी खरल के पिष्टपेरी कारोबार में उनके लिए भी जगह बनाने की ज़रूरत महसूस कराए। 'बहरहाल, जहाँ तक इस समीक्षा की पहुँच हो सकती है, हम अज्ञेय के मूल्यान्वेषी संस्कृति-बोध और मुक्ति-बोध को ऐतिहासिक अपराध चेतना के ताने-बाने में उलझते और सुलझते हुए अपने अल्पप्राण विवेक से इतनी ही प्रतीक्षा कर सकते हैं कि वह इस आत्ममन्थन से उपजने वाली प्रतीतियों को एक क्रमातीत भूमिका में झलका भर दे।' जाहिर है कि निर्मल वर्मा के इस विचारमन्थन पर शाह मुग्ध हैं, उन्हें स्वाधीनता संग्राम के प्रेरणादायी चिन्तन का एक राजमार्ग यहाँ दिखाई देता है जिसमें अरविन्द गाँधी से संवाद करते मिलते हैं और मानवेन्द्र राय जयप्रकाश नारायण से। इस सोच से निर्मल के संस्कारों का इतिहास-भूगोल निर्मित हुआ है।

प्रश्न उठता है कि शब्द और स्मृति पर निर्मल वर्मा का ध्यान एकाग्र क्यों हुआ? भारतीय परम्परा में 'शब्द' ही ब्रह्म है और ब्रह्म ही काव्य। शब्द ब्रह्म रूपी काव्य। शब्द की पद्य या गद्य में सत्ता 'वागर्थ' की परम ध्वनि है। अज्ञेय जी शब्द मौन और अस्तित्व में एक संगति पाते थे। यहाँ भी निर्मल गद्य में शब्द के कवि हैं और उनकी काव्यात्मकता विचार की उड़ान भरती है। अज्ञेय और एलियट में जिस गद्य संस्कृति और मूल्यान्वेषण का आग्रह था वह फिर निर्मल में अपनी बाँहें फैलाता है। आनन्द कुमारस्वामी की प्रेरणा से भरा निर्मल का कला चिन्तन-संसार एक बुनियादी चिन्ता में यहाँ लिप्त है—"एक सम्पूर्ण समाज में सृजनात्मक कल्पना की भूमिका का पुनराविष्कार कैसे किया जाए।" यह कार्य तो इस देश में लोककला, लोक संस्कृति की वाचिक परम्परा में डूबकर ही किया जा सकता है—लेकिन अनेक कारणों से वह परम्परा ही सूख गई। उसकी स्मृति वाल्मीकि, व्यास, भवभूति, कबीर, तुलसी के काव्य से हमारे अन्तर्मन में बसी है लेकिन उसका पुनराविष्कार एक चुनौती है। 'आधुनिकता' में गर्क पश्चिमी मानस वाली पीढ़ी के लिए भवभूति और तुलसी का अर्थ ही कहाँ रह गया है। कला-कृति, कला-सृजन की नैतिकता, पवित्रता के नाम से पीढ़ी चौंकती है। मार्क्स, टॉलस्टॉय, दोस्तोयेवस्की जैसे तमाम पर प्रश्न चिह्न लग गया है। हमारी पीढ़ी के लिए टॉलस्टॉय 'एंटीडाट' नहीं रहे। इधर भारत की संस्कृति और साहित्य चेतना न ब्राह्मणवादी रही न जनवादी वह भोगवादी यूरोप के पीछे भाग खड़ी हुई है। आभिजात्य व्यक्ति के अकेलेपन को मीडिया ने पी

लिया है और यातना का कोई अन्त नहीं रहा।

'स्मृति' से क्या तात्पर्य? निर्मल का तात्पर्य उस स्मृति से है 'जिसके साहित्यिक के घेरे में हर कलाकार दूसरों से जुड़ा है' यहाँ स्मृति भारतीय सन्दर्भ में श्रुति का पर्याय है और यूनानी कला के सन्दर्भ में काव्य कला इतिहास की जननी। 'द म्यूजेज आर द ड्यॉटर्स ऑफ मेमोरी'। स्मृति का अर्थ सातत्य, निरन्तरता, इति+ह+आस—इतिहास ऐसा होता रहा है। इस स्मृति में काल-आवर्तीकाल समाया हुआ है। यह स्मृति ही कार्ल युंग के यहाँ 'सामूहिक अवचेतन' है जिसमें आद्य-बिम्बों का भंडार मौजूद है। निर्मल ने इसे 'प्राक्कथन' में कहा है—'इस शुरू को पकड़ने के लिए हमें सदैव अपनी स्मृति और भाषा की अँधेरी जड़ों में रास्ता टटोलना होगा।' इस तरह स्मृति का काम गड़े मुर्दे उखाड़ना भर नहीं है—अँधेरे में पड़ी चीज़ों को रोशनी में लाना, इतिहास की शव साधना। लेखक का रचना लोक क्या है? स्मृतियों का गुम्फित लोक होता है। इसलिए रचनाकार के महत्त्वपूर्ण अनुभव से ज्यादा है—स्मृति का ताला, जो खुलते ही तनाव कम कर देता है। साहित्य और लेखक की आस्था का प्रश्न रचना-कर्म से जुड़ा है—हाँ, रचना-कर्म, लेखक कोई आस्था कोई पूर्व निश्चित या स्वतः प्राप्त चीज़ नहीं है, इसलिए रचना-कर्म कोई नैतिक कर्म नहीं है। 'लेखक का विश्वास रचना की प्रक्रिया में ही कल्पना के खतरनाक ज्वार-भाटे में स्थानान्तरित हो जाता है।'

हाल में विचारधाराओं के अन्त की चर्चा कहती है कि यह अन्त आस्थाओं-विश्वासों, विचारधाराओं के मूल्यों का अन्त है। क्रान्तिकारी विचारधाराएँ रखैल बनकर अपनी क्रान्ति खो देती हैं। निर्मल कलाकार को 'बोहेमियन' कहते हैं—इस तरह के कथनों में स्वयं उनके सृजन प्रक्रिया और मूल्यांकन से जुड़े अनुभव बोल रहे होते हैं। कला या कृतित्व में निहित व्यंग्य कला का वह खेल है जो अक्सर आँखों से ओझल रहता है। इसलिए कलाकृति अपने अनुभव के प्रक्रिया में सम्पूर्ण और स्वायत्त होती। 'सम्प्रेषण का संकट' आज के साहित्य का संकट है जिसे मात्र एस्थेटिक रसास्वादन तक सीमित नहीं किया जा सकता। साहित्य शब्द के प्रति प्रतिबद्ध है, वह अर्थ के केन्द्रवाद को ध्वस्त करता है। वह सम्प्रेषण के रूप में समस्या नहीं है—आत्मसंघर्ष है। पाठक कलाकृति का भोग करता है वह मात्र आस्वादन नहीं है। इसलिए एलीट संस्कृति का पाठक हो या बाजारू संस्कृति का वल्गर पाठक—दोनों की भाववृत्ति में छिछोरापन प्रदर्शित होता है। इसलिए आधुनिक लेखक सम्प्रेषणीयता का संकट झेलकर 'अधिक से अधिक प्रामाणिक अर्थ भरने की कोशिश' करता है। वह अनुभव का तिरस्कार नहीं करता, उसे पूजता है। शब्द भी मात्र सूचना का वाहक हैं—स्मृति का वाहक नहीं। आज लेखक सम्प्रेषण की समस्या से ज्यादा बिक्री की समस्या से जूझ रहा है—चाहे 'बेस्ट

सेलर' हो या राजनीतिक पैम्फ्लैट, दोनों के लिए हर तरह का प्रचार प्रोपेगेंडा चाहिए। पाठक कोई 'दूसरा' न होकर सामूहिक सांस्कृतिक-बोध का अंग है।

इस निबन्ध-संग्रह का सर्वाधिक विचारोत्तेजक निबन्ध है 'संस्कृति समय और भारतीय उपन्यास।' भारतीय लेखक विधा पर कम सोचता है उसके लिए 'विधा महज माध्यम हैं' उसका प्रधान लक्ष्य होता है समाज। यह सच है कि विधा के प्रति अत्यधिक सजगता रचना की निर्दोषता को बाधित करती है। निर्मल वर्मा का विवादास्पद कथन है कि 'कलाकृति अपनी शुद्ध पवित्रता में सबसे अधिक आलोचनात्मक हो सकती है।' कला में पवित्रता-अपवितत्रा का प्रश्न ही गलत है। कला अन्तर्जगत की ज्वाला का प्रकाश है, उसमें सब विकृत जल जाता हैं। सोचने की बात है कि क्यों हिटलर और स्तालिन 'आधुनिक कला' से भड़कते थे और क्यों टॉलस्टॉय उसके प्रति समर्पित रहे। यूरोपीय उपन्याय का विकास 'समय' के चौखटों में हुआ है। आज हमारे जीवन में 'समय' का जितना दखल है, उतना पहले कभी नहीं रहा। गद्य की 'काव्यात्मकता' वह वृक्ष है जिसका हित विस्तार में है जबकि कविता का समूचा रहस्य उसके 'बीजत्व' में है। एक ऐसा बीज, जिसमें क्षण है और 'शाश्वत' भी। बीज में अतीत और भविष्य, दोनों हैं और दोनों का निषेध है, उस निषेध की स्वीकृति में उसका रहस्य समाया है। इस निबन्ध में निर्मल वर्मा का उद्देश्य सिर्फ एक खास संस्कृति की तरफ है जिसमें यूरोपीय उपन्यास का ढाँचा तैयार हुआ था। इस ढाँचे के भीतर 'समय' का अपना निश्चित संयोजन संघटन था। घटनाओं द्वारा व्यक्ति चेतना का विकास होता था और अपनी बारी आने पर खुद यह चेतना घटनाओं को पारिभाषित-आलोकित करती थी। यह चेतना आत्मनिर्भर थी, तीव्र रूप से सजग और स्वायत्त और इसी में उसकी यातना, द्वन्द्व और आत्ममन्थन शामिल थे।' (पृ. 56) बुर्जुआ व्यक्ति की आत्मघाती निराशाओं से आत्मघाती द्विविधाओं का जन्म हुआ। फ्लावेयर से लेकर काफ्का तक के उपन्यास इसी आत्मघाती द्विविधा के दस्तावेज़ हैं। निर्मल वर्मा को ताज्जुब है 'हमने अपने कथ्यात्मक गद्य के लिए उपन्यास' जैसी विधा को चुना जो नितान्त भिन्न सांस्कृतिक अनुभव क्षेत्र में विकसित हुई । हमें यह नहीं भूलना चाहिए कि 'उपन्यास की अर्थवत्ता 'यथार्थ' में नहीं, उसे समेटने की प्रक्रिया, उसके संघटन की अन्दरूनी चालक शक्ति में निहित है।' तभी किसी विधा के भीतर किसी विशिष्ट 'फॉर्म' का आविर्भाव होता है। फॉर्म का सम्बन्ध सांस्कृतिक अनुभव से है। इसी दृष्टि से भारत का उपन्यास यूरोप के उपन्यास से अलग है। सांस्कृतिक अनुभवों की भिन्नता के कारण यूरोपीय में उपन्यास के विशिष्ट फॉर्म का आविर्भाव हुआ। इस स्तर पर उपन्यास की समस्या हमारे समस्त सांस्कृतिक अनुभव के विश्लेषण-मूल्यांकन की समस्या है जिसमें रखकर 'परीक्षागुरु',

'गोदान', 'शेखर : एक जीवनी' और वे दिन' को देखना-परखना होगा। हमें अपने उपन्यासों के जातीय फार्मों को खोजना होगा जिसमें 'बाणभट्ट की आत्मकथा' के साथ 'मैला आँचल' को समझा जा सके। उपन्यास 'समय' के भीतर बहता है, किन्तु घटनाओं में बहता समय पात्रों को बदलता है।

क्यों प्रूस्त और ज्वायस ने पश्चिमी उपन्यास की शिल्प-विधा को अन्धी गली मानकर छोड़ दिया था। कितना बड़ा व्यंग्य है कि जिस विधा को छोड़कर वे स्मृति और अतीत की तरफ आये थे, उसी में बाद को चिपके रहे। निर्मल वर्मा ने 'गोदान' की समूची औपन्यासिक संरचना के केन्द्र में विद्यमान कमजोरी की ओर इशारा किया है कि वह कमजोरी उसके फॉर्म में निहित है। जबकि उनके सामने एक सृजनात्मक चुनौती थी जब वे रूसी उपन्यासकारों की तरह उन्नीसवीं शती के 'परम्परागत' ढाँचे को तोड़कर या छोड़कर आगे बढ़े। 'गोदान' एक उत्कृष्ट उपन्यास लेकिन इस 'लेकिन' के आगे हम पुनः उस बिन्दु पर लौट आते हैं जहाँ से हर विधा का सृजनात्मक पूर्ण परीक्षण होता है। 'यह एक जोखिमपूर्ण एडवेंचर है' उपन्यास के क्षेत्र में यह जोखिम और बढ़ जाता है क्योंकि वह इतिहास और कविता के बीच एक ऐसे स्थल की खोज है जहाँ तर्कशील आत्म-सजग-चेतना, विचारों और विश्वासों द्वारा नहीं बल्कि स्मृति और सांस्कृतिक अनुभवों में साँस लेती है।' (पृ. 62)

'लेखक और समाज व्यवस्था' शासन-तन्त्र से बड़ी चीज़ है, चाहे वह पूँजीवादी हो या समाजवादी। लेकिन शासन तन्त्र से जुड़े कौन हैं? वामपन्थी बुद्धिजीवी। और वे क्रान्ति को खोकर 'सत्ता' बन गये हैं, यह दुर्भाग्यपूर्ण स्थिति है। निर्मल वर्मा ने 'अतीत : एक आत्ममन्थन' में अपने मन को मुक्त करते हुए कहा है कोई भी जाति संकट की घड़ी में अपने अतीत अपनी जड़ों को टटोलती है। संकट की घड़ी आत्ममंथन की घड़ी में परम्परा का मूल्यांकन खुद अपना मूल्यांकन है अपनी अस्मिता की जड़ों की खोज। इस अर्थ में परम्परा 'धारा की निरन्तरता का बोध' है। पश्चिमी संकट से निबटने के लिए हमें अपनी संस्कृति से सन्दर्भ पर पुनर्विचार करना होगा क्योंकि संस्कृति मनुष्य की आत्म-चेतना का प्रदर्शन नहीं, उस सामूहिक मनीषा की उत्पत्ति है जो व्यक्ति का एक स्तर पर दूसरे व्यक्ति से दूसरे स्तर पर विश्व से जोड़ती है।' भारतीय संस्कृति में 'सेकुलर' और 'धार्मिक' के बीच कोई विभाजन नहीं है जबकि यह विभाजन यूरोपीय संस्कृति में विद्यमान है क्योंकि वहाँ मनुष्य ही मूल्य का स्रोत अपनी चेतना में खोजता है।

'शब्द और स्मृति' के निबन्धों में, निर्मल को गाँधी की स्मृति बार-बार आती है। वे अपनी भारतीयता को यूरोप के सन्दर्भ में कई कोणों से परखते हैं और पाते हैं कि भारतीय संस्कृति की लय में पश्चिमी अलगाव के बीज नहीं

है। हमारे चिन्तन के बीजों में प्रकृति और मनुष्य का विराट् जुड़ा हुआ है।

'शब्द और स्मृति' में चिन्तन के जो बीज बिखरे हुए थे, उनका अंकुरण 'कला का जोखिम' (1981) निबन्ध संग्रह के निबन्धों में हुआ। ज्यादातर निबन्ध सेमिनार-गोष्ठियों में पढ़े गये। इस संग्रह का अन्तिम निबन्ध 'सुलगती टहनी' यात्रा-चिन्तन है—लेकिन विचारों के गुच्छ में लिपटा होने के कारण इसे निबन्ध कहा जा सकता है। यहाँ संग्रहीत सभी निबन्ध अपने केन्द्रीय चिन्तन में आधुनिक सम्यता में कला के स्थान पर विचार करते हैं। इन निबन्धों के सृजन में कार्यरत प्रेरणा का संकेत निर्मल वर्मा ने यह कहते हुए दिया है :

'पिछले वर्षों मुझे लगता रहा है कि हमारी दुनिया में कला का स्थान दिनोंदिन धुँधला, अनिश्चित और सन्दिग्ध बनता गया है, जो मेरी समझ में कला का सबसे बीहड़ जोखिम है। बीसवीं शती के आरम्भ में आधुनिक कला ने जिस औद्योगिक सभ्यता की चुनौती में और उसके बीच अपनी शक्तियों को समेटा था, आज इस शती की ढलती घड़ियों में आधुनिक सभ्यता ने मानो प्रतिशोध में स्वयं कला को मनुष्य के जीवन में सन्देहास्पद बना दिया है।'

कला को क्यों सन्देहास्पद बना दिया है? क्या आधुनिक सभ्यता में कला का सौन्दर्यशास्त्र अपनी अर्थवत्ता खो रहा है? जबकि 'हर युग में कला कमोवेश संदिग्ध रही है—दुनिया की आँखों में—किन्तु हमारे युग का विशिष्ट अभिशाप यह है कि जहाँ कला मनुष्य के कार्यकलाप से विचलित हो गयी है, वहाँ दूसरी तरफ वह एक स्वायत्त सत्ता भी नहीं बन सकी है जो स्वयं मनुष्य की खंडित अवस्था को अपनी स्वतन्त्र गरिमा से अनुप्राणित कर सके। कला का जोखिम शायद यही है कि वह आज की जड़ित, पराधीन होती हुई सभ्यता में सम्पूर्ण रूप से स्वतन्त्र रह सके और स्वतन्त्र रहकर भी अपने अलगाव का अतिक्रमण कर सके।' मूलतः निर्मल वर्मा को आधुनिक समाज में मनुष्य की स्वतन्त्रता की चिन्ता है। इस चिन्ता ने लोकनायक जयप्रकाश को आपातकाल के दिनों में घेरा था जब इन्दिरा काल के अन्धकार ने मनुष्य की स्वतन्त्रता को लील लेने के लिए अपना सुरसा-बदन फैलाया था। सत्ता का क्रूर अधिनायकवाद अपनी चरम नीचता पर आमादा था और अभिव्यक्ति की स्वतन्त्रता तक का संकट था। निर्मल ने लिखा है—'आधुनिक समाज में क्या मनुष्य स्वतन्त्र रहकर भी अपने अधूरेपन के अपराध से छुटकारा पा सकता है? मैं समझता हूँ हमारे समय में जयप्रकाश जी ऐसे व्यक्ति थे, जिन्होंने इसका उत्तर अपने चिन्तन और जीवन कर्म में दिया था। वह कलाकार नहीं थे, किन्तु उनकी जिन्दगी एक ऐसी सम्पूर्ण रचना थी जो स्वयं कला का उपकृत करती है।' इसीलए पुस्तक के रचनाकार खंड में जहाँ रेणु हैं, वहाँ जयप्रकाश नारायण भी हैं। एक रचना के क्षेत्र का अपने समय में सर्वोच्च शिखर

और दूसरा अपने समय समाज का लोकनायक, लोकमन की प्रेरणा और शक्ति।

इस निबन्ध की तीन भुजाएँ हैं—रचना चिन्तन, रचनाकार और रचना-पात्र। इन तीनों भागों का चिन्तन इतनी मार्मिकता, कुशाग्रता और कला-विदग्धता से किया गया है कि पुरानी जड़ीभूत सौन्दर्य रुचियों की जड़ों में मट्ठा डालकर उनसे बहु चित्तात्मक आज के पाठक को मुक्त करने का प्रयास सराहनीय है। कला और रचनाकारों की 'सभ्यता-समीक्षा' में कला के सांस्कृतिक आशयों को मिथकों की अर्थ मीमांसा के सहारे आलोकित करने का साहस भारतीय मनीषा के सर्वोच्च चिन्तन शिखर का स्पर्श करता है। 'रचना चिन्तन' के अन्तर्गत 'कला, मिथक और यथार्थ', 'परम्परा और इतिहास बोध', 'रचना की ज़रूरत', 'साहित्य में प्रासंगिकता का प्रश्न' तथा 'संवाद की मर्यादाएँ' शीर्षक से पंचमुखी निबन्धमाला है। 'रचनाकार' भाग के अन्तर्गत 'रेणुः समग्र मानवीय दृष्टि' 'अज्ञेयः आधुनिक बोध की पीड़ा' 'मुक्तिबोध की गद्य कथा', 'हमारे समय का नायक' तथा 'नोवोकोव : साहित्य शिक्षक के रूप में' एक 'पंचतन्त्र' रच रहें है और अन्तिम भाग 'रचना-यात्रा' के अन्तर्गत 'सुलगती टहनी' तीर्थराज प्रयाग में जैसे हजारों पैर रेत पर थपथपाते चल रहे हैं। यहाँ महादेवी वर्मा के कल्पवास और ठकुरी बाबा की लोक स्मृति को जैसे नया रूपान्तरण भावान्तरण मिला है।

यूरोप से लौटने के बाद निर्मल वर्मा 1972 में इंडियन इंस्टीटयूट ऑफ एडवांस्ड स्टडीज, शिमला में फेलो रहे तथा 'मिथक चेतना' विषय पर मनोयोगपूर्वक कार्य किया। कला, मिथक और यथार्थ उसी मानसिकता की मनोहर निष्पत्ति है। मनुष्य के 'आत्मबोध' की चिन्ता निर्मल वर्मा के साथ हमेशा रहती है। उन्हें याद रहता है कि मनुष्य की आत्मचेतना में एक फाँस फँसी है कि मैं इस धरती पर अकेला अजनबी हूँ पर अपनी नियति के लिए जवाबदेह। कहना होगा कि यहूदी ईसाई परम्परा के इस चिन्तन ने पश्चिमी सभ्यता को 'एक विशिष्ट आध्यात्मिक चरित्र' प्रदान किया है। इस चिन्तन परम्परा की परिणति 'रेनेसेन्स' के मानव व्यक्तित्व में हुई। 'अंह केन्द्रित आत्मविश्वासी गर्वीला मनुष्य' इसी चिन्तन से निकला। यह मानव मध्यकाल में 'चर्च की चहारदीवारी' में पूरे विश्वास से जीवित था—'सुरक्षा की यह गरमाई आज भी हम यूरोप की मॉनेस्टरियों में देख सकते हैं। रेनेसेन्स से यह विश्वास ढहने लगा और अब खुले में आया मनुष्य 'स्वाधीन' किन्तु 'अरक्षित' था। लूथर ने जो चर्च की आस्था पर आघात किया था उसने धार्मिक मानस को भीतर तक हिला दिया। पास्कल ने इसी यूरोपीय 'भयावह आतंक ' को बुद्धि से समझा था। 'पहली बार मनुष्य के भीतर यदि चिन्ता (Anxiety) की अनुभूति हुई' और धर्म चेतना लुप्त होने लगी और जब आदमी एकदम अकेला, अशान्त अपने अंह के संकीर्ण दायरे में बेचैन। मनुष्य की 'आत्म-चेतना' की फाँक 'प्राथमिक पतन' से पीड़ादायक। निर्मल ने बड़ी बात

को विचारबद्ध किया है कि 'आज की सभ्यता का संकट और प्रदूषण उस ऐतिहासिक क्षण से शुरू हो गया था जब मनुष्य प्रकृति से अलग छिटक गया—यह मानव सभ्यता और मनुष्य की यातना का समान स्रोत है, जो आज हमें घसीटकर 'अणुयुग' तक ले आया है।' (कला का जोखिम पृ. 14) प्रकृति से विगलित होना और समाज से अलग हो जाना दुहरी यातना का दौर शुरू हुआ।

निर्मल वर्मा ने ऐतिहासिक सभ्य मनुष्य की पीड़ा और प्रागैतिहासिक मनुष्य की पीड़ा में फ़र्क़ किया है और कहा है 'वास्तव में मिथकों का जन्म ही इसलिए हुआ था कि वे प्रागैतिहासिक मनुष्य के उस आघात और आतंक को कम कर सकें जो उसे प्रकृति से सहसा अलग होने पर हुआ था और मिथक यह काम एक तरह से ही कर सकते थे 'प्रकृति और देवताओं का मानवीकरण करके।' इस तरह मिथक एक ही समय में अलगाव और पीड़ा से मुक्ति दिलाते थे। प्रकृति से अभिन्न होने का नास्टाल्जिया प्राथमिक स्मृति—यह सब मिथक में अनिवार्य भूमिका पैदा करता है। इस तरह मिथक क्या है—'प्रागैतिहासिक मनुष्य का सामूहिक स्वप्न, सामूहिक अवचेतन। मिथक ही महाकाव्य से काव्यात्मक ढाँचे में पूरा-स्वप्न बनकर लीला करता रहा है। कला में मिथक चेतना-अचेतना से उठकर चेतन-मन में क्रीड़ा करता है। नीत्से के 'ईश्वर की मृत्यु' के पीछे क्या था—उस शब्द की खोज, जो आदमी और मिथक को जोड़ता था। इसी अखिल ब्रह्मांड से खंडित, काम इच्छाओं से दमित, अकेले यातनाग्रस्त मानव को फ्रॉयड ने अपने सिद्धान्तों-सूक्तियों से भाषा में पुनभार्षित किया। आत्म-चेतना के भीतर अस्मिता की पहचान की निर्मिति और मिथकीय ढाँचे में स्मृतियों का पुंजन 'एक निरन्तर वर्तमान' की चेतना जीवन के खंडित क्षणों का अतिक्रमण कर प्रकृति की काल-चेतना बन जाती है। हिन्दू मिथक चेतना का अर्थ ही रहा है मनुष्य और प्रकृति के तदाकार रिश्ते की चेतना। यह चेतना ही आदि मानव का सच्चा यथार्थ है। सतत प्रवहमान काल कभी अवचेतन में दब जाता है—कभी इतिहास में 'प्रवेश' पहली बार 'समय' के प्रति सचेत हुआ—अब 'समय इतिहास' का निर्माण करने लगा—क्या नैतिक, क्या अनैतिक, क्या प्रगतिशील, क्या प्रतिगामी—सभी मूल्यों का तानाशाह बन गया। आधुनिक मानव ने इस इतिहास को अपने 'भीतर' समाहित किया और विकास का प्रेरणा स्रोत माना। फ्रॉयड का अवचेतन प्रूस्त की 'स्मृति-यात्रा' में सक्रिय हुआ और 'आइडियालॉजी' का जन्म हुआ। इसने मिथक का स्थान ले लिया। हीगल और मार्क्स इस सत्य को 'जानकर' ही आगे बढ़े कि मनुष्य का 'समय' से सम्बन्ध टूट गया है—यह 'मानव निर्वासन' की अवस्था है। इस कठिन समय में 'आइडियालॉजी' के विरुद्ध कला ने चुनौती प्रस्तुत की है। कला ने इतिहास की उपज होते हुए भी 'कला इतिहास के समयबद्ध' फैसलों का विरोध किया। प्रश्न उठता है क्या कलाकार अपनी आत्मचेतना का अतिक्रमण कर सकता

है? यह प्रश्न रिल्के और नीत्से को जीवनभर पीड़ित करता रहा और यही प्रश्न निर्मल वर्मा को भी हर तरफ से घेरता रहा है। इस प्रश्न का उत्तर खोजने वे भगवान रजनीश और महर्षि योगी के पास नहीं गये लेकिन रमण महर्षि और कुमारस्वामी के पास गये। आज की खंडित चेतना में आत्मा और देह का व्यवधान क्या मार्क्सीय हल—ईरोस एण्ड सिविलीजेशन में पा सकता है?

निर्मल वर्मा जीवन भर जिस समस्या को हल करने के लिए योगी की तरह धूनी रमाये रहे हैं वह समस्या है 'परम्परा और इतिहास बोध'। इस समस्या का एक समाधान उन्हें हजारी प्रसाद द्विवेदी के चिन्तन और सृजन में मिला। उन्होंने पाया कि मध्यकालीन 'धर्म ने हटते-हटते अपना स्थान 'इतिहास' को दे दिया है। इतिहास अर्थात आधुनिकता। आज का मानव प्रकृति में नहीं, इतिहास के सन्दर्भ में जीता है। आचार्य हजारी प्रसाद द्विवेदी के लिए परम्परा मानव का टिका हुआ पैर है और आधुनिकता उठता हुआ पैर। लेकिन आज का मानव तो समय और समय से त्रस्त, सताया हुआ मनुष्य है। इतिहास बोध से आक्रान्त, आत्म-निर्वासित मनुष्य। मनुष्य की आत्मा में अतीत की ज़रूरत को निर्मल ने 'शब्द और स्मृति' के निबन्ध 'अतीत : एक आत्ममन्थन' में बहुत गहराई से प्रस्तुत किया भी है। परम्परा स्मृति है, नास्टेल्जिया नहीं। अतीत के प्रति दास भाव पागलपन है लेकिन अतीत की व्याख्या इतिहास बोध है। यूरोप ने हमारी परम्परा के तन्तुजाल को अपनी 'आधुनिकता' से उजाड़कर दम लिया है उस परम्परा को, जिसके भीतर हम सब भारतवासी साँस लेते थे, अपने पावन अतीत को अपने वर्तमान में जीते थे। पश्चिम ने हमारी परम्परा को 'अतीत' और 'वर्तमान' में विभाजित करके 'आत्मा' को चीरकर दो टुकड़ों में तड़पने के लिए छोड़ दिया है। इस तरह निर्मल वर्मा को आचार्य हजारी प्रसाद द्विवेदी चिन्तन प्रेरणा देते रहे हैं।

'रचना की ज़रूरत' एक प्रश्न है—कला का बुनियादी प्रश्न। देश-विदेश के काव्यशास्त्र में इस पर न जाने कितनी माथापच्ची की गयी है। आज इस प्रश्न को कला की सामाजिक प्रासंगिकता नाम दिया जा रहा है—कभी कला के स्वायत्त संसार का प्रश्न उठाया जा रहा है। सच बात यह है कि कला का प्रश्न मानव स्वतन्त्रता के प्रश्न से जुड़ा है। कला का प्रश्न ही 'साहित्य में प्रासंगिकता का प्रश्न' है। इस प्रश्न को लेकर (प्रेमचन्द और तुलसीदास को लेकर) धुआँधार बहसें हुई हैं और इनकी प्रासंगिकता का प्रश्न उठाया गया है। कला ही 'संवाद की मर्यादाएँ' निर्धारित करती है। आज लोकतन्त्र, समाजवाद, धर्मनिरपेक्षता की मर्यादाएँ बहस के केन्द्र में हैं लेकिन कोई हल नहीं निकल पा रहा है।

'रचनाकार' रेणु पर निर्मल वर्मा ने समग्र दृष्टि का लेख लिखा है, ऐसा निबन्ध रेणु पर दूसरा नहीं है। प्रेमचन्द के बाद रेणु हिन्दी कथा-साहित्य को नया

मोड़ देते हैं। 'अज्ञेय आधुनिक बोध की पीड़ा' में निर्मल वर्मा ने माना है कि वे निराला और प्रसाद के बाद हिन्दी के सबसे बड़े रचनाकार हैं। हिन्दी में अज्ञेय पर नासमझ आक्रमण किये गये हैं—बेहद दुर्भाग्य पूर्ण। 'मूढ़, कर्कश, वैमनस्यपूर्ण प्रहार' अज्ञेय ने झेले हैं और उन्हें मक्कारों ने 'अमेरिकी एजेंट' तक कह डाला है। अज्ञेय के पूरक हैं ग. मा. मुक्तिबोध। 'मुक्तिबोध की गद्य कथा' वह अद्‌भुत जगह है जहाँ आधुनिक पाठक नया चिन्तन-विश्व पाता है। 'उनका गद्य सब परम्परागत विधाओं को भेदता हुआ एक पैनी, पीड़ित सोच बन जाता है।' (वही, पृ. 82) आधुनिक मनुष्य की पीड़ा से त्राण पाने के लिए ही वे मार्क्सवाद की ओर गये थे।

यहाँ अद्‌भुत चिन्तन का नमूना है 'हमारे समय का नायक' अर्थात् लोकनायक जयप्रकाश नारायण। निर्मल ने इस निबन्ध का आरम्भ मार्क्सवादी चिन्तक काडवेल की पुस्तक 'स्टडीज़ इन डाइंग कल्चर' से टी. ई. लारेंस के बारे में कहे कथन से किया है कि वे शायद पश्चिमी समाज के अन्तिम हीरो थे। यूरोपीय सभ्यता के पतनोन्मुख दौर में 'नायक' का रोल खत्म हो चुका था। लेकिन भारत में जयप्रकाश जी की 'नायक-भूमिका' एक दुर्लभ और असाधारण प्रासंगिकता लेकर सामने आती है। जय प्रकाश यदि उन्नीसवीं शती के 'रोमांटिक हीरो' तथा हमारे समय के छद्‌म तानाशाह नायकों से अलग जान पड़ते हैं तो इसलिए कि उन्होंने अपने राजनीतिक जीवन में नायक की परिभाषा को स्वयं बदलना चाहा था। हमारी जनता ने गाँधी को 'नायक' नहीं, 'महात्मा' बनाया। नेहरू 'नायक' सा दिखाई देते हैं पर ये 'स्टेट्‌स मैन' हैं। और लोहिया धीर-गम्भीर रण के योद्धा, प्रतिभाशाली बौद्धिक। जयप्रकाश जी घिसे अर्थों में नायक नहीं थे—लोकतान्त्रिक अर्थों में लोकनायक सोशलिस्ट क्रान्तिकारी और एक गाँधीवादी सत्याग्रही भी।' उन्होंने भारतीय राजनीति के एक आयामी, प्रोफेशनल ढाँचे को तोड़ा और भारत की विराट् औपनिवेशिक समस्याओं को हल करने निकल पड़े थे। वे बीसवीं शताब्दी की सत्तामूलक राजनीति से हटकर नयी पीढ़ी के लिए और साधारण आदमी के लिए 'लोकनायक' बने। मूलत: अपने चिन्तन में निर्मल वर्मा को गाँधी-लोहिया-जयप्रकाश के चिन्तन का सर्जनात्मक विस्तार मानना चाहिए। यह निबन्ध इसी बात की पुष्टि है। इसलिए जो लोग निर्मल वर्मा के चिन्तन को संघी-चिन्तन के 'हिन्दुत्व' से जोड़ते हैं, वे निर्मल के चिन्तन के विषय में अपने 'बौड़मपन' का परिचय देते हैं।

निर्मल वर्मा ने 'नाबोकोव : साहित्य शिक्षक के रूप में' शीर्षक निबन्ध में कृतज्ञता भाव से कहा है कि शायद ही किसी आधुनिक उपन्यासकार ने उपन्यास की कला के बारे में इतना विदग्ध चिन्तन किया हो। वर्जीनिया वुल्फ के बाद

अद्‌भुत प्रतिभा के प्रज्ञा पुरुष। उन्होंने कहा है कि कलाकृति के नये विश्व को गहराई से पढ़ना चाहिए। हल्केपन से पढ़ना उसके साथ गैर जिम्मेदार हरकत है। अतः हमें शान्त निर्वैयक्तिक कल्पना से आगे आना चाहिए।

'रचना यात्रा' में 'सुलगती टहनी' हमारी नींद तोड़ देती है लेकिन गद्य का मुलायम बिम्ब बहुत उपयोगी है। वह पाठक की चेतना को भीतर से जगाती लुभाती है। साथ ही 'न मैं तीर्थयात्री लगता हूँ, न कल्पवासी। मैं उसे आधा हिप्पी, आधा जिप्सी सा दिखाई देता हूँगा जो अपने पाप-पुण्यों को एक ढफल बैग में समेटकर कुम्भ मेले में भटकता है।' इस भटकने में ठंडी रेत से उठती भजन की धुनें हैं। ये कष्ट के दिन थे निर्मल के जीवन के। इसलिए खाली होकर आये थे—तर्क, बुद्धि, ज्ञान, कला, जीवन का एस्थेटिक सौन्दर्य सब कुछ छोड़कर आस्था की तलाश में आये थे। अथाह भीड़ में अपने को अदृश्य और अकेले रखने के लिए पहुँचे थे संगम 'प्रेतों के बीच में एक प्रेत'। लेकिन भारतीय जीवन की अटूट लय और सतत प्रवाहमान जीवन की गति में 'भारतीय संस्कृति का साक्षात्कार निहित है। रामकृष्ण परमहंस का कथन स्मृति में कौंध गया कि 'नदियाँ बहती हैं, क्योंकि उनके जनक पहाड़ अटल रहते हैं।' ऐसी ही है भारतीय संस्कृति। अटल किन्तु प्रवाहमान। त्रिवेणी घाट पर जन-मेला है। उदासी-निरंजनी, वैरागी साधु बैठे हैं। निर्मल ने बाबाओं की संगति की ओर से भारतीय संस्कृति का नया अर्थ पाया है। यहाँ कुम्भ मेले की एपिक गाथा है, एक अनलिखा जन-महाकाव्य। यहाँ एक ऐसा ईश्वर जो शायद नहीं है किन्तु जिसे वह सुलगती लकड़ी की तरह कन्धे पर रखकर चलता है। 'मुझे नहीं मालूम, लेकिन मैं इस पर विश्वास करना चाहूँगा, इस विश्वास के सहारे जीना चाहूँगा।' निर्मल की उजली 'भारतीयता' तथा 'भारतीय संस्कृति की लय' को समझने का 'सुलगती टहनी' जैसा यात्रा-स्मृति का दस्तावेज दूसरा नहीं है।

'ढलान से उतरते हुए' (1985) निबन्ध-संग्रह के भीतर से गुजरते हुए पाठक पाता है कि निर्मल का चिन्तन हर बार नये मोड़ पैदा करता है। वे आज के जटिल और विस्मयकारी संसार के भीतर धँस कर कला, संस्कृति, धर्म, इतिहास, अस्तित्व, अस्मिता से जुड़े गम्भीर प्रश्नों पर विचार करते हैं। इस अर्थ में उनके निबन्ध प्रश्नाकुल संसार के चिन्तनपरक बिम्ब हैं—स्पष्ट और पारदर्शी छवियों की चमक से दीप्त-प्रदीप्त। चिन्तन का एकान्त एकेडमिक इकहरेपन को तोड़ता है और चिन्तन के एक ऐसे संसार की सृष्टि करता है जिसकी भीतरी चमक हम भूलते नहीं हैं। यह चमक ही भारतीय जीवन की भवभूति लय है।

इन निबन्धों में आत्ममन्थन और आत्मसजगता बढ़ी है। उन्होंने पाया है कि कहानी का विशिष्ट क्षेत्र कविता से कितना अलग है और उपन्यास से कितना दूर। हिन्दी आलोचना के प्रति असन्तोष और काल तथा कला के बीच अन्तर्द्वन्द्वी

सम्बन्ध एक भारतीय का अपनी संस्कृति से लगाव और अलगाव जैसे प्रश्न हैं जिन्होंने 'शब्द और स्मृति' तथा 'कला के जोखिम' जैसे निबन्ध-संग्रहों में मन को घेरा हुआ था—उन प्रश्नों का यहाँ और विस्तार हुआ है। निर्मल वर्मा के शब्दों में ये पुस्तक उसी शृंखला की तीसरी और अन्तिम कड़ी है जिसके बीज पिछली दो पुस्तकों में दिखाई दे जाते हैं। एक तरह से सिंगरौली की यात्रा भी उस 'तीर्थ यात्रा की अँधेरी परिणति है जिसकी शुरुआत इलाहाबाद के कुम्भ मेले में हुई थी।' (भूमिका) इन निबन्धों को तीन खंडों में विभाजित किया गया है—काल और कलाकृति, अवस्थाएँ तथा रास्ते पर कला का परिवेश, कला से जुड़ी मन की अवस्थाएँ तथा रास्ते में डायरी के पन्ने। निर्मल वर्मा ने कला-चिन्तन की अन्तर्यात्रा में यह सच पाया कि कहानियाँ अकेले में लिखी जा सकती हैं किन्तु शायद निबन्ध नहीं। इन निबन्धों के लिखने की प्रेरणा जे. स्वामीनाथन, रामचन्द्र गाँधी और जीत ओबराय से मिली। कृतज्ञ भाव से कहा 'जिनकी गहन और पैनी अन्तर्दृष्टि, समग्र जीवन-दृष्टि पर आग्रह और भारतीय मनीषा के प्रति आस्था मेरे लिए हमेशा बौद्धिक उत्तेजना और प्रेरणा स्रोत रहे हैं।' इन निबन्धों में आपातकाल की पीड़ा को काबू में करने के बाद 'काल और कलाकृति' पर निगाह गयी है। 'काल और कलाकृति' खंड में 'काल और सृजन', 'उपन्यास की मृत्यु और उसका पुनर्जन्म', 'कहानी : एक शुद्ध विधा?', 'कलाकृति और आलोचना की मर्यादा', 'प्रेमचन्द की उपस्थिति', 'मलयज की मृत्यु पर' छह निबन्ध हैं। 'अवस्थाएँ' खंड में 'शताब्दी के ढलते वर्षों में', 'धर्म, धर्मतन्त्र और राजनीति', 'सिंगरौली जहाँ कोई वापसी नहीं?', 'ढलान से उतरते हुए' तथा 'क्या भारतीय संस्कृति को जीवित रखना जरूरी है।'

'कला और सृजन' में इतिहास और समय के प्रति त्रास का अनुभव है। कला के सत्य पर निर्मल ने प्लेटो वाला दार्शनिक दुखड़ा नहीं रोया है बल्कि कला में माया और यथार्थ के भेद को स्पष्ट करने का हौसला दिखाया है। यह प्रश्न उठाया है कि कला में जो 'परम' को हटाकर 'आइडियालॉजी' को स्थापित कर देते हैं क्या वे कम हिंसक लोग हैं? अद्वैत दर्शन को पीछे ठेलकर वर्ग-दर्शन के सिद्धान्त को जमाने का क्या औचित्य है? क्या हम इतिहास की सतत परिवर्तनशील प्रक्रिया में कलाकृति की कोई सार्थक कसौटी खोज सकते हैं? पश्चिम का कलाकार बाहरी यथार्थ से जूझता है जिसे हम 'नव्ययथार्थवाद' नाम देते हैं। प्रश्न है कि क्या हम बाह्य यथार्थ को ठुकराकर कृति का भीतरी 'अर्थ-सन्दर्भ' पा सकते हैं? क्योंकि भीतरी रेफरेंस में 'सेल्फ' या 'अन्य' में प्रकृति, समय इतिहास और सामाजिक यथार्थ की धारणाएँ सक्रिय रहती हैं। भारत में महान् कला के वे क्षण आये हैं जब कलाकार ने आत्म और अहम् के बीच जीवन्त रिश्ता कायम किया है। पश्चिमी मनुष्य में इतिहास

का आतंक रहा है भारतीय मानस में कला के 'परम' के प्रति समर्पण का भाव। इस समर्पण भाव ने कला के पवित्र, अखंड भाव को साधारणीकरण या निर्वैयक्तिकता की ओर उन्मुख रखा है। कला में निर्वैयक्तिक होने का अर्थ तटस्थ होना नहीं है—अपने पराये की भेद-बुद्धि से मुक्त हो जाना है—अपने हृदय को लोक-हृदय में मिला देना है। इस दृष्टि में कला वैयक्तिक कर्म नहीं है—लोक-कर्म है, लोक-संवाद है। इसलिए कलाकृति में चिरन्तन सम्मोहन का आमन्त्रण रहता है, कलाकृति हमें समय की भ्रान्तियों-छलनाओं से मुक्त करती है ताकि जीवन की आन्तरिक लय की छुअन महसूस कर सकें। कलाकृति में नटराज के सत्य का स्पर्श। इसीलिए चित्रकार स्वामीनाथन मानते थे कि कलाकृति या तो सम्पूर्ण रूप से अभेद्य होती है या फिर हजारों अर्थ खोलती है। जब हम किसी कलाकृति को किसी एक अर्थ के साथ नत्थी कर देते हैं तो उसकी समग्र और संश्लिष्ट अर्थवत्ता को नष्ट कर देते है। अच्छी कलाकृति-धार्मिक-राजनीतिक अर्थों का अतिक्रमण करती है और एक स्वायत्त संसार रचती है। यही कारण है कि निर्मल वर्मा कला की स्वायत्तता का प्रतिपादन करते हैं।

'उपन्यास की मृत्यु और उसका पुनर्जन्म' निबन्ध का आरम्भ इस अफ़वाह से होता है कि हजारों की संख्या में लिखे जाने पर भी उपन्यास ने अपना चोला छोड़ दिया है। उपन्यास ने अठारहवीं-उन्नीसवीं शताब्दी के यूरोपीय मानस को ऐसी मन:स्थिति में ढाला था जिसमें मनुष्य एक व्यक्ति में बदल जाए तथा समाज एक ऐसी भीड़ में जिसका अपना कोई 'चेहरा नहीं।' ('ढलान से उतरते हुए', पृ. 19) इस तरह व्यक्तित्व हीनता का संस्कार है, मनुष्य की यातना, अकेलापन। उपन्यास इन पाठों में बदला है। एपिक, कविता, नाटक जैसी क्लासिक कलाओं में मनुष्य को उघाड़ा गया था किन्तु व्यक्ति क्या है, इस प्रश्न को आधुनिक उपन्यास ने सामने किया। मनुष्य की प्रामाणिकता उसके 'होने' में हैं। समाज में व्यक्ति की अभूतपूर्व कल्प और अवधारणा को निर्मल वर्मा ने विस्तार से प्रस्तुत किया है। एपिक की कथ्यात्मक बिरादरी से उपन्यास का अलग होना क्या सिद्ध करता है। हेगेल उपन्यास को 'आधुनिक मध्यवर्ग का महाकाव्य' कहते थे। इस तरह उपन्यास में एपिक की याद मौजूद है। प्रथम विश्वयुद्ध के बाद यूरोप का व्यक्ति ही भीड़ के मनुष्य (Mass Man) में बदला। अपनी रोमांटिक रेनेसेन्स गरिमा को खोकर आत्मसंहारी, संवेदनाशून्य, आत्महीन, अमानवीय सत्ता में बदला मनुष्य। यह मनुष्य हमें कामू के 'आउटसाइडर' की याद दिलाता है—अजनबी, उदास, भावशून्य मनुष्य। अपने 'सेल्फ' को ही नष्ट करता मनुष्य जिसके पास 'आत्मा' नहीं, सिर्फ 'शरीर'। शरीर के भोग और इन्द्रियवाद की गुलामी। अपनी 'लालसाओं' का उत्तर आधुनिक 'पाठ' बनता मनुष्य। यूरोपीय उपन्यास के इन पुनर्जन्म में मनुष्य की देह पर न

जाने कितनी लालसाओं के घाव हैं। यहाँ जीवन का कोई केन्द्र नहीं है—केन्द्रविहीनता, जहाँ धार्मिक और लौकिक (सेक्युलर) के बीच कोई विभाजन नहीं किया जा सकता। दोस्तोएवस्की ने कहा अगर ईश्वर नहीं है तो मनुष्य 'सबकुछ' कर सकता है।

साहित्य विधाओं के अभूतपूर्व परिवर्तन ने 'कहानी : एक शुद्ध विधा?' का प्रश्न उठाया। विधाएँ अपनी हदों का अतिक्रमण कर उठीं— कहानी में रेखाचित्र संस्मरण आत्मकथा प्रवेश कर उठीं—कहानी में रेखाचित्र संस्मरण आत्मकथा-निबन्ध का प्रवेश होने लगा। सभी विधाओं के ढाँचों की चूलें हिलने लगीं। कविता कहानी का आकार ले सकती है और कहानी कविता या रेखाचित्र का। कथ्यात्मक गद्य की विविधता से कहानी ने अपनी स्वायत्त सत्ता स्थापित की। अब 'कलावाद' के सौन्दर्यशास्त्र से कहानी ने पिण्ड छुड़ाया। 'कलाकृति और आलोचना की मर्यादा' का प्रश्न है कि रचनाकार अपने संसार का 'टेक्स्ट' रचना में अनूदित करता है और आलोचक उसी रचना को 'टेक्स्ट' बनाकर वापिस मुड़ता है। अच्छा आलोचक कलाकृति का अच्छा पाठक होता है जो 'पाठ' में भीतर प्रवेश करके नये अर्थ को उत्पन्न करता है। कहानी -कविता के फॉर्म में, भाषा में समय प्रवाहित होता है। भाषा के सत्य से हटते ही कलाकृति का सत्य मुरझाने लगता है महान् आलोचक अपनी संस्कृति का आलोचक होता है। क्या महान कलाकृति मनुष्य को नहीं बदलती? क्या वह सिर्फ उस रिश्ते को बदलती है जो मनुष्य और संसार के बीच बनता है? इस दृष्टि से सृजनात्मक आलोचना कलाकृति का मूल्य आँकती है। उन सिद्धातों और फार्मूलों को आरोपित नहीं करती जो कलाकृति की स्वायत्तता नष्ट करते हैं। निर्मल वर्मा के इस तरह के विचारों को लेकर हिन्दी आलोचना के वामपन्थ में बड़ा कोलाहल रहा है। निर्मल वर्मा हिन्दी आलोचना से निराश रहे हैं। उन्होंने लिखा है 'हमारे यहाँ प्रसाद को 'हिन्दू आध्यामिकता' और प्रेमचन्द को 'यथार्थवादिता' की सूली पर चढ़ाकर अपने कर्तव्य से मुक्ति पा ली है।' (वही, पृ. 77) हिन्दी आलोचना कलाकृति के बहुआयामी अर्थ करने से कतराती रही है। आलोचना की सांस्कृतिक पीठिका पर ध्यान देने के कारण उन्हें विजयदेवनारायण साही, मलयज और रमेशचन्द्र शाह पसन्द रहे हैं। 'प्रेमचन्द की उपस्थिति' परवर्ती रचनाकारों ने लगातार महसूस की है। रेणु, जैनेन्द्र, अज्ञेय अलग ढंग के उपन्यास इसलिए लिख पाये कि उनसे पहले प्रेमचन्द थे। 'मलयज की मृत्यु पर' का निचोड़ यह है कि मलयज की आधुनिकता उनकी निगाह में बसती थी। उनके यहाँ परम्परा, परिवेश को पाना था।

'अवस्थाएँ' खंड का सर्वाधिक विचारोत्तेजक निबन्ध है—'शताब्दी के ढलते वर्षों में'। यह निबन्ध क्या है यूरोप के साहित्य-संस्कृति की अन्तर्यात्रा है। निर्मल वर्मा की 'भारतीयता' का उजला स्रोत यूरोप को सामने रखकर ही समझा जा सकता

है। वे मानते हैं कि एक भारतीय का अपनी संस्कृति के साथ सहज सम्बन्ध उस क्षण विघटित होने लगा जिस क्षण पश्चिम ने अँग्रेज़ी राज के रूप में हमारी जीवन-पद्धति की लय को तोड़कर दृष्टिकोण बदल डाला और भारतीय जड़ों को काटकर भारतीय संस्कृति को ढहा दिया। संस्कृति केवल विश्वास, अनुष्ठान, प्रतीक, मिथक मात्र नहीं है, वह पूरा इतिहास-भूगोल-परिवेश है। भारतीय संस्कृति की लय को औपनिवेशिक शासन ने अनेक षड्यन्त्र रचकर विकृत किया। एक उत्तर औपनिवेशक चिन्तन के रूप में यह निबन्ध निर्मल वर्मा की भारतीय मानसिकता का सर्जनात्मक बिम्ब है—अविस्मणीय चिन्तन बिम्ब। कुमारस्वामी की तरह निर्मल मानते हैं कि आधुनिकता ने हमारा बहुत नाश किया है। समाजवाद के नाम पर लेबर कैम्पों में लाखों व्यक्यिों की हत्या और सभ्यता के नाम पर हिरोशिमा का विध्वंस क्या भुलाया जा सकता है? जंगल का कटना संस्कृति का कटना है। इसलिए वे आधुनिक प्रगतिवादियों के ऐतिहासिक यथार्थ में विश्वास नहीं रखते हैं न ही उन्हें भारतीय महर्षियों, भगवानों, साई बाबाओं तथा बालयोगियों में अन्धी आस्था है।

'धर्म, धर्मतन्त्र और राजनीति' में कहा गया है कि यूरोप में रेनेसां के बाद जिस मनुष्य केन्द्रित संस्कृति का सूत्रपात हुआ, उसमें मनुष्य का नहीं, अहम का प्रभुत्व था। पहली बार अहम् और आत्मन के बीच फाँक दिखाई दी। अपने को मानववादी कहने वाला दर्शन मानव का हत्यारा सिद्ध हुआ। आधुनिक बुद्धिजीवी ईश्वर को मारकर धर्म को आडम्बर कहता है जहाँ वह एक आततायी सर्वसत्तावादी व्यवस्था का दास बन जाता है। राजनीति का धर्मनिरपेक्ष चेहरा मनुष्य की मानसिकता को खंडित करता है, अलगाव को रोपता है। यहाँ गाँधी और गंगा, राम और कृष्ण के मिथक निर्मल की स्मृति में प्रेरणा बनते है। सिंगरौली प्रकृति और मानव के संहार की 'आधुनिकता' 'प्रगति', 'विकास' की त्रासद गाथा है। 'ढलान से उतरते हुए' मार्क्सवादी देश के मन में भोग की भीड़ का अन्तर्दर्शन है। 'क्यों भारतीय संस्कृति को जीवित रखना ज़रूरी है? इसलिए कि फासीवाद ने जिस राष्ट्रीय भावना को नष्ट किया है, उससे देश और प्रकृति प्रेम पा सकें, 'सेक्युलरिज्म' के आरोप से बच सकें। भारतीय संस्कृति का बहुलतावाद जिसके 'मैं' में 'अन्य' को पूरा स्थान है। इस संस्कृति को बचाना इसलिए ज़रूरी है कि इसमें कृष्ण, बुद्ध, नानक, कबीर और गाँधी हैं। 'रास्ते पर' शीर्षक डायरी में गाँधी के चिन्तन का प्रकाश है और कम्युनिज्म के सर्वसत्तावाद का खंडन। वर्जीनिया वुल्फ और अज्ञेय के चिन्तन से अभिभूत निर्मल का यह अनमोल रूप है। जापानी-ज़ेन भिक्षु की तरह ध्यानमग्न चिन्तन की चित्त समाधि का अनहद निबन्धों का सार सर्वस्व है।

निर्मल वर्मा के चिन्तन का चरम शिखर 'भारत और यूरोप : प्रतिश्रुति के क्षेत्र' (1991) शीर्षक निबन्ध-संग्रह को कहा जा सकता है। निर्मल वर्मा भारत

और यूरोप की चिन्तन परम्परा के मूल आधारों पर डिस्कोर्स या विमर्श करते हैं। इस विमर्श में दो संस्कृतियों के सोच में निहित सांस्कृतिक-राजनीतिक-विमर्शों को केन्द्रीय स्थान दिया गया है। भारत और यूरोप दो अलग पाठ, दो अलग ध्रुवान्त, दो अलग वास्तविकताएँ, दो अलग चिन्तन क्षेत्र—दोनों निर्भयता से सामने आये हैं। पश्चिमी समाजवाद यथार्थवाद, मानववाद और धर्मनिरपेक्षतावाद जैसे विचारों को निर्मल वर्मा ने भारतीयता और सांस्कृतिक-धार्मिक भाव के विपरीत पाया है। निर्मल वर्मा ने इस निबन्ध-संग्रह के 'प्राक्कथन' में लिखा है—'पुस्तक में लेखों को संकलित करने की उपयोगिता चाहे कुछ और न हो, यह ज़रूर है कि हम अपनी उदासीनता, विरक्ति और आलस्य के बावजूद पुरानी चिन्ताओं को नयी निगाहों से तौलने-परखने का मौका पा लेते हैं।'

एक भारतीय होने के नाते 'यूरोप मेरी चिन्ताओं के हाशिए पर हमेशा मड़राता' रहा है 'मुझे विशेष खुशी है कि 'भारत और यूरोप : प्रतिश्रुति के क्षेत्र' में मैंने उस पर पहली बार अपने बिखरे विचारों को संयोजित करने का प्रयास किया है।' इस दृष्टि से ये निबन्ध पत्रकार, रचनाकार निर्मल वर्मा के मानसिक अवकाश की देन है। इस देन में 'चरम' और 'परम', 'पावन' और 'आलोक' एक अन्तर्यात्रा की लय का चिन्तन राग है शास्त्रीय राग। 'एक तरह से ये मेरी विचार-यात्रा के पड़ाव अंकित करते हैं—कहीं अधिक ठहराव, कहीं ज्यादा ठहरने के लालच को दबाना पड़ा है, कहीं बिना ठहरे आगे बढ़ गया हूँ—इस आशा में कि कभी लौटने का मौका मिलेगा।'

निर्मल वर्मा ने अपने सदाबहार चिन्तन भारतीय संस्कृति सभ्यता के साथ यूरोप की सभ्यता—संस्कृति से तुलना करते हुए कुछ महत्त्वपूर्ण 'निष्कर्ष' प्रस्तुत किये हैं। 'भारत और यूरोप : प्रतिश्रुति के क्षेत्र' पुस्तक में ग्यारह चिन्तनपरक निबन्ध हैं। पुस्तक के भाग-एक में चार निबन्ध हैं—'भारतीय संस्कृति और राष्ट्र', 'मानववाद : कुछ आत्म-छलनाएँ', 'भारत और यूरोप : प्रतिश्रुति के क्षेत्र की खोज' तथा 'भारतीय जीवन की निराशाएँ।' भाग-दो के अन्तर्गत छह निबन्ध हैं—'संस्कृति के आत्मबिम्ब', 'साहित्यिक कृति और सत्य की अवधारणा', 'कला की प्रासंगिकता', 'क्या साहित्य समाज से कट चुका है', 'आलोचना के भटकाव' तथा 'लेखक की स्वतन्त्रता और स्वधर्म' तथा 'परिशिष्ट' में 'भारतीय लेखक का स्वप्न और जिम्मेदारी' पर विचार-विमर्श है।

'भारतीय संस्कृति और राष्ट्र' पर निर्मल वर्मा ने एक नहीं, न जाने कितने कोणों से सूक्ष्म-गहन विचार-चर्चा को अपने निबन्धों में जारी रखा है। इतिहास के प्राध्यापक और कला साहित्य के चिन्तक दोनों एकाकार होकर दो पिछले विश्वयुद्धों के अपार नरसंहार को लेकर कराहते हुए कहते हैं कि दो महायुद्धों में 'जाति' और 'राष्ट्र' के नाम पर जो विकट नरसंहार हुआ उसकी स्मृति आज भी एक दुःस्वप्न

की तरह हमारी चेतना में जीवित है।' इतिहास उन्हें विश्वयुद्ध कहता है किन्तु जिस भूमि पर वे युद्ध लड़े गये वे भूमि के छोटे अंश थे। यूरोप में जहाँ राष्ट्रीय चेतना के बीज 'एक राज्य, एक राष्ट्र' के आधार पर पहली बार अंकुरित हुए तब 'यूरोप से बाहर एशिया या अफ्रीका की कोई भी जाति यह कल्पना न कर सकती थी कि धरती पर उनके होने की पहचान अथवा उसकी अस्मिता की मर्यादा 'राष्ट्र' या 'जाति' या 'राज्यतन्त्र' जैसी कसौटियों द्वारा आँकी जाएगी जिनका उसकी सांस्कृतिक मनोभूमि में कोई स्थान नहीं है।' ('भारत और यूरोप : प्रतिश्रुति के क्षेत्र', पृ. 10) निर्मल मानते हैं कि राज्य की बनावट के पीछे संस्कृति की बनावट छिपी रहती है और स्वयं संस्कृति अपने बिम्बों के द्वारा आकार ग्रहण करती है। 'ईसाई धर्म में जिस तरह ईश्वर की कल्पना मनुष्य के रूप में की गयी है उसी तरह यूरोपीय मनुष्य ने अपने रूप में राजतन्त्र और समाज-व्यवस्था की परिकल्पना की है। 'दोनों ही परिकल्पनाओं के केन्द्र में है—मनुष्य, जो उसे एक तरफ ईश्वर और दूसरी तरफ संसार से जोड़ता है। यूरोपीय रेनेसां से निकली मनुष्य की आत्मकेन्द्रित, स्वायत्त 'छवि' व्यक्ति के 'अहम्' का विस्तार थी। 'यह ऐतिहासिक संयोग नहीं कि यूरोप में व्यक्तिनिष्ठ मनुष्य का अकेलापन और स्वतन्त्र राष्ट्रों का आक्रमण और आत्म-बोध समय के एक बिन्दु पर ही विकसित हुआ था। 'फिर राष्ट्र और जाति की यूरोपीय अहं केन्द्रित अवधारणा ने अपनी गुंजलक में पूरी मानवता को लपेट लेने की पद्धतियों में 'अस्मिता' और 'अस्तित्व' के संकट खड़े किये। अहं विस्तार ने उन सांस्कृतिक स्रोतों का विनाश किया जिनसे मानव समूह की धारा अपनी लय से शक्ति पाती थी। यही चीज़ भारत की सभ्यता-संस्कृति को यूरोप की 'आधुनिक दुनिया के राष्ट्रों और राज्य तन्त्रों से अलग' करती है।

निर्मल वर्मा इस पूरे सन्दर्भ को स्पष्ट करने के लिए 'संस्कृति' की बजाय 'सभ्यता' शब्द का इस्तेमाल करते हैं, और कहते हैं कि 'इस दृष्टि से जब भारत ने आधुनिक युग में प्रवेश किया तो वह न यूरोप की तरह आत्म-विभाजित था, न एशिया-अफ्रीका की जातियों की तरह संरक्षणहीन। एक सभ्यता की शैली सिर्फ लोगों के आचार-व्यवहार और विश्वासों के द्वारा अनुशासित नहीं होती, बल्कि उनमें इन व्यवहारों और विश्वासों को एकसूत्रित करने वाला केन्द्रीय दर्शन, जीवन-दृष्टि का समग्रता-बोध हमेशा मौजूद रहता है जो मनुष्य की जीवन-प्रणाली को परिपोषित भी करता है और परिभाषित भी। इस अर्थ में भारत की विभिन्न जातियाँ अपनी सांस्कृतिक विशिष्टताओं के बावजूद एक सामूहिक सभ्यता-बोध के भीतर जीवित रह सकी हैं।' (पृ. 12) आश्चर्य की बात यह है कि 'भारतीय सभ्यता' का अस्तित्व यूरोप के लिए विडम्बना बना रहा। विडम्बना इसलिए बना रहा कि धर्म, राष्ट्र, कबीलों

की बनी-बनायी श्रेणी में भारत के परम्परागत सभ्यता-बोध को संकुचित नहीं किया जा सकता। 'यह सभ्यता-बोध, इतिहास के असंख्य और असह्य प्रहारों के बावजूद जीवित रहा तो सिर्फ इसलिए कि भारत में आदि जीवन के दर्शन-सूत्र महज पोथियों के भीतर नहीं, समकालीन भारतीय की स्मृति में प्रवाहमान है। स्वप्न की तरह स्मृति की अपनी बिम्ब भाषा होती है। यह स्मृति कहीं महाकाव्यों, कहीं ऋचाओं, कहीं पौराणिक गाथाओं में धड़कती मिलती है, कहीं लोक संस्कृति की वाचिक परम्पराओं में, अनुष्ठानों, पर्वों, तीर्थों में, आख्यानों में। यह कोई ऐतिहासिक स्मृति नहीं है। यह भारतीय-सभ्यता संस्कृति में अपने आप मेंहदी की तरह रची-बसी है। कारण यह रहा कि भारतीय- संस्कृति अतीत को व्यतीत न मानकर वर्तमान का प्रवाह मानती है। वर्तमान में अतीत की मौजूदगी हमारे काल-चिन्तन का परिणाम है। यूरोप की काल-चेतना अतीत और वर्तमान का सीधा भेद करती है। भारतीय चिन्तन के परम्परा बोध में यह सब अनावश्यक है। परम्परा-बोध की यह समग्रता जाति, धर्म, राजनीति, राष्ट्रीयता के अलग कटघरों में परिभाषित नहीं हो पाती। यूरोप के सत्ताधारी वर्ग ने पश्चिम की राज्य-व्यवस्थाओं को भारत की सभ्यता पर थोप दिया है। उन्होंने यह विचार नहीं किया है कि भारतीय सभ्यता के तन्तुजाल प्रतीकों, मिथकों, रूपकों में समग्रता से लिपटे हैं। यूरोप ने उन तन्तुओं का नासमझी से संहार किया है। यूरोप में समग्रता-बोध की सभ्यता खंडित हुई जिसके साक्षी गेयटे रहे हैं। यूरोप का मानस और मनुष्य भीतर से खंडित हुआ। इसी यूरोपीय मानस ने लौकिक और आध्यत्मिक के बीच दुर्भाग्यपूर्ण विभाजन किया है। ईश्वर और मनुष्य, धार्मिक मनुष्य, विज्ञान और दर्शन, लौकिक और अलौकिक के बीच विभाजन की दीवारों ने उसे आर्थिक मनुष्य, धार्मिक मनुष्य, राजनीतिक मनुष्य के कृत्रिम कटघरों में विभाजित कर दिया। नतीजा यह हुआ कि संस्कृति के वे सब सेतु एक के बाद एक नष्ट होते गये जो मनुष्य के सेक्युलर जीवन को उसके आध्यात्मिक अनुभवों से जोड़ते थे। 'बीसवीं शती तक आते-आते अलग-अलग देशों की राष्ट्रीय भावना और यूरोप के सांस्कृतिक बोध के बीच खाई इतनी चौड़ी हो गयी कि पिछले दो महायुद्धों में लाखों जर्मन, अँग्रेज़ और फ्रांसीसी एक-दूसरे का विराट् पैमाने पर संहार कर सकते थे, बिना एक क्षण यह महसूस किये कि वे सब एक ही यूरोप की सभ्यता और सांस्कृतिक परम्परा के उत्तराधिकारी हैं।' (वही, पृ. 14) इतिहास का क्रूर निर्णय यहूदियों को भोगना पड़ा। हिटलर ने समूची यहूदी संस्कृति को नष्ट करने का व्यापक अभियान चलाया। इस पीड़ादायक अध्याय में भारत की पीड़ा का पन्ना भी पढ़ना चाहिए क्योंकि अहं केन्द्रित यूरोपीय हिंसक शक्ति धारा ने अनेक गैर यूरोपीय समाजों और संस्कृतियों में हस्तक्षेप किया। भारतीय सभ्यता-संस्कृति यूरोप के लिए बड़ी चुनौती प्रस्तुत करती रही थी। अपने

मिथकों, प्रतीकों, रूपकों, बिम्बों में जीवित वह सभ्यता धारा थी जिसे औपनिवेशिक मद में चूर यूरोप की सभ्यता ने नष्ट करने का कार्य किया। उसने 'पिछड़े' और 'विकसित' समाज का भेद किया और भारतीयों को पिछड़ा और अन्धविश्वासी कहकर उनके परम्परागत परिवेश से उन्मूलित किया ताकि उसे 'आधुनिक पश्चिमी मनुष्य की छवि' में ढाला जा सके। पश्चिमी सभ्यता के मॉडल से प्रशासनिक ढाँचों का निर्माण किया और भारत की सभ्यता के तन्तुजालों को बिखेर दिया। अदृश्य एकता की लय को तोड़ दिया—हिन्दू-मुसलमान-सिक्ख अलग कर दिये। बंगाल के नवोत्थान और राजा राममोहन राय का फ्रांसीसी राज्य क्रान्ति से रिश्ता दिखाकर, हमारे नवजागरण को 1857 के स्वाधीनता-संग्राम से न जोड़कर यूरोप की फ्रांसीसी राज्य क्रान्ति से जोड़ते हैं। यूरोपीय राष्ट्रीयता के इसी आधार ने भारत-पाकिस्तान को अलग किया। यूरोप की इस घातक चाल को अरविन्द-विवेकानन्द और गाँधी ने समझा तथा यूरोपीय सभ्यता का विरोध किया। भारत की राष्ट्रीयता की अवधारणा यूरोप से भिन्न है क्योंकि 'धर्म की हिन्दू अवधारणा में समूची राष्ट्रीय परम्परा गुँथी थी जिसे बनाने में अन्य सम्प्रदायों का उतना ही योग था जितना हिन्दुओं का।' (वही, पृ. 18) हमारी धरती, हमारी प्रकृति-लय ही सभ्यता का घर थी जिसमें 'अन्य' नहीं था। अँग्रेज़ों ने इस सभ्यता-संस्कृति के पवित्र घर को भ्रष्ट किया। यह अलग बात है कि इसे नष्ट नहीं कर सके।

निर्मल वर्मा ने रमण महर्षि, गाँधी-चिन्तन के देश में भक्तिभाव से कहा है 'एक घायल सभ्यता लेकिन मृत सभ्यता नहीं, यदि पिछले दो सौ वर्षों से हमने इसके घावों को अपनी आत्मा में झेला है तो इसलिए कि कहीं न कहीं यह आशा हमेशा जीवित रही कि कभी न कभी हम अपने जख्मों को भर सकेंगे।' निर्मल वर्मा का चिन्तन इन घावों पर मरहम लगाता है ताकि भारतीय सभ्यता, संस्कृति को जीवित रखा जा सके। लेकिन यह कार्य अपनी जातीय स्मृति को सुरक्षित रखकर ही किया जा सकता है। निर्मल का यह उत्तर औपनिवेशिक चिन्तन भारतीय-संस्कृति को पुनर्भाषित करता है ताकि हम अपनी भारतीय अस्मिता को बचा सके।

निर्मल वर्मा के चिन्तन की यह भारतीय आँख 'मानववाद : कुछ आत्मछलनाएँ' निबन्ध में आत्मविस्मृति की नींद तोड़कर खुलती है। इस निबन्ध से मार्क्सवादी चिढ़ते हैं, अपनी छाती पीटते हैं और नाराज होकर उनके खिलाफ अनाप-शनाप बोलते हैं क्योंकि निर्मल वर्मा उनके ऊपर पड़े पर्दों को उठाकर तमाम भ्रम तोड़ते हैं। निर्मल वर्मा का कथन है—''इन भ्रमों में 'मानववाद' की पवित्रता, उसकी आध्यात्मिक सहिष्णुता, उसका विपुल बहुलतावादी स्वभाव कुछ ऐसे भ्रम हैं जिनमें संयोगवश न सिर्फ पश्चिम के मार्क्सवादी, बल्कि उनके विरोध में खड़े होने वाले उदार,

लिबरल प्रजातन्त्रवादी दोनों ही विश्वास करते हैं।'' दोनों प्रेरणा के स्रोत मनुष्य की उस एकनिष्ठ अवधारणा में पाते हैं जिसका विकास यूरोप 16 वीं शताब्दियों के नवजागरण में हुआ जिसे पुष्ट किया 19वीं शताब्दी की औद्योगिक क्रान्ति ने। ''आज जब पश्चिम में साम्यवाद की जड़ें इस बुरी तरह डगमगा चुकी हैं और हर जगह वे शासन व्यवस्थाएँ ताश के पत्तों की तरह ढहती जा रही हैं जो कभी मार्क्सवादी दर्शन से प्रेरणा प्राप्त करती थीं, तब हमें इन मूल अवधारणाओं का परीक्षण करना होगा, जिन्होंने आधुनिक यूरोपीय मनीषा को रूपायित किया था। हम केवल यह कहकर छुट्टी नहीं पा सकते कि 'साम्यवाद का पतन सिर्फ मानववादी दर्शन का स्खलन मात्र है'।'' इसी प्रतिज्ञा के साथ वे मानववादी दर्शन के स्खलन के कारणों पर विचार करते हैं। यहाँ विचार पर विचार करने का अर्थ है अँधेरी गुफाओं में झाँकना और बुद्धि की मशाल से भीतर के सच को देखना।

यूरोप के मानववाद की मूल अवधारणा है कि मनुष्य सृष्टि के केन्द्र में है। मार्क्सवाद ने जिस पूँजीवादी लोकतन्त्र की आलोचना की थी उसका केन्द्रीय सन्दर्भ बिन्दु मानववादी दर्शन था और यही मानववादी दर्शन यूरोपीय संस्कृति का केन्द्रीय आधार रहा है। इसने जिस मनुष्य केन्द्रित सेकुलर समाज को जन्म दिया उसने एक ओर प्रकृति और दूसरी ओर ईश्वर को निकाल दिया। गाँधीजी ने 'हिन्द स्वराज' में पश्चिमी देशों की लोकतान्त्रिक संस्थाओं की आलोचना की है। पूर्व और पश्चिम के कवियों, कलाकारों, चिन्तकों—आर्वेल, टॉलस्टॉय, नीत्शे, येट्स, लारेन्स, एलियट आदि ने यूरोप की मानववादी छलनाओं की निन्दा की है। कम्युनिज़्म ने जो विकल्प प्रस्तुत किया था उसमें मध्यकालीन समाज को पुनर्जीवित करने का स्वप्न था। मार्क्सवाद बुर्जुआ लोकतन्त्र की आलोचना करता है। स्वयं मार्क्स बुर्जुआ लोकतन्त्र के अन्दरूनी अन्तर्विरोधों को उद्घाटित करते रहे हैं। मार्क्सवादी मानते रहे हैं कि पूँजीवाद के हटते ही ये अन्तर्विरोध समाप्त हो जाएँगे। शोषण-मुक्त वर्गविहीन समाज आ जाएगा। लेकिन इतिहास ने इसी बिन्दु से वोल्शेविक क्रान्ति की आत्म-छलना का आरम्भ किया। कम्युनिस्ट क्रान्ति के बाद सोवियत रूस में असंख्य अत्याचार हुए। इन तानाशाही कुकृत्यों को छिपाया गया। बुद्धिजीवियों को प्रताड़ित किया गया। पचास वर्षों तक 'लेनिन द्वारा अन्य विरोधी पार्टियों के दमन, स्तालिन के लेबर कैम्प, सैकड़ों सोवियत लेखकों-कवियों-चित्रकारों की हत्याएँ, सेंसरशिप, झूठे मुकद्मे, युक्रेन का दुर्भिक्ष, घोर-आर्थिक विपन्नता—ये तथ्य बराबर लौह परदे के बावजूद बाहर आते रहते थे, अखबारों, पुस्तकों में छपते थे।' (वही, पृ. 24) इसीलिए आज केवल गोर्बाचोव को गाली देना काफी नहीं है। सोवियत आँकड़ों से पता चलता है कि यातनागृहों में मरने वालों की संख्या लगभग चार करोड़ थी। इस गणना में वे लोग शामिल नहीं हैं जो दूसरे विश्व युद्ध के दौरान मारे गये। नात्सी

कान्सन्ट्रेशन कैम्पों में मरने वालों की संख्या साठ लाख थी। यहाँ कम्युनिज्म का हत्यारा चेहरा 'फासिस्टवाद' की तुलना में बहुत भयानक है। निर्मल वर्मा ने तर्क देकर कहा है कि कम्युनिज्म की तुलना में जारशाही व्यवस्था ज्यादा लोकतान्त्रिक थी। सोवियत व्यवस्था ने बुनियादी मानवीय स्वाधीनता को नष्ट किया। अमरीकी विश्वविद्यालय में कार्यरत चौम्स्की अमरीकी सरकार की वियतनाम नीति की निन्दा कर सकते हैं लेकिन सखारोव ने जब अफगानिस्तान में सोवियत हस्तक्षेप का विरोध किया तो उन्हें मास्को के एपार्टमेंट्स से निकालकर गोर्की शहर के 'गृह कारावास' में डाल दिया गया। 'सोवियत व्यवस्था का फासिज्म' सिर्फ इसलिए कम निन्दनीय नहीं हो जाता, क्योंकि उसके कुकृत्य 'समाजवाद और मानववाद' के आदर्शों तले किए जाते रहे। उलटे वे फासिज्म से कहीं अधिक प्रचंड और छलनामय साबित होते हैं क्योंकि वहाँ शब्द वे ही रहते आये हैं जिन्हें हम पूजते आये हैं—समता, न्याय, स्वाधीनता; बल्कि उनके अर्थ कभी के नष्ट हो चुके हैं।' (वही, पृ. 250) राक्षस को तब पहचानना सीता जैसी स्त्री के लिए भी कठिन हो जाता है जब वह संन्यासी-सन्त के रूप में सामने आता है। इसलिए पश्चिमी दृष्टि के मानववादी चेहरे को उघाड़कर 'पढ़ना' चाहिए।

निर्मल वर्मा ने मानववाद के सन्त चेहरे से नकाब उठाते हुए कहा है 'इतिहासपूजक मार्क्सवादी अक्सर इतिहास के इस अप्रिय सत्य को अनदेखा कर देते हैं कि बीसवीं शताब्दी की समस्त सर्वसत्तावादी विचारधाराएँ—वह साम्यवाद हो या फासिज्म यूरोपीय मानववाद की उस असहिष्णु, आत्म-केन्द्रित, आक्रामक दर्शन की तार्किक परिणति के रूप में प्रकट हुई थी जहाँ 'अन्य' को कुचलकर ही 'आत्म' की सत्ता प्रतिष्ठित की जा सकती है।' (वही, पृ. 26) यह अहं-केन्द्रित अहंकार असीम था इसलिए 'अन्य' को नष्ट करने में ही मानववादी मर्दवाद था। जहाँ तक मानव अधिकारों का प्रश्न है, लोकतान्त्रिक समाजों का रिकार्ड मार्क्सवाद से बेहतर है। मार्क्सवाद में धर्म और ईश्वर का संरक्षण न होकर केवल अकेला अनाथ आत्म-विगलन है। आत्मा के विनाश से बेचैन 'आत्म-विस्मृति' के शिकार मानव को अनन्त यातना में झोंक देने की तैयारी 'साम्यवाद' मानववाद में रही है।

'भारत और यूरोप : प्रतिश्रुति के क्षेत्र की खोज' निबन्ध अज्ञेय व्याख्यान माला का अंश है। अज्ञेय भारतीयों को एक 'बेघर' लेखक जान पड़ते हैं जबकि यूरोपीयों को एक ऐसा भारतीय जो कभी अपना घर छोड़ नहीं सका। 'अज्ञेय अपने आरम्भिक लेखन में आधुनिक यूरोपीय साहित्य से बहुत प्रभावित रहे, जिसके लिए वे उन आलोचकों की निन्दा का शिकार हुए जिन्होंने उनकी इन आरम्भिक रचनाओं में ऐसा बहुत कुछ पाया जो अभारतीय था। यह विचित्र विडम्बना है कि इन्हीं आलोचकों को उनकी बाद की कृतियों में हिन्दू परम्परावाद की छाया

भी दिखाई दी।' निर्मल के सामने प्रश्न रहा है कि अज्ञेय के पश्चिमीकरण और भारतीयता को कैसे समझा जाए। इस यात्रा को समझने के लिए उन्होंने यूरोपीय संस्कृति की लम्बी यात्रा के साथ भारतीय संस्कृति की परम्परा का गहन मन्थन किया है। संस्कृति, भाषा की शास्त्र और साहित्य परम्परा के साथ यह पाया कि तीन हजार वर्षों में शायद ही कोई समय रहा हो जब भारत को 'यवनों' या 'म्लेच्छों' ने न घेरा हो। इस्लाम के ठीक बाद ईसाई मिशनरियों और यूरोपीय विजेताओं ने। कठिन प्रश्न यह है कि तमाम हिंसक आक्रान्ताओं द्वारा रौंदे जाने पर भी भारतीय संस्कृति जीवित कैसे रह सकी? हिन्दू शास्त्रों और दर्शनों, पंडितों और बौद्धों की बौद्धिक प्रचंडता ने 'दूसरों' के प्रति उन्हें उदासीन रखा। उनकी 'आत्म' अस्मिता में कभी 'अन्य' रहा ही नहीं। इसलिए भारतीय अवधारणाएँ यूरोपीय अवधारणाओं से बहुत भिन्न रहीं। यूरोप 'अन्य' को नष्ट कर के ही 'पूर्ण' होना चाहता है, लेकिन बिना 'अन्य' के वह परिभाषित भी नहीं किया जा सकता। बौद्ध-चिन्तन के सभी तात्पर्य सेमेटिक परम्पराओं से भिन्न रहे। बौद्ध यदि हिन्दू अवधारणाओं से साझा करते हैं तो इसलिए कि एक-दूसरे के लिए 'अन्य' न था।

भारतीय संस्कृति के लिए इस्लाम और ईसाई पूरी तरह 'अन्य' थे। दोनों संस्थाबद्ध धर्म भारत में आज तक पराये हैं और भारत में अस्तित्ववान हैं। दोनों धर्म ऐसे सम्बोधी नहीं हो सके जिनसे अर्थपूर्ण संवाद हो सकें। भारत में ईसाई मिशनरियों ने हिन्दुओं के प्राचीन रीति-रिवाजों के विरुद्ध जिहाद छेड़ा। लेकिन वे पारम्परिक पंडितों को विचलित नहीं कर सके। हिन्दू देवताओं के विषय में गालियाँ 'अश्लील शिवलिंग', 'लम्पट कृष्ण' गुस्सा न जगा सकीं। ब्रह्म समाज और आर्य समाज ने 'ज्ञानोदय' के नाम पर हिन्दू समाज को ईसाई यहूदी धर्मों के पराए साँचे में ढालने की चेष्टा की। वास्तव में वे ही धर्म दूषक थे। रवीन्द्रनाथ टैगोर का उपन्यास 'गोरा' इन व्यथापूर्ण बहसों को उठाता है। रवीन्द्रनाथ हिन्दू अस्मिता के संकट पर उसकी मूल्य व्यवस्था पर विचार कर रहे थे। टामस मान का उपन्यास 'मतैजिक माइंटेन' यूरोपीय सभ्यता के अन्धकार को दिखा रहा था।

दरअसल, एक-दूसरे के सम्पर्क में आने पर भारत-यूरोप ने कुछ महत्त्वपूर्ण छवियों को गढ़ डाला। भारत का औपनिवेशिक यथार्थ कल्पना में गर्क हुआ। तभी तो भारत एक अविकसित एशियाई उपनिवेश ब्रिटेन की शक्ति और बौद्धिकता के सामने नतमस्तक। यूरोपीय सभ्यता को प्रतिनिधित्व देने वाला ब्रिटेन, जिसे एक-दूसरे ने देखा तो, लेकिन असली भारत से असली यूरोप अनभिज्ञ ही रहा। हीगेल और मैक्समूलर के लिए असली भारत अतीत में वास करता था। अनजाने ही मिथक, अनुष्ठान-साहित्य के वे तन्तुजाल ठुकरा दिये गये मानो वे थे ही नहीं। जबकि भारत का महान दर्शन और महान साहित्य इन्हीं पर जीता था। क्या क्रूर

विडम्बना है कि जिस यूरोप ने भारत के अतीत का खोजने का दावा किया उसी ने भारत के वर्तमान को नष्ट करने का नायकत्व भी दिखाया। अतीत और वर्तमान के बीच इतनी विशाल सांस्कृतिक खाई। भारत का अतीत यूनान मिस्र के अतीत की तरह नहीं था जो सभ्यता की स्मृति या ममी में जीवित हो। भारत का अतीत सनातन रूप से समकालीन था—अपने धर्म विश्वासों में धड़कता-अनन्त अपार। काल-खंडों में विभाजित यूरोप की इतिहास के विषय में धारणा अलग थी और यह विभाजित दृष्टि उन्हें ईसाई यहूदी परम्पराओं से मिली थी। इसलिए यूरोपीय अस्मिता को निर्धारित करने के लिए भारत को एक ऐतिहासिक इकाई के रूप में देखना उनकी मजबूरी थी—भारत की देसी-दृष्टि की अखंडता को समझना उनके लिए असम्भव। यूरोप के उपनिवेशवाद ने विवश होकर भारत के काल-बोध को भी उपनिवेश बनाने की चेष्टा की। उन्होंने भारत के वर्तमान को अतीत के विखंडन के रूप में देखा-समझा। यही बड़ी भूल थी जिसने भारत की मूल छवि को विकृत कर दिया। यूरोपीय मानस में भारत को लेकर नासमझी का आलम यह था कि मार्क्स जैसे बौद्धिक के लिए 'भारतीय संस्कृति एक जर्जरित सामन्तवाद की मरणासन्न संस्कृति थी जो जंगली देवताओं और अँधेरे अन्धविश्वासों से लबालब भरी थी।' (वही, पृ. 35) यूरोप के व्यापारियों के लिए भारत एक लालसा की वस्तु थी और हुसर्ल मानते थे कि भारत तभी अपने को एक बार मूर्तिमान कर सकेगा जब वह अपने को यूरोपीय वर्तमान में ढालेगा।' यूरोप से ही भारत का पुनर्जन्म हो सकता है।

दो सौ साल पहले भारत ने यूरोप को आदर्श स्वप्न की तरह देखा—भौतिक उपलब्धि और बौद्धिक दृष्टि से अद्‌भुत अग्रणी। बंकिमचन्द्र चटर्जी जैसे लोग यूरोप की प्रगति को देखकर विस्मय से विमुग्ध थे। लेकिन जब भारत अँग्रेज़ों ने एक कच्चा माल पैदा करने वाला खेतिहर देश बनाया तो भारत की देसी दस्तकारी मेनचेस्टर के घटिया माल की बाढ़ में डूबती गयी। ब्रितानी उपनिवेशवाद के कारण होने वाली तबाही का चित्र सामने आया तो देश-दुर्दशा से रो पड़ा। मार्क्स ने कहा—'भारत के मैदान भारतीय कारीगरों की अस्थियों से ढँक गये।' भारत की मनीषा को यूरोप ने यूरोपीय शिक्षा के ढाँचे से विस्थापित कर दिया। शिक्षा का माध्यम बनी अँग्रेज़ी। भारत के पहले आधुनिक राजा राममोहन राय, 'ज्ञानोदय' के लिए यूरोप की ओर लपके और पश्चिमी संस्कृति से अभिभूत हुए। यहीं से भारत की शिक्षा संस्कृति के नाश का श्री गणेश हुआ। यूरोप की तमाम धारणाओं से असहमत हिन्दू चुप कराया गया। विवेकानन्द ने पाया 'हाल ही में पायी प्रभुता के मद में चूर थे जंगली जानवरों से भयाक्रान्त, जो अच्छे और बुरे के बीच भेद नहीं करते, औरतों के दास, अपनी लोलुपता में पागल, सिर से पाँव तक शराब में डूबे हुए, जिनके पास

कोई आचार संहिता नहीं, गन्दे, भौतिकवादी, दूसरों के राज्य और दौलत को किसी भी तरह हथियाने वाले, और जिन्हें अगले जीवन में कोई आस्था नहीं।' यही यूरोपीय संस्कृति भारतीय संस्कृति का आदर्श-मॉडल बनो। पहली बार भारत की संस्कृति ने परायी संस्कृति या 'अन्य' का सामना किया। विचित्र स्थिति में दो संस्कृतियाँ एक-दूसरे के साथ रहीं जहाँ दोनों एक-दूसरे को निकृष्ट समझती रहीं। फलतः बहुलतावादी संस्कृति का भारत अँग्रेज़ को 'अन्य' ही समझता रहा।

भारत से प्रतिकृत एक विशाल बौद्धिक अभियान था बंगाल का रेनेसाँ। इस नवजागरण का सांस्कृतिक संघटन पूरे देश को लुभाने लगा। एक ओर पंडित भूदेव मुखर्जी जैसे परम्परानिष्ठ पंडित, दूसरी ओर राजा राममोहन राय जैसे पश्चिमीकृत बौद्धिक। दोनों ही अपने-अपने ढंग से भारतीय 'आत्म' को परिभाषित कर रहे थे। परम्परानिष्ठ अपनी देशभक्त राष्ट्रीयता को पुष्ट करता था दूसरा राष्ट्रवादी बौद्धिक वैदिक धरोहर के धर्मनिरपेक्ष स्वभाव को रेखांकित करता था, एक ही घर में मिल और बेंथम, उपनिषद और भगवदगीता की पोथियाँ पायी जा सकती थीं। पहली बार भारतीय बौद्धिकों को इतने खुले रूप में परायी संस्कृति का सामना करना पड़ा। पहली बार भारतीयों को संस्कृति तो पिछड़ी प्रतीत नहीं हुई—'आत्म' का पतन दिखाई दिया। पश्चिम की आँखों से अपने 'आत्म' को देखा तो घिनौना ठिठुरता-सा प्रतीत हुआ। इस तरह तमाम उठा-पटक के बाद भारतीय मानव के आत्मबोध का उपनिवेशीकरण हुआ। यह अलग बात है कि भारतीय मानस के 'आत्म' को पूरी तरह 'उपनिवेश' बनाया नहीं जा सका। इसलिए ऐसा नहीं हो सका कि परम्परानिष्ठ पंडित कभी यूरोप से आक्रान्त नहीं हुए। उन्होंने यूरोपीय पद्धतियों और ढाँचों को कभी स्वीकार नहीं किया। बीसवीं शताब्दी की सर्वसत्तावादी विचारधाराएँ भी धर्म की भारतीय अवधारणा और शक्ति (पॉवर) की यूरोपीय अवधारणाओं के बीच कोई संगति नहीं बिठा सकीं। यूरोप द्वारा प्रक्षेपित मनुष्य की आत्मकेन्द्रित छवि का भारतीय परम्परा में कोई स्थान नहीं बन सका। हीगल के इस विश्वास को जर्मन रोमांटिकों ने गम्भीर चुनौती दी कि भारतीय परम्परा गई-गुजरी चीज़ है। पश्चिमी संस्कृति का व्यक्तिवाद, व्यापारोन्मादवाद और स्वार्थवाद भारत को समझ न सका। विवेकानन्द, अरविन्द और गाँधी ने यूरोप के नैतिक संकट को समझकर उसका भाष्य किया। गाँधी का 'हिन्द स्वराज' इसी क्षेत्र की क्लासिक पुस्तक है। यूरोप के हस्तक्षेप ने भारत को उसके सांस्कृतिक क्षेत्रों से विस्थापित किया और इतिहासीकृत भारत को आत्मसंस्कारों से वंचित। भारतीय परम्परा जो जीने का एक ढंग थी, उसमें दरार पड़ गयी। उसकी लय टूट गयी।

प्रश्न उठा कि क्या अपनी परम्परा के बगैर एक हिन्दू, हिन्दू रह सकता है? 'आत्म' का धर्म-संकट परम्परा की दरार में फँस गया। यूरोपीय संस्कारों में दीक्षित हिन्दू बुद्धिजीवी तक इस 'परम्परा' के गहरे भँवर में डूबने-उतराने लगे।

परम्परा और आत्म का संवाद सिर्फ मौन में हो सका। नवजागरण के समस्त आन्दोलन-आत्मचेतना के क्षण, आत्म-चेतस के क्षण बनते गये। भारत यूरोप की उसी नस्ल के पंडित नेहरू थे जिसके राजा राममोहन राय थे। इस पुनर्जागरण में आत्म-चेतना और आत्म-खंडन, दोनों के उत्स मौजूद थे। उजाड़ की वेस्टलैंड अनुभूति और भारत की लुटी-पिटी छवि में एक गहरा साम्य है और उपनिवेश का गर्व भरा चेहरा। फिर इंडो-आर्यन भाषा-परिवार की आड़ लेकर कहा कि भारतीय और यूरोपीय, दोनों बिछुड़े भाई हैं। इस थियरी का भारतीय बौद्धिकों ने खंडन किया समाजशास्त्री जड़ावलाल मेहता ने। औपनिवेशिक यात्रा, यात्रा नहीं तो क्या है जिसके अनुभवों की सच्ची आलोचना गाँधीजी ने की। ध्यान रहे, गाँधी की आधुनिकता, यूरोप की आधुनिकता से भिन्न थी जो हिन्दुत्व को त्यागे बिना भी उसे चमका सकती थी। व्यक्ति-स्वातन्त्र्य की पश्चिमी अवधारणा से टूटकर गाँधी ने धर्म की हिन्दू अवधारणा को तरजीह दी—सनातन धर्म की निर्वैयक्तिक संहिता का कमाल गाँधी ने दिखाया। गाँधी की प्रश्न करती शैली ने 'मैं कौन हूँ' को परिभाषित किया। इस शैली ने यूरोप की चिन्तन पद्धति से 'एन्काउंटर' किया और अपनी जड़ों की तलाश की। भारतीय संस्कृति के मिथकीय स्रोतों की खोज में भारत का वास वापस पाया जा सकता है। 'भारतीय जीवन की निराशाएँ' निबन्ध में भी चिन्तन का विस्तार है। 'संस्कृति के आत्मबिम्ब' जैसे निबन्धों में संस्कृति का आत्म-सजग बोध व्यक्त हुआ है।

'साहित्यिक कृति और सत्य को अवधारणा' निबन्ध में कहा गया है सत्य की अवधारणा हमेशा सन्दिग्ध रही है। विचारधाराओं के मानववादी सत्य खँडहर हो गये हैं। महान कलाकृति का अनुभव अँधेरे से स्मृति के आलोक में लौटने का क्षण है। 'कला की प्रासंगिकता' कलाकृति का सत्य नहीं, उसकी व्याख्या है। निर्मल के इसी चिन्तन की शाखाएँ-प्रशाखाएँ आगे के निबन्धों में मौजूद मिलती हैं।

'भारत और यूरोप : प्रतिश्रुति के क्षेत्र' के निबन्ध, वर्मा की आन्तरिक प्रेरणा का अन्तः इतिहास है। हाइडलबर्ग विश्वविद्यालय के दक्षिण-पूर्वी अध्ययन विभाग ने निर्मल वर्मा को 'अज्ञेय स्मृति व्याख्यान' देने के लिए आमन्त्रित किया था। इस निबन्ध-संग्रह में एक निबन्ध 'लेखक की स्वतन्त्रता और स्वधर्म' अज्ञेय की स्मृति को समर्पित है। यही प्रेरणा 'कला की प्रासंगिकता', 'क्या साहित्य समाज से कट चुका है ?', 'आलोचना के भटकाव' तथा 'भारतीय लेखक का स्वप्न और जिम्मेदारी' की वैचारिकता में अन्तर्व्याप्त है। निर्मल वर्मा ने अपनी आन्तरिक तैयारी का तीर्थराज भारतीय संस्कृति और यूरोपीय सभ्यता के अन्तर्सम्बन्धों को बनाया। इन चिन्तनपरक निबन्धों में उन्होंने इंग्लैंड की औपनिवेशिक सत्ता के माध्यम से भारत पर जो अच्छे-बुरे प्रभाव पड़े उनका एक बहुश्रुत विद्वान की सिद्धपीठ से व्याख्यान-विश्लेषण एवं

मूल्यांकन किया। वे इस चिन्तन-विश्लेषण से इस निष्कर्ष पर पहुँचे कि औपनिवेशिक सत्ता ने भारतीय समाज पर जो प्रभाव डाले उनके परिणाम हम आज तक भुगत रहे हैं। भारत के आधुनिक इतिहास को दिशा-दृष्टि देने में ब्रिटेन और यूरोप ने महत्त्वपूर्ण भूमिका अदा की। आधुनिक काल के बौद्धिक-जनजागरण से राजा राममोहन राय, अरविन्द, विवेकानन्द और गाँधी का आत्ममन्थन सामने आया। जाहिर है कि हमारे आज के मूल्यों, बहसों, विचारों और निर्णयों के केन्द्र में औपनिवेशिक सत्ता के दबाव प्रमुख रहे हैं। यह निबन्ध उसी की जाँच-परख के भीतर से जन्मे हैं।

निर्मल वर्मा ने विचार का चतुर्भुज, समय, प्रकृति, आत्म (सेल्फ) और धर्म, को लेकर निर्मित किया। साथ ही, इन पर विचार करने पर पाया कि इन चारों के प्रति दोनों संस्कृतियों-सभ्यताओं के दृष्टिकोण एक-दूसरे से बिल्कुल भिन्न हैं। यूरोप ही क्यों, समूची योरोपीय 'सभ्यता के लिए प्रकृति' एक वस्तु (ऑब्जेक्ट) है, जिसे मनुष्य अपने उपभोग के लिए भोगना चाहता है। विश्व के केन्द्र में है मानव—बाकी सभी पदार्थ, जीवजन्तु, धरती-आकाश परिधि पर हैं। यूरोप ने समय या काल चेतना का विभाजन भी औपनिवेशिक ढाँचे में किया। नतीजा यह है कि यह समय-चिन्तन भारतीय चिन्तन से एकदम उलट है। यूरोप जीवन-मूल्यों का निर्धारण इसी रैखिक काल बोध से करता है तो उसे भारत का अतीत गौरव और वर्तमान अन्धकारमय दिखाई देता है। यूरोप का विचार है कि भारत का भला इसी में है कि वह शीघ्र ही अपना यूरोपीयकरण कर ले।

मूल बात यह भी है कि भारतीय चिन्तन परम्परा यदि यूरोपीय संस्कृति से इतनी भिन्न रही है तो इस भिन्नता के मूल में मनुष्य के 'आत्म' के प्रति अवधारणा है जिसमें वह एक सर्वव्यापी सत्ता का अंश है जिससे न केवल मनुष्य, बल्कि प्रकृति और अन्य जीव-जन्तुओं का समग्र विश्व अनुप्राणित होता है। मनुष्य का आत्म एक विराट् शक्ति—ब्रह्मांड का पिंड है और उसमें पश्चिमी चिन्तन की आक्रमक अहं भावना का कोई स्थान नहीं है। यह मानव 'दिव्य' का वाहक है और उसका पूरा मिथकीय लोक मनुष्य एवं मनुष्येतर शक्तियों का कथा लोक रहा है। भारतीय धर्म की व्यापक-सघन अवधारणा में 'रिलीजियस' और लौकिक या सेक्युलर जैसा कोई विभाजन नहीं है। गाँधीजी हिन्दू-मुस्लिम एकता की बात 'सेक्युलरिज्म' से नहीं, 'धर्म' की भारतीय अवधारणा के आधार से करते थे। पश्चिमी संस्कृति ने भारतीय समाज को धीरे-धीरे अपने पारम्परिक स्रोतों से विच्छिन्न किया है। हमारा स्वाधीनता आन्दोलन केवल राजनीतिक स्वतन्त्रता प्राप्ति का आन्दोलन नहीं था, वह पश्चिमी सभ्यता के विरोध में एक वैकल्पिक मॉडल प्रस्तुत करता था जिसकी सांस्कृतिक जड़ें भारतीय परम्परा में मौजूद थीं। गाँधीजी ने 'हिन्द स्वराज' (1909) में इसी मॉडल को प्रस्तुत किया

था और उस समय प्रस्तुत किया था जब पश्चिमी सभ्यता अपने उत्कर्ष के शिखर पर थी एक तरह उसे तब चुनौती दी थी।

इस निबन्ध-संग्रह की मूल अन्तर्वस्तु है कि हमने या भारतीय संस्कृति ने यूरोप के सम्पर्क में आने के बाद क्या खोया क्या पाया है; किस तरह हम अपनी परम्परा से विच्छिन्न हुए और हमने किन-किन रूपों में उसे बचाने का प्रयत्न किया। चूँकि ये सारे प्रश्न भारतीय सभ्यता-संस्कृति के सामने यूरोपीय-सभ्यता-संस्कृति के सम्पर्क में आने के बाद हमारे चिन्तन में 'अन्तःप्रवेश' पाते हैं इसलिए ये निबन्ध उन प्रश्नों को, अवधारणाओं को, अस्मिता के संकटों को व्यापक फलक पर परिभाषित करने का प्रयास करते हैं—अद्‌भुत अपूर्व साहस के साथ। हमारी पीढ़ी के लिए मूल्यवान है यह प्रयास जो अन्धकार में प्रकाश का सूर्य बनकर उदित होता है।

चिन्तक, कथाकार निर्मल वर्मा ने वत्सल निधि द्वारा आयोजित डॉ. हीरानन्द स्मारक व्याख्यानमाला में तीन व्याख्यान 1990 में दिये थे। इन व्याख्यानों में इतिहास अर्थात स्मृति-विस्मृति का परिप्रेक्ष्य, मनुष्य के बोध और कलाकृति के सत्य की गम्भीर अर्थ-मीमांसा प्रस्तुत की गयी। वत्सल निधि की न्यासधारी सचिव इला डालमिया ने 'कला, स्मृति और आकांक्षा' शीर्षक से 1991 में इन्हें प्रकाशित करवाया। इन व्याख्यानों से पहले इसमें छापा गया है—'जिन्दगी को जीना उतना सरल नहीं है जितना एक खेत को पार करना' एक रूसी कहावत, जो बोरिस पास्तरनाक की प्रसिद्ध कविता 'हेमलेट' की अन्तिम पंक्ति भी है। फिर एक अफ्रीकी कबीले की दन्तकथा का उद्धरण है 'भविष्य एक दरिया है यह जानने के लिए कि उसका कौन-सा किनारा अतीत है और कौन-सा वर्तमान—हमें इस दरिया को पार करना होगा—एक मगर की मन्थर गति में, जो अपने शिकार को चीरता हुआ आगे बढ़ जाता है। और अन्त में मार्कोपोलो की यात्राएँ और उनका स्मरण है।

प्रथम व्याख्यान। इस एक निबन्ध का ध्वन्यर्थ है इतिहास को चीरती स्मृति। भोगे हुए अनुभव क्षण बीत ज़रूर गये हैं अभी 'इतिहास' नहीं बने हैं। वे स्मृति की करवटें बदल रहे हैं। इतिहास की घटनाओं की क्रमबद्ध शृंखला है, स्मृति उसकी छुअन। प्रायः हम इतिहास और संस्कृतियों को 'जीवन्त' और 'मृत' में बाँट लेते हैं—इस स्थिति में 'सम्पूर्ण सत्य' को जानना असम्भव होता है। ओझल अतीत को अनावृत करना पुरातत्त्व के काव्यशास्त्र का काम है। अज्ञेय जी की तमाम यात्राओं में यही करते रहे। खोए हुए समय की तलाश में लगे रहे। विपरीत दिशा में चलते हुए वे अपने पुरातत्त्वज्ञ पिता से आधे रास्ते में मिल गये जहाँ से साहित्य का पुरातत्त्व शुरू होता है। साहित्य का पुरातत्त्व क्या है? अपने भीतर 'परम्परा का साक्षात्कार,

इतिहास एक घटना के अनेक अर्थ नहीं निकालता—यह काम रचनाकार करता है। हमारे समय में इतिहास की अर्थहीनता के बोध के कारण सभी विचारधाराओं के अन्त की घोषणा हो रही है। इतिहास के खँडहरों में विचारधाराओं के खंडित शव पड़े हैं। वे सब अवधारणाएँ जो प्रगति, विकास और परिवर्तन के स्रोतों से संजीवनी शक्ति खींचती थीं, आज मृत पड़ी हैं। बुद्धिजीवी कुछ भी कहें, तर्क-बोध का युग 'आत्म-छलना का युग' सिद्ध हुआ है। इतिहास अधूरा सिद्ध हुआ है क्योंकि वह मनुष्य पर हुए प्रहारों की तो बात करता है, उन घावों की नहीं करता, जो उसकी आत्मा पर हुए। इसलिए इतिहास का खंडित 'स्मृतिहीन' मनुष्य सामने है। इस मनुष्य ने ज्ञान के 'लालच' में अपनी आत्मा को शैतान के हाथों गिरवी रख दिया है।

दूसरा व्याख्यान इस चिन्ता में डूबा हुआ है कि प्रकृति से विच्छिन्न आधुनिक मनुष्य इतिहास से बाहर है या उसके भीतर। आज का मनुष्य क्या है ? विस्मृत मनुष्य की अनेकानेक सृष्टियों का स्मारक। विस्मृत का अर्थ मृत नहीं है सिर्फ अनुपस्थित है।

महान कलाकृति का सत्य 'महाभारत' हो या 'असाध्यवीणा', इसी स्मृति में लौटने का क्षण है। कलाकृति स्मृति का इतिहास का निषेध नहीं है उसका अर्थवान 'टेक्स्ट' या पाठ है। कला का लक्ष्य है भटकते हुए मनुष्य की घर वापिसी। टॉलस्टॉय कहते हैं इतिहास बहरा होता है और उससे पूछा कुछ जाता है उत्तर कुछ देता है। इतिहास की लीलाभूमि में कृष्ण से प्रेम साहित्य है अद्वैत की तलाश। कलाकृति का आख्यान क्या है ? उन अर्थों को दुबारा स्मृति के आलोक में लाना।

तीसरा व्याख्यान कथा या कला का सत्य और उसकी आकांक्षा है। कला का सत्य हमेशा 'सन्दिग्ध' रहता है—उसे 'प्रगति' या 'विकास' की अवधारणा से नापना असम्भव होता हैं। उन्नीसवीं-बीसवीं शती की जिन विचारधाराओं ने 'मानववाद' के सत्यों के नाम पर मनुष्य की बात की थी उनके आज सिर्फ खँडहर दिखाई देते हैं। रचना का सत्य रचना के भीतर होता है, बाहर तो सिर्फ आलोचना या विश्लेषण होता है। इस तरह निर्मल वर्मा ने उत्तर औपनिवेशिक विचारक की पूरी ताकत से निबन्धों में उत्तर संरचनावादी काव्यशास्त्र की महत्त्व प्रतिष्ठा की है।

'शताब्दी के ढलते वर्षों में' (1995) 'निर्मल वर्मा का चिन्तन' लिखने की जिन्दगी के पड़ाव' पहचानने की फिराक में निकला हुआ है। यह पड़ाव आया यूरोप प्रवास के दिनों में जाने पर नये खजाने बटोर कर लाए निर्मल वर्मा। नयी विधाओं में यहाँ यात्रा संस्मरण और कहानी की रसायन-प्रक्रिया का रंग है चिन्तक निर्मल का यूरोप से प्रश्नाकुल साक्षात्कार और आत्ममन्थन। जिस आत्ममन्थन की शुरुआत हुई स्वयं अपने बारे में उतनी ही, जितनी सांस्कृतिक अस्मिता के बारे में—'यह वह मिट्टी थी, जिसमें पहली बार मेरे निबन्धों ने रूपाकार ग्रहण किया था।'

(प्राक्कथन, पृ.7)

निर्मल वर्मा ने अपने गरेबाँ में झाँककर कहा है—'आत्म-मन्थन की यह पीड़ित किन्तु अपरिहार्य प्रक्रिया शायद तब तक शुरू नहीं होती जब तक 'अन्य' के सम्पर्क में नहीं आते। यूरोप और पश्चिमी संस्कृति मेरे लेखन के आरम्भिक वर्षों में कभी उस अर्थ में 'अन्य' नहीं था जैसे वह बाद के वर्षों में यूरोप प्रवास के दौरान प्रतीत हुई। एक औपनिवेशिक नागरिक होने के नाते अन्य शिक्षित भारतीयों की तरह मैंने उसे सहज रूप से स्वीकार कर लिया था। एक गुलाम आत्म की 'असहजता' दो सौ वर्षों की 'असहज' स्थिति का परिणाम हो सकती है, यह मैंने यूरोप की 'यात्रा' से गुजर कर ही पहचाना था। कभी-कभी अपने आत्म का साक्षात् अन्य का स्पर्श पाकर ही होता है और तब यह 'अन्य' जैसा नहीं रहता।' (प्राक्कथन, पृ. 7) प्रश्न उठता है, हम उसके साथ सहज क्यों नहीं रह पाते जैसे पहले थे? निर्मल वर्मा का उत्तर है—हम अपना भोला कुँवारापन खो देते हैं। हम 'अन्य' से एक नया रिश्ता कायम करते हैं जिसमें आत्म-निर्वासन की जगह आत्म-बोध रहता है। निर्मल अपनी बात की पुष्टि के लिए प्रसिद्ध भारतीय दार्शनिक जड़ावलाल मेहता के कथन को सामने लाते हैं—'यह एक ऐसी यात्रा है जो अजनबी और विदेशी भूमि से होती हुई हमें अपने आत्म-बोध (Selfhood) तक लाती है।' यह सच है कि इस प्रश्न पर निर्मल वर्मा 'भारत और यूरोप' पुस्तक में खूब गहराई से विचार कर चुके हैं और उन्हीं विचारों को इस निबन्ध-संग्रह के निबन्धों में ध्वनित-प्रतिध्वनित होता पाया जा सकता है। यहाँ समाज, संस्कृति और धर्म सम्बन्धित निबन्धों को एक कोटि में रखा गया है। दूसरी कोटि में शुद्ध साहित्यिक प्रश्नों पर विचार करने वाले निबन्ध हैं और तीसरी कोटि में विशिष्ट रचनाकारों के रचना-कर्म पर विचार -विमर्श हैं।

'कला-साहित्य सृजन कर्म' के अन्तर्गत रखे गये निबन्ध हैं 'कला की प्रासंगिकता', 'साहित्यिक कृति और सत्य की अवधारणा', 'क्या साहित्य समाज से कट चुका है', 'कलाकृति और आलोचना की मर्यादा', 'उपन्यास की मृत्यु और उसका पुनर्जन्म', 'कहानी : एक शुद्ध विधा', 'संस्कृति, समय और भारतीय उपन्यास', 'साहित्य और लेखक की आस्था', 'सृजन में सौन्दर्य और नैतिकता' तथा 'साहित्य में प्रासंगिकता का प्रश्न'।

'समाज संस्कृति आधुनिक युग-बोध' के अन्तर्गत जो निबन्ध हैं उनके नाम हैं—'भारतीय संस्कृति और राष्ट्र', 'मानववाद : कुछ आत्म छलनाएँ', 'अतीत : एक आत्ममन्थन', 'शताब्दी के ढलते वर्षों में', 'धर्म-धर्मतन्त्र और राजनीति', 'क्यों भारतीय संस्कृति को बचाना ज़रूरी है?', 'संवाद की मर्यादाएँ' तथा 'कला, मिथक और यथार्थ' तथा 'भारतीय लेखक का स्वप्न और जिम्मेदारी'।

'रचनाकार' के अन्तर्गत मौजूद है 'प्रेमचन्द की उपस्थिति', 'अज्ञेय : आधुनिक बोध की पीड़ा', 'मुक्तिबोध की गद्य कथा', 'रेणु : समग्र मानवीय दृष्टि', 'नोबोकोब : साहित्य-शिक्षक के रूप में', 'मैं कहीं भटक गया हूँ', 'लन्दन में बोर्खेश', 'आधे रास्ते पर मलयज', 'स्वतन्त्रता और स्वधर्म : अज्ञेय की स्मृति में', 'लैक्सनेस से साक्षात्कार' तथा 'चेखव के पत्र'।

कहना होगा कि यहाँ लगभग सभी वे निबन्ध हैं जो उनके पुराने निबन्ध-संग्रहों में मौजूद हैं—अगर कुछ नया है तो 'प्राक्कथन' नया है जिसमें निबन्ध-विधा को लेकर कहा गया है—'अन्य विधाओं की तुलना में निबन्ध का मिज़ाज कुछ ज्यादा ही मनमौजी है। वह 'अपनी' गहराई में कुछ उथला भी हो तो भी उसकी क्षतिपूर्ति अपने पाट की चौड़ाई से पूरा कर लेता है, एक विषय से शुरू होकर अपनी रवानी में अनेक कगारों को छूता हुआ बढ़ता है। एक खूँटे से बँधा रहना उसे नहीं सुहाता, निर्बन्ध रहकर बहने में ही अपना अर्थ पाता है। अकारण नहीं है कि भारतेन्दु-युग के निबन्धकारों में भांग और पश्चिम में डिक्वेन्सी और कॉलरिज जैसों को लिए अफीम उस विपुल अलमस्ती और उन्मुक्तता का रूप बन गये, जो निबन्धों के इर्द-गिर्द नशे- सी छायी रहती है। निबन्ध का यह खुलापन ही है जो 'अभिजात' होने से बचाता है और उसे साहित्य की सबसे लोकतान्त्रिक विधा बनाता है।' निष्कर्ष यह कि निबन्ध साहित्य की लोकतन्त्रात्मक विधा है और लोकतन्त्रात्मक चिन्तन का मानदंड भी।

निबन्ध विधा ने बीसवीं शताब्दी के चिन्तकों को एक खुला क्षेत्र प्रदान किया है। निबन्ध में तर्क और विवेचन के बौद्धिक रुझानों का वर्चस्व रहता है। निबन्धों में निर्मल वर्मा का एक प्रधान संकल्प मौजूद है कि वे उत्तर औपनिवेशिक चिन्तन (प्राच्यवाद) के माध्यम से पश्चिमवाद के वर्चस्ववाद से भारतीय मानस को मुक्त करना चाहते हैं। औपनिवेशिक इतिहास से मुक्त हुए बगैर भारतीय चिन्तन का स्वदेश स्वधर्म और स्वाधीन चिन्तन पनप नहीं सकता। इतिहास की पश्चिम परस्त मानसिकता उपनिवेशित पूर्व का गहरा संकट है। साम्राज्यवादी पश्चिम का विजयी सत्ता वर्चस्व 'अनैतिहासिक' है जो हर क्षेत्र में पश्चिम को श्रेष्ठ मानता है और प्राच्य को, एशिया को और भारत को पिछड़ा और हीन। इतिहास की विजयी मानसिकता में मध्यकालीनता है। इस पश्चिमी वर्चस्ववादी मानसिकता को गाँधी 'हिन्द स्वराज' में चुनौती देते हैं। कहना न होगा कि निर्मल वर्मा का केन्द्रीय-चिन्तन गाँधी के चिन्तन को आगे बढ़ाता है और उससे भी बढ़कर भारतीयता की लोहियावादी, जयप्रकाशवादी देशप्रेम से भरी व्याख्या करता है। इस तरह उत्तर-आधुनिक चिन्तन के तमाम बीज निर्मल गाँधी के चिन्तन में पाते हैं। पश्चिमवाद का महाआख्यानवाद, महायन्त्र प्रवर्तनवाद, विज्ञानवाद और आडम्बर गाँधी की निगाह में झूठा है। इससे बचने की सलाह

गाँधी देते थे। इस सलाह को लोहिया मानते हैं और हिन्दी निबन्धों के क्षेत्र में विजयदेव नारायण साही, रमेशचन्द्र शाह, नन्द किशोर आचार्य तथा निर्मल वर्मा आदि। इसलिए वे पश्चिम के सामने 'समर्पण' नहीं करते। अपने ढंग से टकराते हैं और कहते हैं कि भारतीय सर्जनात्मकता को लगभग सभी क्षेत्रों में पश्चिम ने अपने हस्तक्षेप से बंजरता प्रदान की है।

बीसवीं शताब्दी के निबन्धों ने 'साहित्य चिन्तन के ऐसे पक्षों को छुआ है जो एक तरफ अकादमिक आलोचना से कहीं अधिक व्यापक हैं, दूसरी तरफ जिसका दर्शन और तत्त्वचिन्तन उन चिन्ताओं से सराबोर है, जो सीधे-सीधे हम से सम्बन्ध रखती हैं। यही कारण है कि समय के कुछ अत्यन्त महत्त्वपूर्ण चिन्तकों ने आलोचना और दर्शन के बीच ऐसे निबन्धों को लिखने की शुरूआत की जिन्होंने दोनों की सीमाओं को छूते हुए अपनी विशिष्ट चिन्तन शैली की ऐसी अप्रत्याशित सम्भावनाओं को उजागर किया, जिसके एक छोर पर जर्नलिज्म की तात्कालिक वस्तुपरकता और दूसरे छोर पर विचारधाराओं के आतंक को भेदकर अपने समय की सच्चाई को रेखांकित करने का प्रयास था।' (प्राक्कथन, 'शताब्दी के ढलते वर्षों में', पृ. 9)

निर्मल वर्मा ने स्वयं अपने निबन्धों में पश्चिमी विचारधाराओं के आतंक से मुक्त होने का साहस दिखाया। फलतः उनके लिए निबन्ध विधा एक तरह से गद्य की बाहरी-त्वचा बन गयी जो एक ओर जहाँ बाहर के प्रहारों को झेलकर 'लिखे शब्द' की गरिमा को बचाती थी, वहाँ चोट खाने की पीड़ा का 'आँखों देखा बयान' भी देती थी। जार्ज आर्वेल के अनेक निबन्ध, विशेषकर उनका लेख 'राजनीति और अँग्रेज़ी भाषा' अल्वैर काम्यू की स्वतन्त्र और साहसपूर्ण चेतना को वाणी देते हुए वे निबन्ध जो शीत युद्ध के कुहासे को चीरते हुए एक साहित्यकार की गवाही पेश करते थे—ये वाल्टर बेन्जामिन के निबन्ध जो अपने समकालीन गद्यकारों और दार्शनिकों की अपेक्षा कहीं अधिक गहराई और सघनता के साथ अपने समय का संकट अभिव्यक्त करते थे—कुछ ऐसे उदाहरण हैं, जिन्होंने निबन्ध को ऐसा गौरव प्रदान किया जो उससे पहले कभी प्राप्त नहीं था।' (वही, प्राक्कथन)

आज पाठक के लिए प्रसन्नता का विषय यह है कि निर्मल वर्मा ने निबन्ध की विधा को कथा साहित्य या गद्य की अन्य काल्पनिक विधाओं से ज्यादा महत्त्व दिया। इसीलिए उनका ध्यान निबन्ध परम्परा पर गया और कहा कि ऐसे साहित्यकारों ने भी, जिनके लिए निबन्ध कभी आत्माभिव्यक्ति का प्रमुख माध्यम नहीं रहा जब कभी इस विधा को अपनाया, वहाँ हमें उन्हें नितान्त नये 'वेश' में पाने का आनन्द और आश्चर्य मिलता है। रवीन्द्रनाथ और महादेवी वर्मा, हजारीप्रसाद द्विवेदी और अज्ञेय, शमशेर और साही, मलयज और रमेशचन्द्र शाह के निबन्धों की छटा, उसका स्वर

और स्वाद उनकी कविताओं और उपन्यासों से कितना भिन्न है। 'लगता है, हम एक ही लेखक की दुनिया के एक कोटर से दूसरे कोटर में, एक मौसम से दूसरे मौसम में आ गये हैं' इस तरह भारतीय निबन्धकारों के साथ पश्चिम के निबन्धकारों पर ध्यान गया तो लिखा 'वर्जीनिया वुल्फ के निबन्धों को पढ़ें तो उनका आलोचनात्मक विवेक, नीर-क्षीर शैली, हँसी और कटाक्ष की टकटकी मुद्रा में निशान पर तीर लगाने की अद्‌भुत क्षमता आश्चर्य में डाल देती है। लारेंस और हक्सले ने अगर अपने निबन्धों के अलावा कुछ भी न लिखा होता तो भी क्या वे अपने प्रखर तेजस्वी और सर्वथा रेडिकल विचारों के कारण याद न किये जाते? रात को संगीत सुनते कैसा अनुभव होता है? (हक्सले-म्यूजिक एट नाइट) लन्दन की सड़को पर चलते हुए कैसा लगता है? (वर्जीनिया वुल्फ) अन्धेपन में रोशनी का परिवर्तन कैसे पता चलता है? (बोर्खेस) ट्रेन की यात्रा में शरत बाबू के उपन्यास कैसे याद आते हैं (मेरा शायद अगला निबन्ध) इस तरह के अनर्गल, अटपटे, अप्रत्याशित और दार्शनिक मसलों का बोझ उठाने की क्षमता निबन्ध के अलावा और किस विधा में हो सकती है? कविता और उपन्यास की तरह निबन्ध भले ही हमें अतल गहराइयों में न ले जाएँ लेकिन पानी में एक छपाक सी डुबकी लगाकर जो मोती बाहर लाते हैं, वे क्या कम उज्ज्वल, आत्मीय और मूल्यवान होते हैं?' (वही, प्राक्कथन)

निर्मल वर्मा के विचारों के सच्चे मोती लेकर उनका निबन्ध-संग्रह 'दूसरों शब्दों में' 1997 में आया। इसमें लेखों के साथ वक्तव्य और टिप्पणियों को भी जगह मिली है। ज्यादातर इस लेखन पर समय, समाज, राजनीति, संस्कृति, धर्म, दर्शन, परम्परा, भाषा आदि के चिन्तन का दबाव है। प्रश्नाकुल चिन्तन मन ने अपनी मान्यताओं-अवधारणाओं पर पुनर्विचार करने के साथ उन्हें पुनः परिभाषित करने का प्रयास किया है। यहाँ चिन्ताओं के केन्द्र में नयी परिस्थितियों के सुलगते सन्दर्भ हैं और उन सन्दर्भों पर विचार-पुनर्विचार करना चिन्तन की लाचारी नहीं तो क्या है! वैसे निर्मल वर्मा का स्थितिप्रज्ञ चिन्तक समय के कृष्ण से मौन-माधुर्यभाव में गीता सुनता है, गुनता और आज के समय की चिन्ताओं को बदलते हुए परिप्रेक्ष्य में नये सिरे से सामना करता है। इसलिए इन निबन्धों में 'जहाँ पके हुए विश्वास थे—वहाँ अब संशय के काँटे दिखाई देने लगते हैं।' ज़रूरी था कि समय के भीतर उठने वाले पीड़ित सन्देहों से दो-दो हाथ किये जाएँ। झुलसा देने वाली आस्था की प्यास का यही भाव संसार अज्ञेय और साही के निबन्धों में जागा था और हम उस 'जागने और जगाने के संसार से परिचित भी रहे हैं। यहाँ इन निबन्धों में आस्था और सन्देह की मुठभेड़ बढ़ी है और उसके लहूलुहान नतीजे साहित्य के लिए बड़े काम के साबित हुए हैं। अपनी यात्रा की जानी-पहचानी पगडंडी पर आत्मविश्वास से चलते हुए यह

सत्य तो पाया ही कि 'जहाँ पहले अपने को पाने का स्वप्न था, वहाँ आज सब कुछ खो जाने की पीड़ा है।' ('दूसरे शब्दों में', प्राक्कथन) यह पीड़ा इसलिए भीषण और असह्य है कि 'पश्चिम हमारी जातीय स्मृति मिटाने का षड्यन्त्रकारी चक्रव्यूह रचता रहा है। नतीजा यह हुआ है कि 'इतिहास की धूल से पाँच हजार वर्ष पुरानी यात्रा के पद-चिह्न जहाँ-जहाँ खो गये थे, मिट गये थे, आँखों से ओझल हो गये थे, विवेकानन्द, गाँधी, श्रीअरविन्द आदि मनीषियों ने बीच के समस्त झाड़-झंखाड़ हटाकर उसे दुबारा से एक पवित्र और प्रशस्त मार्ग में परिणत किया था। यह हमारी सभ्यता का वह खोया हुआ रास्ता था, जिसने पहली बार पूर्ण आत्मविश्वास के साथ पश्चिम की आधुनिक सभ्यता के सम्मुख एक नितान्त अनूठा, मानवदर्शी (मानव केन्द्रित) विकल्प उपस्थित किया था। इस रास्ते पर चलकर हमने अपनी भूली हुई पहचान, अपने चेहरे, अपने निज को पहचाना था।' (वही) अद्‌भुत बात यह है कि निर्मल वर्मा के चिन्तन में वे सभी सरोकार गूँजते मिलते हैं जिनका सामना कभी एडवर्ड सईद ने 'प्राच्यवाद' तथा 'संस्कृति और साम्राज्यवाद' जैसी कृतियों में किया था।

यहाँ आत्मा-चेतस प्रज्ञा की स्थिति इतनी मुखर है कि वह आत्म-साक्षात्कार और आत्मालोचन में प्रवृत्त होकर कहती है कि स्वतन्त्रता पाने के पचास वर्ष पूर्व जिस सांस्कृतिक जागरण की शुरुआत हुई थी, क्या आज पचास वर्ष बाद उस नवोन्मेष की कोई छाप अपने में देख पाते हैं? हमारे पूर्वजों ने 'आत्मबोध' का जो अनमोल रत्न हमारे हाथ में सौंपा क्या हमने उसे कंकर समझकर दुबारा तो मिट्टी में नहीं मिला दिया? हमने अपने को कैसा बना दिया? क्या यह वह 'छवि' है जिसे हमने बीसवीं शती के आरम्भ में पुनः स्मृत किया था और अब उसकी ढलती घड़ियों में भुला दिया है? उस सभ्यता का क्या होता है जो जीवित रहते हुए भी आत्म-विस्मृत हो जाती है?' (वही) हमारी आत्म-विस्मृति ने ही हमें उसे 'लय' से विच्छिन्न कर दिया है जो कभी हमारे भीतर प्रवाहित थी और जिसमें हमारे आत्म-चैतन्य का प्रकाश था, जो हमें बौद्धिक मुक्तावस्था के क्षणों में जीवन के नये अर्थ सुझाती थी। हमारे सभी प्रश्न आज अपनी यातना से घायल क्यों है। उनमें तर्क का आलोक भाषा-परम्परा-धर्म-संस्कृति जैसी अवधारणाओं से न फूटता हो ऐसी बात नहीं है। ये वे अवधारणाएँ हैं जो सिर्फ बौद्धिक विलास का खोल न रहकर एक सभ्यता के जिन्दा रहने की शर्त, मूल प्रतिज्ञा बन जाती हैं। हम दुबारा उन प्रत्ययों की खोजबीन करते हैं जो एक समय में हमारी जातीय अस्मिता के चिह्न, संस्कृति के प्रतीक और सभ्यता के स्मृति संकेत थे।' निर्मल वर्मा के ये निबन्ध हमें पुनः उन प्रत्ययों और प्रश्नों की ओर लौटने के लिए प्रेरित करते हैं जो हमारी सभ्यता, संस्कृति, धर्मचिन्तन, परम्पराबोध, भाषा और अस्मिता के केन्द्रीय भाव चिन्तन के मूल में रहे हैं तथा जिनसे कटकर

हम भटकने की स्थिति में आ गये हैं। इसलिए निर्मल वर्मा का 'अरमान' रहा है कि इन निबन्धों में 'रास्ता खोजने की शुरुआत ठीक उस जगह से होनी चाहिए, जहाँ हम अपनी राह से भटक गये थे।' इस तरह इन निबन्धों में वही प्रेरणा अन्तर्व्याप्त है जो कभी मैथिलीशरण गुप्त की 'भारत-भारती' में व्याप्त थी। ध्यान रखना होगा कि प्रेरणा उस जैसी होने पर भी चिन्तन का आयाम बदला हुआ है जिसे निर्मल वर्मा का उत्तर औपनिवेशिक मानस बुद्धि की छलनी से छान-छान कर हमें देता है।

'दूसरे शब्दों में' के निबन्ध तीन वामन डगों से पूरी दुनिया को नाप लेना चाहते हैं। 'सृजन का परिवेश' में 'मनुष्यत्व से साक्षात्कार', 'सृजन का परिवेश', 'भाषा और राष्ट्रीय अस्मिता', 'परम्परा-बोध में द्वन्द्व', 'इतिहास और आकाश के बीच', 'कलाकृति, समाज और आलोचना', 'लेखक की स्वतन्त्रता : आज के सन्दर्भ में' तथा 'निरंकुशता और दासता के बीच साहित्य' जैसे निबन्ध हैं। 'अस्मिता की खोज' के अन्तर्गत 'परम्परा का भारतीय सन्दर्भ', 'बीच की एक राह', 'अस्मिता की खोज' तथा 'समाजवाद का स्वप्न और दुःस्वप्न' जैसे नये सोच के निबन्ध हैं। 'कुछ टिप्पणियाँ' के भीतर 'मानसिक गुलामी के शब्दकोश', 'हमारी चुनी हुई चुप्पियाँ' तथा 'तिब्बत : संसार का अन्तिम उपनिवेश' जैसा चिन्तन है। निर्मल वर्मा में तिब्बत को लेकर एक पीड़ादायक बेचैनी बराबर रही है। कैसे भारत ने कुछ समय के लिए झूठी आत्मीयता दिखाने के बाद तिब्बत का साथ नहीं दिया। नेहरूजी ने दलाईलामा और पाँच हजार तिब्बतियों के लिए हृदय खोला था लेकिन बाद में नेहरूजी ने उनके साथ दगा किया। तत्कालीन भारत सरकार ने तिब्बत का साथ नहीं दिया। तिब्बत की भाषा-संस्कृति को चीन ने कैसे योजनाबद्ध तरीके से नष्ट किया और उन्हें 'पिछड़े' कहकर विकास के भ्रामक सपने दिखाये। वहाँ तमाम चीनियों को बसाकर स्वतन्त्र देश तिब्बत को चीन में ले लिया। तिब्बत की इस भयानक त्रासदी पर भारत की चुप्पी निर्मल वर्मा के चिन्तक को बर्दाश्त नहीं है। बौद्ध चिन्तन का प्राचीन केन्द्र तिब्बत भारत की सत्यानाशी चुप्पी से तबाह हुआ।

'साक्षात्कार' के अन्तर्गत 'कथा-देश में', 'मैं अपने लेखन को किसी का पर्याय नहीं', 'निर्वासित की वापसी', 'लेखक की सुविधा और स्वतन्त्रता का सम्बन्ध', 'लेखक किसी विचारधारा का गुलाम नहीं', 'कला सौन्दर्य सत्य को कई जगह', 'मोहभंग अपने से होता है', 'समाज का आत्मबोध' तथा 'धर्म और धर्मनिरपेक्षता' पर विचार है। भारतीय अस्मिता और उसके भीतर उसकी अस्मिताएँ एक-दूसरे से टकराती हुई भी कायम रही हैं। इस अस्मिता में साहित्य की सत्ता कहाँ है ? और वह

छाया जिसकी 'सत्ता' साहित्य में मूर्तिमान होती है—क्या है? क्योंकि मनुष्य इतिहास में जीता ज़रूर है लेकिन इतिहास उसका 'घर' नहीं है। इतिहास में तो वह एक निर्वासित व्यक्ति की तरह जीता है। इसलिए मनुष्य का असली 'घर' साहित्य है जहाँ वह अपने मनुष्यत्व से साक्षात्कार करता है। फिर मनुष्य का मनुष्यत्व यथास्थिति में नहीं है, उसके अतिक्रमण में है। मनुष्य चाहे जीने के लिए सत्ता के सामने घुटने टेकता रहे लेकिन साहित्य हमेशा सत्ताओं की वैधता पर प्रश्न चिह्न लगाता है। साहित्य न राज-सत्ता के बदलाव से डरता है, न धार्मिक संस्थानों का आतंक मानता है। वे सभ्य समाज भी थे जो टॉलस्टॉय को पढ़ते थे और टॉमस मान की पुस्तकों को निषिद्ध मानते थे। लेकिन साहित्य ने यह निषेधवाद स्वीकार नहीं किया। साहित्य वह लीलास्थल है जहाँ इतिहास की छाया और मनुष्य के सत्य की द्वन्द्व-क्रीड़ा सक्रिय रहती है।

"क्या आज यूरोपीय मानसिकता बाइबिल की धार्मिक-आध्यात्मिक परम्परा के प्रभाव से बच सकती है? क्योंकि उसी ने ग्रीक-महाकाव्यों को एक विशेष मानसिकता में ढाला। रामायण-महाभारत के बिना क्या भारतीय संस्कृति पर कोई बात हो सकती है? मूल बात यह है कि 'किसी जाति की एपिक गाथाएँ और महाकाव्य अपनी प्रभाव शक्ति में उसके 'धर्म ग्रन्थों' से कम महत्त्वपूर्ण नहीं होते।" (दूसरे-शब्दों में, पृ.16) भारत के रामायण-महाभारत 'ओल्ड टेस्टामेंट', 'कुरान' की तरह निरी धर्म पुस्तकें नहीं है। इन्हें इलियड ओडसी की तरह 'सेक्युलर' साहित्यिक कृतियाँ कहना भी गलत है क्योंकि वे जीवन-लय की समग्रता में प्रवाहित हैं। उनमें कोई विभाजन नहीं किया जा सकता। भारतीय संस्कृति की ये महान कृतियाँ अखंड अनुभव का साक्ष्य रही हैं। आधुनिक समय में हमने ईश्वर को देश निकाला दे दिया है। आज ईश्वर वह भिखारी है जो 'हर घर का दरवाजा खटखटाता है'। शब्द के भीतर ईश्वर की खटखटाहट सत्ताएँ नहीं सुनतीं, लेकिन साहित्य सुनता है। आज के युग (सेक्युलर युग) में मनुष्य को बदलने वाली सभी क्रान्तियाँ और विचारधाराएँ ध्वस्त हो गयी हैं। इतिहास की इस धूल में लौकिक और अलौकिक के रिश्तों को नये सिरे से खोजने की ज़रूरत है। 'सृजन का परिवेश' अनुभव से ज्यादा स्मृति का संकेत है। भारतीय संस्कृति में क्लासिकल और लोक को जोड़ने का कार्य इन्हीं स्मृति के सतत सन्दर्भों ने किया है। इन सन्दर्भों में भाषा और राष्ट्रीय-अस्मिता की बड़ी भूमिका होती है क्योंकि भाषा ही ऐतिहासिक झंझावातों के सत्य और 'सातत्य को याद या सुरक्षित रखती है।' इस अर्थ में भाषा मिथक, स्मृति और इतिहास—तीनों की सामूहिक अस्मिता को एकसूत्रित करने का कार्य करती है। 'परम्परा-बोध में द्वन्द्व' का अर्थ है परिवर्तन और प्रगति। भाषा हमें 'अन्य' से जोड़ती है, समाज से जोड़ती है इसलिए परम्पराएँ भाषा में जीवित या अर्द्धजीवित रहती हैं।

इन निबन्धों में निर्मल वर्मा ने हाइडेगर, कुमारस्वामी, गाँधी, अरविन्द के साथ एडवर्ड सईद तथ वर्जीनिया वुल्फ को बार-बार याद किया है। यूरोपियन साहित्य से गहरा लगाव, बांग्ला तथा हिन्दी-साहित्य में गहरी दिलचस्पी के संकेत हैं। हंगरी और चेकोस्लोवाकिया की घटनाएँ, स्वयं भारतीय समाजवादी आन्दोलन से निराशा और जयप्रकाश नारायण में आस्था का जागना 'समाजवाद का स्वप्न और दु:स्वप्न' इस दृष्टि से निर्मल वर्मा की मानसिकता को समझने का ऐतिहासिक दस्तावेज है। इस पुस्तक का कीमती अंश है 'साक्षात्कार'। कन्हैयालाल नन्दन, अशोक वाजपेयी और रामेश्वर मिश्र पंकज द्वारा लिए 'साक्षात्कार' बहुत सर्जनात्मक हैं और वे निर्मल के सृजन चिन्तन को 'भीतर' से समझने में मदद करते हैं।

निर्मल वर्मा के निबन्धों का दमकता निबन्ध-संग्रह है—'आदि, अन्त और आरम्भ' (2001)। इसके बाद दो निबन्ध-संग्रह और आये हैं—'सर्जना पथ के सहयात्री' (2006) तथा 'साहित्य का आत्म-सत्य' (2006)। इन दोनों संग्रहों में ज्यादातर पुराने निबन्ध हैं, थोड़े से निबन्ध ही नये हैं। ये थोड़े से निबन्ध हैं बड़े ताकतवर—चिन्तन की आग में लपट उठाते निबन्ध।

'आदि, अन्त और आरम्भ' के सभी निबन्धों में 'मनुष्य के आत्म-उन्मीलन' पर गहन चिन्तन है। आधुनिक जीवन की है भी यह अत्यन्त समस्या। भारतीयों ने न जाने कब से कितना त्रास झेला है इसलिए आत्म-उन्मीलन की यातना अब अभ्यास में बदल गयी है। आज तो हम सभी भारतीय आत्मशून्यता के अन्धकार की ओर धकेले जा रहे हैं। क्यों धकेले जा रहे हैं, कौन धकेल रहा है—इस तरह के जलते प्रश्नों में निर्मल वर्मा ने आत्म-सजग 'हस्तक्षेप' इन निबन्धों में किया है और अपने मूल-स्वर में ये सभी निबन्ध आत्म-उन्मूलन की पीड़ा-यातना-अन्धकार की व्यंजना करते हैं। ये व्यंजनाएँ सामाजिक-सांस्कृतिक चिन्ताओं का दस्तावेज बनकर यहाँ निबन्धों में अन्तर्व्याप्त हैं। इस संग्रह के 'प्राक्कथन' में शुरू ही निर्मल इस तरह से होते हैं—'अकसर कहा जाता है कि बीसवीं शती में जितनी बड़ी संख्या में लोगों का अपना देश, अपना घर-बार छोड़कर दूसरे देशों में शरण लेने जाना पड़ा, शायद किसी और शती में नहीं। राजनीतिक दमन, तानाशाही, आंतक, आर्थिक विपन्नता—कारण कुछ भी रहा हो, पिछले सौ वर्षों के दौरान अधिकांश लोगों को पराये आकाश के नीचे एक दूसरी जिन्दगी को चुनने के लिए बाध्य होना पड़ा। यह एक ऐसी ऐतिहासिक दुर्घटना थी जिसने लाखों की जिन्दगी को तहस-नहस कर दिया।' (प्राक्कथन)

इस त्रासदी का सन्दर्भ भयानक है—'किन्तु इससे बड़ी त्रासदी शायद यह है कि मनुष्य अपना घर छोड़े बिना निर्वासित हो जाता है। अपने घर में एक शरणार्थी की तरह रहने के लिए अभिशप्त हो जाता है।' इसी विचार को चीरकर स्मृति में फ्रांस की 'सबसे अधिक अन्तर्दृष्टि सम्पन्न चिन्तन सिमोनवेल' जागती हैं जिनका मानना

है कि आधुनिक जीवन की सबसे भयानक, असहनीय और अक्षम्य देन है—'आत्म-उन्मूलन का बोध। 'यह एक ऐसा वेस्टलैंड, आन्तरिक मरुस्थल है जहाँ मनुष्य के समस्त संरक्षण स्थल—ईश्वर, परम्परा, अतीत, प्रकृति जो एक समय उसके आत्म को गठित और रूपायित करते थे, उससे छूटते जाते हैं। वह स्वयं अपने आत्म से निर्वासित हो जाता है जो आत्म-उन्मूलन की चरमावस्था है।'

दरअसल, एक भारतीय का त्रास कम खौलाने वाला नहीं है। इस खौल में आत्म-उन्मूलन की चरमावस्था का हाथ भी कम नहीं है। लेकिन करें क्या, कोई भी 'असाधारण' स्थिति हम भारतीय झेलने के आदी हो गये हैं, इसलिए आत्म-उन्मूलन त्रास कम अभ्यास अधिक हो गया है। हमारी जड़ों से चिपका आत्म-शून्यता का कीड़ा हमारी सभी दुर्दशाओं के मूल में व्याप्त है। इस निबन्ध-संग्रह के सभी निबन्धों की केन्द्रीय अन्तर्वस्तु है आत्म-शून्यता के अन्धकार में गर्क भारतीय मनुष्य। इसी 'अन्धकार' ने अन्य रोग पैदा किये हैं। धर्मपिरपेक्षता, भूमंडलीकारण, 'आधुनिक' बुद्धिजीवी की आध्यात्मिक कुंठाएँ एक-दूसरे से भिन्न होते हुए भी इस अवरुद्ध मानसिकता की देन हैं जो हर कदम पर हमें अपनी अस्मिता के प्रति सशंकित करते हैं, अपने होने में 'न होने' का अहसास कराते हैं। उत्तर औपनिवेशिक अवशेषों से अवगत कराते हैं।'

इस पुस्तक के निबन्धों का दूसरा खंड भारती की कहानियों और बेगड़जी की नर्मदा-यात्राओं की प्रतिक्रियाएँ हैं। 'नर्मदा' की स्मृति में हजार-हजार धाराओं वाली भारतीय संस्कृति का स्मृति जल प्रवाहित है और यह भाव स्नान निर्मल वर्मा को भीतर तक पावनता से भर देता है। पुस्तक का अन्तिम खंड व्यतीत इतिहास का दर्द भरा अनुभव लिये है। '1968 में चेकोस्लोवाकिया पर सोवियत सेनाओं का आक्रमण और 1975 में भारत में आपातकाल की घोषणा, दो अलग काल बिन्दुओं से देखने का प्रयास है; एक, जो उसका जीवन्त स्पन्दित वर्तमान था, दूसरे, अब जब वे सिर्फ अतीत की स्मृति मात्र बनकर रह गये हैं।' निर्मल वर्मा ने इतिहास के इस हास्यास्पद अपराध-बोध को उजागर करने में कोई कसर नहीं छोड़ी है। उन्हें याद आता है मार्क्स का वह कथन, जिसमें मार्क्स ने कम्युनिज्म को 'इतिहास एक प्रेत' कहा था। तब कौन सोचता था कि दिन स्वयं कम्युनिज्म के लिए 'इतिहास, एक प्रेत' बन जाएगा। अपने वर्तमान से निरन्तर बहस करते, झगड़ते और सत्ताधारियों की बर्बरता को कोसते। अपने समय के मूर्धन्य चिन्तकों में से एक निर्मल वर्मा की यहाँ एक 'अपूर्व' छवि उभरती है जिसमें चिन्तन का सन्त-तनाव है।

निर्मल वर्मा ने इस पुस्तक के प्रथम खंड को नाम दिया है—'भारत : एक स्वप्न' इस स्वप्न को पश्चिमी साम्राज्यवाद ने जला देना चाहा है लेकिन वे अपने छल-प्रपंच के बावजूद सफल नहीं हो सके। इसलिए कि भारत के पास लोक संस्कृति

की मजबूत परम्परा थी और यह परम्परा कृषि संस्कृति, वन संस्कृति, ऋषि संस्कृति, नदी संस्कृति के स्रोतों से शक्ति पाती रही थी। इस संस्कृति-प्रवाह और सांस्कृतिक संकट, दोनों को स्पष्ट करने के लिए 'मेरे लिए भारतीय होने का अर्थ', 'आदि और अन्त', 'एक भारतीय बुद्धिजीवी की भूमिका', 'धर्म, लोकतन्त्र और साम्प्रदायिकता', 'पूर्व और पश्चिम', 'भूमंडलीकरण के दौरान भारतीय संस्कृति', 'धर्म और धर्म निरपेक्षता' तथा 'नर्मदा : एक सांस्कृतिक परिक्रमा'। इस निबन्ध-संग्रह का बीज निबन्ध है 'मेरे लिए भारतीय होने का अर्थ' (स्वतन्त्रता के पचास वर्ष बाद) ज्यादातर लोग आज़ादी के इन पचास वर्षों में 'आधुनिक-पश्चिमी ढंग के बुद्धिजीवी' होने में शेखी समझते हैं किन्तु निर्मल वर्मा ने इस 'शेखी' में अपने को शामिल नहीं किया। पश्चिमवाद की अन्धी हवा में शामिल न होने के कारण गुलाम औपनिवेशिक मानसिकता के बुद्धिजीवियों ने निर्मल वर्मा के भारत-प्रेम को 'हिन्दुत्व' से जोड़कर उछालने में कोई कसर नहीं छोड़ी। लेकिन निर्मल वर्मा ने अपना देश, अपने प्रतीक-मिथक पूरी आत्मीयता से अपनाए और बेझिझक कहा—'जिसे देश की संज्ञा दी जाती है, क्या मैं उसे प्यार करता हूँ? क्या ज़मीन के एक टुकड़े से प्यार किया जा सकता है जिसका अपना आकाश है, समय है, अतीत है। जहाँ जीते हुए लोग ही नहीं, मृतात्माएँ भी बसती हैं? देश भक्ति, देश प्रेम...क्या यह सिर्फ शब्द हैं जिन्हें हमारे आधुनिक बुद्धिजीवी मुँह पर लाते हुए झिझकते हैं, जैसे वे कोई अपशब्द हों। सिर्फ एक सतही, सस्ती भावुकता और कुछ नहीं? कौन स्वतन्त्र हुआ? वे हिकारत से पूछते हैं, गरीब-अमीर, छोटे-बड़े कौन?' इन प्रश्नों का ऐसे बुद्धिजीवियों के लिए निर्मल का व्यंग्य से भरा करारा उत्तर है कि ''मैं और तुम नहीं, बल्कि वह जो हमारे बीच में है, हमें बाँधता हुआ, शताब्दियों से हमें 'हम' बनाता हुआ, खुद अदृश्य होते हुए भी हमें एक परिदृश्य में अंकित करता हुआ, क्या है यह? क्या इस अनाम भावना को कोई नाम दिया जा सकता है?'' (आदि, अन्त और आरम्भ, पृ.10) नादीम गॉडीमर कहते थे—''मेरे लिए 'देश प्रेम' एक घटना है और बर्खेस एक कहानी में देश प्रेम को जमीन-पहाड़, नदी-नाले सबको अपने में समोता हुआ। इस लगाव को न इतिहास अंकित कर सकता है, न भूगोल। केवल वह स्मृति अंकित कर सकती है जिसमें हमारे सभी पूर्वजन्मों का पवित्र स्थल है और हमारे पूर्वजों की आत्मा में नये सिरे से घटती हुई।''

इस निबन्ध में निर्मल वर्मा अपने बचपन की एक घटना का उल्लेख करते हैं— 'जब मैं माँ के साथ ट्रेन में बैठकर जा रहा था। कहाँ जा रहा था, कुछ याद नहीं। सिर्फ इतना याद है कि मैं सो रहा था, अचानक मुझे धड़धड़ाती-सी आवाज सुनाई दी; हमारी ट्रेन पुल पर से गुजर रही थी, माँ ने जल्दी से मेरे हाथ

में कुछ पैसे रखे और मुझसे कहा कि मैं उन्हें नीचे फेंक दूँ। नीचे नदी में। नदी कहाँ थी वह? मैंने पुल के नीचे झाँका। शाम के डूबते आलोक में एक पीली, डबडबाई-सी रेखा चमक रही थी। पता नहीं, वह कौन-सी नदी थी, गंगा, कावेरी या नर्मदा? मेरी माँ के लिए सब नदियाँ पवित्र थीं। यह मेरे लिए अपने देश भारत की पहली छवि थी, जो मेरी स्मृति में टँगी रह गयी है।...मुझे लगता है अपने देश के साथ मेरा प्रेम-प्रसंग यहीं से शुरू हुआ था...उत्पीड़ित, उन्मादपूर्ण, कभी-कभी बेहद निराशापूर्ण किन्तु आज मुझे लगता है कि अन्य प्रेम-प्रंसगों की तुलना में कितनी छोटी-सी घटना से शुरु हुआ था, माँ का मुझे सोते में हिलाना, दिल की धड़कन, नदी में फेंका हुआ पैसा...बस इतना ही।' (वही, पृ.11) काफी समय बाद निर्मल वर्मा ने पाया कि देश प्रेम यदि आत्मा की घटना है तो वह सिर्फ ऐसी संस्कृति में पल्लवित होती है, जहाँ 'स्पेस' और 'स्मृति' अन्तर्गुम्फित हो सके। पेड़, नदी, पहाड़ सब एक सम्बन्ध में अन्तर्गुम्फित। प्रकृति के इन उपकरणों के लगाव ने 'देश-भक्ति' की भावना को जन्म दिया जो राष्ट्र की सेक्युलर और संकीर्ण अवधारणा से बहुत भिन्न था। निर्मल के इस प्रेम, देश प्रेम में शरत-बंकिम-रवीन्द्रनाथ-रामचन्द्र शुक्ल और जयशंकर प्रसाद एक साथ बोलते-गाते मिलते हैं—'अरुण यह मधुमय देश हमारा।' निर्मल ने देश प्रेम का गहरा रिश्ता संस्कृति और परम्परा की स्मृति से जोड़ा है। इस देश प्रेम में अरविन्द और गाँधी की भावनाएँ प्रतिध्वनित हैं। अभागे लोग 'वन्देमातरम' में साम्प्रदायिकता खोजते हैं—ये हैं 'धर्मनिरपेक्ष बुद्धिजीवी'। इन बुद्धिजीवियों से निर्मल वर्मा की कभी नहीं पट सकती है क्योंकि निर्मल के लिए भारतीय सभ्यता एक 'अद्‌भुत सिम्फनी' है और नर्मदा की असंख्य धाराएँ भारतीय संस्कृति का पवित्र प्रतीक। भारत की इस संस्कृति ने 'आत्म' और 'अन्य' के भेद को अविद्या का लक्षण माना। भारतीय सभ्यता की इस आत्म-लय को 'सबाल्टर्न हिस्ट्री' वाले नहीं समझते। उनकी निगाह में भारत की कोई सांस्कृतिक इयत्ता नहीं। महज कबीलों, जातियों, सम्प्रदायों का एक पुंज है भारत।

कितना ही विरोध करें मार्क्सवादी, निर्मल वर्मा अपने संकल्प को 'डिगहि न शंभु सरासन कैसे' की स्थिति में अडिग रखते हैं। उनका विचार है कि 'भारत का सभ्यता-बोध' और 'सांस्कृतिक परम्पराएँ' आज मौजूद हैं तो उसका प्रधान कारण है—भारतीय वर्णन-शैली में अन्तर्व्याप्त आध्यात्मिक तत्त्वों की केन्द्रीयता। मार्क्सवादी इतिहासकार ई. पी. टॉमस मान तमाम बहसों को छानकर इस निष्कर्ष पर पहुँचे थे कि 'पूर्व और पश्चिम का ऐसा कोई विचार नहीं, जो भारतीय मनीषा में क्रियाशील न हो।' प्रश्न है कि इस विचार को भारत के कितने मार्क्सवादी मानते हैं? क्यों उनके लिए हिन्दू-दर्शन, आध्यात्मिकता और भारत की भौगोलिक

अखंडता का कोई अर्थ नहीं है? जबकि गाँधीजी भारत विभाजन को भौगोलिक अखंडता में 'एक घाव' की तरह पाते हैं। इन सत्ताधारी नेताओं की स्वार्थ लिप्सा और गाँधी के देश प्रेम को अलग करके समझना चाहिए।

'आदि और अन्त' अज्ञेय स्मृति व्याख्यान माला का एक भाषण है और विचार-तत्त्व की दृष्टि से 'आदि' और 'अन्त' केवल समय के दो बिन्दु ही नहीं है, बल्कि उनके बारे में बनने वाली हमारी धारणा हमारे समूचे जातीय चरित्र को प्रभावित करती है। बीसवीं शताब्दी मात्र समय-शृंखला नहीं है बल्कि उसमें जो परिवर्तन हुए हैं उनका मानचित्र है। यूरोपीय भावबोध को फ्रॉयड, मार्क्स, सीजाँ, मलार्मे, बादलेयर बनाते हैं तो भारत के भाव-बोध में तिलक, गाँधी, सुभाष, नेहरू, लोहिया, जयप्रकाश नारायण का प्रवेश होता है। 1910 के आस-पास ऐसा बदलाव आया कि हमारे भीतर जमी तमाम विक्टोरियन वर्जनाएँ अपने आप झर गयीं। साथ ही क्या वह मनुष्य बच सका जो द्वितीय विश्वयुद्ध की खंदकों से निकल बाहर आया? केन्द्रविहीन, खंडित, विकल, आत्मकेन्द्रित मनुष्य और हम कहने लगे आत्म से निष्कासित मनुष्य की गाथा, दो महायुद्धों का इतिहास, जेनोसाइटइ गुलग, यातना-शिविरों का आयोजन और मानव का आत्म-केन्द्रित व्यक्तित्व। निर्मल ने सिमोनवेल को उपनिषद् के सन्दर्भ में उद्धृत किया—'ईश्वर वह है जिससे शब्द गोचर होता है' आज उत्तर आधुनिकता में जो खुलापन दिखाई देता है वह खुलापन नहीं, एक तरह का ढिल्लड़पन है। इस समय 'एक भारतीय बुद्धिजीवी की भूमिका' क्या है? भारतीय बुद्धिजीवी की बौद्धिक बनावट पर पश्चिमवाद सवार है। उससे उसका 'आत्म' खो गया है। तभी तो 'धर्म, लोकतन्त्र और साम्प्रदायिकता' के रफड़े में भारतीय लोकतन्त्र हाँफ रहा है। लोकतन्त्र में 'धर्म निरपेक्षता' और 'साम्प्रदायिकता' गड्ड-मड्ड हो गयी है। 'पूर्व और पश्चिम' समान सांस्कृतिक सन्दर्भ नहीं हैं इसलिए दोनों की धर्म-संस्कृति-चेतना अलग-अलग है। पश्चिम की लुटेरी सभ्यता का मायाजाल है भूमंडलीकरण। इस 'भूमंडलीकरण के दौरान भारतीय संस्कृति' संकट में है। यहाँ का मनुष्य 'सेल्फ एलिएनेशन' की अवस्था में है। 'धर्म और धर्मनिरपेक्षता' की अवस्था एक भारतीय के लिए 'आत्म-निर्वासन' की अवस्था नहीं है क्या?

'नर्मदा : एक सांस्कृतिक परिक्रमा' अमृतलाल बेगड़ की पुस्तक नर्मदागाथा का स्वाद है। फिर 'लिखने के स्रोत' की तलाश और 'साहित्य के प्रासंगिक प्रश्न' उठे हैं। 'भारतीयता' के प्रश्नों पर ज्वलन्त बहस और 'कला का सत्य' उठे हैं। 'उपन्यास की परती परिकथा' में प्रेमचन्द से शुरु होकर रेणु की खोज; इस खोज में 'कलाकृति, समाज और आलोचना' के भीतरी रिश्तों पर विचार। 'साहित्य क्या करता है : क्या करती हैं कलाएँ? मूल प्रश्न क्या है? कलाओं का प्रयोजन।'

'कथ्य की खोज' कला के कथ्य की खोज है जिसका अन्त नहीं है। सबसे बड़ी खोज यह है कि भारत के दो महाकाव्य रामायण-महाभारत तब पूरे होते हैं जब एक भारतीय भारतीय-सभ्यता के तीसरे महाकाव्य का गम्भीर 'पाठ' करता है। यह तीसरा अलिखित महाकाव्य है—'अलिखित महाकाव्य स्वयं भारतीय सभ्यता है जिसे हम पढ़ते नहीं, क्योंकि हम स्वयं उसी के द्वारा रचित हैं।' सार-संक्षेप यह कि इन निबन्धों की बौद्धिक ऊँचाई अपने पाठकों को भीतर से समृद्ध करती है।

इधर के वर्षों में निर्मल वर्मा के दो निबन्ध-संग्रह एक साथ आये हैं—'सर्जना पंथ के सहयात्री' (2006) तथा 'साहित्य का आत्म-सत्य' (2006)। 'सर्जना पथ के सहयात्री' में महादेवी वर्मा की पुस्तक 'पथ के साथी' जैसा सहभाव है। अपनी अन्तर्यात्रा के साथियों में प्रेमचन्द, महादेवी वर्मा, हजारीप्रसाद द्विवेदी, अज्ञेय, मुक्तिबोध, रेणु, मलयज, धर्मवीर भारती, भीष्म साहनी तथा चित्रकारों में स्वामीनाथन, हुसैन और रामकुमार को याद किया है। निर्मल वर्मा के प्रेरणा का असली स्रोत उनके बड़े भाई रामकुमार ही हैं, शेष उनकी प्रज्ञा को उद्दीप्त करने वाले महत्त्वपूर्ण रचनाकार-कलाकार हैं। बोर्खेज, नायपॉल, नाबोकोव, राब्ब, ग्रिये और लैक्सनेल पर ताजगी से भरे आलेख हैं। इन आलेखों में ज्यादातर पुराने हैं, कुछ नये। लेखकों और कलाकारों पर केन्द्रित इस पुस्तक की 'भूमिका' में कहा गया है कि 'मैं समय-समय पर अपने प्रिय लेखकों, कलाकारों पर लिखता रहा हूँ। आलोचना की लगी-बँधी खूँटी से अपने को छुड़ाकर इन लेखों में मैंने अपने को आत्मीय प्रतिक्रियाओं के प्रवाह में मुक्त बहने दिया है।' यहाँ हुसैन और रामकुमार की सृजन-यात्रा में से एक स्मृति की आग की नयी लपट उठी जिसने कहा—'मुझे इस बात का दुख है कि मैं आत्मीय मित्र स्वामीनाथन पर अधिक विस्तार से नहीं लिख सका। यदि मुझे मौका मिला तो मैं अकबर पदमसी, नसरीन मुहम्मदी और गायतोंडे के कृतित्व के बारे में भी लिखना चाहूँगा। वे बरसों से मेरे प्रिय चित्रकार रहे हैं और उनके काम को बहुत निकट से देखने का अवसर मिला है। खुद अपने लेखन में मैंने उनकी पवित्र सादगी, गहन चिन्तनपरक अन्तर्दृष्टि और कठोर संयमित ऋजुता से बहुत कुछ सीखा है। शायद उनके प्रति अपना ऋण चुकाने का कभी सौभाग्य मिले।' यह सौभाग्य उन्हें विधाता ने नहीं दिया और इनकी स्मृति लिये ही वे संसार से विदा हो गये।

'साहित्य का आत्म-सत्य' पुराने-नये लेखों का संग्रह है। 'भाषा और अस्मिता' अकेला पुराना लेख है—शेष सभी लेख नये हैं। नयी चिन्तन भाषा में व्यक्त निर्मल वर्मा की प्रश्नाकुलताएँ इतनी नोकदार हैं कि पाठक में सीधे पैठ जाती हैं। वे अपने सृजन और चिन्तन से लगातार उत्तर औपनिवेशिक समाज से चिन्ताओं-समस्याओं से

टकराते रहे हैं। पूर्व और पश्चिम की गहरी समझ के कारण निर्मल वर्मा ने भारतीय समाज को नये बौद्धिक चिन्तन से सम्पन्न और समर्थ बनाया है। सभ्यता-संस्कृति-परम्परा के तमाम संकटों की निर्मल वर्मा ने सही समय पर समाज की पहचान करायी और सावधान किया है कि पश्चिमवाद हमारी स्मृति, अस्मिता, भाषा, संस्कृति को मिटाने पर आमादा है। इस खतरे की घंटी को हमें समय रहते सुनना चाहिए।

निर्मल वर्मा के चिन्तन केन्द्र में केवल साहित्य की चिन्ताएँ ही नहीं है, बल्कि गहरे से गहरे स्तर पर उत्तर औपनिवेशिक भारतीय समाज के सांस्कृतिक-आध्यात्मिक विघटन की पीड़ाएँ व्याप्त हैं। 'भारतीयता' के सवाल को न जाने कितने कोणों से इन निबन्धों में उठाया गया है क्योंकि पश्चिमवाद की सुनामी लहरों से भारतीय सभ्यता और संस्कृति को बचाने की चिन्ता निर्मल वर्मा के चिन्तन की बुनियादी चिन्ता है। निर्मल वर्मा ने इस निबन्ध-संग्रह की 'भूमिका' में कहा है—'कला के सम्बन्ध में पुरानी बहसें इतनी जल्दी बासी और अप्रासंगिक दिखाई देंगी, क्या किसी ने कल्पना की थी? प्रश्न अब विचारधारा के आतंक, इतिहास की कुहेलिका और सम्प्रेषण के संकट का न होकर स्वयं साहित्य के अस्तित्व का बन गया है। उत्तर आधुनिकता के नये फैशन तले दुर्भाग्यवश इन दबावों को नहीं दबाया जा सकता। ये उस आँधी की तरह आये हैं जिसकी चपेट में मनुष्य की सनातन छवि ही धूमिल पड़ गयी है।' इन निबन्धों में समय की यह जागरूकता अद्‌भुत ढंग से व्याप्त है। 'सोच' की जगह पाठक को बनानी होगी। इस दृष्टि से इस संग्रह का केन्द्रीय निबन्ध है—'सृजन में सोच की प्रक्रिया'। विचारधारा के झाड़ू से 'विचार' का निष्कासन एक भयानक समस्या है। विचार के निष्कासन के प्रयास ने 'भाषा' की सर्जनशीलता को प्रभावित किया है। इस संकट की 'सही पहचान' के लिए यहाँ निबन्ध हैं—'साहित्य का आत्म-सत्य', 'सृजन में सोच की प्रक्रिया', 'सच्चा लेखक विचारधारा का दास नहीं होता', 'वर्तमान समय में भाषा और साहित्य की स्थिति', 'रिव्यू लिखने से मेरे लेखन की शुरुआत हुई', 'कहानी मेरे लिए धुँधली अनुभूतियों के प्रदेश को शब्दों के आलोक में देखना है', 'भूमंडलीकरण के दौर में जातीय संस्कृति और व्यक्ति चेतना' तथा 'एक दूसरी जिन्दगी।' निर्मल वर्मा को समय-समय पर सम्मानित किया जाता रहा और उन अवसरों पर 'विशेष सम्मानों पर दिया वक्तव्य' अपना महत्त्व रखते हैं। यहाँ वक्तव्य मौजूद हैं—'ज्ञानपीठ पुरस्कार' (1999) 'मूर्तिदेवी पुरस्कार' (1994) तथा 'साहित्य अकादेमी पुरस्कार' (1985)।

निर्मल वर्मा का पूरा सोच इस चिन्तन को कई रूपकों-बिम्बों-प्रतीकों-मिथकों से व्यक्त करता रहा है कि रचना का सच उसके भीतर निवास करता है—बाहर जो कहा जाता है वह आलोचना है, वर्णन है, अनुभव का विस्तार है।

इसलिए रचना के 'प्रयोजन' की बात करना बेकार है। सार्थक है, रचना के सच की तलाश। और आज हम 'गीता' या 'शेखर : एक जीवनी' के सच से आँखें मिलाने में घबराते हैं। रचना का अर्थ शब्दों में अन्तर्गुम्फित है—बाहर तो व्याख्या है, इतिहास है। कलाकृति या कला के भीतरी अनुभव को निर्मल वर्मा 'आध्यात्मिक अनुभव' का नाम देते हैं। आध्यात्मिक अनुभव ही कलात्मक सौन्दर्य में रूपान्तरित हो जाता है।

किन्तु इस भारतीय-चिन्तन की बात को वामपन्थी नहीं समझते जबकि उनकी इसी नासमझी ने विश्वभर से वामपन्थी विचारधाराओं को विदा कर दिया है। 'सृजन में सोच की प्रक्रिया' सक्रिय रहती है। सोच न अनुभूति है, न दर्शन। दोनों का खमीर है। तर्क, चिन्तन, स्मृति, सोच, मनन, अलग-अलग कटघरे हैं। रचना तो एक सम्पूर्ण स्वायत्त जीवन की जीवन-दृष्टि है जिसमें दर्शन, धार्मिक चिन्तन, अनुभूति, विषाद अलग-अलग से नहीं बल्कि समूची काव्य-कृति के भीतर से अपना संयोजन करते हैं।

'वर्तमान समय में भाषा और साहित्य की स्थिति' एक ऐसा महत्त्वपूर्ण लेख है जो अँग्रेज़ी साम्राज्यवाद की कुटिल छलनाओं को सिलसिलेवार ढंग से उजागर करता है। अँग्रेज़ों ने अँग्रेज़ी से संस्कृत को धकेलकर देश को सांस्कृतिक संस्कारों से काट दिया। संस्कृत की जीवन्तधारा सभी भारतीय भाषाओं को पोषित करती थी। इस धारा के कटने से भारतीय सांस्कृतिक धारा का प्रवाह अवरुद्ध हो गया। हिन्दी भाषा और साहित्य का विकास दो पाटों के बीच हुआ—एक ओर औपनिवेशिक सत्ता और दूसरी ओर राष्ट्र विरोधी अभियान, जो 1857 के विद्रोह के बाद तीव्र हुआ और भारत की जातीय संस्थाओं, शिक्षा पद्धति और परम्परागत आर्थिक-आध्यात्मिक आधारों का अवसान जिसके परिणाम स्वरूप भारतीय मानस में एक विचित्र शून्यता का जन्म हुआ। हिन्दी का संघर्ष क्या रहा है? अपने जर्जरित होते सांस्कृतिक स्रोतों के बीच अपनी जातीय अस्मिता को प्रतिष्ठित करना। अँग्रेज़ी का आरोपण केवल भाषायी संकट नहीं है—समूची सांस्कृतिक परम्परा के संहार का अभियान है। निर्मल वर्मा का पूरा लेखन इस अँग्रेज़ी साम्राज्यवाद, नव सांस्कृतिक साम्राज्यवाद के विरोध में डटा है।

आनन्द कुमारस्वामी ने पश्चिम के 'ओरिएंटलिस्ट' विद्वानों की व्याख्याओं पर व्यंग्य करते हुए कहा है कि उन्होंने भारत के प्राचीन दर्शन, धर्मशास्त्रों और तत्त्व ज्ञान की पुस्तकों के बीज शब्दों एवं प्रत्ययों के जो अनुवाद किये हैं वे सिर्फ भ्रमों की धुन्ध पैदा करते हैं। इसका सीधा कारण है वे इन प्रत्ययों के सांस्कृतिक सन्दर्भ समझने में नितान्त विफल रहे हैं। सच तो यह कि इन अनुवादों को अस्वीकार करके ही इन ग्रन्थों के मूल सच को जाना जा सकता है।' (वही, पृ.

89) यह कदम कितना गलत था कि मैक्समूलर जैसे 'ओरिएंटलिस्ट' ने भारत के अतीत और वर्तमान को ऐसे विभाजित कर दिया जैसे इन दोनों में भाषा और संस्कृति का कोई सम्बन्ध ही न हो। इस तरह के भ्रमों से मुक्त होकर हमें भारत-भारतीयता और भारतीय सांस्कृतिक अन्त:सूत्रों की अन्तर्वती धारा की तलाश करनी चाहिए। रामायण-महाभारत के लिखित पाठ के साथ तीसरा महाकाव्य—'भारतीय सभ्यता' संस्कृति का अलिखित पाठ है। इस पाठ को गाँधी जी ने ध्यानमग्न होकर पढ़ा था इसलिए गाँधी के चिन्तन में भारतीय उत्तर आधुनिकता के बीज और प्रत्यय मौजूद हैं जिन्हें दुर्भाग्यवश आज पश्चिमी ढंग का भारतीय 'आधुनिक बौद्धिक' अपने अज्ञान से या गुलाम मानसिकता के कारण 'रिजेक्ट' कर रहा है।

क्या कारण है कि निर्मल 'भूमंडलीकरण के दौर में साहित्य की जातीय संस्कृति और व्यक्ति-चेतना' पर चिन्तन करते रहे हैं। इस शताब्दी की मुखर परिवर्तन की स्वचालित गति की स्वायत्तता जो अपने अन्तर्निहित नियमों द्वारा परिचालित होती है, उस ईश्वरीय सत्ता को मनुष्य ने पिछले तीन सौ वर्षों की विचारधाराओं से निष्कासन दे दिया। ईश्वर का अन्त, विचारधाराओं का अन्त, महाआख्यानों का अन्त, कर्त्ता का अन्त, इतिहास का अन्त। वे चीजें जो कभी मनुष्य के अन्त:करण की इच्छाओं को पूरा करती थीं, आज उससे एकदम अलग हैं। मनुष्य का 'आत्म' अपने में आत्म-छलना और 'अन्य' में समाहित होने में असमर्थ हो गया है। आत्मकेन्द्रित, अहंग्रस्त, आक्रामक, स्मृतिहीन, मशीनी, विवेक शून्य, जंगली पशुओं-सा भयाक्रान्त मनुष्य आज सामने है। पश्चिमी यूरोपीय सभ्यता ने इसी आत्मकेन्द्रित सेक्युलर मनुष्य की छवि को गढ़ा है जो समूची प्रकृति और प्राणिजगत पर प्रभुत्व करके केन्द्र में खड़ा है। भूमंडलीकरण के नाम पर पश्चिम को अन्य गैर-यूरोपीय परम्पराओं-संस्कृतियों पर आरोपित करना कहाँ तक उचित है जहाँ मनुष्य की परिकल्पना नितान्त अलग सांस्कृतिक परिप्रेक्ष्य में की गयी है। इसलिए निर्मल वर्मा 'ग्लोबल संस्कृति की प्रयोगशाला' को लेकर चिन्तातुर हैं। यह चिन्ता इसलिए भी गम्भीर रूप ले लेती है कि पिछले तीन सौ वर्षों में यूरोपीय सभ्यता ने 'आधुनिकता', 'प्रगति', 'विकास', 'धर्मनिरपेक्षता', 'वैज्ञानिक चिन्तन' की आड़ में निर्भयता से यूरोपेतर संस्कृतियों का विनाश किया है। एक संस्कृति के लुप्त होने का अर्थ है मनुष्य की एक विशिष्ट छवि का हमेशा के लिए तिरोहित हो जाना। इसलिए निर्मल वर्मा स्मृति और इतिहास के प्रत्ययों पर विचार करते हैं।

समग्रता में कह सकते हैं कि निर्मल वर्मा के इन निबन्धों ने हिन्दी की निबन्ध-यात्रा को एक नया वैचारिक परिप्रेक्ष्य प्रदान किया है। भारत और यूरोप का पूरा परिप्रेक्ष्य इनमें धड़क रहा है और उत्तर औपनिवेशिक चिन्तन का नया

मुहावरा अपनी पूरी गरिमा से हमें नया चिन्तन आलोक दे रहा है। इन निबन्धों का काव्यात्मक गद्य अपनी वैचारिक पवित्रता में नर्मदा की असंख्य धाराओं की तरह भारतीय मानस को सींच रहा है। आचार्य रामचन्द्र शुक्ल और हजारीप्रसाद द्विवेदी, अज्ञेय और जैनेन्द्र की निबन्ध-कला का यहाँ पुनर्नवा रूप-वैभव मिलता है। निर्मल वर्मा होने का अर्थ है अपनी सांस्कृतिक जड़ों की तलाश में पूरा जीवन अर्पित कर देना और उस आन्तरिक लय को टूटने से बचाना, जिसे तोड़ने के लिए पश्चिम कई तरह से आमादा है। इन निबन्धों को कहानी-उपन्यास की तरह ही साहित्य की असली नागरिकता प्राप्त है। हिन्दी का यह काव्यात्मक गद्य अपने आलोक में अपूर्व है।

नयी कहानी की अन्तर्यात्रा

'यह सच है कि एक बना-बनाया आकार एक ब्लूप्रिंट के रूप में मेरे सामने कभी नहीं आता। अपनी कहानी के कलेवर को मैं टुकड़ों-टुकड़ों में ही देख पाता हूँ। कभी एक कहानी शुरू करते ही अन्त का आभास का मिलता है, पर कभी यह अन्त वही नहीं रहता, जिसका मुझे आभास हुआ था। कहानी मेरे लिए लगे-बँधे विचार से उत्पन्न नहीं होती और शायद ही कभी इस बात से कहानी का सूत्रपात होता हो कि मैंने सचेतन रूप से किसी विषय के बारे में लिखने का संकल्प किया हो। एक वाक्य में कहा जाए तो मेरे लिए कहानी धुँधली अनुभूतियों के प्रदेश को शब्दों के आलोक में देखना है। दूसरी इसके साथ जुड़ी चीज़ यह है कि ये अनुभूतियाँ जुड़ने के साथ ऐसा कोई खास पैटर्न या अर्थव्यवस्था बन सकती है जो मेरे द्वारा आरोपित न होकर स्वयं इन अनुभूतियों के भीतर से सहजता में उजागर होती हो। और तीसरी चीज़ जो अन्ततः मुझे सन्तोष देती है वह यह कि अगर अनुभूतियों के इस पैटर्न या अर्थव्यवस्था के भीतर से मनुष्य जीवन के बारे में ऐसा सत्य उपलब्ध हो सके जो केवल इन्हीं अनुभूतियों के अन्तर्सम्बन्धों के माध्यम से उत्पन्न हो सकता था।' (निर्मल वर्मा, 'साहित्य का आत्मसत्य', पृ. 139-140, प्र. सं. 2006)

कहानी का सत्य ? कहानी अपने में समाधान नहीं है—न आध्यात्मिक, धार्मिक या दार्शनिक कृतियों को पढ़ने का आनन्द। इसलिए कहानी का सत्य 'मेरे लिए यह पर्याप्त होगा कि यदि यह सत्य मनुष्य के भीतर उगने वाली अजीब विडम्बनाओं और अन्तर्द्वन्द्वों से साक्षात करवा सके, जो अभी तक अँधेरे में छिपी थीं। उन्हें अँधेरे से उजाले में लाना, चाहे उनका चेहरा कितना भी वीभत्स, भयानक या कटु क्यों न हो। यही महत्त्वपूर्ण नहीं है। महत्त्वपूर्ण है उजाले में ये मनुष्य के बिम्ब या मनुष्य के स्वरूप के बारे में कुछ ऐसा जोड़ पाता है जिस सत्य के बारे में मनुष्य ने कभी सोचा नहीं था।' (वही) कहानी अनुभूति का क्षेत्र है और 'विचार' दर्शन चिन्तन का क्षेत्र। इस तरह से निबन्ध और कहानी का भेद करना गलत है। 'विचार' कहानी हो, निबन्ध हो उसी तरह कलाकृति में प्रवेश नहीं करता जैसे दर्शन-चिन्तन में वह करता है।

कहानी-कविता-निबन्ध में 'विचार' की सूक्ष्म छाया पड़ती है—वह किसी सिद्धान्त की सिद्धि के लिए कला में प्रवेश नहीं करता, बल्कि अनुभव को अप्रत्याशित रूप से मोड़ने में योगदान देता है।

निर्मल वर्मा के लिए 'नयी कहानी' आन्दोलन नहीं है—भीतर की तड़प को, अँधेरे को उजाले में लाने की 'प्रेरणा' है। न कोई प्रतिबद्धता है, न किसी प्रयोग का आग्रह जबकि निर्मल वर्मा ने 'प्रयोगवाद' तथा 'नयी कविता' के आन्दोलन को नयी हवा का नया रूप और रुख देकर प्यार किया है। उन पर अज्ञेय, जैनेन्द्र, रेणु और यशपाल की कहानियों का अप्रत्यक्ष असर है। आजादी के बाद का मोह भंग, भारत-विभाजन की पीड़ा, आजादी पाकर भी दिमागी गुलामी की मानसिकता ने नयी कविता के बाद नयी कहानी आन्दोलन को जन्म दिया। इस आन्दोलन में एक नयी भारतीयता की खोज शुरू हुई। मोहन राकेश की कहानी 'मलबे का मालिक', धर्मवीर भारती की 'गुलकी बन्नो', रेणु की 'तीसरी कसम', अमरकान्त की 'जिन्दगी और जोंक' तथा निर्मल वर्मा की 'परिन्दे' जैसी तमाम कहानियाँ अपने समय के सच को लेकर सामने आयीं। पुरानी कथा, चरित्र-प्रधान कहानी की तकनीक पीछे छूट गयी और एक नया भाव-बोध नये शिल्प में प्रकट हुआ।

निर्मल वर्मा की कहानी को नयी कविता आन्दोलन से जोड़ा गया तो निर्मल वर्मा ने विस्मय से कहा 'किसी एक घटना या क्षण के बारे में कहना तो मुश्किल है। जब आप किसी आन्दोलन के प्रवाह में होते हैं तब पता नहीं चलता आप उसका हिस्सा हैं। बाद में इतिहासकार या आलोचक सिद्ध करते हैं कि आन्दोलन था या उसमें ही आन्दोलन के बीज थे। यह सोचकर मुझे उन्नीसवीं शताब्दी के एक फ्रेंच उपन्यास 'ब्लैक एंड व्हाइट' का ख़याल आ जाता है। उसका एक पात्र वाटरलू के मैदान में घूमता चला आता है और अचानक देखता है कि वहाँ फ्रेंच और अँग्रेज़ी सेनाओं के बीच भिड़न्त हो रही है। उसे नहीं मालूम कि वह एक ऐतिहासिक घटना से गुजर रहा है। बाद में जब लोग उसे बताते हैं तो उसे लगता है कि ऐसा कुछ था। मेरी हालत उस दौरान कुछ वैसी ही थी। बाद में पता चला कि मैं नयी कहानी आन्दोलन में शामिल था।' ('मैं अपने पुरखों और पूर्वजों का कृतज्ञ हूँ', प्रेम कुमार से बातचीत, 'संसार में निर्मल वर्मा', सम्पा. गगन गिल, पृ. 195

निर्मल वर्मा का 'परिन्दे' अट्ठावन में आ गया था और नयी कहानी आन्दोलन का केन्द्र दिल्ली न होकर इलाहाबाद था। नयी कहानियों से सम्बन्धित पत्रिकाएँ इलाहाबाद से ही निकल रही थीं। इसलिए निर्मल का यह कहना ठीक है कि 'मुझे बाद में पता चला कि मैं नयी कहानी आन्दोलन में शामिल था।'

नयी कहानी की मानसिकता का एक दरवाजा निर्मल वर्मा स्वयं खोजते हैं और कहते हैं 'नयी कहानी के बड़े लेखक इलाहाबाद में रहते थे। वे पत्रिकाएँ जिनकी

उस आन्दोलन में प्रमुख भूमिका रही, वहीं से निकल रही थीं। नयी कहानी के लेखकों से मेरा खास मिलना-जुलना भी नहीं होता था। मेरी मित्र मंडली कवियों की थी—नरेश मेहता, रघुवीर सहाय, मनोहर श्याम जोशी...। विरोधाभास ही जान पड़ता है कि मेरा मित्र-मंडल कवियों का ही अधिक था, कहानीकारों का नहीं। छप्पन-सत्तावन में 'कल्चरल फोरम' नाम से एक संस्था बनी थी जिसमें सांस्कृतिक कार्यक्रम हुआ करते थे। उस संगठन को चलाने में देवेन्द्र इस्सर ने मुख्य भूमिका निबाही थी। कृष्ण बलदेव वैद, भीष्म साहनी, जोशी आदि सब लोग उसमें आया करते थे। मैं भी वहाँ कहानियाँ सुनाता था, सुनता था। खूब बहस होती उस फोरम में। नयी कहानी की जो मुख्य धारा मानी जाती थी फोरम के लोग तब थोड़ा उससे अलग थे, पर बाद में तो सभी एक ही आन्दोलन के सदस्य माने गये।' ('साहित्य का आत्म-सत्य', पृ. 109) कल्चरल फोरम का सबसे बड़ा योगदान था—कहानियों में स्फूर्तिदायक, ताजगीभरे अनुभवों का लाना। नये अनुभवों की संवेदना ने भाषा और शिल्प में नयापन, नवीन सर्जनात्मकता की 'निष्पत्ति' की। कथ्य की एक ऐसी नयी संवेदनशीलता जो पुरानी कहानी में नहीं थी।

कहानी में नयी संवदेनशीलता को जन्म आजादी के बाद के नये परिवेश ने दिया था।'स्वतन्त्रता के बाद मध्यवर्गीय परिवारों में जो विघटन हुआ, एक तरह की सुरक्षित जिन्दगी छिन्न-भिन्न होने लगी—उससे जो पीड़ा, उखड़ापन या टिपिकल विषाद दिखाई दिया, पिता-पुत्र के बीच का द्वन्द्व, स्वतन्त्र हो रही स्त्री, स्त्री-पुरुष सम्बन्धों में प्रथम बार हो रहे परिवर्तन, गाँवों से उन्मीलित होकर शहरों में आ रहे लोगों के मन का अकेलापन, असुरक्षा। मूलभूत परिवर्तन होने की आशा के मोहभंग को वेदना-व्यथा आदि इन सब समस्याओं को कथ्यात्मक घेरे में लाने का काफी सार्थक, सफल प्रयास किया था नयी कहानी ने। हाँ, सीमाएँ भी थीं। इनकी रचनाएँ, मूल्य, इनका कथ्य बहुत कुछ मध्यवर्गीय जीवन तक ही सीमित था।' (वही, पृ. 110) उपन्यास के क्षेत्र में रेणु के 'मैला आँचल' ने नयी जमीन तोड़ी थी। भारतीय गाँवों में आ रहे परिवर्तन, कांग्रेस, समाजवादी-साम्यवादी पार्टी के आपसी सम्बन्धों का काव्यात्मक चित्रण प्रेमचन्द के गाँवों से अलग था। सच बात है कि अन्य नये कहानीकारों की तुलना में रेणु ने हिन्दी कहानी के परिवेश को कहीं अधिक विस्तृत और प्रशस्त किया था। आगे चलकर शिवप्रसाद सिंह और मार्कण्डेय ने भी इन विषयों पर अच्छी कथाएँ लिखीं पर उतने विशाल पटल पर नहीं। नये उपन्यासों तथा नयी कहानियों के कथ्यात्मक ढाँचे को नवीनता देने में रेणु की भूमिका स्पष्टतः ज्यादा है। 'कहना न होगा कि गद्य की केन्द्रीय विधा उपन्यास है, कहानी नहीं और उपन्यास में परिवर्तन का श्रेय रेणु को है। इससे नयी कहानी आन्दोलन का महत्त्व कम नहीं हो जाता।' निर्मल वर्मा के मन-मस्तिष्क पर रेणु की कथा भाषा का 'लिरिकल उल्लास', 'लोक संगीत' और

'ग्राम-भाषा में लचीलापन' एक अलग तरह से प्रवेश करता है। किन्तु रेणु की तरह निर्मल नहीं हैं क्योंकि उनके अनुभव का क्षेत्र गाँव नहीं, शहर है। इसलिए अपने पढ़े शहरी अनुभव की पूँजी से निर्मल ने शहरी मध्यवर्ग के जीवन की कहानियाँ लिखीं और इतनी काव्यात्मक पैदा की है कि उनकी सभी कहानियाँ कविताएँ ही बन गयी हैं। गद्य की काव्यात्मकता का ऐसा मुलायम-महीन मायावी संसार पैदा किया कि उनकी कहानियों में स्मृति कविता की तरह गूँजती है। चमकीली, पुष्ट, मांसल, भरी देह की कहानियाँ, जिनमें संगीत की 'सिम्फनी' का सौन्दर्य है। बात गद्य या पद्य की यहाँ नहीं है न यह कि काव्यात्मकता-संगीतात्मकता का रूप—लिरिकल वैभव कविता तक सीमित रहता है। वह कहानी-उपन्यास-नाटक-निबन्ध किसी भी विधा में प्रकट हो सकता है। निर्मल का सृजन इसका सबसे पुष्ट उदाहरण प्रस्तुत करता है। कुँवरनारायण जिसे खरगोश की तरह मुलायम गद्य कहते रहे हैं वह निर्मल के गद्य की लयबद्ध सर्जनात्मकता ही है।

निर्मल ने शुरू में हिन्दी-अँग्रेज़ी में कविताएँ लिखीं थीं—उन्हीं कविताओं का पुनर्जन्म कहानी-उपन्यास-निबन्ध-यात्रा संस्मरण-डायरी में हुआ। आजीवन निर्मल गद्य में छिपाकर कविता ही करते रहे। फिर निर्मल ने अध्ययन के दौरान पाया कि लारेंस, वर्जीनिया वुल्फ, फास्टर, प्रूस्त, चेखव, टॉलस्टॉय, कैथरीन मैंसफील्ड, अज्ञेय की कहानियाँ एक तरह की कविताएँ ही हैं। अज्ञेय और मैंसफील्ड की कहानियों का लिरिकल फॉर्म निर्मल की काव्यात्मकता में एक नया अर्थ पाता है। नयी कहानी के कई शक्तिशाली तत्त्व निर्मल ने अज्ञेय, जैनेन्द्र, अश्क, अमृतलाल नागर और रेणु में पाए हैं। भारतीय दृष्टि और भारतीयता के बारे में जो गलत समझ औपनिवेशिक सत्ता ने पैदा की है उनकी लड़ाई तो निर्मल अपने चिन्तनपरक निबन्धों में लड़ते हैं लेकिन कहानी में जीवन को शहरी नयी संवेदनाओं को नये शिल्प में आकार देते हैं। कहना होगा कि अनजाने ही वे नयी कहानी को नया मोड़ देते हैं, नयी जमीन देते हैं, नया मुहावरा देते हैं। इस सच को कमलेश्वर ने 'नयी कहानी की भूमिका' तथा नामवर सिंह ने 'कहानी-नयी कहानी' में बेझिझक भाव से स्वीकार किया है।

निर्मल वर्मा में चिन्तनपरक और सृजनात्मक लेखन की प्रक्रिया के स्तर अलग-अलग दिखाई देने पर भी अलग नहीं हैं। उनको अलगाना आलोचकीय भ्रान्ति है। निर्मल को स्वयं इस सच का अहसास है—'यदि यह मानसिक-बौद्धिक परेशानी न होती, यदि अखबारों में इस तरह का झूठ न फैलाया जाता, यदि हमारे हिन्दी लेखक अपनी तथा कठिन क्रान्तिकारी और वामपन्थी रिटॉरिक की रौ में आकर कई प्रश्नों को गलत रूप से प्रस्तुत न करते या ऐसी प्रस्तुतियों पर चुप न रहते...। उनकी चुप्पी, उनकी गलत प्रस्तुति से मानसिक परेशानी होती है, उन्हें सुलझाने, शान्त करने को मैंने निबन्ध लिखे जबकि कहानियाँ-उपन्यास लिखने

के पीछे जिन स्पष्ट चीज़ों को रूपायित करने की आकांक्षा होती है, उसका क्षेत्र बिल्कुल अलग है। वह हमारी स्मृतियों, अनुभूतियों से कहीं गहरा सम्बन्ध रखता है। यह नहीं कि स्मृति और अनुभूति निबन्धों में नहीं आती। यह विभाजन मैं नहीं कर रहा, पर हाँ, उनमें अधिक होती है। उन स्मृतियों का जो हमारे अतीत जीवन का हिस्सा बनी थीं, स्पष्ट करने को मन करता है। यूँ कहें कि कहानियों के बीच में जो खाली जगह बच जाती है, उसे निबन्ध पूरा करते हैं। निबन्धों के बीच में जो निराशाएँ, पीड़ाएँ वाणी नहीं पातीं, शब्द नहीं पातीं, वे कहानी में परोक्ष रूप से आती हैं। इन दोनों के सम्बन्ध में मैं इतना ही कह सकता हूँ कि आलोचकों के इस कथन से सहमत नहीं हूँ कि निबन्ध एक दिशा में, कहानी दूसरी दिशा में। निबन्ध में क्या होना चाहिए 'यह प्रश्न प्रमुख है जबकि कहानी में क्या है यह प्रश्न प्रमुख है। भारतीय परम्परा में हमेशा यह रहा है।' (वही, पृ. 117)

देश-विदेश के अनुभवों से अन्तर्गुम्फित होने के कारण निर्मल के सृजन में 'परिवेश' एक बड़ा 'विभाव पक्ष' रखता है। अकेलापन, अवसाद, पीड़ा, आत्म-निर्वासन, आत्म-संकट तथा पश्चिम के धड़कते अनुभवों ने अपनी उपस्थिति से उनके अन्तर्जगत् का अलग ढंग से निर्माण किया है। वे इतिहास के विद्यार्थी रहे, राजनीतिशास्त्र में सिर खपाया और मिथकों -कलाओं के तन्त्र-जालों को सुलझाने में जीवन लगा दिया। उनके पास दोनों चीज़ें रहीं 'अपने भीतर रहने की शक्ति और अपने से बाहर जाने का जोखिम'। इसलिए निबन्ध हो, कहानी हो या अन्य कोई विधा हो—वे हर चुनौती से खेलते हैं।

कहानी के सृजन में सौन्दर्य और नैतिकता के प्रश्न न उन्हें उलझाते हैं, न चौंकाते हैं—बल्कि विस्मय-विमुग्ध करते रहे हैं। बहती हुई ज़िन्दगी के औसत अनुभव को तरतीब देना उन्हें आता है। 'अत: मैं अपनी कहानियों को अपने निजी अनुभवों से जोड़ भी लूँ तो भी उनके माध्यम से उन कहानियों के मर्म, उनकी पहचान, उनकी शुरूआत और अन्त के बीच फैली भूल-भुलैया एक शब्द में कहूँ तो कहानी की हैसियत से कहानी की नियति को नहीं खोल सकती।' ('शब्द और स्मृति', पृ. 15) आलोचना सत्य से परदा उठा सकती है लेकिन ऐसे सर्जनात्मक क्षण आलोचना में दुर्लभ होते हैं। इसलिए 'कहानी का सत्य जीव, अनुभवों से ऊपर हैं। अनुभव का सच अनुभव को चरम तक ढो लाता है और उसके बाद रचना में इतना बदल जाता है कि खुद अनुभव की एक स्वतन्त्र सत्ता तैयार हो जाती है।' इसलिए महत्त्वपूर्ण मेरे लिए अनुभव नहीं, स्मृति का वह झरोखा है जिसमें से गुजर कर वे कहानियाँ बनती हैं। कोई भी रचना पूरे अनुभव खंड को सम्पूर्णता में कहाँ पकड़ पाती है, केवल

अनुभव की स्मृति के संकेत को घेरती है। सच्चा अनुभव सफल कहानी में परिणत हो—यह रचनाकार की 'झपट' पर निर्भर करता है। प्राय: तो हम स्मृति का दरवाजा ही खटखटाते रह जाते हैं और वह दरवाजा नहीं खोलती। वह चोर पैरों से झाँककर झपकी लेने लगती है। इसलिए कविता हो, कहानी हो—'अतीत मन्थन' चलता है। अतीत-स्मृति को वे संकट के क्षणों में भी टटोलते हैं और रचनात्मक प्रेरणा के क्षणों में भी।

कुमारस्वामी मानते थे कि रचनाकार को 'सेल्फ फॉरगेटफुलनेस' बड़ा बनाती है। अपने अहं को भूलकर ही वह अन्य में प्रवेश कर सकता है। कुमारस्वामी की यह बात निर्मल वर्मा कहानी हो, उपन्यास हो—हमेशा याद रखते हैं। इसलिए उनके सृजन में समाज, व्यक्ति और युग को खोजने के लिए हम कोई थियरी लागू नहीं कर सकते। इसलिए उनके सृजन में समाज व्यक्ति और युग को खोजने के लिए हम कोई थियरी लागू नहीं कर सकते। निर्मल वर्मा का दृष्टिकोण प्रतिक्रियावादी है या प्रगतिशील या बाबावादी—ये सब छोटी टुच्ची बातें हैं। इन बातों से रचना को समझने में कोई मदद नहीं मिलती। न इन्हें कहने से कोई बात बनती है कि अज्ञेय, जैनेन्द्र, निर्मल यथास्थितिवादी रचनाकार हैं क्योंकि परिवर्तन रहित 'रचना' हो नहीं सकती। रचना में समय उमड़-घुमड़ रहा होता है—अनुभूति का कोई भी क्षेत्र समय के दबाव से रहित नहीं होता। यही कारण है कि मानदंड अर्थ नहीं रखते—रचना विवेक अर्थ रखता हैं। निर्मल वर्मा की कहानियों में 'स्मृति' की जड़ें हवा में नहीं है गहरी आधुनिक वास्तविकता में है। दिखाई वे 'एकाकीपन के कवि' देते हैं लेकिन इस एकाकीपन में 'सामाजिकता' का त्याग नहीं होता । एक भारतीय कहानीकार 'भारतीयता' के 'यथार्थ' को कई जटिल स्तरों पर जीता है, आस्था और आधुनिकता के साथ। इसलिए अज्ञेय या निर्मल की हर रचना नये तरह के सत्य से साक्षात्कार है। इतिहास की जिस अमानवीय ताकत से पश्चिम का रचनाकार त्रस्त है—निर्मल अपने सृजन में उस इतिहास का अतिक्रमण करते हैं और आस्था से पुराण-मिथक-दर्शन, अध्यात्म को रचना में स्थान देते हैं। निर्मल की बहुत-सी कहानियों का केन्द्र बच्चा है। बच्चा माने निष्कलुष मानव-प्रकृत-भाव राग। यह भाव-राग निश्छलता के साथ जीवन का गवाह होता है। दिल्ली के राष्ट्रीय नाट्य विद्यालय ने निर्मल वर्मा की कहानियों के एकालापों-आत्मालापों को 'तीन एकान्त' नाम से प्रस्तुत किया है—कई एकालापों की पृष्ठभूमि विदेशी है—पबों और पार्कों में खुद से बैठे बतियाते लोग, बेहद अकेले और एकान्त से त्रस्त।

निर्मल वर्मा के बचपन और अध्ययन पर रामकुमार की छाया है। उन्होंने कहानियाँ लिखना कॉलेज में शुरु किया। पहली कहानी सेंट स्टीफेन्स कॉलेज में पढ़ने के दिनों लिखी। दिल्ली में नरेश मेहता, श्रीकान्त वर्मा तथा मनोहरश्याम जोशी से दोस्ती

चली और 'कृति' में कहानियाँ लिखीं। सबसे पहली कहानी 'रिश्ते' हैदराबाद से निकलने वाली नामी पत्रिका 'कल्पना' में छपी। फिर तो लिखने का चस्का लग गया। कुछ दिन कम्युनिस्ट पार्टी में रहे—काम किया। फिर पार्टी छोड़ी। राज्यसभा में अनुवादक रहे हैं—फिर विदेश में रहे। इन सभी का रचनाकार मानसिकता पर दूर तक असर पड़ा। 'कहानी : एक शुद्ध विधा?' निबन्ध में रचना-यात्रा के दौरान निर्मल ने अनुभव से यह सच कमाया कि कहानी ही क्या, कोई भी विधा शुद्ध नहीं रही है। क्योंकि 'समय' के दबाव से साहित्यिक विधाओं में 'अभूतपूर्व परिवर्तन' का चक्र चल रहा है। विधाएँ अपने आत्मकेन्द्रित दायरों को तोड़कर या अतिक्रमण कर अन्य विधाओं में अन्तःप्रवेश पा रही हैं। अब मुक्त रूप से उनमें मेल-जोल चलता है। 'आँखों-देखी रिपोर्ताज कहानी की विधा में स्फूर्त होती है।' इन प्रयासों से मिश्र विधाओं का जन्म होता है। गद्य की गति के फैलाव से विधाओं के ढाँचे ढीले पड़े हैं लेकिन विघटित नहीं हुए हैं। 'कहानी सिर्फ इसीलिए नयी कहानी नहीं हो जाती, यदि उसने कथा कहने की अपनी पुरानी विधि को त्याग दिया है। एक काव्यात्मक रूपक कथा के समूचे लैंडस्केप को अपनी नोंक से बींध सकता है, कोई बिम्ब बार-बार हांट करता हुआ, अपने को दुहराता हुआ कथ्य की परम्परागत शैली को तोड़कर घटना के क्रम को एक नया अर्थ दे सकता है।' (निर्मल वर्मा, 'शताब्दी के ढलते वर्षों में', पृ. 66-67) कभी-कभार ऐसा भी हो सकता है कि कोई कहानी ही कविता का रूप धारण कर ले—जैसे सियारामशरण गुप्त की लम्बी कविता 'एक फूल की चाह' अछूत कन्या की करुण कहानी है; कविता की देह में कराहती कहानी है। मूल बात यह कि हर अनुभव अपनी 'फार्म' स्वयं चुनता है। पहले से चुना निर्धारित फार्म काम नहीं आता।

निर्मल वर्मा ने कहानी की सृजन प्रक्रिया के दौरान यह अनुभव किया है कि कहानी में शब्द न सिर्फ रपट की तरह माध्यम होते हैं, न कविता की तरह स्वायत्त होते हैं। उनके भीतर तनाव भरी चमक रहती है। एक कहानी बाहर की दुनिया की रपट का अपने सत्य की भाषा में परिणत करती है। जिन्दगी और कला के बीच मड़राते हुए कहानी को सत्य शब्द में बिंधा रहता है और यही शब्द वाक्यों में बिंधे रहते हैं और एक वाक्य दूसरे वाक्य की ओर जाता हुआ एक ऐसा जाल बुनता है जिसमें जीवन की धड़कन को फाँस लिया जाता है, किन्तु एक लेखक मकड़ी नहीं है।' (वही, 65) कहानी में फॉर्म और कथ्य अविच्छिन्न होते हैं दोनों का अलगाव कहानी को मार देता है। दूसरे, आधुनिक कहानी 'सामूहिक स्मृतियों' से बाहर निकलकर व्यक्ति की निजी जिन्दगी का उद्‍घाटन करती है। उसकी जड़ें लेखक की निजी चेतना में रहती हैं। इसलिए कहानी पर वैयक्तिक चेतना के हस्ताक्षर अंकित होते हैं। अमेरिकी

कहानीकार एडगर ऐलन पो से हम इतने अभिभूत हो जाते हैं कि कुछ न पूछिए। निर्मल वर्मा की अपनी मानसिकता पर चेखव, पो, टॉल्स्टॉय, मोपासां, वर्जीनिया वुल्फ की कहानियों के गहरे निशान पड़े हैं। कहानी अब उपन्यास की गरीब बिरादर नहीं रही। वह अपने पैरों पर खड़ी हैं और जीवन के द्वन्द्व से जूझ रही है। नयी कहानी की अपनी भावभूमि में अवसाद, अकेलेपन, आत्म-निर्वासन की पीड़ा को शब्द देती हैं। कहानी उपन्यास और कविता के बीच खाली 'स्पेस' की 'लालसा' पूर्ति है जो कविता के जमे हुए समय को पिघलाकर 'कथ्यात्मक क्षेत्र' में बहा सके। 'कहानी अपनी छोटी-सी जीवन-यात्रा में उस अजानी और खाली जमीन को पार करती है जो भाषा और समय, कविता और इतिहास के बीच फैली है।' (वही, पृ. 72) ईसाक बाबेक, हेमिंग्वे, कैथरीन मेंसफील्ड और डी. एच. लारेंस की कुछ कहानियों में कहानी की संरचना काव्यात्मक किन्तु उद्देश्य कथ्यात्मक। हिन्दी में जैनेन्द्र, अज्ञेय और अश्क में यही जादू मौजूद है। टामस मान की तरह निर्मल वर्मा स्वयं अपनी कहानियों में चाहे 'परिन्दे' ही क्यों न हो, पैशन और पवित्रता, प्रकृति और लय की सृष्टि करते हैं।

निर्मल वर्मा मानते हैं कि भारतीय मनुष्य का आधुनिक संकट समस्त औपनिवेशिक अपवित्रताओं से ग्रस्त है जो उसकी संस्कृति का संकट है।...हमारे ऊपर विचारधाराओं का आतंक और हमारी असंगत स्थितियाँ—इस सबके बीच भाषा और भाषा में रची जाने वाली कहानियों का संकट है। निर्मल वर्मा की कहानियों में भाषा की सांस्कृतिक व्यंजनाओं को एक गहरा 'सन्दर्भ' निहित है। इसलिए भाषा मात्र माध्यम नहीं है। वह संस्कृति का प्रवाह है जिसमें जीवन-कर्म बहता है। मदन सोनी ने निर्मल वर्मा को कभी कहा था 'प्रथम गद्य-कवि' और कभी कहा 'हिन्दी कहानियों का मीर' तथा निर्मल वर्मा की कहानी 'माया-दर्पण' को 'एक विशुद्ध परिस्थिति इस मन्त्र के स्पर्श से हीरे की तरह तराशी गयी एक कहानी में बदल जाती है।' (मदन सोनी, कथा-पुरुष, निर्मल वर्मा पर चार निबन्ध, पृ. 19)

कहानी, निर्मल के बचपन का भावजगत् रही है—ऐसा एक भावजगत् जिसमें बचपन से 'क्रिस्टलाइज' हुई भावनाओं पर विचार रिफ्लैक्ट करने की एक प्रक्रिया थी। (निर्मल वर्मा, 'मेरे साक्षात्कार', पृ. 10) उनके लेखक ने मार्क्सवाद कभी स्वीकार नहीं किया—जबकि कुछ समय तक वे मार्क्सवादी पार्टी में रहे। 1942 में कम्युनिस्ट पार्टी ने जब गाँधी के भारत-छोड़ो आन्दोलन को लेकर दूसरा रवैया अपनाया तो वे आक्रोश से भर गये। यूरोप जाने पर अस्तित्ववादी चिन्तन ने आकृष्ट किया—संगीत में लगाव बढ़ा और कलाओं के प्रति जिज्ञासा भाव का विस्तार हुआ। निर्मल ने 'अपनी

कहानियों में जिस वर्ग को लिया, वह कोई हवाई वर्ग न था। वह भारतीय मध्यवर्ग के बुद्धिजीवियों की दुनिया थी। मैं उसे कम यथार्थ नहीं मानता और यह नहीं स्वीकार करता कि एक किसान की दुनिया ज्यादा यथार्थवादी है और एक मध्यवर्ग के बुद्धिजीवी की दुनिया नकली है।' (वही, पृ. 13) कहना न होगा कि 'यथार्थ' के प्रति निर्मल वर्मा में मोह है लेकिन यथार्थवाद के प्रति वितृष्णा। इसलिए कि यथार्थवादी लेखक अक्सर यथार्थ को नकली और बौना बनाकर रचना में पेश करता हैं। कहानी एक फ्लैश है। वह उपन्यास की भाँति 'ब्राडर क्लैरीफिकेशन' नहीं होती। कहानी कुछ पाने का भ्रम देती है—उपन्यास ढूँढ़ने की लम्बी यात्रा का जीवन-संघर्ष। कहानी हो या उपन्यास, वे प्रकृति चेतना में मानव और मानवेतर संसार की विराटता से जुड़ते हैं। उनके लिए कहानी में रिश्तों के पैटर्न का केन्द्रीय महत्त्व है लेकिन यदि 'प्लाट' बनता है तो वे उसे तोड़ते नहीं हैं। हाँ, कहानी के भावनात्मक ढाँचे में उनका ध्यान टिका रहता है। कहानी का अदृश्य कहानी के दृश्य (गति और लय) को संचालित-निर्धारित करता है। लिखते समय उनकी चेतना पर एक फिल्म चल रही होती है जिसे संवेदन शब्दों में उतारता रहता है। जैनेन्द्र-अज्ञेय का गद्य उनकी प्रेरणा रहा है लेकिन श्रीकान्त, रघुवीर सहाय, कुँवर नारायण, मनोहरश्याम जोशी का समकालीन लेखन उनकी पसन्द। निर्मल वर्मा का पहला कहानी-संग्रह 'परिन्दे' शीर्षक से छपा। सात कहानियों के इस संग्रह की कहानी 'परिन्दे' को नयी कहानी आन्दोलन में एक नया मोड़ उपस्थित करने वाली कहानी माना गया। नामवर सिंह ने 'कहानी नयी कहानी' शीर्षक पुस्तक में 'नयी कहानी की पहली कृति : 'परिन्दे' में लिखा है—'फकत सात कहानियों का संग्रह 'परिन्दे' निर्मल वर्मा की ही पहली कृति नहीं हैं बल्कि जिसे हम 'नयी कहानी' कहना चाहते हैं, उसकी भी पहली कृति है। पढ़ने पर सहसा विश्वास नहीं होता कि ये कहानियाँ उसी भाषा की हैं जिसमें अभी तक शहर, गाँव, कस्बा और तिकोने प्रेम को लेकर कहानीकार है जूझ रहे हैं। 'परिन्दे' से यह शिकायत दूर हो जाती है। कि हिन्दी कथा-साहित्य अभी पुराने सामाजिक संघर्ष के स्थूल धरातल ही 'मार्कटाइम' कर रहा है। समकालीनों में निर्मल पहले कहानीकार हैं जिन्होंने इस दायरे को तोड़ा है बल्कि छोड़ा है; और आज के मनुष्य की गहन आन्तरिक समस्या को उठाया है।' (पृ. 52) आज के मनुष्य की गहन समस्या इस कहानी में कैसे प्रकट हुई, इसकी प्रेरणा का इतिहास निर्मल वर्मा ने स्वयं संकेतित किया है कि कैसे अनुभव को कहानी में बुना जा सका।

'शायद कोई यह विश्वास नहीं करेगा लेकिन क्योंकि आपने यह प्रश्न किया है इसलिए मैं पहली बार यह बता रहा हूँ कि 'परिन्दे' कहानी जो होस्टल में एक लड़कियों के बारे में है और जो अपने में थोड़ा प्रेम, मृत्यु, अकेलापन, पहाड़—

इन सब सूत्रों को समेटती हुई चलती है, उसकी शुरुआत कैसे हुई। एक शाम मैं रानीखेत में सैर करते हुए एक सड़क से गुजर रहा था। बहुत ही निर्जन सड़क थी। मैंने देखा कि नीचे वहाँ एक लम्बा-सा मकान है जहाँ एक रेडियो बज रहा है और कुछ लड़कियाँ हँस रही हैं। सुनकर एक क्षण के लिए मैं ठिठक गया और कुछ देर तक वहीं खड़ा रहा। उस क्षण में मुझे कुछ मालूम नहीं था कि इस अँधेरे में पहाड़ी निर्जन स्थान में रेडियो और लड़कियों का हँसना और फिर मेरा कुछ देर के बाद आगे बढ़ जाना कोई मायने रखेगा। मैं हर शाम उसी सड़क से निकलता था और उन लड़कियों की हँसी और इस बीच जो कुछ सोचता रहा—उसके बीच एक कड़ी बनती गयी और कुछ दिनों बाद क्योंकि मैं डाक बँगले में बिल्कुल अकेला ठहरा हुआ था—'परिन्दे' कहानी की शुरुआत केवल इस एक दृश्य से हुई।' (निर्मल वर्मा, 'मेरे साक्षात्कार', पृ. 75-76)

इस कहानी में 'व्यक्ति चरित्र वही है, जीवन-स्थितियाँ भी रोज़ की जानी-पहचानी ही हैं, लेकिन निर्मल के हाथों वही स्थितियाँ इतिहास की विराट् नियति बनकर खड़ी हो जाती हैं और उनके समक्ष खड़ा व्यक्ति सहसा अपने को असाधारण रूप से अकेला पाता है और जिसकी जबान से निकला हुआ मामूली-सा वाक्य एक युगव्यापी प्रश्न बन जाता है।' ('कहानी : नयी कहानी', पृ. 52)

कहानी की नायिका लतिका टीचर है—अविवाहित है और स्कूल के हॉस्टल में रहती है—वह किसी फौजी से प्रेम करती है लेकिन अचानक उसकी मृत्यु होने के साथ वह अकेली हो जाती है और उसकी स्मृति में जीती है। लतिका का अकेलापन लड़कियों की डाँट से टूटता है। हर साल छुट्टी में स्नोफॉल का बहाना—लेकिन भीतर मन में अथाह पीड़ा। ''मैडम, छुट्टियों में क्या आप घर नहीं जा रही हैं?'' सब लड़कियों की आँखें उस पर जम गयीं। 'अभी कुछ पक्का नहीं है—आई लव द स्नोफॉल। लतिका को लगा कि यही बात उसने पिछले साल कही थी और पिछले से पिछले साल भी।...उसका सिर चकराने लगा, मानो बादी का स्याह झुरमुट किसी अनजाने कोने-से उठकर उसे अपने में डुबो लेगा। वह थोड़ा-सा हँसी फिर उसने सर को झटक दिया।'' ('परिन्दे', पृ. 134) लतिका की प्रेम-ग्रंथि लड़कियों को प्रेम करने से रोकती है। लतिका से मि. ह्यूबर्ट प्रेम करते हैं—लेकिन वह उसे जोक में उड़ाकर अकेली जीती है स्मृति के सहारे। एक लड़की जूली किसी फौजी से प्रेम करती है और उसका पत्र मिस लतिका के हाथ पड़ जाता है तो उसे देने के बजाय डाँटती है। अन्त में काफी भीतरी द्वन्द्व के बाद लतिका वह पत्र जूली को दे देती है। लतिका की मनोग्रन्थि का कैथार्सस। पक्षियों के झुंड को देखकर लतिका सोचती है 'क्या वे सब प्रतीक्षा कर रहे हैं? लेकिन कहाँ के लिए, हम कहाँ जाएँगे।' यह पूरा प्रश्न कहानी में अपनी अनेकार्थता में लतिका,

डॉक्टर मुखर्जी, मि. ह्यूबर्ट—सभी को अपनी गिरफ्त में ले लेता है। 'हम कहाँ जाएँगे।' यह वाक्य पूरी कहानी को मानव-नियति का अर्थ-सन्दर्भ दे देता है। कहानी अपने गहन प्रभाव में पाठक के भीतर स्थायी रूप से उतर जाती है और कहानी में 'स्मृति' को रचनात्मकता का रंग उभरता है। मानव और प्रकृति कथानक के रचाव में एक ऐसी अर्थ-निष्पत्ति करते हैं कि पूरा राग-विस्तार संगीत में बदल जाता है। लतिका फूल-पहाड़ हर चीज़ से जुड़ी है एक लय के साथ। अपने समग्र प्रभाव में कहानी की कला हीरे सी दमकती है। 'सितम्बर की शाम' का बेकार नवयुवक साधारण बेकारी से बड़ी अर्थ-व्यंजना रखता है—अपने अतीत से मुक्ति पाने का प्रयास 'माया का मर्म' की बेरोजगारी में जिन्दगी का निरर्थकता बोध। 'डायरी का खेल', 'पिक्चर पोस्टकार्ड' इन सभी कहानियों में निरर्थकता में अर्थ की तलाश। अतीत-स्मृति का खेल सभी कहानियों में ऐसे चलता है कि जीवनलय की उठान हृदय का स्पर्श करे। कहानियाँ क्या हैं, भावुकता की लहरदार तानें हैं जो कहानी के सभी पुराने फार्मूलों को ध्वस्त कर देती हैं। जीवन के गहरे से गहरे यथार्थ अनुभव की इन कहानियों में प्रेम-मृत्यु-प्रकृति-अकेलापन सभी का राग-रसायन है प्रेम में प्रेम का अतिक्रमण। कवि-आलोचक मलयज ने निर्मल की कहानियों को 'स्मृति में बन्द रचना' सही नाम दिया है—'हकीकत यह है कि रचना निर्मल वर्मा के लिए स्मृति में ही है।' ('संवाद और एकालाप', पृ. 15) उनका पूरा गद्य स्मृति की कविता है संवेदना से सृजित इन्द्रधनुषी गद्य। 'अँधेरे में' कहानी में सम्बन्धों का धूपछाँही रंग स्मृति को आहत करते क्षण। इस स्मृति का भारतीय रंग निर्मल वर्मा को कहानियों में प्रूस्त से अलग कर देता है।

निर्मल वर्मा का दूसरा कहानी-संग्रह है 'जलती झाड़ी' (1965)। इस संग्रह में दस कहानियाँ हैं—लवर्स, माया-दर्पण, जलती झाड़ी, लन्दन की एक रात आदि। 1973 का सर्वश्रेष्ठ फिल्म अवार्ड निर्मल वर्मा की कहानी 'माया दर्पण' पर बनी फिल्म पर मिला है। निर्मल वर्मा के लिए नयी कहानी 'अँधेरे में चीख' है तो सबसे ज्यादा चीखें 'जलती झाड़ी' में उठी हैं। जीवन-यथार्थ की भीतरी-गहरी समझ और मानव मन को गह पाने की क्षमता और कथ्यात्मकता को कला की बारीकियों से सम्पन्न करना निर्मल वर्मा की अद्‌भुत प्रज्ञा-शक्ति का प्रमाण है। कला के सघन प्रभाव के कारणों को शब्दाकार मौन बढ़ा देता है। सहसा हमारा ध्यान जाता है कि इस संग्रह की सभी कहानियों की पृष्ठभूमि यूरोप की है। जैसे 'लन्दन की एक रात', 'अन्तर' तथा 'जलती झाड़ी' आदि। संग्रह की प्रथम कहानी 'लवर्स' की कथा 'मैं' और 'प्रेमिका' के बीच संवादसेतु बनाती है। दोनों एक-दूसरे को दोस्ती में समझने में ही 'अन्तर्मन' का विकास करते हैं। अँग्रेज़ी-अमरीकी पत्रिकाओं की दुकान, दिसम्बर माह के आखिरी दिन, अधेड़ उम्र का आदमी आकर

पत्रिका के कवर पर लेटी अर्द्धनग्न युवती का चित्र दिखाता है और दुकान पर बैठे लड़के से कहता है—किन्तु ग्राहक, ग्राहक है और खुश करने के लिए वह भी मुस्कुराता है। ग्राहक, प्रतीक्षा—न जाने कितने अर्थ इसमें लिपटे हैं। राग का बड़ा ही जटिल रूप—दोनों की अभिव्यक्ति का अलग ढंग। प्रश्न यह है कि क्या हम दोनों एक मित्र की भाँति नहीं रह सकते? बँधकर भी मुक्ति की तलाश 'माया दर्पण' अलग तरह की प्रेम कहानी है—ऐसी लड़की की कहानी जो अपने बाबा-बुआ के साथ गाँव में रहती है। लड़की का नाम तरन, एक उजड़े दीवान की लड़की। कम उम्र के इंजीनियर को देखकर तरन का मन फरफराया। केवल प्रेम-पुलक की कहानी। बहते हुए रागात्मक सम्बन्ध की कहानी—एक लिरिकल कविता का राग।

'जलती-झाड़ी' की पृष्ठभूमि में यूरोप और निर्मल का 'मैं' वाला चेहरा। नायक मैं ने होटल में अकेलापन भोगा है। दिनभर होटल का कमरा और शाम को टहलने का एकान्त—नदी-पतझड़-बच्चे। मछली पकड़ता एक बूढ़ा। कहानी में दो बच्चे। आधुनिक संवेदना का अकेलापन पसरा है। 'दहलीज', 'लन्दन की एक रात', 'अन्तर' जैसी कहानियों में आधुनिक नर-नारी के सम्बन्धों के रागात्मक बदलावों पर निगाह केन्द्रित की गयी है।

निर्मल वर्मा का तीसरा कहानी-संग्रह है 'पिछली गर्मियों में'। आठ कहानियों के इस संग्रह की पहली कहानी है 'धागे'। सभी कहानियों का कथ्य और रूप एकदम नया है। विदेश में गया लड़का वहाँ अपनी भारतीय स्मृति में जीता है। 'डेढ़ इंच ऊपर' में एक व्यक्ति को पत्नी के साथ रहते सात वर्ष बीत गये फिर भी वह उसे पूर्ण रूप से नहीं जान पाया। कहानी में वाक्य आता है 'जिस क्षण आप इन्तजार करना छोड़ देते हैं, उस क्षण आप जीना भी छोड़ देते हैं।' (पृ. 35) कहानी प्रतीकात्मक शीर्षक—डेढ़ इंच से नीचे जीवन का दूसरा प्रवाह। पत्नी के प्यार में डूबे सात वर्ष। फिर पता चला वह तो विदेशी एजेंट थी। औरत जात एक चौकन्नी-चालाक बिल्ली का प्रतीक। नायक के मन में स्त्री जाति के प्रति अविश्वास का बिम्ब कौंधता है।

चौथा कहानी-संग्रह 'बीच बहस में' 1973 में आया। इसमें चार लम्बी कहानियाँ हैं और महत्त्वपूर्ण भी। सर्वाधिक विवादास्पद कहानी है—'बीच बहस में'। इस संग्रह की भूमिका 'अपने देश वापसी' का ऐतिहासिक महत्त्व है। भारतीय-अभारतीय परिवेश के सृजन चिन्तन का दस्तावेज है यह 'भूमिका'। इसमें अनुभव की मणियाँ दमक रही हैं।

निर्मल वर्मा का पाँचवाँ कहानी संग्रह 'कव्वे और काला पानी' साहित्य अकादेमी, दिल्ली से (1985) पुरस्कृत हुआ है। सात कहानियों के इस संग्रह को निर्मल ने भोपाल के भले-भोले-अभूले दिनों की स्मृति को समर्पित किया है। कहानियों में

बदलते मानव-सम्बन्धों का एक अलग संसार है जिसकी निजता को उदासी ने घेर लिया है। 'कव्वे और काला पानी' भारतीय घरों की वह कहानी है जिसमें बाप की मृत्यु हो जाने के बाद भाई-भाई आपस में जमीन के बँटवारे के लिए प्रयासरत रहते हैं जबकि तीसरा भाई बिना किसी को बताए कहीं चला गया है। बहुत सालों तक कोई अपनी खबर नहीं देता है। घरवाले समझते हैं कि वह किसी हादसे में मारा गया। तभी उसकी एक दिन चिट्ठी आती है कि वह ज़िन्दा है पर पहाड़ों पर रहता है। घर के बँटवारे के लिए तीनों भाइयों के हस्ताक्षर की ज़रूरत थी इसलिए खोए हुए भाई से मिलने छोटे भाई को भेजा जाता है। माँ बहुत पीड़ित, बेचैन रहती है और उसके बारे में सोचती रहती है। छोटा भाई, बड़े भाई को खोजने पहाड़ के किसी कस्बानुमा गाँव में पहुँचता है। बस से उतरते ही वहाँ छाता लिये मास्टर जी मिलते हैं। बरसात हो रही है, छोटा भाई भीगता खड़ा है। मास्टर जी पूछते हैं—कहाँ जाना है? होटल में। होटल मास्टर जी के लिए स्वर्ग की कामना। फिर बातचीत के बाद मास्टर जी उसे अपने घर ले गये। मास्टर जी से परिचय। फिर सोते वक्त ब्रीफकेस खोलकर उन काग़ज़ों को चेक कर रहा है जिन पर दस्तखत करवाना है। सुबह जगकर देखा पहाड़ ही पहाड़। एक ढाबे पर गया वह। नंग-धड़ंग महात्मा के दर्शन। महात्मा की कृशकाय ठिठुरती देह। महात्मा को देखकर पिता की स्मृति। पिता रूप में महात्मा। यही महात्मा उसे उसके भाई तक पहुँचने का रास्ता बताते हैं। उसके भाई एक जाने-माने बाबा। जंगली रास्ते में सिर्फ एक लंगूर। फिर बाबा के दर्शन। बाबा ने ऊपर हाथ पकड़कर खींचा तो ब्रीफकेस खुल गया। हवा में उड़ते काग़ज़-पत्तर/मकान के दस्तावेज। जल्दी-जल्दी दोनों ने काग़ज़ों को बीना। हाथ से छूने में दस साल का बीता अतीत एकदम जीवन्त। एक साथ रहे बचपन की याद, फिर अचानक बदलाव कैसे आया। भाई-भाई का एक साथ रहना तो दूर बँटवारे के लिए इतनी दूरी तय की। बड़े भाई ने घर के सदस्यों के विषय में जानकारी ली। छोटे भाई ने कहा—'वे मकान बेचना चाहते हैं, काग़ज़ों पर दस्तखत करवाने ही मैं यहाँ आया हूँ।' बड़े भाई ने पूछा—'माँ कहाँ रहेगी? उसने कहा—कहीं भी। बड़े भाई ने कहा—क्यों बेचना चाहते हो मकान? बाबूजी की पूरी जीवन की कमाई, शादी-ब्याह सब वहीं हुए। सुनकर छोटा भाई चुपचाप। दूसरे दिन नीचे गया तो पाता है—'वहाँ न सहजी बाबा थे, न मेरे भाई थे—वहाँ एक ऐसे आदमी खड़े थे जो दीन-दुनिया से बेखबर...।' (पृ. 139) छोटा भाई यह सब देखकर चकित, अवाक्। सहजी बाबा ने रुकने को कहा। वह नहीं रुका। सहजी बाबा ने काग़ज़ों पर दस्तखत कर दिये। जाते समय बोला—'मैंने कभी नहीं सोचा था आपको इस जिन्दगी में देखना सम्भव

हो जाएगा।' वे शान्त देखते रहे—छोटे भाई को लगा जैसे कोई उसका सिर सहला रहा हो। लेकिन वहाँ कोई नहीं सिर्फ धूप का एक चकत्ता। अद्‌भुत तरह से कहानी का नाटकीय अन्त।

प्रोफेसर दार्शनिक रामचन्द्र गाँधी ने 'कव्वे और काला पानी : एक सहज पाठ' शीर्षक से इस कहानी के 'पाठ' का अद्‌भुत विश्लेषण विमर्श-डिस्कोर्स प्रस्तुत किया है। हिन्दी-कहानी की आलोचना के इतिहास में किसी भी कहानी का ऐसा 'पाठ-विश्लेषण' कहीं नसीब नहीं है। प्रो. रामचन्द्र गाँधी ने 'कव्वे और काला पानी' को व्याख्या के लिए क्यों चुना और कैसे साहित्य के केन्द्र में इस व्याख्या को इसकी 'एम्बीग्युटीज़' के साथ उजागर किया है। उनका स्वयं का कथन है—'और इसलिए मैंने इस कहानी को चुना क्योंकि पिछले कुछ वर्षों से मैं उन प्रतीकों की खोज में हूँ जो इस शताब्दी के सत्य को पकड़ते हों और इस शताब्दी के आगे जहाँ हमें जाना है वहाँ तक एक प्रकार का पुल बाँधते हों। मुझे लगता है कि यह कहानी ऐसे प्रतीक हमें प्रदान करती है।' ('निर्मल वर्मा', सम्पा. अशोक वाजपेयी, पृ. 144) दरअस्ल, इस कहानी के अर्थ के कई स्तर हैं जैसे कि किसी भी महान् रचना के कई स्तर होते हैं। यह कहानी ऐसी ही महान् रचना है—निर्मल के समस्त उपन्यास-कहानी साहित्य में विशिष्ट और महान्। यह कहानी वानगॉग की एक पेंटिंग की याद दिलाती है—'क्रोज ओवर कार्न फील्डस'। लेकिन इस कहानी का परिप्रेक्ष्य एकदम भारतीय है। कहानी का एक सीधा स्तर और दूसरा स्तर है—मुझे लगता है कुछ शताब्दियों से जब से विदेशी हुकूमत भारत में आयी तब से हमारे 'पिता' की तो मृत्यु हो गयी है। आधुनिकता का मतलब ही है कि अब भाई या बहन या माँ ही पिता बन सकते हैं, साधना के द्वारा। वह पुराना युग अब नहीं है जिसमें पिता थे और जो हम सबको बचाए रखते थे। उनको तो हमने मार डाला।' (वही, पृ. 147) इस तरह कुछ शताब्दियों से भारत में 'पिता' की मृत्यु हो गयी है। केवल कुछ लोग बचे हैं जो गुलाम देश में 'पिताहीन घर' में रहना नहीं चाहते। अरविन्द-गाँधी इस सभ्यता-संस्कृति के पिता थे उन्होंने 'होलोकास्ट' बचाया किन्तु आज इस हाय-हत्या की ओर बढ़ रहे हैं। आधुनिकता—एयरकंडीशंड कमरों वाले महात्माओं के पास आध्यात्मिकता बनकर बैठी आराम कर रही है। अब पहाड़ी कस्बों के सहजी बाबाओं को पूछता कौन है? पूरी कहानी जीवन रूपक की, जटिलता दुर्बोधता की एम्बीग्युटी का डंक प्रतीत होती है। यह निर्मल वर्मा की पहली कहानी है जिसमें न कोई प्रेम रफड़ा है, न कोई बच्चा, न कोई उस तरह का स्त्री-पुरुष सम्बन्ध। दो भाइयों के बीच घटित होने वाली कथा है।

आलोचक-कथाकार कवि-चिन्तन रमेशचन्द्र शाह ने 'कव्वे और काला पानी' पर एक गहन समीक्षा लिखी है जिसमें निर्मल वर्मा की कथा स्थितियों की ही नहीं,

उनकी मूलभूत चिन्ताओं-अभिप्रायों की व्याख्या की है। ('निर्मल वर्मा', सम्पा. अशोक वाजपेयी, पृ. 158) उन्होंने ध्यान दिलाया है कि निर्मल की कहानियों में 'घर' और 'बच्चे' इस शब्द प्रतीकों की अर्थगर्भ व्यंजना पर ध्यान दें तो उनका अभिप्राय खुलने लगता है। 'जल मग्न रिश्ते' का बाँझ-दुख पिछड़ी पीढ़ी का अज्ञेयीय अर्थ लिये है—'दुःख सबको माँजता है।' यहाँ अतीत एक स्मृति गाँठ से ज्यादा एक 'मूल्य' है। फैंटेसी की चेतना का घर कहीं नहीं है। भारतीय-समाज-सभ्यता-संस्कृति के संकट निर्मल वर्मा की कहानियाँ उजागर करती है। चीख से नहीं, क्लासिकल ठंडेपन के साथ। प्रश्न है कि रचने की इच्छा क्या मात्र आत्म-दान की इच्छा या तितीर्षा है या वह जीवन के अर्थ की एकाग्र समाधि-चित्त से तलाश है। 'सुबह की सैर' का कर्नल सच्चाई की किस फाँसी पर झूल रहा है। वह सच्चाई है भी या नहीं या वह केवल अवचेतन के कबूतर के फड़फड़ाते पंखों की आहट भर है? 'आदमी और लड़की' का ईश्वर अँधेरे में क्यों डूबा है, उजाले में अपना चेहरा क्यों नहीं दिखाना चाहता? पाप और निर्दोषता के प्रश्न क्यों घेरे हैं मानव आत्मा को? क्या ईश्वर 'बाँझ सच है' जिसका सर्जनात्मक संस्कार नहीं है? जीवन का अतीत और वर्तमान का खल्वाट सिरवाला द्वन्द्व भर है? 'कव्वे और काला पानी' संग्रह की कई कहानियाँ अकेलेपन का अर्थ खोजती क्यों रह जाती हैं और अन्तिम कहानी 'एक दिन का मेहमान' अकेलेपन के अर्थ की कौन-सी व्यंजकता लिये है। यहाँ 'बच्ची' की भूमिका—माता-पिता दोनों में निर्णायक हस्तपेक्ष है। शाहजी ने लिखा है—'बच्चे निर्मल की कहानियों में अक्सर आते हैं और उनकी भूमिका भी बड़ी विलक्षण हुआ करती है जैसी कि किसी अन्य कथाकार में नहीं मिलती। मानो सारे मूल्य-भ्रंश, सारी सन्दिग्धता के बीच वही एक असन्दिग्धता, अस्तित्व और मूल्य हो जिससे चिपटा जा सकता है।' (वही, पृ. 165) बच्चे की लीला भूमि की 'दूसरी दुनिया' है जिसका हस्तक्षेप परिवार को संजीवनी औषधि देता है। 'दूसरी दुनिया' का नायक बच्ची के खेल से वंचित हो जाने के बाद भी राग में घिसट रहा है। 'धूप का टुकड़ा' क्या है, स्त्री-विमर्श का नया पाठ। अलगाव का न कोई ठोस कारण, न नायिका में बौद्धिक झंझट। नर-नारी के बीच 'पजेसिवनेस' का आन्तरिक यथार्थ और यथार्थ है—अकेलापन आत्म-तनाव-द्वन्द्व-आत्म-निर्वासन। तमाम तरह के 'आधुनिकता' से उत्पन्न अभिशाप नर-नारी के बीच त्रास और उलझन। क्या विडम्बना है! कुछ प्रेम करके अलगाव झेल रहे हैं कुछ विवाह करके। ऐसा कोई भी रगड़ा 'कव्वे तथा काला पानी' शीर्षक लम्बी कहानी में नहीं है। दो भाइयों की कथा। छोटे भाई से मिले मास्टर, फिर अघोरी बाबा और पहाड़ी कस्बा। यह कस्बा मानो ट्रांजिट स्टेशन है—कौए की योनि और निर्वाण के बीच। दुर्बोध प्रतीकों से बनती आधुनिकता के अभिशाप की कथा। संन्यासी होकर भी अन्यों को न छोड़ पाने की

व्यथा। इसलिए स्वर की उदास निस्संगता का अर्थ है—छूटकर फिर बँध जाना और बँधकर मुक्त होने के लिए छटपटाना।

निर्मल वर्मा की कहानियाँ सुपरिचित किन्तु परिष्कृत-संवेदना और 'उजले भाव-बोध' की कहानियाँ हैं। यह कहना कि इन कहानियों में समाज गायब है—समझ का उथलापन है या किसी विचारधारा का अन्धापन, फार्मूलाबद्ध नाप-जोख। मानव सम्बन्धों की बारीकी का यथार्थ ही यहाँ सामाजिकता है। समाज-निरपेक्षता में 'कव्वे और काला पानी' जैसी कहानी का सृजन सम्भव ही नहीं है। कहानी का भारतीय 'घर' पाठक की चेतना में चक्र की तरह घूमता मिलता है। समाज और सत्य का मध्यवर्गीय परिवेश जीवनानुभावों का पूरा इतिहास कहने में सक्षम है।

निर्मल वर्मा का एक कहानी-संग्रह 1995 में 'सूखा' नाम से प्रकाशित हुआ है। मध्यवर्गीय जिन्दगी की घुटना-पीड़ा का अँधेरा इन कहानियों की कथ्यात्मक संवेदना में मौजूद मिलता है। इस कहानी की कथा एक प्रतिष्ठित लेखक से जुड़ी है और शहर के सेमिनार में वह एक ऐसी लड़की से मिलता है जो कॉलेज में पढ़ाती है और उसे सेमिनार में आये अतिथियों की सामान्य ज़रूरतों के लिए रखा गया है। वह सभी के सेमिनार पेपर जो उन्हें पढ़ने थे, उन्हें पहुँचाने में सहायता करती है। साथ ही ठहरने वाले होटल में भी उसकी ड्यूटी लगी थी—डॉ. देव के साथ पूना के दामले तथा कलकत्ता के डॉ. सेन दो डेलीगेट टिके थे। बाकी सभी यूनिवर्सिटी गेस्ट हाउस में रुके। एकदम नयी लेक्चरर लड़की बानो और सेमिनार का पहला अनुभव मिसेज सेन से डॉ. देव के बारे में बातचीत। वह डॉ. देव के कमरे में गयी पर वे मिले बाहर ट्रैरेस में। उसने सुना 'ज़रा ठहरिए'। फिर बातचीत/ पेपर साइक्लोस्टाइल्ड करवा देने का ऑफर। फिर लिख न सकें तो डिक्टेशन लेने को लड़की तैयार। फिर डॉ. देव की आँखों में लड़की ने पाया किसी फकीर बाबा की स्मृति छिपी है। लड़की का एक प्रेमी है—पत्रकार, जो उस समय शहर से बाहर है। लेकिन लड़की ने अचानक डॉ. देव का परिचय पढ़ा कि बर्कले विश्वविद्यालय में मध्यकालीन इतिहास के प्राध्यापक। भारत आकर नौकरी साथ में कहानी-उपन्यास लेखक। रिटायर्ड अध्यापक अब अकेलेपन से थककर अपनी बेटी के साथ रहना चाहता है। मि. देव की जिन्दगी वीरान है—सूखा पड़ा है। इस संग्रह की दूसरी कहानी है 'अन्तराल'। एक व्यक्ति के अकेलेपन की कहानी।

निर्मल वर्मा की कहानियाँ जीवनुभवों के विविध परिप्रेक्ष्य को सामने लाती हैं। वे हिन्दी के ऐसे अनुपम कहानीकार हैं कि उन जैसी कहानियाँ हिन्दी में कोई और लिख ही नहीं पाया। अलीकी विद्रोही—लेकिन शान्त। प्रसाद-स्कूल, जैनेन्द्र-अज्ञेय-स्कूल, अमृतलाल नागर-कमलेश्वर, मोहन राकेश से उन्होंने सीखा बहुत कुछ

लेकिन इनमें से अनुकरण किसी का नहीं किया। चेखव, टॉलस्टॉय, प्रूस्त, मिलान कुंदेरा, लारेंस आदि को खूब पढ़ा-गुना-सराहा, लेकिन कहानी का ईडियम किसी से नहीं चुराया। उनका कहानी मुहावरा बारीक मुलायम, कुटा-छना एकदम उनका मौलिक है। न कोई उन जैसा वाक्य-विन्यास कर सकता है—न वर्णन, न बिम्ब प्रतीक गढ़ सकता है। इसलिए पूर्ववर्ती कहानी-कला से निर्मल वर्मा की कहानी कला में समानताएँ बहुत कम, भिन्नताएँ बहुत ज्यादा हैं। जैनेन्द्र और अज्ञेय भी कहानी में स्थूल के प्रति सूक्ष्म विद्रोह कम नहीं करते रहे, लेकिन वे उस ओर जा ही नहीं सके जिस ओर निर्मल यह मानते हुए आगे बढ़े—'पन्थ होने दो अपरिचित, प्राण रहने दो अकेला' निर्मल अकेलेपन से शक्ति पाते हैं। उनके लिए अकेला मारक नहीं है, शान्त होकर चिन्तन करने का खुला समय है।

'परिन्दे' के प्रकाशन से हिन्दी पाठकों-बौद्धिकों-आलोचकों के कान क्यों खड़े हुए थे, इसलिए न कि नयी कहानियों को पहली बार ऐसा कहानीकार मिला था जो यथार्थ को भीतर उतरकर रचता है। इस तरह की कहानियाँ इस दौर में न कमलेश्वर-मोहन राकेश लिख रहे थे, न कामतानाथ-भैरवप्रसाद गुप्त और शिवप्रसाद सिंह। इसीलिए अपने सभी समकालीनों के बीच निर्मल वर्मा की कहानियों की अपनी अलग पहचान बनती है।

यह बात भी भुलाने योग्य नहीं है कि निर्मल ने राजनीतिक विचारधारा की गुलामी न कभी सृजन में स्वीकार की, न जीवन में। कम्युनिस्ट पार्टी की थोड़े दिन सेवा-टहल के बाद वे उससे छूटकर अरविन्द, रामकृष्ण परमहंस, विवेकानन्द, महर्षि रमण, गाँधी-लोहिया-जयप्रकाश की ओर झुके, लेकिन दिमागी गुलाम बनकर नहीं। आस्था ने तर्क को पराजित नहीं किया। कला का जोखिम झेला निर्मल ने और कहा वास्तव में कला की कोई सामाजिक प्रासंगिकता नहीं है, क्योंकि इसका सच अपने आप में है स्वायत्त और आत्म-तुष्ट है।' ('कला का जोखिम', पृ.32) निर्मल वर्मा के इस कथन को कई आलोचकों ने 'कलावादी', 'रूपवादी', नाम दिया है। इन्हें पता ही नहीं है कि कलावाद का असली सौन्दर्यशास्त्र क्या है—क्यों है? निर्मल वर्मा की कहानियों का राजनीतिक विचारधारा से कुछ लेना-देना इसलिए भी नहीं है कि वे 'पाठ' की मिशेल फूकोवादी 'डिस्कोर्स-थियरी' की ओर बढ़ते रहे हैं।

यह भी अनूठी बात है कि इन कहानियों पर 'आधुनिकता' के चिन्तन की दूर तक छाप है, लेकिन इनमें कविता का मर्म है, कविता की शर्त पर लिखा गया गद्य-काव्य। इसकी काव्यात्मकता का जादू कल्पना के बिम्बधर्मी चमत्कार में है। वैसे भी नाटक हो, उपन्यास हो, यात्रा-संस्मरण-कहानी हो—काव्यात्मकता ही उसकी चरम सृष्टि और दृष्टि का निर्धारण करती है। प्रसाद की, अज्ञेय की कहानियों की काव्यात्मकता

ने निर्मल वर्मा की कहानी-कला की सर्जनात्मकता में रंगीन चिड़िया-सी उड़ान भरी है। अनुभव-अनुभूति के सफेद-काले अपूर्व छवि वाले मेघ उनकी 'स्मृति' में दौड़ते मिलते हैं और उनकी पैनी आँख के निरीक्षण एक परिवेश को जीवन्त बनाते है। भाव-लय की उठान का उत्कर्ष संवेदना में काव्यत्व की मिठास भर देता हैं काव्यात्मकता का जो रूप गुलेरी-प्रसाद-अज्ञेय में था, उसमें जीवन-लय का इतना प्रकृत-संगीत न था जितना निर्मल की कहानियों में है। कवि-आलोचक मलयज ने इन कहानियों पर कितना सच लिखा है—"यह भागना इतना धीमे-धीमे होता है कि ठहरा हुआ लगता है—स्लोस्पीड मूवी फिल्म की तरह। एक साथ भागने और छरहरा होने में कई चीज़ें पैदा होती हैं। पहले तो एक गीतात्मक लय, जो अनुभूति में ही नहीं भाषा में भी है। निर्मल वर्मा अनुभूति की किसी विक्षुब्ध मनोभूमि से नहीं उठाते, बल्कि हमेशा एक उदास गीत-लय की मनोभूमि से उठाते हैं—जिसे तनाव के छोटे-मोटे आघातों से गहरा करते जाते हैं। अनुभूतियों में से अपनी रचना का अर्थ सम्प्रेषित करते हुए वे कभी-कभी अर्थ के परे चले जाते है जैसे अर्थ की ठोस प्रतीति कराना नहीं, अर्थ को पकड़ने में निरन्तर खुद के भटकने का अहसास देना उनका मकसद है। एक लय में भावानुभूतियों के सन्तुलित उतार-चढ़ाव में भटकना। इस भटकने के संगीत को अपनी अनुभूतियों में सुन सकें बल्कि 'देख' भी सकें।" ('संवाद और एकालाप', पृ. 16) उदाहरणार्थ 'वीकएंड' कहानी का एक पैराग्राफ लीजिए :

'अब अँधेरा था—दुपहर की रोशनी के बीच एक काला द्वीप, गर्म, साफ, उसकी साँसों को सहता समोता हुआ, कहीं कुछ गलत है। उसने सोचा, कहीं कुछ ज्यादा गलत है कि लगभग सही जान पड़ता है। उसने अँधेरे में धकेलकर अपने मुख को बाहर निकाला, एक सन्दिग्ध सिक्के की तरह उसे खटखटाया, बहुत ध्यान से उसकी खनक को सुना, कान लगाकर जैसे सब कुछ उस पर निर्भर हो। सिर्फ हवा की गूँज थीं—और कुछ नहीं। मिटती दोपहर का सन्नाटा और बच्ची की चीखें थी, पंखों से भी ज्यादा हलकी। वे सब असली थीं, उसके नकली अँधेरे में।' इस तरह 'इस गीतात्मक लय में एक तरह का इत्मीनान है, रचाव है और चीज़ों को पकड़ने का सलीका।' ('संवाद और एकालाप', पृ. 17)

बड़ी बात यही है कि कहानी के रचाव में, काव्यात्मकता में वे कल्पना का प्रयोग मात्र नहीं करते; बल्कि कल्पना की ताकत से पूरा 'स्ट्रक्चर' खड़ा कर देते हैं। उनके पास रूप विधायिनी कल्पना इतनी सर्जनात्मकता में भरी है कि यहाँ काव्यात्मकता कहानी के रूप-रंग में प्रकृत बुनावट बनकर आयी है। कहानी में कविता और कथ्यात्मक विदग्धता इन कहानियों के दुर्लभ गुण हैं। जैसे—'वह कहता था—वह सुनती थी...घर

कहीं न था, इसलिए घर की आवाज अच्छी लगती थी। इस आवाज में धूप होती थी और जब वह कहता था तुम हमारी हो तो वह धुन एक घने जंगल में चली जाती थी।' (वीकएंड) देखिए न, निर्मल की काव्यात्मकता भाषा की अर्थ-व्यंजना में—अर्थ -ग्रहण में निहित बिम्ब-ग्रहण। 'इस आवाज में धूप होती थी।' केवल बिम्ब ही नहीं है—अन्तर्जगत की कविता 'काव्यात्मक' है। यह वही भाषा है चित्र भाषा, जिसमें सेब की तरह उसकी लालिमा भीतर न समा सकने के कारण बाहर झलक पड़ी हो। 'परिन्दे' कहानी में पियानो की ध्वनि का प्रभाव—'मुझे लगा, पियानों का हर नोट चिरन्तन खामोशी की अँधेरी खोह से निकलकर बाहर फैली नीली धुन्ध को काटता, तराशता हुआ एक भूला-सा अर्थ खींच लाता हैं। गिरता हुआ हर 'पोज' एक छोटी-सी मौत है, मानो घने छायादार वृक्षों की काँपती छायाओं में कोई पगडंडी गुम हो गयी हो...।'

निर्मल की कहानी-संवेदना की लहरदार तान में एक नशा है, ताड़ी के ताजे स्वाद का नशा—जिसमें पूरा वृक्ष नहाकर मोहक हो जाता है। एक आन्तरिक लय का पहाड़ी झरना अपनी तान छेड़ता मिलता है—फूल-पत्ती, तितली-गन्ध सभी को गहती प्रकृति-गन्ध में डूबे शब्द। अमूर्तता में मूर्त को पुचकारते-दुलराते शब्द—जैसे 'सपनों की बासी गन्ध, मानो तितली के पंखों से बूँद-बूँद ढरक कर विस्मृति की कब्रों पर उगी हुई पीली घास में खो गयी...जहाँ कुछ फूल उग आये हैं, भीगे से फूल...।' ('माया का मर्म') अर्थ के कोमल पाँव दबाता कल्पना का सगोतिया सहचर। अर्थ लय की अन्तर्वर्ती गूँज भाषा के मूर्त्त-विधान को 'एम्बीग्युटीज़' (अर्थ बहुलता) अस्पष्टता से भर देती है—जैसे 'हमारे भीतर दूरी के जो हिस्से हैं, जिन्हें कभी-कभार सोते हुए नींद की चन्द लहरें भिगोकर वापस चली जाती हैं, जो हमारी आधी अँधेरी जिन्दगी का हिस्सा है। लगता है, जैसे वे स्याह गहरे पानी के भीतर से उन पर झाँक रहे हों, हमें देख रहे हों।' ('जलती झाड़ी') कई बार अर्थ की उड़ान में भाषा इतनी महीन हो जाती है कि अर्थ का धुँधलका-सा कहानियों पर छाया दिखाई देता है।

बड़ी बात यह है कि कालिदास की उपमा शक्ति को निर्मल वर्मा परम्परा के दान की तरह धारण करते हैं, इसलिए उनकी भाषा की ताकत का नाम है उपमा और रूपक कला। जैसे—'सितम्बर की रात चारों ओर फैली थी। आकाश में एक भी बादल नहीं था। सिर्फ तारे थे जो पालिश किये पीतल के बटनों से चमचमा रहे थे।' ('पिछली गर्मियों में') उपमा की शक्ति में पूरे जीवन की अर्थ-ध्वनियों का संसार रचा-बसा मिलता है—'उसके हाथों की छुअन मेरी देह में घूमने लगी, एक शिकार की तरह मेरी शिराओं में किसी दुबकी हुई याद को टोहती हुई। बीता हुआ स्नेह अँधेरे में जगमगा-सा उठा।' ('कव्वे और काला पानी') ये उपमाएँ चमत्कारी कला-विधान

नहीं हैं। इनमें यथार्थ का अन्तरंग ध्वनित हो रहा है। निर्मल वर्मा प्रेम-कहानियों में रमते-बनते हैं—देखिए, न कानों में रस की रीतिकालीन पिचकारी मारते हैं, न मुँह में कोरा जालिम कल्पना का मकरध्वज झोंक देते हैं। रीतिवाद से दूर उनका रूप-विधान भाषा के भीतर जीवन के नय रंग घोलता मिलता है। कहानियों में निर्मल वर्मा चमत्कार प्रेमी हैं, लेकिन चमत्कारवादी नहीं है। झूठी बनावट से दूर जीवन-कस्तूरी खोजती दृष्टि में माया है—मायाजाल है। इस मायाजाल में निर्मल नहीं समाते—वे शब्दों के तान्त्रिक हैं, शब्द में नया जादू पैदा करने वाले रचनाकार। ये शब्द 'परकाया प्रवेश' में प्रवीण हैं और रमणियों-प्रेमी-प्रेमिकाओं के हृदय कपाट खोलने में चतुर। जैसे 'धूप का मैला धब्बा जिसे सूरज वहाँ फेंक गया था और फिर उठाना भूल गया।' ('कव्वे और काला पानी') क्या यह सच नहीं है कि भाषा-क्रीड़ा में निर्मल वर्मा मनोहारी सूक्तियाँ गढ़ते हैं? काफी देर तक इन सूक्तियों को ठोक-बजाकर देखते हैं और फिर सुख पाते हैं। निर्मल के पात्र हर छोटी-सी स्थिति पर मुग्ध होते हैं—क्यों? छोटी-सी चीज में भी जीवन का बड़ा सन्दर्भ निहित रहता है—लघुता से विराट्ता की ओर लपकता जीवन। 'पहाड़' कहानी में दम्पती अपने बच्चे को देखकर कहते हैं—'वह बड़ा होता गया था—दोनों के बीच नहीं—बल्कि अपने में अलग। जब वे उसकी ओर देखते तो उन्हें हल्का-सा आश्चर्य होता। उसका चेहरा एल्बम में लगी पुरानी फोटो-सा जान पड़ता।' क्या इस विस्मय में 'बूझत स्याम कौन तू गोरी' वाला विस्मय नहीं है?

निर्मल के पात्र जिन्दादिल, दिलचस्प और जिन्दगी की कमसिन भावुकता से भरे हुए है। पहली बार के अद्वितीय अनुभव उनमें रंग जमाते हैं। वयस्क पात्र अपनी उछाल में किशोरों-किशोरियों को पीछे छोड़ते हैं। निर्मल वर्मा की कहानियों का दर्शन है—आदमी को हमेशा किशोर रहना चाहिए। वयस्क-बूढ़ेपन में कुछ नहीं रखा हैं। 'वीकएंड' कहानी की स्त्री अपने पुरुष-मित्र को देखकर भीतर से हरी-भरी हो जाती है। बाजार में खड़े अजनबी लोगों को क्या पता कि 'क्या वे जानते हैं कि जो आदमी इसके कन्धे पर सिर रखे ऊँघ रहा है, कल रात उसकी देह पर था'। यदि फिर 'धागे' कहानी का अनुभव-प्रतीक 'पिछले साल उस झाड़ी के पीछे मैंने मीनू से कुछ कहा था। वे शब्द आज भी कहीं कच्चे बेरों से पड़े होंगे।'

निर्मल की कहानियों में बच्चे बहुत हैं—वे सब अर्थ अभिप्राय हैं, उसका विस्मय पन्त का 'चकित रहता शिशु-सा नादान' या भोलेपन जैसा है। निर्मल मानते हैं कि बच्चा पूरे मन से हँसता या रोता है। उसके रोने में अधूरा विकल्प नहीं होता। विस्मय और स्मृति, दोनों में रचनाशीलता ऐसे रच जाती है जैसे किशोर वय के होठों पर पान की लाली। निर्मल वर्मा की कहानियों का पूरा खोल स्मृति का खोल है। 'शब्द

और स्मृति' के निबन्धों की यह स्थापना कितनी सच्ची है—'महत्त्वपूर्ण मेरे लिए अनुभव नहीं, स्मृति का वह झरोखा है जिसमें गुजर कर वे कहानियाँ बनती हैं उनके लिए कला का अर्थ स्मृति है और स्मृति में बहती कला की आकांक्षा का प्रवाह।' 'वत्सल निधि' के तीन निबन्धों को उन्होंने नाम दिया—'कला, स्मृति और आकांक्षा। इन व्याख्यानों के प्रथम व्याख्यान का संकल्प-स्वप्न क्या है? घटना तब तक स्मृति नहीं बनती, जब तक वह हमसे बिल्कुल अलग नहीं हो जाती, बिना स्मृति के कोई घटना सिर्फ एक हादसा बनकर रह जाती है। हादसे में मनुष्य सिर्फ बदहवास हो जाता है—स्मृति का वह आकाश उसमें नहीं होता जिसके रहते हुए ही हम घटनाओं को एक सिलसिलेवार शृंखला में बाँधते हैं, जिसे हम 'इतिहास' कहते हैं। इतिहास और स्मृति में विगत को जाग्रत करना एक प्रकार से अपने भीतर उस खोए हुए समय को पुनः प्राप्त करना है। स्मृति तो विस्मृति को प्रकाश में लाती है, रचती है।

'पिछली गर्मियों में' का नायक पिता और माँ के साथ की पुरानी स्मृतियों को उधेड़ता-बुनता है। 'कव्वे और काला पानी' का संन्यासी मिलने आये अपने छोटे-भाई से 'घर' की स्मृतियों में खो जाता है। 'परिन्दे' की लतिका अपने अतीत से कभी मुक्त नहीं हो पाती। 'माया-दर्पण' के बाबू को अतीत अपने में हमेशा लपेटे रहता है। फिर बच्चों की स्मृति कोरी स्लेट पर लिखी इबारत—न वह मिटती है, न हम उसे मिटाना चाहते हैं। निर्मल वर्मा की ज्यादातर कहानियों की अन्तर्वस्तु में स्मृति का हाथ है। क्यों स्मृति का हाथ है? इसलिए कि 'महान् कलाकृति का सत्य मनुष्य के इस लौटने के क्षण में सबसे अधिक सघनता में महसूस होता है। यह अकारण नहीं है कि महाभारत या इलियड के सबसे मार्मिक-स्थल वे हैं—युद्ध के घटाटोप तले धूल में लिथड़ी हुई लाशों के बीच किसी पात्र की स्मृति में सहसा वह स्थिति कौंध जाती है, जब वह अपने आत्म के घेरे में उतना ही सुरक्षित था, जितना कोई व्यक्ति अपने घर की चहारदीवारी के भीतर होता है।...काव्य-सत्य का यह विलक्षण उदाहरण है—जहाँ मृत्यु हैक्टर के पीछे भाग रही है और हैक्टर स्मृति के दरवाजे से दुबारा अपने विगत जीवन की सुरक्षा में लौट रहा है—स्मृति का यह द्वार इतिहास के चक्रव्यूह से कितना अलग है जिसके दरवाजे से अभिमन्यु भीतर तो चला गया था किन्तु जिसे लौटने का रास्ता मालूम नहीं था। हर महान् कृति में लौटने के क्षण जागृति के क्षण होते हैं जो युद्ध, क्रान्ति और विनाश के कुहासों में छिप गये थे। कथा कृति इतिहास का निषेध नहीं करती सिर्फ विस्मृति के उन क्षणों को आलोकित करती है जो इतिहास की टेक्स्ट में खाली पड़े रहते हैं।' ('कला, स्मृति और आकांक्षा', पृ. 24) मूल बात यह है कि हम जिसे परम्परा कहते हैं वह विस्मृत अर्थों की ज़ंजीर से बनी होती है। जब मनुष्य पर इतिहास का बोझ असह्य हो जाता है तो वह इन्हीं

में अपना आश्रय खोज लेता है। वे उसके आत्म के ऐसे स्मृति खंड हैं जो इतिहास के उजले पन्नों के नीचे अन्डर ग्राउंड अँधेरे में वास करते हैं। उनसे संपृक्त होने का मतलब है—'विस्मृत का स्मृति में लौट आना।' (वही, पृ. 24) इसलिए जिसे हम 'विस्मृत' कहते हैं वह मृत नहीं है, 'स्मृति के चित्रण' पर ध्यान देना चाहिए। स्मृति के भीतर पात्र का मौन चलता है। मौन की अन्तयात्रा में स्मृति का आलोक-रचना बनता है।

इन कहानियों के कुहरीले-स्मृति-तन्त्र में जीवन रहस्य लुका-छिपी का खेल खेलता मिलता है। मामूली से मामूली चीजों पर कुहरे का धुँधलका और उनके भीतर करवटें लेती कथ्यात्मक संवेदना का ज्ञान-ध्यान, जप-तप-साधना-सिद्ध आदि। 'तुम कनक किरन के अन्तराल में लुक-छिपकर चलते हो क्यों?' वाली प्रसादीय-जागृति का रहस्य। गोपन कला का जादुई संसार। कहानियों में रहस्यात्मकता का अर्थ है—सपाट बयानी से दूर एक खास तरह की अर्थ-व्यंजकता। उनकी कहानी का पूरा समाजशास्त्र गोपन से भरा है क्योंकि जो उघड़ा और नंगा है उसमें सौन्दर्य नहीं है। जो ढका है, आवृत है, उसे खोलने का रहस्य भारतीय कला का रहस्य है और कुमार स्वामी की इस बात पर निर्मल वर्मा ने कहानी और निबन्ध में दूर तक मनन किया है। इसलिए कला का रहस्यीकरण अमूर्तन की ऊँचाई का दर्शन है। वे पात्रों का परिचय नहीं देते—केवल 'स्थिति' से सामने लाते हैं। यहाँ यह पता लगाना बुद्धि व्यायाम है कि कौन, कब, कहाँ, किससे मिला था। वे मिले थे तो अनुमान-ज्ञान से पता लगाइए और उसे लोकेट कीजिए। कथा के शुरू में ही ऐसी घटना, प्रसंग, प्रकरण, इस तरह का कुछ न कुछ प्रवेश करा देंगे कि उसमें अन्त:प्रवेश करने में आपको भारी मशक्कत करनी पड़ती है। प्रश्नों के भीतर प्रश्न, बात के भीतर बात और स्थिति के भीतर स्थिति होने के कारण कहानियाँ दुबोध और अभेद्य हो जाती हैं। 'कव्वे तथा काला पानी' ऐसी ही लम्बी कहानी है जिसे दार्शनिक रामचन्द्र गाँधी तक ने पाठ-विश्लेषण के लिए चुनौती माना है। वास्तव में है भी वह चुनौती, जिसमें न जाने कितने अर्थ स्तर हैं।

कई बार निर्मल वर्मा पहेली बुझाकर पाठक की जिज्ञासा जगाते हैं और बुद्धिमान लोगों-प्रेमियों की कूट कला का प्रयोग करते हैं। 'जिन्दगी यहाँ और वहाँ' व्यंजकता का कूट कोड देखिए—'और तब फोन की घंटी बजी, वह समझ गया, यह वह है।' इस 'वह' को पाठक पहचानने में देर लगाता है। 'कव्वे तथा काला पानी' कहानी में रहस्यमयता हर मोड़ पर पाठक का पीछा करती है। चुपके से बात को बुनना और बुनकर उसे 'सन्दर्भ' बना देना और फिर रिश्तों की जटिलताओं का कम से कम शब्दों में संकेत देना—पाठक को अनुमान के हाथों सौंप देना है। जैनेन्द्र की कहानियों में जो उलझन भरी हरकत थी और अज्ञेय की कहानियों में जो मौन की अर्थ-गर्भी व्यंजना

रहती है—इन दोनों को बाँटकर जैसे निर्मल ने अपनी कहानियों का भूगोल और रेखागणित तैयार किया है। शायद ऐसा इसलिए भी किया है कि भारतीय कहानी का एक गुण है अन्त तक रहस्य बनाए रखना ताकि पाठक उसमें अन्त तक 'संवाद' करता रहे। एक 'पाठ' लेखक का, दूसरा 'पाठ' पाठक का और हर पाठक का अलग पाठ चलता रहे। 'पाठ' के भीतर का पाठ—अन्त:पाठात्मकता में पाठक की जिज्ञासा-बौद्धिक स्तर का विकास करती है। कला का सरलीकरण पाठक की बौद्धिक वयस्कता का नाश करता है। इसी भारतीय कला से निर्मल अपनी कहानियों का सृजन करते हैं ताकि पाठक बुद्धि लगातार ब्यौरों को गहने में माहिर बने।

निर्मल वर्मा में कहानी का कला दर्शन नहीं है लेकिन आता दर्शन की तरह है। कला का सत्य एकदम तैयार तात्कालिकता का निर्मित माल नहीं है। शब्द कलाकृति को अन्य वस्तुओं से अलग करता है—दुनिया की तमाम चीज़ें हमारी दैनिक ज़रूरतों को पूरा करती हैं लेकिन कला ऐसा करने का दावा नहीं कर सकती। सच तो यह है 'कोई कहानी या कविता किसी तात्कालिक उद्देश्य को प्राप्त करने का साधन नहीं है जबकि बाकी चीज़ों का महत्त्व ही उनके 'माध्यम' होने के बीच निहित है। यही बात शब्दों पर लागू होती है। प्रश्न उठता है कि एक कविता या कहानी का शब्दों से वही रिश्ता है जो रिश्ता एक विज्ञापन का, राजनीतिक मेनीफेस्टो का अपने कार्यकर्ताओं से होता है या ग्राहकों से होता है। शब्द से जो सृष्टि हुई है उसका साक्षात्कार पाठक शब्द से ही कर सकता है—उसके बाहर नहीं है—'एक विज्ञापन को पढ़ के मैं साबुन की टिकिया खरीदने जाता हूँ, किन्तु जिस 'दुनिया' को मैंने एक कहानी में देखा है, इसे पाने के लिए मुझे कहीं बाहर नहीं, बार-बार शब्दों के पास लौटना पड़ता है जिसमें उस कहानी का संसार बसा है। इस अर्थ में कहानी के शब्द साधन हैं तो साध्य भी—हम कविता के संसार को कविता के बाहर नहीं पा सकते।' ('शताब्दी के ढलते वर्षों में', कला की प्रासंगिकता, पृ. 16) क्या यही चीज़ कलाकृति की दुनिया को थोड़ा-सा सन्दिग्ध नहीं बना देती ? कला एक मायने में तो प्रयोजनहीन कर्म है या कला का प्रयोजन कला होता है। जो कला को उपयोगिता से जोड़ते हैं—उनके लिए कालिदास-भवभूति से ज्यादा उपयोगी दर्जी, नाई या मोची है। भारतीय चिन्तकों ने कला को उपयोगी नहीं माना। कला की उपयोगिता में शंका प्रकट की और कहा कलाकृति का सत्य केवल शब्दों में निहित सत्य है। इस शब्द में पूरा समाज 'अर्थ' बनकर समाया हुआ है। कलाकृति का सत्य कलाकृति में ही निहित है—उससे बाहर जो है उसके अनुभव की व्याख्या का भाष्य है। महान् कलाकृति कुछ सिखाती नहीं है—वह सिर्फ एक चमत्कारिक रहस्योद्घाटन (Revelation) है जिसमें एक सत्य की तानाशाही नहीं, अनेक अन्तर्विरोधी सत्यों का यथार्थ उद्घाटित होता है। मैं समझता हूँ कि कला के इस सिद्धान्त को समझकर ही दार्शनिक रामचन्द्र गाँधी ने 'कव्वे और काला

पानी' कहानी का अद्‌भुत और दिव्य 'पाठ-विश्लेषण' किया है। उस कहानी में हम अपने को पढ़ते हैं। टॉलस्टॉय-अज्ञेय या नोबोकोव की कला का कोई विकल्प नहीं है। निर्मल अपनी कहानी में अनुभव की पर्त चढ़ाकर उसी का दम नहीं भरते बल्कि उसके कथ्य को विस्तार से बुनते हैं, उसके टेक्सचर को पोढ़ा एवं दुरुस्त करते और उसमें 'विचारधारा' को नहीं ठूँसते या ठोकते या आरोपित करते हैं। ब्यौरों का अभ्यस्त पुरानी रुचि वाला पाठक इन कहानियों को पकड़ नहीं पाता। इन्हें लेकर झींकता है—क्योंकि निर्मल मानव-मनोवृत्तियों के निरीक्षण में एकाग्र होकर बहुत बारीक कातते हैं। ऐसी बारीक कताई 'हिन्दी साहित्य' में कहीं नहीं मिलती। ऐसी निरीक्षण वृत्ति की प्रकृति हवा, दिन, शाम, रात, चाँदनी, रंग, नींद, लहजा, प्रकाश, स्मृति के ध्वनि-बिम्ब, अर्थ-वृत्त, मनोभाव, इन्द्रियों के बोध सब एक संश्लिष्ट व्यापार में अपनी अन्तर्योजना के साथ खिंचे चले आते हैं। कहानी क्या है, इतिहास और स्मृति से हर तरह का जीवन यथार्थ खींचने वाला चुम्बक है—'मोमबत्तियों का धुआँ धूप में नीली-सी लकीर खींचता हुआ हवा में तैरने लगता है।' ('परिन्दे')—छोटे से छोटे ब्यौरों में आन्तरिक निरीक्षण की वृत्ति उनका कहानी, 'स्व-भाव' बनता गया है। कई बार 'लवर्स' जैसी कहानी में जो ब्यौरे आये हैं, वे कहानी की ज़रूरत से उपजे हैं या फिर 'जलती झाड़ी' के ब्यौरों ने कहानीपन को पनीला नहीं होने दिया।

निर्मल की कहानियों में समय और महीनों का हिसाब मानसिकता से जुड़ा हुआ है। हमारा मन, हमारे राग, हमारी इन्द्रियाँ मौसम से बेहद प्रभावित होती हैं। उनमें 'समय' का प्रवाह गतिमान होता है—जैसे वह अप्रैल की धूप थी, अगस्त का आकाश था, नवम्बर का महीना था आदि—'बाहर की सड़क पर अगस्त के पत्ते थे' (लन्दन की एक रात 'बाहर दिसम्बर का आकाश—अबाध और नीरव' (खोज) एक कहानी का तो नाम ही रख दिया 'सितम्बर की एक शाम'। 'वह सितम्बर की शाम थी, मैं सड़क पार कर रहा था।' इनका ध्वन्यार्थ क्या है, प्रकृति-चेतना का भारतीय चेतना का भारतीय-संस्कार। निर्मल इसी चेतना के कारण जहाँ भी गये हैं—देश या विदेश के कस्बों-शहरों-महानगरों, क्लबों-पबों, पर्वतीय स्टेशनों, रेस्टहाउसों-ढाबों, वहाँ के दिन महीने के मौसम से बेखबर नहीं रहे हैं। शहर और समय, देश और काल उनकी कहानियों में साथ-साथ चलता है हाथ पकड़कर मुग्धा-नायिका की तरह प्रायः खुश मिजाज—जैसे 'बाहर इंग्लैंड की पीली और मुलायम धूप फैली हुई थी।' ('एक दिन का मेहमान')

प्रकृति-लय और उस लय के सौन्दर्य को महसूस करने के लिए निर्मल वर्मा की ख्याति अकारण ही नहीं है। उनमें विजयदेवनारायण साही के शब्दों में कहें तो जीवन की भारतीय जीवन की कालिदासीय लय बजती है। वह अपनी मौजदूगी

से पाठक को पकड़ती है। उन्हें धूप बहुत प्यारी है और उसका प्रवेश ज्यादातर कहानियों में हुआ है जैसे—'आखिरी धूप का उजलापन चाय की प्यालियों में सिमट आया' ('पिछली गर्मियों में') 'आखिरी धूप के धब्बे चीड़ की सुइयों में लिपट गये थे' ('पहाड़') 'पुराने गिरजे के शीशे पर आखिरी धूप का धब्बा चमक रहा था।' ('जलती झाड़ी') इस तरह के वर्णन बिम्ब-कथा-अभिप्राय बुनते हैं और रचनाकार-मानस की भीतरी झलक। आखिर धूप-हवा-चाँदनी-चिड़िया से ही तो हमारा मन बना है। इन्हीं में हमारी आदिमता का संस्कार बसता है। निर्मल चाहे हों विद्रोही 'आउटसाइडर' कला में 'भारतीयता' से नहीं भागते। यह 'भारतीयता' बहुतों को भगवा दरेरा दिखाई देती है इसके पीछे दृष्टि का अन्धापन नहीं है तो क्या है? निर्मल वर्मा ने यूरोप-अमेरिका का वह काल देखा है जब इतिहास मोड़ ले रहा था, विचारधाराएँ ध्वस्त हो रही थीं और साम्यवाद की आड़ में सर्वसत्तावाद-अधिनायकवाद अपने टैंकों से चेकोस्लोवाकिया को ध्वस्त कर रहा था। निर्मल वर्मा के दिमाग में 'मानववाद की छलनाएँ' और 'मार्क्सवाद के राक्षस' घूमते मिलते हैं। भारत आने पर भोगा भारत का आपातकाल, सभी लोकतान्त्रिक मूल्यों का विनाश। भारत के लोकतन्त्र का क्रूर अन्धकार काल और हिन्दी के रचनाकारों-आलोचकों का बौना बहुरूपियापन, पश्चिम में रहे निर्मल वर्मा ने हिन्दी के इन रचनाकारों के चरित्र का 'पाठ-विश्लेषण' किया है। क्यों न करते? वे नयी समीक्षा, रूसी रूपवाद, संरचनावाद, उत्तर-संरचनावाद, अर्थ-मीमांसा, डिस्कोर्स थियरी, प्राच्यवाद आदि उत्तर आधुनिकतावाद के सभी कोनों से गहरा परिचय रखते थे। हेगेल, मार्क्स, फ्रॉयड की खुलती बन्द होती पाठशालाओं का उन्हें ज्ञान था और यूरोप के आत्म-केन्द्रित, आत्म-विस्थापित, कर्तापन का झूठा दम्भ पाले प्रकृति से विछिन्न, आत्म-निर्वासित, अकेलेपन से त्रस्त खोखले मनुष्य को वे देख समझ चुके थे। उनके प्रिय रचनाकार थे टी. एस. एलियट, प्रूस्त, नीत्से, टामस मान, रिल्के, वर्जीनिया वुल्फ आदि। इसलिए यूरोप-अमरीका की मॉडर्निटी और टेक्नोलॉजी, साइबरनेटिक्स और मीडियावादी संस्कृति को वे जी चुके थे। उनका निबन्ध-संग्रह 'आदि, अन्त और आरम्भ' उनकी इसी मानसिकता का दस्तावेज है।

इसलिए आज निर्मल वर्मा की कहानियों को 'कलावाद-रूपवाद' के पिछड़े सौन्दर्यशास्त्र से समझना समझ में आने वाली बात नहीं है। कलावाद-भाववाद का नीचट सौन्दर्यशास्त्र हम कब तक ढोते रहेंगे। निर्मल उत्तर औपनिवेशिक दिमाग से पूर्व और पश्चिम का भाष्य करते हैं और पूरी भारतीय-सभ्यता-संस्कृति के मूल में अँग्रेज़-अँग्रेज़ी साम्राज्यवाद-उपनिवेशवाद की बौद्धिक चर्चा करते हैं। अपनी जड़ों की तलाश उनकी 'भारतीयता' है 'देश भक्ति' और इसे कलावादी रुझान कहकर खारिज करना अँधेरे का उल्लू बनना नहीं है तो क्या है?

आखिरकार हिन्दी आलोचना कब अपनी वैचारिक की गुलामी तोड़कर यह सत्य कह पाएगी अपने जागरूक पाठकों-बौद्धिकों, विश्वविद्यालयी प्रोफेसरों से कि निर्मल घिसे-पिटे सृजन के फार्मूलों में बँधकर किसी भी तरह के सृजन-कर्म में प्रवृत्त होने वाले रचनाकार नहीं है। वे रघुवीर सहाय और मनोहरश्याम जोशी के सच्चे सखा इसी अर्थ में हैं कि वे पुराना हुक्का नहीं गुड़गुड़ाते। विचारों की नयी चिलमों में जीवन की नयी आग को जलाकर उसका स्वाद भोगते हैं। तभी तो न उनकी उपमाएँ रूढ़ हैं, न रूपक बासी हैं, न काव्यात्मकता में पुरानी सीलन की ठिठुरन है, न स्मृति में अँधेरा बसता है। वे अतीत को वर्तमान बनाकर जीते हैं और वर्तमान को अतीत बनाकर। इसलिए उनके कथाकार में परम्परा और आधुनिकता का गहरा आत्मीय संवाद मिलता है। कवि-आलोचक मलयज का यह कथन उद्धृत करना चाहूँगा—'अत: निर्मल वर्मा बार-बार अपनी रचना-संवेदना के परिचित दायरों की ओर वापस लौटते हैं। हर बार चोट की एक नयी तीव्रता के साथ लौटते हैं और जितना ही लौटते हैं, उतना ही वह कुछ जो परिचित है और भी परिचित, आत्मीय और गहरा होता जाता है। अनुभव के ऊपर की फालतू परतें छिलती जाती हैं और रचना अपनी मूल संवेदना के निकट अधिक पारदर्शी होती जाती है। निर्मल वर्मा की रचना की पारदर्शी चमड़ी के नीचे आप इस अनुभव को धड़कते सुन सकते हैं, छू सकते हैं।' ('संवाद और एकालाप', पृ. 20)

कितनी बड़ी घटना कहानी में घटी कि जो कहानी अभी तक कथ्य कहती थी—चरित्र-सृष्टि करती थी वह निर्मल वर्मा के हाथों कथा-चरित्र को गौण मानकर नये भावबोध को अभिव्यक्ति देने लगी। निर्मल की कहानियों ने अनुभूति-संवेदना का स्तर ही बदल दिया और हमारा अभ्यस्त संस्कार पुराने पत्तों की तरह झड़ने लगा। कहानी की परिपाटी-बद्धता से मुक्ति का गहरा अर्थ है मानव मुक्ति की तलाश। जिन्दगी की जटिलताओं में प्रवेश और नये जीवन-यथार्थ की खोज ने उनके गद्य को नया रूप दिया। इतना गहन अर्थच्छायाओं से भरा गद्य हिन्दी कहानी में इससे पहले नहीं दिखाई देता। रेणु, राकेश, मार्कण्डेय, शिवप्रसाद सिंह, कमलेश्वर आदि की तुलना में निर्मल वर्मा ने हिन्दी कहानी में 'आधुनिकता' के प्रवेश और कहानी के परिवेश को लचीला और विस्तृत बनाया। निर्मल वर्मा ने 'अँधेरे में', 'जलती-झाड़ी', 'मायादर्पण', 'सूखा', 'कव्वे और काला पानी' जैसी नयी कथ्यात्मक संवेदना की ऐसी कहानियाँ लिखीं कि पाठक पर उसका प्रभाव बहुत दूर तक पड़ा। देश-विदेश के व्यक्तियों के मानस के तनावों-द्वन्द्वों, घात-प्रतिघातों, पीड़ाओं, रागात्मक सम्बन्धों के बदलावों, रोमांटिक रुझानों के भीतर छिपी यातनाओं में जो नया परिवर्तन-चक्र घूमा था उसको बहुमुखी संश्लिष्टता से प्रकट करने के लिए

निर्मल वर्मा ने कहानी को 'नया ढाँचा' दिया। पुराने ढाँचे को बदलने में निर्मल वर्मा का योगदान अविस्मरणीय है।

एक मँजी संस्कारी कलात्मकता एक ऐसे सौन्दर्यबोध का निर्माण करती है कि उसकी सुगढ़ता के रचाव को हम देखते रह जाते हैं। कई बार 'परिन्दे' जैसी लिरिकल कहानी में मानव और प्रकृति अपना भेद खोकर अभेद हो जाते हैं। निसर्ग और मनुष्य की रागात्मकता का ऐसा आत्मीय आत्म-विस्तार कि सब कुछ का अतिक्रमण करने का सामर्थ्य पाठक महसूस करता है। संगीत की 'हार्मनी' से कहानी का प्रभाव तो बढ़ता ही है, तमाम तत्त्व घुल-मिलकर एक नयी टोन, एक नयी वक्रोक्ति की सृष्टि करते हैं। अतीत की स्मृतियाँ कहानी की रचना-प्रक्रिया और कथ्य को तय करती हैं लेकिन उसमें मुक्त कहानी अपना जीवन जीती है। कला का ऐसा सघन रचाव और जटिलताओं की ऐसी गहरी समझ अन्यत्र दुर्लभ है। 'लन्दन की एक रात' कहानी में नस्लवादी आतंक का यथार्थ ऐसे संयम-सन्तुलन से प्रस्तुत किया है कि कहानी की अर्थगत पाठात्मकता की पढ़त में देर लगती है। नस्लवादी गोरे और अश्वेतों के बीच का संघर्ष कई रहस्य लिये हुए है तथा यूरोप का 'अन्य' को नष्ट कर, काबू में कर जीने वाला सामन्ती-मानस अपने सम्पूर्ण बिम्ब के साथ उभरता दिखाई देता है। जातीय विद्वेष की राजनीति से भरा यूरोपीय गोरों का विकृत घिनौना संसार—शक्ति और सत्ता से किया जाने वाला दमन। सम्बन्धों की निरर्थकता-अकेलापन, विवशता, प्रेम-यातना—कैसा भी दृश्य हो, निर्मल यथार्थ को बहुत बारीक कातते हैं और कई बार तकली गाँधीवादी होती है। यथार्थ की इस बारीकी को ग्रहण करने वाला इन कहानियों का पाठक वर्ग सीमित है। हिन्दी में ऐसे 'प्रतिबद्ध' पाठकों का अभाव नहीं है जो निर्मल वर्मा की कहानियों में निहित गहन यथार्थ को समझने में असमर्थ हैं और निर्मल की काव्यात्मक भाषा से चिढ़ते हैं।

यूरोप की समृद्ध सभ्यता और संस्कृति के सम्पर्क ने निर्मल के मानस को बदला है। लेकिन इतना नहीं बदला है कि वे अपनी जड़ों से उन्मूलित हो जाएँ। उनके विदेश के अनुभवों में अकेलापन, अलगाव, आत्मकेन्द्रित मनुष्य, आत्मनिर्वासन, उदासी-अवसाद-पीड़ा, नर-नारी के बीच का खालीपन तथा पश्चिम जगत् के अन्य का जो परिचय हिन्दी पाठक ने पाया है वह हमें पश्चिमी सभ्यता-संस्कृति और आधुनिकता के प्रति सचेत रहने की दृष्टि देता है। लेकिन हम हैं कि भूमंडलीकरण और उपभोक्तावादी संस्कृति के पीछे पागल हैं और आज का भारत एक मिनी अमेरिका है।

उपन्यास : नर-नारी सम्बन्धों का भाष्य

1. मैं कई दिनों से इसके बारे में सोचता रहा हूँ कि हम ये जो विभाजन करते हैं कि कविता अनुभूति की चीज़ है और चिन्तन फिलॉस्फी की चीज़ है, ये कहाँ तक उचित है? मेरे जितने भी प्रिय उपन्यास हैं वे सब चिन्तनपरक हैं चाहे वे टामस मान और हरमन हेस के हों या भारतीय उपन्यासों में, 'शेखर : एक जीवनी' और 'त्यागपत्र' हों। मेरे लिए चिन्तनपरक उपन्यास वे नहीं हैं जिनमें फिलॉसॉफिकल सवालों पर सैद्धान्तिक बहसें होती हैं जैसे कि वे मसलन 'गोरा' में भी हैं।'

('साहित्य का आत्म-सत्य', सृजन में सोच की प्रक्रिया, पृ. 38)

2. 'एक गोष्ठी के लिए मुझसे आग्रह किया गया। मैं 'अन्तिम अरण्य' पर अपने विचार रखूँ। और इस बीच अँग्रेज़ी पत्रिकाओं में कुछ समीक्षाएँ आयी थीं जिनमें 'अन्तिम अरण्य' को 'फिलॉसॉफिकल नॉवेल जैसा कुछ कहा गया है। मैं सोचता रहा कि यह किस तरह का फिलॉसॉफिकल नॉवेल है। उसमें कोई दर्शन नहीं है जिसका निरूपण आप कर सकें, कोई ऐसी लगी-बँधी चिन्तन पद्धति नहीं है जो उसके भीतर से निकलती हो।'

(वही, पृ. 39)

3. 'इस सन्दर्भ में रेणु से—एक कलाकार की हैसियत से कोई जीवन-दर्शन प्राप्त करने की माँग करना सर्वथा अनुचित और असंगत जान पड़ता है। हमारी आलोचना-पद्धति की ट्रेजेडी ही यह रही है कि हम हर कलाकार से एक 'जीवन-दर्शन' की माँग करते हैं। एक उपन्यास (या कोई भी कलाकृति) हमारी अन्तर्दृष्टि की सम्भावनाओं को अधिक संवेदनशील और व्यापक बनाने में समर्थ हो सके इसी में उसकी सार्थकता निहित है। उस व्यापक दृष्टि के सहारे हम अपना जीवन-दर्शन स्वयं खोज सकें—यह अलग बात है।

('सर्जना के सहयात्री', समग्र मानवीय दृष्टि, रेणु, पृ.63)

4. 'लगभग पाँच-छह वर्ष पहले मैंने इटेलियन सुर्रियलिस्ट पेंटर चिरिको की

एक पेंटिंग एक किताब में देखी थी। चिरिको मेरे बहुत प्रिय चित्रकार भी हैं। उस पेंटिंग में एक लड़की पहिया घुमाती हुई दो सुनसान गलियों के बीच चली जा रही है, गलियों के दोनों तरफ मकान हैं। इस पेंटिंग को मैं भूल गया था। अपना नया उपन्यास ('रात का रिपोर्टर') लिखते हुए वह चित्र मेरे दिमाग में जिस तरह से उभर आया, वह मुझे एक तरह का चमत्कारिक रहस्योद्घाटन लगा। अतः अनुशासनहीनता की बात मुझे बहुत बनावटी लगती है लेकिन चित्रकला, संगीत और साहित्य की संवेदनाएँ और अनायास हमारे संवेदन तत्त्वों को परिष्कृत करती हैं तो यह अपने में अद्भुत चीज़ होती है।'

('दूसरे शब्दों में', कथा-देश में, पृ. 127)

5. 'किसी कथा या कलाकृति का आख्यान अपने में कुछ नहीं है। वह सिर्फ उन 'अर्थों' को दुबारा स्मृति के आलोक में लाना है जिन्हें इतिहास ने प्रगति और परिवर्तन के उन्माद में विस्मृति के अँधेरे में फेंक दिया था। कथा या कलाकृति इतिहास के लस्टम-पस्टम टेक्स्ट में उन खाली जगहों को भरती है जहाँ कभी आकाश के नक्षत्र और घायल मनुष्य की आकांक्षा वास करते थे।'

('कला, स्मृति और आकांक्षा', पृ. 35)

6. 'अर्से से हम यह अफ़वाह सुनते आये हैं कि उपन्यास ने अपना चोला छोड़ दिया है, लेकिन हजारों की संख्या में उपन्यास अब भी लिखे जाते हैं। शायद ही किसी विधा को मरने में इतना समय लगा हो जितना उपन्यास को। यद्यपि उसकी मृत्यु की भविष्यवाणियाँ समय-समय पर होती रहती हैं। फीनिक्स की मानिन्द हर बार वह अपनी मृत्यु की राख झाड़कर पुनः उठ खड़ा होता है।'

('शताब्दी के ढलते वर्षों में', उपन्यास की मृत्यु और उसका पुनर्जन्म, पृ. 55)

7. 'मेरी रचनाएँ मूलतः एक ही परिवार के सदस्यों के परेशानी भरे सम्बन्धों या स्त्री-पुरुष के तनावपूर्ण बन्धनों से पैदा हुई स्थितियों के बारे में हैं। भारतीयों को संयुक्त परिवार और कुटुम्ब-कबीलों के लम्बे-चौड़े सम्बन्धों की आदत पड़ी हुई है। लेकिन पिछले 30-40 बरस में बढ़ते औद्योगिकीकरण और लोगों के भारी संख्या में अपने गाँव-कस्बों-शहरों से दूर जाने के बढ़ते चलन ने इस प्रणाली को कमजोर किया है। युगम केन्द्रित परिवारों के उद्भव के बाद से अब सबको अपना जीवन खुद ही जीना है। संयुक्त परिवार के विघटन से सुरक्षा की भावना छिनी है और लोगों को तनाव और दबाव अकेले ही झेलने होते हैं। दूसरा महत्त्वपूर्ण परिवर्तन है, स्वतन्त्र स्त्री का उभरना—एक स्त्री जो दूसरों पर निर्भर नहीं है, अपने पैरों पर खड़ी होने में सक्षम व्यक्ति।...नयी स्त्री के उदय से समाज में मानवीय सम्बन्धों के संजाल में एक तरह की क्रान्ति

आयी है। इससे खास तरह के तनाव भी उपजे हैं। भारतीय परिवार-व्यवस्था और समाज में हुए इन महत्त्वपूर्ण बदलावों के कारण सम्बन्धों में पनपी स्थितियाँ मेरे गल्प के केन्द्र में हैं।'

('संसार में निर्मल वर्मा', सम्पा. गगलगिल, पृ. 55)

8. 'अगर हम पश्चिम से बनी-बनायी उपन्यास विधा को उधार लेने की सुविधा उठाना चाहते हैं तो हमें अपने अनुभव और यथार्थ को नष्ट करना होगा। यदि हम इस यथार्थ को जीवित रखना चाहते हैं तो हमें खुद 'उपन्यास' जैसी विधा का परीक्षण करने का जोखिम उठाना होगा, जिससे आज तक हम बचते आये हैं।'

('शब्द और स्मृति', संस्कृति, समय और भारतीय उपन्यास, पृ. 55)

9. 'एक अच्छा उपन्यासकार अपनी सहानुभूति को बराबर-बराबर मात्रा में सब पात्रों को देता है, एक महान उपन्यासकार अपनी सहानुभूति के विरुद्ध संघर्ष करता है।'

('धुन्ध से उठती धुन', पृ. 13)

यहाँ मेरा काम निर्मल वर्मा की औपन्यासिक कृतियों या कलाकृतियों के तल में काम करती हुई उस मनोभूमि का विश्लेषण है जो उनकी कृतियों की मूल संवेदना में निहित है। कलाकृति को फ्रांसीसी आलोचक तेन के 'मिलियु' या युगभूमि की ओर ले जाकर समझाना चाहा। निर्मल वर्मा का उपन्यास हो या कहानी या कोई अन्य गद्य-विधा, वे किसी 'आइडियालॉजिकल आग्रह' को लेकर अड़े रचनाकार नहीं हैं। इसलिए उनकी कृतियों की अन्तर्ध्वनित लय में स्वाधीन चिन्तन और स्वाधीन व्यक्ति की चेतना का एक खास अर्थ है जो कलाकृतियों की अन्तर्ध्वनित लय थी वही अब विषय-वस्तु होती गयी है। उनके चिन्तन में अरविन्द-गाँधी-लोहिया-जयप्रकाश नारायण वाला हिस्सा बड़ा है और प्रूस्त, नीत्से, हाइडेगर, एडवर्ड सईद वाला हिस्सा छोटा। छोटा हिस्सा ज्यादा तेज-तर्रार है और 'भारत तथा यूरोप' को हस्तामलकवत देखने की घोषणा करता है।

निर्मल वर्मा के सामने 'कला का जोखिम' और 'कला की प्रासंगिकता' का प्रश्न हमेशा एक धमकी भरा धरना दिए रहता है। समाज में आज जितना 'रचनात्मक कर्म' त्रासग्रस्त है उतना शायद पहले कभी नहीं रहा। जीवन में इतना एकान्त बचा कहाँ है कि वह उपन्यास या कहानी के पेचीदा प्रश्नों पर एकाग्र होकर विचार कर सके। प्राय: मध्यवर्ग के बौद्धिक झल्लाहट से यह प्रश्न पूछते हैं कि उपन्यास-कहानी लिखने का प्रयोजन क्या है? इस जटिल दुरूह प्रश्न का सीधा उत्तर क्या किसी के पास है? शब्द तो एक रचना को मूर्त भी करता है और दूसरी रचना से अलग भी। पाठक भी रचना के सच का साक्षात्कार रचना के भीतर ही कर सकता है नहीं तो

नहीं। बाहर तो भाष्य है—अर्थ मीमांसा है या फिर आलोचना है। आलोचना 'साहित्यिक कृति का सत्य' रचना में नहीं खोजती, अपने आरोपित-अनर्गल प्रतिमान से प्राय: रचना की हत्या कर रही होती है। वह न रचना का 'पाठ' करती है, न 'पुन:पाठ'। नया आधुनिक-बोध पुराने रोमांटिक बोध से अलग हो जाता है तो नया कवि-कथाकार पुराने से अलग। कलाकार दुनिया को छोड़ता है ताकि उसे अपने कृतित्व में पा सके। 'तुम यथार्थ को अपने पास रखकर उसका सृजन नहीं कर सकते। तुम्हें उसके लिए मरना होगा, ताकि वह तुम्हारे लिए जीवित हो सके।' निर्मल वर्मा के इस कथन को ध्वस्त करने के लिए नामवर सिंह की टिप्पणी है—'यह उलटबाँसी सहज सन्तवाणी है। सन्त होने के लिए ईश्वर में विश्वास ज़रूरी नहीं जरूरी है इस दुनिया को छोड़ना। कलाकार होने के लिए भी। परित्याग कला का भी धर्म है। लेकिन दुनिया को तो अनेक लेखकों ने छोड़ा; जैसे अज्ञेय। उन्हें कुछ लोग सन्त कहते हैं। किन्तु निर्मल जी की दृष्टि में अज्ञेय का त्याग अधूरा था; क्योंकि उन्होंने खुद अपनी बनाई हुई दुनिया नहीं छोड़ी।' (आलोचना, अंक-90, पृ. 3)

प्रश्न उपस्थित है कि क्या अज्ञेय की तरह निर्मल वर्मा आत्मसंहारी अर्थ में आधुनिक हो पाये? क्या एक सौन्दर्योपासक सन्त अपने 'अहं' और 'मैं' का अन्तर मिटा सका? ढलान से उतरते हुए उन्होंने महसूस किया था कि 'मैं' से भी अन्तत: मुक्ति तो पानी ही होगी। प्राणी को हम जीवन की प्राणवत्ता में सेक्युलर और धार्मिक विभाजित नहीं कर सकते। पश्चिमवाद ऐसा कर सकता है—पवित्र को कुत्सित कर सकता है। भारत में जीवन की पवित्रता का अर्थ नया नहीं है—स्मृति में है। प्रसंग है 'उपन्यास की मृत्यु और पुनर्जन्म' का। यूरोप में उपन्यास का जन्म 'व्यक्ति' से जुड़ा है। जब उस 'व्यक्ति' का अवसान ही हो गया तो उपन्यास भी 'व्यक्ति' को चलता करने लगा। उपन्यास की सम्भावना बची है इसलिए कि आदमी अभी बचा है। फिर 'मानववाद' मनुष्य की सबसे बड़ी छलना है। छलिया विचारकों का छल-प्रपंच और पाखंडपूर्ण दम्भ। ''जहाँ मनुष्य का 'मनुष्यत्व' ही इतना अनिश्चित है वहाँ उसके भीतर का 'अहं' कितना सन्दिग्ध होगा, इसकी कल्पना मुश्किल है।'' निर्मल वर्मा के इस कथन पर कूड़ावादी आलोचना के प्रवर्तक आलोचक का कथन है—'कलाकार सन्त की यह मुद्रा आधुनिकतावाद से भी एक कदम आगे का उत्तर आधुनिकतावादी है। फ्रांस के संरचनावादी और उत्तर संरचनावादी चिन्तक कोई पन्द्रह साल से 'मनुष्य की मृत्यु' की घोषणा कर रहे हैं। पहले क्लोदलेवी-स्त्रोस, फिर लुई अल्थूसे और उसके बाद तो मिशेल फूको, ज्यॉक-देरिदा, ज्याक लकाँ प्रभृति विचारकों की टीम का बन्द ही यह है। क्या निर्मल जी उसी सुर में सुर मिला रहे हैं या यह स्वयंप्रकाश ज्ञान है? मनुष्य की मृत्यु के बाद तो स्वभावत: उन सभी आकांक्षाओं का भी अन्त

हो जाता है, जिन्हें हम बड़ी हसरत से 'मानव मूल्य' कहा करते हैं। उदाहरण के लिए 'स्वतन्त्रता' (आलोचना, वही, पृ. 4)। सन्त-साधना के इस चिन्तन को निर्मल वर्मा तो फणीश्वरनाथ रेणु में पाकर फूलकर कुप्पा हो गये। लेकिन वे यह न भूले कि हर रचनाकार अपने सृजन कर्म में सन्त होता है और इस सन्तवाद का 'पाठ' निश्चित नहीं है। वह सन्दर्भ से अर्थ बदलता रहता है। फिर निर्मल वर्मा की बुनियादी चिन्ता है कला का जोखिम और कला की मुक्ति की चिन्ता। 'कलाकृति का सत्य, यदि उसका कोई सत्य हो सकता है तों वह है मनुष्य को उसकी स्मृति में लौटाना।' और हम कला के पास इसलिए जाते हैं कि 'सत्य हमें नष्ट कर डाले।' इस पर नाराज़ आलोचक की टिप्पणी है—'निर्मल जी अब उलटबाँसियाँ ही बोलते हैं। उलटबाँसियाँ बोलते हैं और चमत्कृत करते हैं। यह नया रहस्यवाद है, कला का रहस्यवाद।' एक नामवर सिंह का रहस्यवाद है, एक निर्मल वर्मा का रहस्यवाद। पता नहीं है पाठकों को कि किसके रहस्यवाद में तान्त्रिक तत्त्व ज्यादा है—आलोचक के या रचनाकार के। आलोचक इस बात से सहमत नहीं हैं कि निर्मल वर्मा को रेणु के बाद सबसे बड़ा कथाकार माना जाए। 'समर्थ कथाकार वे निश्चय ही हैं, पर अज्ञेय के बाद और शायद अज्ञेय के निकट भी। कुल मिलाकर एक सौन्दर्योपासक सन्त' ऐसे सन्त जो 'चमत्कारी हैं और दूसरी दुनिया' में रहते हैं—तीसरी दुनिया पर सोचते हैं। लेकिन निर्मल वर्मा की सोच 'आलोचक' को इसलिए अमान्य है कि वे 'उस दुनिया के चमचमाते नये-नये-से विचारों की पन्नी लगाकर और भारतीय आध्यात्मिकता की गरिमामयी चाशनी देकर।' (आलोचना, वही) भारतीय आध्यात्मिकता की गरिमामयी चाशनी से पहली बार तो ड़स आलोचक की 'मेरी जीभ जल गयी' की निराला जी वाली नौबत आ गयी है और दूसरी बार 'होम करते हाथ जल जाता है।' होम का देवता उछलकर आलोचक के भीतर प्रवेश कर जाता है और मुक्तिबोधीय ताकत से 'हृदय को देता है बिजली के झटके'। इन झटकों से समझदार आलोचक कला की स्वायत्त दुनिया से भागकर झुग्गी-झोपड़ी की शरण लेता है और आलोचना की खिड़कियों की ओट लेकर सौन्दर्योपासक सन्त के दर्शन करता है। सन्त कभी 'वे दिन' बनता है, कभी 'लाल टीन की छत', कभी 'रात का रिपोर्टर', कभी 'अन्तिम अरण्य' में भटकता है और फिर 'लाली बुआ' की बगल में लेटकर अश्लील हरकतें करता है। भ्रष्ट उत्तर आधुनिकतावादी, उत्तर औपनिवेशिक दिमाग का हरकती है न। कार्ल मार्क्स का जाप नहीं करता—गाँधी, लोहिया, जयप्रकाश नारायण के जूते साफ करता फिरता है। सच बात तो यह है कि इस सन्त को अरविन्द, महर्षि रमण, विवेकानन्द, कुमारस्वामी, अज्ञेय और जड़ावलाल मेहता के देसी चिन्तन ने बर्बाद कर रखा है। घूमता-गुलछर्रे विदेश में उड़ाता है और 'हुड़क' भारत के लिए रखता है। इसी 'ठुड़क' का हुक्का

प्रेम-तमाखू भरकर प्रेम-कथा पर आधारित उपन्यास 'वे दिन' में रचता है।

निर्मल वर्मा के प्रथम उपन्यास 'वे दिन' (1964) की पृष्ठभूमि विदेश है, चेकोस्लोवाकिया का महानगर प्राग। प्राग की भूमि पर जो कथा घटती है उसे गति प्रदान करते हैं दो पात्र। वे दोनों वहाँ के निवासी नहीं है—एक इंडिया से है दूसरा ऑस्ट्रिया से। इसलिए उनकी यायावरी वृत्ति प्राग को 'जानने-पहचानने' को उत्सुक रहती है। वे अन्धकार के तो आदी हैं लेकिन शहर की 'रोशनियाँ' उन्हें लुभाती हैं। यहाँ कथा का आरम्भ, अन्त से होता है और स्मृति का दरवाजा धड़ से खुल जाता है। यहीं हॉस्टल में रहता है वह अकेलापन लपेटकर। यहाँ पैसे खत्म होने पर जब स्कॉलरशिप के पैसे नहीं मिलते तब विद्यार्थियों को काम की तलाश करनी पड़ती है। इन्हें काम मिला दुभाषिए का, टूरिस्टों के गाइड का। उसके टूरिस्टों में नायिका रायना रैमान और उसका बेटा मीता। यह उपन्यास नर-नारी सम्बन्धों के बदलाव की आधुनिक मनःस्थितियों का भीतरी दस्तावेज है। यहाँ न कोरा प्रेम-आकर्षण है, न कोरा सेक्स; बल्कि एक मथती हुई संवेदना का रागात्मक विस्तार है। यहाँ भारतीय विद्यार्थी है— अविवाहित और छुट्टियों में गाइड का काम करता है। प्राग घूमने आयी है विवाहित ऑस्ट्रियन रायना रैमान जो अपने पति जॉक से अलग रह रही है। इसलिए रायना में प्रेम पाने की चाह है और इंडी में रायना को पाने की उत्सुकता। एक दिन रायना और इंडी का कार्यक्रम बना तो इंडी ने कहा—"मैं एक छोटी-सी 'बार' जानता हूँ। वह ज्यादा दूर नहीं है, हम वहाँ जा सकते हैं।" "उसके बाद?" "उसके बाद जैसा तुम चाहो।" "उसके बाद?" उसने हँसते हुए मेरा कोट पकड़ लिया, "आई विल डाई।"

निर्मल वर्मा ने एक साक्षात्कार में कहा है—"जब मैंने 'वे दिन' लिखना शुरू किया था तो उसका स्थान बिल्कुल अलग था। मैं रोम में एक महिला से मिला था। यह मेरी पहली बार अकेलेपन और बहुत बेकारी के दिनों की स्थिति थी। मेरे पास पैसे भी नहीं थे और मैं बहुत ही लुटे-पिटे होटल में ठहरा हुआ था। शाम को मैं कॉफी पीने गया तो वहाँ मुझे इंग्लैंड की ही एक महिला मिली। मेरी उनसे बातचीत होने लगी, क्योंकि इटली में अँग्रेज़ी बोलने वाले कम ही मिलते हैं। पता चला, वे एक टूरिस्ट ऑफिस में काम करती हैं और यहाँ पर एक टूरिस्ट गाइड के तौर पर आयी हुई हैं। बाद में उन्होंने मुझसे पूछा कि क्या आज शाम को मैं खाली हूँ, तो मैंने कहा, हाँ, मैं खाली हूँ। लेकिन मैं गया नहीं क्योंकि मेरे पास इतने पैसे नहीं थे कि मैं उसको 'एंटरटेन' कर सकता। मेरी बहुत इच्छा थी कि मैं शाम को उनसे मिलूँ लेकिन मुझे लगा कि यह बहुत ही अजीब होगा कि मैंने कॉफी भी उन्हीं के पैसों की पी थी और शाम को खाना भी उन्हीं के पैसों से खाऊँ और उनकी जगह अपने

को 'एंटरटेन' करूँ। उस महिला का एक 'टूरिस्ट गाइड' के तौर पर रोम के रेस्तराँ में मुझसे मिलना मुझे तब तक याद रहा, जब तक मैं प्राग नहीं आ गया और जब मैंने हिन्दुस्तान आकर 'वे दिन' लिखना शुरू किया तो अजीब बात यह कि रोम में मिली उस महिला का एक गठित रूप प्राग शहर के परिप्रेक्ष्य में मेरे भीतर जन्म लेता है। शायद आपको यह दिलचस्प चीज लगेगी कि प्राग और एक व्यक्ति का पारस्परिक सम्बन्ध पूरे मूर्त और ठोस रूप में जब तक मेरे भीतर नहीं बना, तब तक 'वे दिन' के समूचे कथानक ने अपना आकार ग्रहण नहीं किया, हालाँकि उपन्यास का रिश्ता न तो रोम से है और न ही इस महिला से।" (निर्मल वर्मा, 'मेरे साक्षात्कार')

इस तरह मानसिकता में फैलती प्रेम-कथा और प्राग
इंडी और रायना
अद्‌भुत ठंडा-प्यारा प्राग
बियर, म्यूजिक, होटल, बर्फ और मोनेस्टरी
लिंडन्, पाइन, तोपोंन और लीया के वृक्ष
स्मृतियों में चलता समय और समय में कोमल संवेदना
प्रेम, सेक्स, नर-नारी सम्बन्ध

आज के नये सन्दर्भ में 'वे दिन' का क्या आधुनिक अर्थ है? नर-नारी के इस आदिम आकर्षण में इंडी और रायना बँधे हैं। युद्धोत्तर यूरोप की मानसिकता और वियाना शहर की जीवन्त संवेदनाओं का चक्र। भाषा में पात्रों का मन धड़कता है। प्राग का सांस्कृतिक भूगोल इस भाषा में रायना को लेकर चमक रहा है। भरे मन की युवती रायना क्या है— एक 'काव्यात्मकता' का झलकता रस। स्मृतियों की घाटी में अन्धकार और छटपटाहट सुनती नारी का राग-विस्तार। इस राग-विस्तार को इंडी कम समझ पाता है। उस नारी का अस्तित्व चेतना में प्रवेश का संगीत नृत्य की उठान बन जाता है। प्रेम और पीड़ा से बनी कविता का आलाप है—रायना, जिस आलाप को भरने में नायक इंडी संकोच करता है। सर्दियों में गिरती बर्फ़ और ऑस्ट्रियन रायना तथा उसका बेटा मीता एक होटल में रह रहे हैं। इंडी अर्थात् निर्मल वर्मा का भारतीय बिम्ब उसे वहाँ 'इंटरप्रेटर' का काम मिलता है—छोटा-सा काम क्रिसमस के दिनों की छुट्टी में काम मिलता है। रायना का राग और पीड़ा, दोनों मिलकर अपनी देह-रस-लीला से इंडी को 'पोएटिक गाइड' या एक रोमांटिक हीरो में बदल देता है। रायना का पुनर्जन्म इसी प्राग शहर में होता है। इंडी को बेहद प्यारा है यह शहर। आधुनिकता की दूरी इंडी के साथ रायना और उसका बेटा मीता— चर्च, कैसल, मानेस्टरी, वैसलस स्क्वायर, तिपोली स्क्वायर, होटल, ओल्ड टाउन, यहूदियों का सिनागॉग—सब जगह घूमते हैं। इस निकटता से रायना में नायक

इंडी के प्रति उमड़-घुमड़, अनिर्वचनीय किस्म का प्रेम-राग रस बरसने लगता है। आह, कैसी वेदना है कि दो सांस्कृतिक किनारे बीच में अबाध प्रेम धारा का प्रवाह। दरअसल 'इंडी रायना में यात्रा रोमांस को तृप्त करता है, रायना इंडी से एक अनिर्वचनीय किस्म का लिरिकल रोमांटिक अनुराग करने लगती है—'डार्क' एंड 'डीप'। वह पहचान लेती है। किन्तु इंडी उससे उम्र में छोटा है। इंडी प्राग के सांस्कृतिक जीवन की भूमिका में अपने तथा रायना के अनेक जन्मों को उद्घाटित करता है। म्यूजिक थियेटर में मोत्सार्ट, सिमेट्री में मरे हुए यहूदी, रेस्तराँ में आत्मभोगी एवं आत्मतृप्तिदायक नृत्य रायना के साथ। इस सबके बीच रायना, केवल इंडी के साथ क्षणों से जुड़ी है अन्यथा वह उस प्राग में खोई है जिसे तीन साल पहले अपने पति जॉक के साथ देखा था। वह वियाना और कोलोन की युद्ध के आतंक तथा मृत्यु की घटनाओं में जकड़ी है—कुंठित! बर्फ़ पड़ रही है—दिसम्बर के दिन हैं। इन सभी उत्सवों में रायना आत्ममुक्त होती है : दिन के लिए, क्षण के लिए।' (रमेश कुन्तल मेघ, 'क्योंकि समय एक शब्द है', लोक भारती : इलाहाबाद, पृ. 308, प्र. सं. 1975) प्रो. मेघ ने इस उपन्यास को 'छोटे सुखों वाले डार्क एवं डीप क्षणों की इतिहीन संवेदना' कहा है। संवेदना में देह-रस पाती नारी और अलगाए पति से खालीपन की कचोट। भीतर-बाहर की अन्तर्यात्रा। यहाँ एक पोल का बिम्ब उभरता है। पोल को नाजियों ने मार दिया था—क्योंकि वह यहूदी था। तब रायना किशोरावस्था में थी। लड़ाई के बाद बहुत कुछ टूटा-उखड़ा मिटा। रायना—सुन्दरी रायना उनमें थी जो 'घर' में 'कान्सट्रेशन कैम्प की यातना भरी जिन्दगी गुजार रही थी। भीतर तक दरकी रायना किसी काबिल नहीं रह गयी है—प्यार करने लायक तक नहीं। युद्ध और यातना ने उसे क्षत-विक्षत कर दिया है—'पीस किल्ड इट।' लेकिन इंडी के प्रेम-रस के लिए रायना इंडी के साथ हॉस्टल के कमरे में उसके साथ सोती है और पवित्र-प्रेम उसे युवती का उफनता यौवन दे देता है। युद्ध के बाद की संस्कृति में भय तथा अकेलापन। यह भय और अकेलापन रायना की साँसों में बस गया है। इसलिए वह 'एलिनियेटिड नारी' जीवन को भयमुक्त होकर भोगना चाहती है। प्राग में बिताए गये तीन दिन तीन जन्मों का सुख उसे एक साथ देते हैं। रायना और इण्डी इस सुख को खोना नहीं चाहते। किन्तु क्रिसमस के दिन रायना वियाना में व्यतीत करना चाहती है। अत: पहले दिन का इंडी प्राग में रायना को हर क्षण जीना चाहता है। वह उस रात इंडी के हॉस्टल में ही रमण करती रही। अन्तिम दिन इस रमणी के मन में पहले दिन की जागृति ने स्मृतियों में करवट ली। विदा का 'अन्तिम क्षण' अन्तिम क्यों है। इंडी कैसे विश्वास करे कि 'वे दिन' थे केवल उसके थे उसके लिए थे, अब उसके नहीं हैं। भीतर से भरा इंडी स्टेशन नहीं गया—रायना ने मना किया

था। कैसा अनुभव कि क्रिसमस ईव पर रायना प्राग छोड़कर वियाना के लिए प्रस्थान कर रही है। और तब इंडी बर्मी मित्र थानथून के साथ मारिया के घर रात में जाता है। कुछ दिनों बाद मारिया का प्रेमी फ्रांज उसे छोड़कर हमेशा के लिए बर्लिन चला जाएगा। ऐसी स्थिति बनी है कि रायना और मारिया, इंडी और फ्रांज, रायना और इंडी भीतर से कटकर अजनबी हो गये हैं। इंडी किस पर भरोसा करेगा। वह जो बीत गया उस पर, या जो है—वह और कुछ है। लेकिन 'वे दिन' का इण्डी है कि स्मृतियों से, पूर्व दीप्ति से—उन दिनों का सब कुछ बटोरकर सहेजना चाहता है। इसलिए 'वे दिन' यादों का गुलदस्ता हैं जिसके फूलों की गन्ध टीस बनकर बिखरी हुई है। पूरी कथा सांसारिक प्रेम का आलाप है। प्रेम-प्रणय का आदिम राग छेड़े हुए आलाप। सभी पात्रों में प्रेम की तलाश—देह रस पीने का अरमान है।

नायक इंडी को पैसों की तंगी के बाद नौकरी मिली तो उसने 'पोलिश वोदिका' पी। होस्टल देर रात तक नहीं गया और वहाँ का दुष्ट गेट कीपर 'सेंटपीटर' दरवाजा नहीं खोलता। कहता था कि विदेशी विद्यार्थी उसके देश के धन से ऐश करते हैं। लेकिन कुछ 'क्राउन' दे दो तो सेंटपीटर शान्त हो जाता था। सभी विद्यार्थी पैसे उसके हाथ में न देकर चुपके से उसकी जेब में डाल देते थे। इस उपन्यास के एक-एक पैराग्राफ में घूस-कमीशन वाला समाज कभी-कभार चमक ही जाता है। रात भर इंडी का प्रेम में रमना न तो अनैतिक है न अभद्र। प्रेम की संस्कृति का विस्तार है। इंडी अपने एक मित्र के बारे में कहता है कि उसकी प्रेमिकाओं के कारण मुझे अकसर अपनी शामें बाहर काटनी पड़ती थीं। यों वह मेरे प्रति क्रूर नहीं था उसने कई बार मुझसे कहा था कि मैं आँखें मूँदकर अपने पलँग पर लेट सकता हूँ, उसे और उसकी साथिन को कोई आपत्ति नहीं होगी। उसने यह भी आश्वासन दिया था कि मैं चाहूँ तो बीच-बीच में आँखें खोल भी सकता हूँ।' ('वे दिन', पृ. 20) नायक इंडी के साथ उसके कई दोस्त हॉस्टल में रहते हैं—मारिया और फ्रांज का प्रेम चलता है और अकेला 'यूगोस्लाव' मेलन्कोविच रहता है जो राजनीतिक कारणों से पत्नी के पास लेली ग्रेट नहीं जा सकता।

निर्मल के इस उपन्यास में उनकी आँख हर दृश्य का डिटेल देती है। जैसे—'उसकी आँखें स्थिर थीं—चमकती हुईं—लेकिन अजीब-सी ठंडी। बाल उज्ज्वल, भूरे थे। वे चेहरे के दोनों ओर सिमट आये थे—कानों और गालों को छिपाते हुए। उनके बीच उसका चेहरा बहुत उत्सुक और उजला-सा लगता था। होंठों पर गहरी लिपिस्टिक थी।' (वही, पृ. 32) इंडी ने रायना से पूछा कि क्या आप पहले भी यहाँ आ चुकी हैं? हाँ, तीन साल पहले पति के साथ आयी थी। वह बाहर जाने से पहले बच्चे की मर्जी जानना चाहती है। लेकिन बच्चा चुप रहा—वह

समझ गया था, वह इस समझ का आदी था—ऐसा लगता था। फिर तीनों घूमने निकल पड़े। इंडी और रायना एक-दूसरे को समझते रहे। फिर हिलमिल गये। निर्मल वर्मा के प्रेम-दृश्यों में मन्थन बहुत रहता है और घटना कविता बनकर 'पाठ' पर छा जाती है। विदेशी पृष्ठभूमि का यथार्थ और उस संस्कृति की मनोभूमिका में चक्कर खाता भीतरी सच। प्रेम-प्रकृति के बीच गहन अन्तरंगता और उदासी का आर्केस्ट्रा बजता है। पूरा उपन्यास एक लिरिकल पोएम है और अद्‌भुत प्रेमानुभव। एक भारतीय पाठक को यह प्रेमानुभव संस्कारगत झटका देता है लेकिन आधुनिकता की उठान में डूबे पाठक को मुक्ति का अहसास भी कराता है। जीवन भोगने में नहीं है—भोगने में है और देह की भूख आत्मा की भूख से ज्यादा प्रबल और गहरा-सघन। इन्द्रियों का यथार्थ भोग का अनुभव है। निर्मल के पास ऐसी लहरदार लयात्मक भाषा है जिसका संगीत पाठक के प्राणों में बस जाता है। सर्जनात्मक भाषा का ऐसा प्रयोग लगभग दुर्लभ है। कहना होगा कि अपनी कथ्यात्मक संवेदना से निर्मल वर्मा ने हिन्दी उपन्यास को नया मोड़ दिया है तथा मांसल अनुभवों से देह-राग का अनन्त भी।

हिन्दी के ज्यादातर आलोचक भ्रमवश 'वे दिन' की विदेशी पृष्ठभूमि को लेकर बिदकते रहे हैं। वे इसकी विदेशी मानसिकता को लेकर यह नहीं सोचते कि इस उपन्यास को रचने वाली चेतना की आँख ठेठ भारतीय है। द्वितीय विश्वयुद्ध के बाद उखड़ा-उजड़ा, अहं केन्द्रित यूरोप इस उपन्यास की सर्जनात्मकता में भारतीय-दृष्टि से मौजूद है। अकेलापन-आत्मनिर्वासन-अलगाव और अधूरेपन का हाड़ फोड़ दर्द युद्धोत्तर परिस्थिति के सन्दर्भ से उपजा है। अकेलेपन की पीड़ा का अहसास मानवीय नियति पर घिराव डाले है। इस उपन्यास के सभी पात्र अकेलेपन से त्रस्त हैं और इस त्रास का अतिक्रमण नहीं कर पाते। रायना और इण्डी का प्रेम अस्तित्व की गहन गुफाओं से बाहर आया प्रेम है—जिसमें मधुर प्राकृतिक भूख की तृप्ति का अहसास है। 'क्षणों' में जीने के बाद उन्हें ज्ञात है कि उन्हें फिर अकेलापन सहना है—भोगना है। 'तीन दिन तीन वर्ष समय कुछ भी मानी नहीं रखता—अगर हम एक सुलगते क्षण में अँधेरे के बीच उस ताप को पकड़ सके...यह जानते हुए भी कि वह जीवित नहीं रहेगा और यह जानते हुए भी कि उसके बुझने के बाद हम फिर दुबारा अपने-अपने अँधेरों में ठिठुरने लगेंगे।' ('वे दिन', पृ. 201) कितना जबरदस्त बिम्ब निर्मल ने प्रस्तुत किया है—'अँधेरे में ठिठुरना।' यूरोप के सन्ताप का सर्वाधिक व्यंजक बिम्ब। एक दिन वह था जिसकी स्मृति रायना को भीतर तक तोड़ती है—'एक दिन मैं बाहर आ गयी...यह जानते हुए भी कि बाहर मैं किसी काबिल नहीं रह गयी हूँ—नाट ईवन फार/पीस किल्ड इट' का अर्थ आज के स्त्री-विमर्श

का मुद्दा बनना चाहिए। युद्धों ने कैसे नारी-चेतना को ठंडा किया—उनके जीवन स्वप्न तबाह किये और कैसे यह स्वर निकला—'इट किल्ड अस।' युद्धोत्तर यूरोप की त्रासदी सर्वाधिक स्त्रियों को झेलनी पड़ी—वे अपने बच्चों के साथ भटक गयी। स्त्रियों को अँधेरा ही मिला। उनके लिए 'सुलगते क्षण' दुर्लभ ही रहे। जाक और रायना, रेटर और रायना, फ्रांज और मारिया—सभी के बीच पसरा है पीड़ादायक अकेलापन। क्या इस अथाह-यातना का 'डिस्कोर्स' या भाष्य सम्भव है ? स्वयं निर्मल वर्मा को 'पाठ' बनाकर 'पाठक' को क्लोज़ रीडिंग में पढ़ना पड़ेगा क्यों वे काफी समय तक अपने देश से बाहर 'पराये' देशों-शहरों में अटके-भटके हैं। उनके भीतर 'अलगाव' की सीटी बजती रहती है। अलगाव का बोझ ढोते निर्मल मानते हैं कि इसी 'अलगाव' ने 'मुझे अपनी जातीय-अस्मिता और संस्कृति को एक ऐसे कोण से देखने का अवसर दिया है जहाँ भ्रम और भुलावे की गुंजाइश बहुत कम है। मैं एक साथ अपने को बाहर और भीतर पाता रहा हूँ। पश्चिम से मुझे एक तार्किक अन्तर्दृष्टि मिली जिसके सहारे मैंने अपनी संस्कृति के मिथक बोध, बिम्बों और प्रतीकों को गैर तार्किक अन्तश्चेतना को परखने की चेष्टा की है।' ('शब्द और स्मृति', पृ. 100) इसी तार्किक दृष्टि ने निर्मल वर्मा को 'आधुनिक तकनीकी सभ्यता के अन्तर्विरोधों का अहसास' भी कराया है। यहाँ कहना पड़ेगा कि निर्मल वर्मा उत्तर आधुनिकता की दृष्टि और अनुभव को जज़्ब करने वाले हिन्दी के पहले कथाकार और निबन्धकार हैं। वे 'पराये' देश के 'अलगाव' को झेलने के बाद अपनी जड़ों की ओर 'लौटते' हैं। यह 'लौटना' ही उनकी पक्की उत्तर आधुनिकता का मिजाज है। 'असली उत्तर आधुनिकता वह होती, जो आधुनिक मनुष्य की अधूरी, बीच में टूटी हुई यात्रा में, परम का अंश जोड़ पाती। उस बीहड़ तनाव के बीच रास्ता बना पाती जो आधुनिक कला के संघर्ष की आधार भूमि थी। यह करने की बजाय उसने एक सुविधाजनक रास्ता अपनाया—स्वयं तनाव के केन्द्रीय भाव से आँखें मोड़ लीं। इसीलिए उत्तर आधुनिकता की विचाराधारा में जो बहुलता दिखाई देती है, वह खुलापन नहीं, ढीलापन है—विश्रृंखलता जो केन्द्रहीनता से उत्पन्न होती है। आधुनिक मनुष्य के अन्तर्विरोधों की पीड़ा और उनका अतिक्रमण करने का आध्यात्मिक गौरव वह दोनों के प्रति निरपेक्ष जान पड़ती है।' ('आदि, अन्त और आरम्भ', पृ. 410) उत्तर आधुनिकता को अनास्थामय 'लक्ष्यहीन बहुलता' मानना निर्मल की 'भारतीयता' की वह पुकार है जिसकी जड़ों में आस्था है क्योंकि उनकी दिमागी हुड़क का नाम है—आधुनिकता और उनके बौद्धिक तर्क का नाम है उत्तर आधुनिकता। उनकी 'दूसरी दुनिया' आधुनिकता और उत्तर आधुनिकता के बीच की दुनिया है—जिसने ईश्वर को

निष्कासित कर दिया है और वह भिखारी बनकर भटक रहा है। मुझे इसी परिप्रेक्ष्य में 'वे दिन' का 'डिस्कोर्स' करना संगत प्रतीत होता है।

निर्मल वर्मा का दूसरा उपन्यास है—'लाल टीन की छत'। इस उपन्यास को 1970 से 1974 तक चार वर्षों में कभी लन्दन, कभी दिल्ली, कभी शिमला में लिखा। एक किशोर लड़की काया की जटिल संश्लिष्ट उपनिवेशोत्तर कथा। एक किशोर युवती जो 'शैशव-यौवन' के मेल से द्वन्द्व ग्रस्त है और अपने शरीर में होने वाले परिवर्तनों को रहस्य या कौतूहल से देखती है और उसकी बनती-बदलती मानसिकता उसी के लिए 'समस्याभरी उलझन बन जाती है।' इस उलझन जाल में छटपटाती युवती की कथा-व्यथा। काया का अकेलापन, प्रदेश का सूनापन, सर्दियों की लम्बी छुट्टियों और भयावह खामोशी का परिवेश। कोई हमदम नहीं—केवल प्रकृति से प्राप्त सूनापन, सन्नाटा। ऊँची पहाड़ियों पर भटकन का तीखा अहसास। हर बार गहराती अकेलेपन की अकुलाहट।

'लाल टीन की छत' में कई पात्र हैं काया के साथ। लामा, बीरन, छोटे, नथवाली औरत, मँगतू, मिस जौसुआ, बुआ, भोलू, चाचा और माँ। काया के सर्वाधिक निकट है लामा। किन्तु छोटे काया के साथ छाया की तरह लगे रहते हैं। उन्हें काया के अकेलेपन का अहसास है। कथा सर्दियों की लम्बी छुट्टियों में कुछ माह की है। लेकिन कथा के बीच में ऐसे प्रकरण-प्रसंग अनायास आते रहते हैं जो काया को अतीत में भटका देते हैं और जब छह महीने बाद गर्मियाँ शुरू होतीं तो लोग लौटने लगते हैं और वह 'वहीं बरामदे में बैठी दिखाई देती है', एक हल्की-सी विजय मुस्कान उसके चेहरे पर खिल उठती है।' ('लालटीन की छत', पृ. 10)

पहाड़ी शहर में छोटे भाई के साथ रहती लड़की काया। वइ अपने इर्द-गिर्द बुनती है मायावी जाल। स्मृतियाँ और स्मृतियों के खेल। बचपन और यौवन की देहरी का मेल। असहनीय सम्मोहन का समय और अनजाना डर। 'काया' और 'छोटे' को लपेटे कथा-चक्र। निर्मल वर्मा ने ध्रुव शुक्ल के साथ हुए साक्षात्कार में कहा है—'काया ही एक ऐसा चरित्र है जो किसी एक खास लड़की को लेकर नहीं रचा गया, बल्कि अगर मैं यह कहूँ कि काया मेरे बचपन के सब स्मृति अंशों का एक पूँजीभूत चरित्र है तो यह ज्यादा सही होगा। काया मेरे लिए एक रूपकात्मक अभिव्यक्ति रही है। बचपन के उन वर्षों के बदहवास और विक्षिप्त किस्म के अकेलेपन की, जो हम हर बरस शिमला में बिताते थे। लिखने की प्रक्रिया में 'लाल टीन की छत' ही एक ऐसा उपन्यास है जिसको मैंने उम्र के एक खास समय-खंड पर फोकस करने की कोशिश की है। दो-तीन साल का बहता समय, बचपन के अन्तिम कगार से किशोरावस्था के रूखे पाट पर बहता हुआ समय, जहाँ पहाड़ों के अलावा कुछ भी स्थिर नहीं है।

जाहिर है कि उसमें कुछ पात्र ऐसे भी हैं जो उपन्यास के इन पात्रों को बहुत ठोस पीठिका भी देते हैं क्योंकि जैसा कि मैंने आपसे कहा, यह मेरी कमजोरी है कि जब तक कोई ठोस और साकार उपमान नहीं होते, तब तक मुझे लगता है कि अपनी कथा की एक निश्चित भूमि पर नहीं हूँ। इसलिए वह जो अकेली, मेम या माँ या पिता या चाचा के चरित्र हैं—ये सब भोगे हुए चरित्रों से सूत्र लेकर आये हैं। लेकिन जो उसके मुख्य चरित्र हैं जिनकी बात आपने कही है—लामा और काया, ये किसी देखे हुए चरित्र की स्मृति मात्र न होकर ऐसे पात्र हैं जिनका कोई चरित्र नहीं।' ('निर्मल वर्मा', सं. अशोक वाजपेयी, पृ. 48-49)

काया और छोटे उस बुआ की लड़की 'लामा' का इन्तजार करते रहते हैं, जो अपने गाँव चली गयी है। इसलिए 'लामा' की स्मृति में घुमड़न है। शिमला के बड़े घर में खाली पड़ा लामा का कमरा काया को सताता है। उसे याद है कि लामा कहती थी—'हममें से हर कोई एक न एक जानवर है।...यह बात किसी से कहते नहीं, शर्म के मारे नहीं कहते? हालाँकि लामा को न किसी से शर्म आती थी, न किसी से डर लगता था।' (लाल टीन की छत, पृ. 14) काया और छोटे अपने पिता की राह देखते रहते हैं। एक मिस जोसुआ हैं जो उन लोगों का मजाक उड़ाती है जो छह माह पहाड़ पर, छह माह दिल्ली में रहते हैं। उन्हें दफ्तरी जिप्सी कहतीं लेकिन काया और छोटू को बहुत प्यार करतीं।

निर्मल वर्मा ने मदन सोनी के साथ हुए साक्षात्कार में अपना हृदय खोला है—'कुछ मुख्यधारा के चरित्र होते हैं—पढ़े-लिखे, सांस्कृतिक, आधुनिक माहौल में ढले हुए। ये हमें पहचाने से मनुष्य लगते हैं और कुछ हाशिये के चरित्र होते हैं तथाकथित हाशिये के। मनुष्य वे भी हैं लेकिन जिन परिभाषाओं में बचपन से लेकर आज तक हमारे भीतर के मनुष्य को परिभाषित किया गया है, उन परिभाषाओं के घेरे में ये चरित्र बाहर के लगते हैं। 'लाल टीन की छत' की पहाड़िन स्त्री को उसके चाचा उसके गाँव से ले आये थे। वर्षों पहले शहर के लोग पहाड़ों पर जाते थे और हजार-दो हजार रुपये देकर औरतों को खरीदकर ले आते थे।' (वही, पृ. 49)

मिस जोसुआ के द्वारा मृत्यु की सच्चाई पर बात और काया का नौकर मँगतू को लेकर विचार। यह पूरा उपन्यास तीन खंडों में है अपनी अखंडित अन्तर्योजना के साथ। प्रथम खंड है—'एक साँस में', दूसरा—'शहर से ऊपर', तीसरा—'तसल्ली से परे'। निर्मल वर्मा का हिन्दू मन, उन्मूलित परिवार, शिमला में साधु-संन्यासी दर्शन, घर पर अनुष्ठान, माता-पिता के साथ तीर्थयात्राएँ—बनारस, ऋषिकेश। इन सभी ने निर्मल को 'भीतर' से इनके प्रति चैतन्य बनाया। तभी तो यहाँ कालीजी के मन्दिर का वर्णन है। काया, लामा और गिन्नी के साथ घुमक्कड़ी की स्मृति और फिर लड़की

का बूढ़े आदमी से विवाह प्रसंग। 'अगर आप इस पाप से डरती हैं, तो इसे मत भेजिए। क्योंकि याद रखिए, मेरठ का मतलब है मौत।' ('लाल टीन की छत', पृ. 46) काया सीधी है, लामा बखेड़े खड़े करने में निपुण। उसी ने खड़ा किया है—मेरठ का बखेड़ा। काया लामा से पूछती है कि 'लामा, तुम मेरठ नहीं जाओगी?' तो कहती है—'जाऊँगी'। लामा के जाने के बाद उसकी यादों में मग्न काया का मन। लामा के जाने के बाद कुतिया की मृत्यु—उसे मरते हुए काया ने देखा। काया का पुनर्जन्म/ऐसी ही माँ के साथ काया का पुनराविष्कारक अनुभव। चाचा के घर से लौटी काया के अनुभव। चाचा के घर फॉक्सलैंड गयी थी—वह। निर्भय काया का आत्म-संघर्ष और पूरी स्वतन्त्रता का अहसास। खुली अन्तहीन हवा में साँस लेने का सुखानुभव काया को अन्त में हुआ—'पक्षियों का रेला झाड़ियों से ऊपर उठने लगा था—उसमें किसी तरह की दुविधा, कोई पाप और मैलापन नहीं था। न कोई शक, न संदेह, बिल्कुल साफ, बेलौस आवाज समूचे जंगल को अपने में समेटती हुई, एक अजीब-सा आमन्त्रण, जो सब कुछ को कह डालता है, अपनी तरफ बुलाता है, समूची पीड़ा और भय को चुनौती देता हुआ।' (वही, पृ. 199)

यह उपन्यास कोरा मनोवैज्ञानिक, हलका बहुलार्थी भर नहीं है, न ज्यादातर स्थलों पर काफी हल्का और चलताऊ। जबकि यह सच है कि लड़की मन का सम्मोहन नैतिक संघर्ष का गहन रूप नहीं ले पाता इसलिए इसे एक समग्र दृष्टि की उत्कृष्ट कलाकृति नहीं कहा जा सकता। रमेशचन्द्र शाह ने 'बीच बहस में लालटीन की छत' की सेंसिबिलिटी का प्रश्न उठाया है और सॉल बैलो तथा वर्जीनिया वुल्फ की 'शुद्ध संवेदना' के कृतित्व पर ध्यान देकर कहा है कि 'लालटीन की छत' में जो विशिष्ट संवेदना कार्यरत है, उसकी सघन-आन्तरिक बनावट के पीछे भी एक आत्मबद्धता रह-रहकर कौंध जाती प्रतीत होती है।' (सम्पा. नन्दकिशोर आचार्य, 'अवलोकन : निर्मल वर्मा', भाग-2 पृ. 191) शाहजी को बराबर लगता रहा कि 'हमसे परे और हमारे भीतर ट्रान्सडेंट और इमीनेन्ट के प्रति यह पर्युत्सुकता का भाव इस उपन्यास में व्याप्त है और वह उसकी कथावस्तु को अनुभूति के एक-दूसरे ही धरातल पर मुक्त करता प्रतीत होता है।' निर्मल वर्मा में एक ओर काली, माँ दूसरी ओर ईसा मसीह—दोनों आस्थाओं में क्या सामंजस्य की स्थिति बन पाती है? क्या निर्मल वर्मा भी वर्जीनिया वुल्फ की तरह कथाकारों की आराध्य भौतिकता से क्षुब्ध थे और आत्मा के खेल में निकले थे? क्या यह उपन्यास अकेली पड़ गयी लड़की की संवेदना की कहानी नहीं है? तीन खंडों में उपन्यास के विभाजन का क्या तर्क? इस तरह के तमाम प्रश्न इस आख्यान की सार्थकता पर ही प्रश्न चिह्न लगाते हैं क्योंकि इसमें बहुत गहरे बेहद गड़बड़ है।

प्रसिद्ध कवि और चिन्तक कुँवर नारायण ने निर्मल के कथा साहित्य को एक खास तरह से समझाया है। 'लाल टीन की छत' का अध्ययन उनके अनुसार दो तरह से किया जा सकता है। एक तो काया के 'अकेलेपन' का अध्ययन, जो लेखक की अपनी मनोदशा और भाषा से जुड़ता हुआ लगता है : दूसरा, काया की वय:सन्धि पर होने वाले परिवर्तनों का अध्ययन जिन्हें काया की अपनी मनोदशा और भाषा से जुड़ना चाहिए था, लेकिन...।' (वही, भाग-2 पृ. 198) कुँवर नारायण का यह 'लेकिन' बहुत कुछ कहता है। 'काया की अपनी कोई भाषा नहीं। कुछ घटनाएँ हैं। कुछ लोग हैं, कुछ जगह हैं—काया उन्हें अनुभव करती है, लेकिन अपने अनुभवों को अपनी भाषा में व्यक्त नहीं कर पाती : अपने व्यवहार में व्यक्त करती है जिसे लेखक अपनी भाषा देता है। इस सबसे वह एक औपन्यासिक आकार भी देने की कोशिश करता है, लेकिन...।' (वही) इस 'लेकिन' से कुँवर जी का आशय क्या है? कुँवर जी ने निर्मल की कहानियों की अपूर्व भाषा, एकान्त, ऐसा अकेलापन, नास्टेल्जिया, रोमांटिसिज़्म, काव्यात्मकता, संवेदना सब पर मुग्धता प्रकट की है। लेकिन इस उपन्यास पर ध्यान जाते ही यह भी ध्यान में आया कि एक समय 'आत्मा' और 'व्यक्ति' का नाम लेना 'हिम्मत का काम था'। हिम्मत का काम क्यों था? इसलिए हिम्मत का काम था कि उस समय भी कुछ आलोचकों की साम्प्रदायिकता में छायावाद जैसी किसी चीज़ को गया-बीता मान लिया गया था। निर्मल वर्मा 'परिन्दे' और 'जलती झाड़ी' से उस सोच के फ़र्क़ को सामने ला रहे थे और कह रहे थे कि रोमांटिक कृतियों की एक सदाबहार प्रासंगिकता है। विचारधारा का नींबू निचोड़ देने से ही रचना स्वादिष्ट नहीं हो जाती—रचना का अपना रचना-स्वाद भी उसके भीतर से उठना चाहिए। इसलिए निर्मल वर्मा ने रचना की 'स्वायत्त सत्ता', 'स्वतन्त्रता', भीतरी सच के तर्क' की वकालत तमाम निबन्धों में की है। इन वकालत का बदनीयती से विरोध किया गया है, यह अलग विषय है।

भाववाद-सौन्दर्यवाद-रूपवाद की दोगली बहसों से अपनी आलोचना को बाहर निकालकर कुँवरजी ने लिखा है—'निर्मल अपनी कहानियों में भाषा को एक ऐसे स्तर पर रच चुके थे जहाँ कहानियों से अधिक उनकी भाषा पर ध्यान देना अनिवार्य हो गया। उनके पास कहने के ढंग में एक जादू है, जिसका प्रभाव पढ़ने वाले पर जो भी रहा हो, स्वयं लेखक पर एकछत्र रहा—चाहे रचनात्मक साहित्य हो, चाहे उस पर चिन्तन हो, चाहे उसके बावजूद चिन्तन हो, भाषा में वही सम्मोहन, वही अत्यन्त भद्र नाजुक अन्दाज, अपने आप में बेहद डूबी हुई जिसकी रोचकता और सीमा, दोनों को 'लाल टीन की छत' में देखा जा सकता है। भाषा में हल्का तनाव पैदा करते चलना इस तरह के कुछ शब्द, लेखक को प्रिय शब्द, बार-बार झंकृत होते रहे—उनकी मीड़ और गमक मूल लय के स्थायी

रस को अर्थों-बिम्बों-ध्वनियों अनुगूँजों के विभिन्न स्तरों पर निचोड़ती रही—पूरा का पूरा उपन्यास इसी विलम्बित लय में...।' (वही, भाग-2, पृ. 199) इस तरह 'लाल टीन की छत' को आरोपित प्रतिमानों से नहीं, उसकी भीतरी लय से ही पकड़ना चाहिए। महावृत्तान्त के स्थान पर छोटे-छोटे वृत्तान्तों का क्रीड़ाभाव जीवन की अन्तर्वर्ती किशोर व्यंजनाओं का विस्फोट करता है। आख्यान से कथा में बदलता उपन्यास अपने प्रभाव में कविता का-सा प्रभाव छोड़ता है जबकि काया की औपन्यासिक स्थिति बहुत भरोसे से भरी नहीं है—वह मृत्यु से नहीं जागती। पहाड़ी अनपढ़ स्त्री की गर्म कामुकता से जागती है।

तीसरा उपन्यास 'एक चिथड़ा सुख' (1979) में बोहेमियन जीवन जीते हुए कलाकारों का आख्यान से मिथ में बदलते जीवन की धड़कन की धार है। नये सृजन का 'अरमान' हमेशा ढर्रे को तोड़ता है। जड़ीभूत सौन्दर्याभिरुचियों को ध्वस्त कर नयी रुचियों का निर्माण करता है। जीवन में नये अर्थ की तलाश कलाकारों को निचोड़कर पी जाती है। इसीलिए जीवन के इस क्रूर यथार्थ को निर्मल वर्मा ने डायरी के माध्यम से कहा है। फिर एक ऐसे लड़के की डायरी, जो प्राय: बीमार रहता है। 'एक चिथड़ा सुख' में अस्तित्व और व्यक्तित्व के प्रश्न घूम रहे हैं—प्रश्नों पर बहुस्तरीय पकड़ निर्मल वर्मा के कथाकार का 'स्व-भाव'। यहाँ मौन पाठक की चेतना को धक्का देता रहता है—मृत्यु में समाहित जीवन और जीवन का पुनर्जन्म। 'एक चिथड़ा सुख' में स्ट्रिन वर्ग के नाटक का रिहर्सल चलता है और सभी पात्र इस नाटक या जीवन-नाटक के अभिनेता। संसार को 'महानाट्यशाला' कहा भी गया है। यहाँ भी नाटक 'तुम रो रही हो।' उसने कुछ ऐसे कहा, जैसे बिट्टी को स्वयं उसके रोने की सूचना दे रहा हो। 'बिट्टी ने सिर हिलाया।' 'सचमुच नहीं।' बिट्टी ने कहा, 'मेरे भाग्य में रोना बदा है'। जिन्दगी ठहरी एक नाटक और भयानक नाटक—'क्योंकि वहाँ किसी सीन को नहीं टाला जा सकता किसी को नहीं बचाया जा सकता—।' हर स्थिति को भोगना ही मानव की नियति है। इलाहाबाद की नुमाइश के बौने की तरह बिट्टी जीवन को भोगना चाहती है। बिट्टी का अरमान बौना बनने का है। बौना भोगता है और उसे एक मखमली सिंहासन पर बैठी धड़हीन बुढ़िया टुकुर-टुकुर देखती है। पता नहीं क्यों—बिट्टी को भरोसा है कि बौने के चिथड़े 'चिथड़े नहीं थे—वह सुख था।' बौने के चिथड़े को सुख का प्रतीक बनाया तो गया है—किन्तु यह सामर्थ्यवान प्रतीक नहीं है—सुख की छलनियों जैसा प्रतीक है। सुख की लालसा छलना है—सुख मिलता कहाँ है? हम सुख की प्रतीक्षा में चिथड़े होते रहते हैं इस तरह इस उपन्यास का अन्त:पाठ करें तो थोड़ी-सी व्याख्या में अर्थ की अनन्तता का विस्तार मिलता है। निर्मल वर्मा के रचना-कर्म में 'एक चिथड़ा सुख' व्यक्ति को जीने का थोड़ा-सा पवित्र स्पेस देता

है। ढर्रेदार आलोचकों का तो यह रचना कर्म जैसे मान-मर्दन कर देता है क्योंकि इसकी कलात्मक बारीकियों को समझने के लिए नयी संवेदन-क्षमता चाहिए और वह कला-संस्कार जो नये के प्रति एक समर्पित ललक रखता हो।

किशोर लड़का जो बिट्टी का 'कज़न' है, लम्बे बुखार से त्रस्त मन लिये दिल्ली आया है—सुकून की तलाश में 'दिल्ली उसका अकेलापन है—जिसमें उपन्यास के शेष पात्र छायाचित्रों की भाँति खेलते-भटकते और मिलते हैं। वह उन्हें देखता है और अपनी निस्संगता की कीमत पर कुछ अनुभव हासिल करता है। अनुभव उसकी डायरी में दर्ज हैं। यह उपन्यास उसकी डायरी का ही क्रमबद्ध संस्करण है।' (निर्मल वर्मा : 'एक चिथड़ा सुख पर कुछ नोट्स', सम्पा. अशोक वाजपेयी, पृ. 210) यह उपन्यास मध्यवर्ग के बुद्धिजीवी वर्ग से जुड़ा है और दिल्ली में घटता है। इरा, डैरी, नित्ती, बिट्टी, मुन्नू—सभी हैं—केवल मुन्नू बच्चा है। बिट्टी लड़की तो इलाहाबाद की है पर 'मुक्त' जीवन जीने की तमन्ना से भरी दिल्ली में रहती है। उसे अभिनय का शौक है। डैरी के निर्देशन में नाटक करती है और सबसे बड़ी बात है, उसका डैरी से प्रेम। (दिल्ली के तमाम नाट्य निर्देशकों की तरह) नाट्य-निर्देशक डैरी उमड़े हुए बिट्टी के प्रेमी। प्रेम को खोजते-इंग्लैंड से दिल्ली में अटके हैं। इधर ही नित्ती भाई गृहस्थ आर्किटेक्ट नाटक के सेट डिजाइनर—इरा के प्रेम की खुराक पर पलते हैं। लेकिन हाय रे जीवन—बेचारे घर और प्रेम दोनों को चौपट कर बैठते हैं और एक दिन विवश होकर कर लेते हैं—आत्महत्या। रहा मुन्नू, वह लेखक की आस्था का प्रतीक है। इस उपन्यास के सभी पात्रों में हरकत होते हुए भी जीवन का स्वाद नहीं है—बेमजा उखड़ापन। निर्मल वर्मा का यह कथन पाठक को नहीं भाता है कि यहाँ चीज़ें खुद अपनी ओर मुड़कर देखती हैं और अनुभव बन जाती हैं। कहते तो यह भी हैं कि इस आख्यान के भीतर घुसकर निर्मल ने दुख का मन परखना चाहा है। बुद्ध का दुख, नीत्से का दुख, प्रसाद और अज्ञेय का दुख—जो सबको माँजता है और मनुष्य को दुख से मुक्त करने का सन्देश देता है। इन सभी ने दुख से मुक्त रहने का उपाय भी सुझाया था—'लेकिन दूसरों के दुख को अपना करने की बहुत कोशिश की, पर नहीं हुआ। श्रीकान्त वर्मा के अुनभव में दुख का करकता रूपाकार। दुख का मिथक जटिल-अमूर्त्त और अव्याख्येय।' दुख का मन निर्मल वर्मा की भाषा में संघर्ष करता है और उसकी पहचान बनती है। क्योंकि दुख साथ-साथ चलता है। साथ होते हुए भी दुख से मुठभेड़। किशोर मुन्नू का संघर्ष, बिट्टी और डैरी, इरा और नित्ती के बीच का तनाव भरा संघर्ष। संवेदना और भाषा के बीच पसरता जीवन-संघर्ष। भागना और देखना—फिर-फिर देखना और अन्ततः भोगना। अजीब जटिल जीवन का गणित और इतिहास-भूगोल। अन्धकार और आलोक की सीमा रेखा को मिटाकर फिर शून्यता का अनुभव। नित्ती

भाई की आत्महत्या का दुख। 'एक चिथड़ा सुख के सभी पात्र झीने आवरण की तरह फैलते-सिकुड़ते रहते हैं। दीवार पर बिट्टी पाती है—मदर टेरेसा का फोटो। बिट्टी ने किसी अखबार से काट कर चिपकाया है यह चित्र। बाहर की हवा से चित्र का फड़फड़ाना, चमगादड़ का बार-बार उड़ना और दीवार से टकरा जाना। एक अजीब तरह का अकेलापन और सन्त्रास। मदन सोनी ने अशोक वाजपेयी का वह वक्तव्य महत्त्वपूर्ण माना है कि जिसमें उन्होंने कभी कहा था कि निर्मल 'मनुष्य के बुनियादी अकेलेपन के गायक हैं।' शास्त्रीय संगीत के रागों को सुनते-सुनते अशोक वाजपेयी की मानसिकता इस कदर संगीतमय हो गयी है कि वे जाने क्यों इस बेदर्द जमाने में संगीत को चेंप देते हैं। बुनियादी अकेलेपन का गायन क्या होता है? शायद किसी मंसूर खाँ को पता हो—और तो कोई न जानता है, न मानता है। इस कथन का चमत्कारवादीपन मानव को भीतर से पी जाता है। अज्ञेय का अकेलापन प्रसिद्ध रहा है और विजयदेवनारायण साही का—'दे दे इस साहसी अकेले को ओ फकीर चिड़िया।' यह अकेलापन कबीर और जायसी, मीरा और रहीम सभी में व्याप्त है, लेकिन सबका अकेलापन एक-सा नहीं है। अज्ञेय का अकेलापन स्थिति, अस्मिता और मुक्ति से जुड़ा है। मुक्तिबोध का अकेलापन कहता है—'याद रखो, कभी अकेले में मुक्ति नहीं होती।' मुक्ति सबके साथ ही हो सकती है। कबीर का 'मैं पुनि बहुरि अकेला' चिन्तन का आलोक है। यहाँ बिट्टी, डैरी, नित्ती आदि का अकेलापन और अँधेरा है। इस अँधेरे में वे अपने को नष्ट कर रहे हैं। विवशता यह है कि वे एक दूसरे से अलग नहीं रह सकते।

क्यों नहीं रह सकते अलग? इस प्रश्न का उत्तर दे पाना सरल नहीं है क्योंकि इरा इंग्लैंड जाना चाहती है और बिट्टी दिल्ली से कहीं और। लेकिन न छोड़ पाने की लाचारी। उनकी प्रेम लताओं की गहरी जड़ों में बैठा जीवन उन्हें एक-दूसरे को छोड़ने नहीं देता। नित्ती तो आत्महत्या करके ही छूट पाता है। इरा की पोटली का दुख, बिट्टी की पोटली का दुख-दुख के भीतर बैठा दुख। मुन्नू की डायरी में दुख का चेहरा मदर टेरेसा को लेकर साफ है। अकेलापन, अधूरापन और अपनापन—तीनों का कन्या कष्ट बढ़ता है इस उपन्यास में। अकेलेपन का आत्मदान और आत्म-यातनीयता। क्यों निर्मल ने मुन्नू का साथ देकर भी उसे छटपटाने के लिए छोड़ दिया है। उस मुन्नू को, जो सभी पात्रों के विरुद्ध संघर्ष करता है—अपनी सहानुभूति से। यह दीवार पर चलती उस फिल्म को मानो देखता है जिसकी छाया में वह खो सा गया है। यह देखना पूरा कहाँ है—आधा-अधूरा अपर्याप्त। असली जिन्दगी और नाटक के बीच का फ़र्क़ खो क्यों गया है? कब तक हो यह नाटक और क्यों? कैसे? स्मृति में घटते हुए को देखना अनुभव के धुँए में घुटकर जीना नहीं है क्या? मुन्नू का दुख

तो बिट्टी-इरा सभी से ज्यादा सच्चा है और ठोस।

दरअसल, यह उपन्यास 'आधुनिकता' की धुन्ध में खोते जा रहे मनुष्य की यातना का प्रश्नाकुल इतिहास है जिसमें सभी पात्र आधे-अधूरे और पीड़ित हैं। प्रेम पाकर भी प्रेम से वंचित, ठगे-उदास-कुंठित। ज्ञानात्मक और भावनात्मक संवेदना के स्मृति आलोक में चीज़ें साफ हैं कि हम संवेदनाओं को कैसे पढ़ पाते हैं। कौन नहीं अनुभव से पाता है कि प्रश्नों के जवाब प्रायः झूठ होते हैं। 'एक चिथड़ा सुख' के पात्रों का कहा-अनकहा दुख, अकेलापन क्या निर्मल वर्मा पूरी तरह व्याख्यायित कर पाये हैं? नित्ती-इरा, बिट्टी-डैरी—लगता भर है कि एक-दूसरे से जुड़े हैं जबकि सच यह है उनके राग में दरार है—पीड़ा है—अकेलापन है। बिट्टी और डैरी के बीच में कैसा प्रेम है जो बनता कम, टूटता ज्यादा है। यहाँ प्रेम एक फुस्सड़ धागा भर है : "जैसे भी हो, तुमने अपने को पा लिया है। सब लोग तुम्हारे जैसे सौभाग्यवान नहीं होते? पता नहीं बिट्टी के स्वर में व्यंग्य था या सिर्फ कोरा वक्तव्य, लेकिन डैरी के हाथ टेप रिकार्डर पर ठिठक गये। उन्होंने सिर उठाकर बिट्टी को देखा, 'मैंने क्या पा लिया है'?

'तुम सोचते हो डैरी, दूसरे लोगों की तकलीफें झूठी है।' बिट्टी अजीब ढंग से मुस्कुरा रही थी 'सिर्फ तुम्हारा काम असली है।'

'तुम मुझसे तकलीफों की बात मत करो', डैरी ने कहा, 'बरसाती में रहकर तकलीफें पता नहीं चलतीं।'

'नहीं, सरकारी बंगले में रहकर पता चलता है...।' बिट्टी का स्वर एकदम बदल गया, 'लेकिन तुम बिहार के गाँवों में भी घूमे हो...वहाँ लोगों के बीच रहे हो, अब तुम पर कोई अँगुली नहीं उठा सकता।'

डैरी ने बिट्टी को देखा, जैसे वह कोई अजनबी लड़की हो जिसके बारे में उन्हें कुछ भी नहीं मालूम। और बिट्टी, वह अजीब हैरान से डैरी को देख रही थी। क्या वे इतनी नीची सतह पर उतरकर एक-दूसरे को यातना दे सकते हैं? लेकिन अभी कुछ देर पहले वे एक-दूसरे के पास बैठे थे, बिट्टी उनकी डिजाइन देख रही थी और उनके हाथ बिट्टी को छू रहे थे। इन दस मिनटों में क्या हुआ कि अचानक दोनों एक-दूसरे से इतना छिटक गये हैं कि सारी दुनिया उनके बीच से निकल सकती है। हम एक-दूसरे की तकलीफों के बारे में क्या इसलिए लड़ते हैं, क्योंकि अपने सुख का कहीं पता नहीं होता।" ('एक चिथड़ा सुख', पृ. 56) इरा और नित्ती के बीच कौन-सा बादल फटा कि नित्ती आत्महत्या करने को विवश हुआ। क्या 'आधुनिकता' के पके फलों में कीड़ों का ही वर्चस्व है, जीवन-तितलियों को उड़ने जीने का ठौर-ठिकाना नहीं है? न वह इरा के बिना रह सका, न पत्नी-बच्चों को छोड़ सका—

'पिस गया वह दो पाटों के बीच। ऐसी ट्रेजेडी है नीच'। ग.मा. मुक्तिबोध का यह काव्य-कथन निर्मल वर्मा के पात्रों पर कितना खरा उतरता है। बिट्टी की इरा और पत्नी-बच्चों को लेकर नित्ती भाई से बातचीत—

'क्या तुम सचमुच उससे प्यार करते हो?'

'तुम क्या सोचती हो?'

'मैं सोचती हूँ, तुम कुछ करते क्यों नहीं?'

'बिट्टी...तुम्हें सब कुछ आसान लगता है।'

'अपने बच्चे को छोड़ना?' बिट्टी ने कहा, 'या अपनी पत्नी को?

नित्ती भाई सुन्न आँखों से उसे देखते रहे फिर बहुत धीमे स्वर में कहा, 'तुम्हें कुछ नहीं मालूम...तुम अपने से बाहर कुछ भी नहीं देखती।'

× × ×

नित्ती भाई कुर्सी से उतर आये, बिट्टी के साथ फर्श पर बैठ गये। उनके हाथ से रम का गिलास छुड़ा लिया—वह शायद कुछ कहना चाहते थे, किन्तु उन्हें कुछ समझ नहीं आ रहा था, कैसे अपनी पीड़ा के दलदल से उबरकर उस दायरे में जा सकें, जहाँ बिट्टी थी। अगर उस समय कोई घटना हो जाती तो वह अधूरा दृश्य एक मुकम्मिल-सी परिणति पा लेता—जैसा कि उसने थियेटर में देखा था, परदा गिर जाता है और चाहे कितना ही भयानक और असहाय क्यों न हो, अगले एक्ट के शुरू होने तक एक रिलीफ-सी पा लेता है, पीड़ा को हाथ-पाँव फैलाने का एक सिरहाना-सा मिल जाता है—क्योंकि हम सचमुच जी रहे होते हैं—मार्च की एक शाम, हॉस्टल के कमरे में बुखार और रम और पछतावे के पसीने में लथपथ, लिथड़े हुए तो कहीं परदा नहीं गिरता।' (वही, पृ. 95-97)

यहाँ सभी पात्र जुड़कर भी अलग हैं। अकेलापन एक नियति है—निर्मल वर्मा के उपन्यासों की कथा-युक्ति। ट्रेजिक और यातनामय। निर्मल वर्मा में मानव-मन के भीतरी संघर्ष निरन्तर सुलगते रहते हैं। यथार्थ का जटिल-संश्लिष्ट संसार कलाकार के जीवनानुभवों को फार्म कैसे दे पाता है, इस टेक्नीक में निर्मल वर्मा बड़े माहिर कथाकार हैं। फार्म में कथा-निबन्ध सब कुछ का प्रवेश होता रहता है। फलतः फॉर्म की शुद्धता निर्मल वर्मा के रचना-कर्म में ध्वस्त होती रहती है। उनकी रूपकात्मक-काव्यात्मक भाषा का जादू भुलाने की चीज़ नहीं है। मुझे लगता है कि निर्मल वर्मा की रूपकात्मक शक्ति ने ही काव्यात्मकता और लयात्मकता को अपने में एकाकार किया हुआ है। 'एक चिथड़ा सुख' का नैरेटर मुन्नू को यह गहरी पहचान है कि 'मैं शब्दों को नहीं सुन सकता था, इसलिए वे इतनी आदिम, इतनी साफ—इतनी नंगी थीं कि सीधे-सीधे उन्हें पहचान सकता था—यह हरा है, यह बिट्टी; यह

नित्ती भाई, वे शान्त जल में हिलती छायाओं-सी दिखाई देती थीं—पहली बार मुझे पता चला कि शब्दों को तुम सुनते हो लेकिन आवाजों को देखा जा सकता है...।' (वही, 62)

निर्मल वर्मा उन विरले कथाकारों में से हैं जो मानव को शेष सृष्टि के अनन्त विस्तार से जोड़कर देखते हैं। उनके पात्रों का मन्थन इसी सच का रचना में साक्षी है। निर्मल वर्मा का चौथा उपन्यास 'रात का रिपोर्टर' 1994 में आया। उपन्यास क्या है—राजनीति की काली आँधी के शिकार एक सजग बुद्धिजीवी रिशी के मानसिक संकट का सघन वृत्त है। अनुमानवादी पाठक कहते हैं कि इसमें भारत के आपातकाल या इमर्जेन्सी काल की आहट है—अन्तर्ध्वनियाँ हैं। लेकिन निर्मल वर्मा उन बुद्धिजीवियों में कभी नहीं रहे जो सत्ता में डटे रहे हों। भारत के आपातकाल को उन्होंने लोकतन्त्र के मूल्यों पर इन्दिरायुग का भरपूर हमला माना था। आपातकाल की छाया में क्या हुआ और जो हुआ, वह कितना शर्मनाक था। जिन दिनों देश में चुप्पी पसरी थी और 'आत्म विश्लेषण-विवेचन-मन्थन-आकलन चल रहा था, अनेक प्रबुद्ध जन आपातकाल की मूल्यान्धता पर विचार कर रहे थे कि यह कैसे अधिनायकवाद का क्रूरतम रूप है—आपातकाल। निर्मल वर्मा ने अँग्रेज़ी मासिक 'सेमीनार' के जुलाई 1976 के अंक में एक लेख लिखा—'अहिंसा और आजादी : आदमी के स्वयं आदमी होने की शर्त।' 'सेमीनार' के इस अंक के बाद भारत सरकार ने इस पत्रिका पर पाबन्दी लगा दी। निर्मल वर्मा ने लिखा है :

'आपातकाल लगाए जाने से पहले तक भारत दुनिया का एक अनोखा देश हुआ करता था जो एक ही समय में गरीबी की मार से झुका भी था और लोकतन्त्र की चेतना से चमकता भी था और एक के बदले दूसरे का सौदा करने को कतई अप्रस्तुत। उस लिहाज से वह तीसरी दुनिया के और मुल्कों से अलग पहचान रखता था जिन्होंने कि औपनिवेशिक शासन से मुक्त होने के बाद भी औपनिवेशिक शासकों के मूल्यों को अंगीकार कर लिया था।' ('आदि, अन्त और आरम्भ', पृ. 116) आजादी के संघर्षों में दो मूल्य निखरकर चमक उठे थे—आजादी और अहिंसा। इस काल की सभी रचनाओं में जागरण की यह आवाज गूँज रही है। भारतेन्दु-युग से लेकर प्रयोगवाद तक की लम्बी यात्रा में हमारा स्वाधीनता-संग्राम पूरे मन से मानव-मुक्ति की भाषा बोलता रहा। फिर आजादी के बाद आये वेस्टर्नाइज्ड इंटेलेक्चुअल, जो पश्चिमवाद की भाषा बोलते थे—उनके मन में भारत का नहीं, 'न्यू इंडिया का सपना' और सपने में था अमेरिकन मंडल। इसलिए यहाँ आपातकाल के सबसे घोर समर्थक थे—साम्यवादी दल और वामपन्थी बुद्धिजीवी।

ये बुद्धिजीवी इस जन युद्धकाल में चीन और सोवियत संघ की ओर झुक पड़े थे। इन लोगों ने गाँधीजी को 'जापानी एजेंट' कहा और सम्पूर्ण क्रान्ति का नेतृत्व करने वाले जयप्रकाश नारायण को फासिस्ट तक कहने में शर्म का अनुभव नहीं किया। क्या बात है कि फासिस्टवाद जब साम्यवाद का मुखौटा लगाकर बंगाल के नन्दीग्राम में उतरता है तो न जाने कितनों को उजाड़कर भी 'महान' बना रहता है और फासिस्ट जब आपातकाल में बदलता है तो महिमावान। और वही फासिस्टवाद राजस्थान-गुजरात में उतरता है तो गुंडातन्त्र का चेहरा बन जाता है। कितनी बड़ी बात है कि निर्मल ने किसी कीमत पर आपातकाल का समर्थन नहीं किया है। जबकि हिन्दी के तमाम सिंह-द्विवेदी और परसाई आपातकाल के समर्थन में हस्ताक्षर अभियान चला रहे थे। ऊपर से क्रान्तिकारी भीतर से कायर।

सच बात तो यह है कि निर्मल वर्मा ने 'रात का रिपोर्टर' को आपातकाल पर लिखा उपन्यास नहीं कहा। लेकिन इसके रचना-समय और कथा-समय ने इसके प्राणों में उठती हूक की तरह इस समय को ऐतिहासिक-समय का काला चेहरा कहा है। हमारा जो स्मृति-समय है उसमें वामपन्थियों की ये सत्ताकामी काली करतूतें दर्ज हैं। आपातकाल के बाद सत्ता ने भाषा को भ्रष्ट करने का हर सम्भव रीछ-नृत्य किया है और यह नाटक आज भी जारी है। पश्चिम के 'विकासवादी' मूल्यों का अन्धानुकरण समाज में हर तरफ से अन्धकार घेर कर लाया और ला रहा है। लोहिया के बाद जयप्रकाश नारायण ने लोकनायकत्व की बागडोर सँभाली और जे.पी. में अज्ञेय की भाँति निर्मल वर्मा में अटूट आस्था। चीन का तिब्बत के प्रति धोखाधड़ी का रवैया और हंगरी, चेकोस्लोवाकिया पर सोवियत आक्रमण का छल-प्रपंच निर्मल वर्मा की 'रचना-समय' में गहरी उपस्थिति रखता है। मिलान कुन्देरा का उपन्यास 'द लिरिक एज' भी निर्मल वर्मा के लिए, हो सकता है 'रात का रिपोर्टर' लिखते समय जीवन्त हो उठा हो। 'लिरिक ही यौवन' है—मिलान कुन्देरा का यह विश्वास निर्मल वर्मा में रूप बदलकर उतरता है। वे नीत्शे के प्रेत को जागृत करते हैं जिसमें समय एक मृत संज्ञा है जो उत्तर आधुनिकतावादी समय को 'कर्ता के अन्त' के साथ 'काल का अन्त' मानता है। यह कोण कहता है कि हो सकता है कि 'रात का रिपोर्टर' एक 'पीरियड-नावेल' की तरह निर्मल ने लिखा हो। क्योंकि यह उपन्यास 'समय-मुक्त' हो न हो 'स्पेस-मुक्त' तो है—स्पेस का रूपक रचना में दखल नहीं देता। इसलिए 'रात का रिपोर्टर' का रचना-पाठ या टेक्स्ट-विश्लेषण बड़ी टेढ़ी खीर है। इस सर्जनात्मक कृति में पाठक ऐसा डूबता है कि फिर उबर नहीं पाता। सिंघाड़े की बेल में फँसे बैल की तरह बाँय-बाँय करता मिलता है क्योंकि आलोचक और पाठक यहाँ रचना का न तो इन्स्पेक्टर है, न कान्ट्रेक्टर। बल्कि रचना का सहचर है—साहित्य-सहचर-मित्र-सगोतिया।

इसलिए 'रात का रिपोर्टर' के स्थूल समय और सूक्ष्म समय के आकलन-विवेचन-विश्लेषण, निर्णय-मूल्यांकन में पाठक का दम फूल जाता है। 'प्रतिबद्ध आलोचक' हुआ तो 'रचना-समय' में प्रवेश ही नहीं कर पाता। रचना के सच को, रचना को 'पाठ' से भाषित-पुनर्भाषित करना तो बहुत दूर की बात है। निर्मल वर्मा का 'गद्य-समय', कथा-समय इसलिए अभी समझा ही नहीं गया है—अभी तक तो सिर्फ उन पर गालियाँ पड़ी हैं। कभी-कभार मदन सोनी, ध्रुव शुक्ल, अशोक वाजपेयी, रमेशचन्द्र शाह, नन्दकिशोर आचार्य में आलोच्य प्रज्ञा का विस्फोट निर्मल वर्मा के सृजन-कर्म को लेकर हुआ है लेकिन वह भी ऊँट के मुँह में जीरे के बराबर है। इसलिए 'रात का रिपोर्टर' के सृजन-साक्षात्कार की नये ढंग से पहल की ज़रूरत है ताकि नये सिरे से उसकी 'अन्तर्वस्तु' पर विमर्श हो सके। निर्मल का शिल्प, स्मृति-शिल्प है—इस शिल्प में महावृत्तान्तों की मृत्यु हो चुकी है। यहाँ छोटे-छोटे देवता अपने अनुभव कहते मिलते हैं तथा अनुभवों में त्रासदियों का जमघट है। यह जमघट ही निर्मल के कथा-समय का यथार्थ कहता है।

इस उपन्यास में कथा का नया परिप्रेक्ष्य उनकी पुरानी कथा-यात्रा से एकदम अलग है। कथा नायक रिशी एक रिपोर्टर है जिसका भीतरी संकट बाह्य यथार्थ की उपज है। परिस्थितियाँ उसे एक शंकालु व्यक्ति बना देती हैं। उसके साथ हैं—उसकी वृद्ध माँ और अर्द्ध विक्षिप्तावस्था प्राप्त पत्नी उमा तथा उसके प्रतिरागार्पित प्रेमिका बिन्दु। यह कलाकृति एक आधुनिक बुद्धिजीवी की प्रखर चेतना का विस्फोट है। पूरा उपन्यास चौदह खंडों में। अखंड रिपोर्टर हर हालत में डरा हुआ और पत्नी अस्पताल में, तभी तो 'सरसराते पेड़ के नीचे आंतक का एक चकता उनके बीच चला आया।' ('रात का रिपोर्टर', पृ. 9) उपन्यास के आरम्भ में पहिया घुमाती एक लड़की जो साइकिल के पिचके टायर को पेड़ की शाखा से हाँक रही है। रिशी के देखते-देखते वह लड़की गायब। एक अजनबी आकर खबर देता है कि अनूप भाई गिरफ्तार हो गये तथा पुलिस उनके विषय में पूछताछ कर रही है। पुलिस ने उसे रिशी के कुछ लेख दिखाये—एक फोटो-जुलूस में चलता रिशी। कोई पेटीशन जिस पर रिशी के हस्ताक्षर। यह खबर रिशी का चैन तोड़ देती है। यह अजनबी व्यक्ति रिशी को अनूप भाई के घर किसी पार्टी में मिला था। रिशी पहले अध्यापक था और बाद को बना था रिपोर्टर (निर्मल वर्मा के आरम्भिक जीवन का प्रतीक) यह। रिपोर्टर राजनीतिक-सामाजिक जीवन में कुछ अलग करने का अरमान रखता था लेकिन कुछ कर पाने की बात तो दूर, खुद ही अपने जीवन के भँवर में फँसा हुआ है। अजनबी ही रिशी को बताता है कि पुलिस की लिस्ट में आपका नाम भी है तो चौंककर कहता है—'कैसी लिस्ट ?'। अजनबी के अनुसार 'इंटेलीजेंस के आदमी होने चाहिए...उसमें औरों

के भी नाम'। अजनबी सलाह देता है कि पत्नी से कह दीजिए किसी को घर पर न आने दें। और वह दे गया रिशी को अपना विजिंटिग कार्ड। घबराये रिशी ने बिन्दु के ऑफिस फोन किया और उससे मिलने की चाहत व्यक्त की।

रिशी का डर। सैंतीस वर्ष की उम्र से अनेक तरह के डर। इस बार नये किस्म का डर। डर के कोढ़ से व्याकुल रिशी। उसके ध्यान में बिन्दु का भाव-चित्र। नारी-देह के पास सरकती पुरुष-देह और आत्मा। अपनी देह पर नर-नारी का अधिकार। विवाहित रिशी को पत्नी ने तृप्ति नहीं दी। लेकिन बिन्दु ने उसके सूखे मन को हरा-भरा किया। लाइब्रेरी जाने पर भी पुलिस का डर। अनेक तरह का मन्थन—'वे अगर अनूप भाई को पकड़ सकते हैं तो मुझ जैसे पत्रकार को...। (वही, पृ. 19) फिर ध्यान गया, पति-पत्नी के बीच के ठिठुरन और प्रेमिका एक जलता अलाव। स्मृति-समय में उतरता रिशी का एक लड़की के पेपर पर दस्तखत, पेटीशन—आन्ध्र प्रदेश के गाँव में तीन लड़कों को फाँसी की सजा। बस्तर में एक माह। माँ-पत्नी और रिशी का त्रिकोण। बीमार उमा का पति के विषय में पूछना। रिशी का दिमागी चक्र घूम रहा है। माँ का कहना, 'कोई पूरे दिन फोन की घंटी बजाता है और तुम्हारा नाम सुनकर काट देता है।' डरा रिशी माँ से हरिद्वार जाने की बात—लेकिन तब उमा का क्या होगा? माँ उमा की सेवा मे तन्मय-स्थूल-समय का उपयोग। दोराहे पर खड़ा रिशी—पत्नी की बीमारी और बिन्दु की प्रेम पतंग। रिशी कहता है 'तुम मेरे परिवार के दुखड़ों में मत पड़ो—उनका कोई अन्त नहीं है' (वही, पृ. 36) पति-पत्नी के बीच कड़ुआहट की डोरी शेष है। लेकिन रिशी में जीवट भी शेष है और डॉ. घोष के शब्दों को दुहराता है 'कभी मत सोचो कि दूसरे लोग तुम्हारे बारे में क्या सोचेंगे'। (वही, पृ. 38)

डॉक्टर से रिशी की बातचीत का सच है कि कैसे वह एक चालाक औरत में बदलती गयी। पति-पत्नी का रिश्ता ठंडा पड़ता गया। डॉक्टर ने उसे उमा से मिलने नहीं दिया—अजीब संकट। तभी खटाक से दरवाजा खुला और किसी ने उसके दोनों हाथ पकड़ कर सूखे होठों से चूमने की कोशिश की। जीवन का गलत मोड़ क्या यही है? रिशी के मन में अवसाद और तनाव। साथ ही बिन्दु का प्यार। कभी बिन्दु और हालबाँख दोस्त होते थे—अब अलग हो गये हैं। रिशी बस्तर से अपने लिखे रिपोर्ताज बिन्दु को भेजता रहता था—फिर रिशी ने बता दी अनूप भाई की बात। बिन्दु और रिशी के बीच फैला प्रेम का तालाब और बिन्दु को रिशी की पत्नी की बीमारी का अहसास। उसकी पत्नी माँ बनने के नाकाबिल। लेकिन रिशी ने बिन्दु के चेहरे को अपनी दोनों बाँहों में घेर लिया और उसके गर्म होठ उसके नीचे खुल गये तो उसने कहा...।' (वही, पृ. 59) अपने प्रेम में फँसा रिपोर्टर और राजनीतिक करवटों का द्वन्द्व चल रहा है। लाइब्रेरी की क्यूबिकल के शीशे से देखा बच्चा लिये औरत, पास

आती औरत, धूल में सनी। यह अनूप भाई की पत्नी है—रिशी से मिलने आयी है। अनूप भाई का सन्देश मिला कि मेरे सारे पत्र और कागज नष्ट कर देना। फिर रिशी द्वारा अनूप की पत्नी से 'पेरोल' पर छूटने की बात। 'क्या यह सम्भव है?' उसने कहा। और मैं 'यहाँ-जहाँ में हूँ। लोग मुझे देखते हैं और मुँह फेर लेते हैं। ऐसे किनारा करके निकल जाते हैं जैसे मुझे कोई छूत की बीमारी हो।' (पृ. 66) यह है हमारे सामाजिक समय का यथार्थ।

अस्पताल से आयी माँ ने रिशी को बताया—'वह तुमसे मुक्ति पाना चाहती है।' एक झटका लगा रिशी को। यह क्या? फिर रायसाहब का क्लब और रायसाहब की चिन्ताएँ। रिशी दिल्ली से बाहर क्यों नहीं जा सकता? हर समय औरतों की तकलीफों पर निर्मल वर्मा का ध्यान केन्द्रित रहता है। तो कीजिए न इस पर स्त्री-विमर्श से विचार!

बस्तर के कई रंग-बिरंगे स्वप्न-चित्र रिशी की स्मृति में घूमते रहते हैं और जिन्दगी की अनेक ही यातनाएँ—द्वन्द्व-अन्तर्द्वन्द्व। पत्नी के साथ व्यतीत समय की खुलती रील। हालबाँख की याद और चौरासी लाख योनियों की यातना। लेकिन उसने तो 'सत्याग्रह' पर किताब लिखी है। उसका लिखा दलाईलामा पर इंटरव्यू भी पहली बार हालबाँख ने पढ़ा था। लेकिन रिशी के दिमाग में पत्नी, माँ को लेकर और पुलिस को लेकर कई परेशानियाँ। माँ का सारा समय हास्पिटल में उमा के साथ गुजर रहा है—तो वह कहीं नहीं जा सकती। इसलिए माँ के साथ हरिद्वार जाने का समय ही कहाँ है। वह बैठे-बैठे बिन्दु और हालबाँख के पुराने रिश्ते के बारे में सोचता है। फिर हालबाँख के साथ बिनोवाजी के इंटरव्यू का प्रसंग। हालबाँख अपनी मैनुस्क्रिप्ट के विषय में बात करना चाहता है। रिशी के सामने रायसाहब तथा अन्य की स्मृतियों की खिड़की खुली है। बिन्दु कह रही है—'मुझे कभी लगता है, मैं बाहर की दुनिया में वहीं पहुँच रही हूँ जहाँ अस्पताल के कमरे में वे जी रही हैं।' (पृ. 104) रिशी की पूरी स्थिति में अन्तर्यात्रा और दलाल की स्थिति। दलाल का उपन्यास के आरम्भ में संकेत-वर्णन मिलता है और वह भी खबर देने तक सीमित। लेकिन दलाल की खबर से रिशी की जिन्दगी में डर और तबाही का बीज पनपता है तथा इस उपन्यास का अन्त भी दलाल से होता है। कहना चाहिए दलाल ही इस उपन्यास की कथा को बुनने का 'कारक' है। रिशी के साथ सज्जन द्वारा दिया गया काला बैग, जो उसे हालबाँख को देना था। वह टैक्सी में बैठे-बैठे सोचता है कि वह दिल्ली में ही है और इस बारे में किसी को कोई खबर नहीं।

हर समय रिशी के साथ रिशी का प्रेत। आधी रात को उसका दरवाजा खटखटाता है और दरवाजा खोलने पर कोई नहीं। मुक्तिबोध की लम्बी कविता 'आशंका के दीप

अँधेरे में' जैसी आहट और भय की अनुभूति रिशी को आखिरी घड़ी की प्रतीक्षा और जामा मस्जिद के ऊपर उड़ते गिद्ध। उन्हें पता है—'सिर्फ मैं ही संशय में हूँ कि मेरा अब भी कुछ बचा है, जिसमें मैं जीवित हूँ जबकि सच यह है कि मैं कुछ भी नहीं, अपना आत्म् भी नहीं, बल्कि वह शायद सबसे बड़ा धोखा है, बुद्ध यही कहा करते थे? मुक्ति की वासना, क्या यह अन्तिम मरीचिका है जिसके पीछे मैं रोज बेतहाशा, पसीने में लथपथ, हाँफता हुआ भागा जा रहा हूँ।' (वही, पृ. 128) यहाँ छोटे-छोटे आख्यानों का सिलसिला जिन्दगी की कठोर अन्तर्यात्रा के अनुभवों से पाठक को सम्पन्न बनाता है। रिशी-हालबाँख और बिन्दु के बीच काला बैग कहाँ है, वह दिल्ली में या बस्तर में या कहीं नहीं। अँधेरे में भागता रिशी। मजदूरों के पास बैठता रिशी। यात्रा के अन्त का रिशी—जहाँ से शुरू होती है उसकी 'आत्मकथा'। बुद्धिजीवी रिपोर्टर आखिर में आपातकालीन स्थिति की शंका का शिकार। भीतर-बाहर का एक-दूसरे से टकराता संसार। आपातकालीन समाज में पत्रकारिता है। बिनोवा भावे का आन्दोलन और दर्शन है। मन:स्थितियों के झंझावात-टकराव और जीवनानुभव का विचार-पुंज है।

'रात का रिपोर्टर' का रचना-समय आपातकाल की स्थितियों-मन:स्थितियों से गहराई से जुड़ा है। इसलिए इसके 'पाठ' का भाष्य आपातकाल को केन्द्र में रखकर ही किया जाना चाहिए। आधुनिकता की चपेट में आये आत्म-केन्द्रित पत्रकार का प्रतीक है 'रिपोर्टर' रिशी और उसका संकट। आपातकाल में राजनीतिक-सामाजिक प्रपंचवाद उग्र हुआ तो निराशाओं का आकाश अनन्त हो गया। समाज इस नरक को भोगकर भी चुप बैठा रहा। इसका एक व्यंजक अर्थ हुआ कि समाज निरन्तर पतन की ओर बदतर स्थिति में बढ़ रहा है। नेहरू-युग के बाद की राजनीति और समाजनीति कितनी कुटिल, कुरूप हुई है कि जयप्रकाश नारायण को आपातस्थिति के खिलाफ संघर्ष करना पड़ा। हमारे लोकतान्त्रिक ढाँचे की सभी मर्यादाओं को ध्वस्त करते हुए आपातकाल लागू किया गया। इस विचार को निर्मल वर्मा के साथ भवानीप्रसाद मिश्र ने 'त्रिकाल सन्ध्या' की कविताओं में व्यक्त किया है। जयप्रकाश नारायण ने मानव-मूल्यों को ध्वस्त होते देखकर पाया कि इन्दिरा-युग तो गाँधी के सपनों को पूरी तरह जलाने पर आमादा है। इसीलिए जयप्रकाश नारायण ने 'सम्पूर्ण क्रान्ति' का आवाहन किया। इस आवाहन ने गाँधीजी के आन्दोलन के बाद पहली बार 'सम्पूर्ण-क्रान्ति' से नया लोक जागरण यज्ञ प्रथम बार शुरू किया। बृहत्तर अर्थ-सन्दर्भों में यहाँ इसलिए युवा जन-मानस की क्रान्ति के प्रतीक हैं 'लोकनायक' जयप्रकाश नारायण। निर्मल वर्मा का उपन्यास 'रात का रिपोर्टर' एक नयी फार्म और संवेदना से आपातकाल के 'टोटल टेरर' को व्यक्त करने का कलात्मक प्रयास है। और यह 'टोटल टेरर' प्रतीक-

पात्रों से 'रिफ़्लेक्ट' भी होता है। इस उपन्यास का पूरा 'परिवेश' उस 'सच' को सामने लाता है जिसे 'आपातकाल' में हिन्दी पत्रकारिता ने भोगा है। दुख इस बात का है कि हमारे समाज में वैचारिक गुलामी की जड़ें इतनी गहरी हैं कि हमने आपातकाल पर आत्मालोचन तक नहीं किया। उस पर यातना को बह जाने दिया। हम धन्य हैं—हम आज धिक्कार ज्यादा हैं।

निर्मल वर्मा का पाँचवाँ उपन्यास 'अन्तिम अरण्य' (2000) तीन खंडों में विभाजित एक विशिष्ट फॉर्म का प्रयोग है। कुछ लोगों ने इस उपन्यास को 'फिलासिफिकल नॉवेल' कहा है, जबकि यह सच है कि इसमें दार्शनिक विषयों की चर्चा होने पर भी यह मुक्कम्मल अर्थ में दार्शनिक उपन्यास नहीं है। उपन्यास की केन्द्रीय चिन्ता मृत्यु, अकेलापन, बीत जाने का अवसाद, एलीट बुजुर्गों का अवसाद और अतीत-स्मृतियों से जुड़ी चिन्ता हैं। मृत्यु-बोध के साथ जुड़ा अध्यात्म में घटनाओं में मेघ घटा की तरह यहाँ उमड़ता है और वह बुद्ध के चिन्तन के साथ भारतीय सन्त परम्परा का एक चिन्तन आयाम भी बन जाता है। जीवन और मृत्यु के बीच की स्थिति पर सोचने की नयी शुरुआत है—'अन्तिम अरण्य'। नैरेटर—'मैं' के रूप में मौजूद है और सभी पात्रों की अन्तरात्मा में बैठकर जीवनानुभवों को कथा-समय में शब्द-मूर्त करता है। मुख्य रूप से 'मैं' और 'मेहरा साहब' के आस-पास कथा का ताना-बाना बुना गया है। कथा एक ऐसे व्यक्ति की है जो अपनी पत्नी की मृत्यु के बाद अपना जीवन एक खोह में घुसा महसूस करता है। स्मृतियों में पत्नी जीवित होकर तैरती है और 'मैं' कथा-वृत्त को रचता-पढ़ता है—यही पात्र-मेहरा साहब का अन्तिम-संस्कार या 'क्रिया-कर्म' करता है।

'मैं' ने देखा अचानक मेहरा साहब टहलते हुए अपने घर के सामने थम गये। वे अपने घर के सामने खड़े होकर किसी की बातें सुन रहे हैं क्या? क्यों नहीं—मौन में 'संवाद' कम नहीं होता, बल्कि ज्यादा ही होता है। 'कभी-कभी' मैं सोचता हूँ कि जिसे हम अपनी जिन्दगी, अपना विगत और अपना अतीत कहते हैं, वह चाहे कितना ही यातनापूर्ण क्यों न रहा हो, उसमें हमें शान्ति मिलती है। वह चाहे कितना ऊबड़-खाबड़ क्यों न रहा हो, हम उसमें एक संगति देखते हैं। जीवन के तमाम अनुभव एक महीन धागे में बिंधे जान पड़ते हैं।...वे हमारे वर्तमान के निगेटिव हैं—सफेद रोशनी में पनपने वाले प्रेत, जिन्हें हम चाहें तो बन्द स्मृति की दराज़ से निकालकर देख सकते हैं। निकालने की भी ज़रूरत नहीं... एक दृश्य को देखकर दूसरा अपने आप बाहर निकल आता है, जबकि उनके बीच का रिश्ता कब से मुरझा चुका होता है।' ('अन्तिम अरण्य', पृ. 10) मेहरा साहब की पूरी जिन्दगी के पन्ने 'मैं' पलट रहा है और पा रहा है कि वे मृत्यु के बाद भी पत्नी को स्मृति में जीवित किए हुए हैं।

'मैं' जब मेहरा साहब के पास आया था तो यह देखकर चकित था कि वे बैठते तो एक कमरे में हैं लेकिन बत्तियाँ सभी कमरों में जलती हैं। एक दिन जब 'मैं' उनसे 'नोट्स' ले रहा था—वह बीच में ही अटक गये। 'मैं' ने पाया कि उन्होंने रस्सी खींचकर मुरलीधर सेवक के क्वार्टर की घंटी बजाई। घंटी सुनते ही मुरलीधर भागा आया और पायदान पर खड़े होकर झाँका तो मेहरा साहब ने कहा—'पिछले कमरे की बत्ती नहीं जलाई?' वह बोला-बल्ब फ्यूज़ हो गया है—कल लाऊँगा। मेहरा साहब चुप्पी साध गये। 'मैं' ने पूछा कि आप दूसरे कमरे के बारे में परेशान क्यों रहते हैं। इस प्रश्न से वे बेचैन हो उठे—'उनके चेहरे पर अजीब निराशा का भाव आया। मकान, घर, कमरे। वे काफी दूर-दूर तक फैले थे और वह उन्हें पार करके मेरे पास नहीं आना चाहते थे।...वे नहीं चाहते थे कि मैं हमेशा उनके साथ रहूँ। कोई हमेशा उनके पास रहे आसपास भले ही मँडराता रहे...लेकिन उनसे चिपका न रहे। यह बात सब पर लागू होती थी। वह उनकी बेटी हो या मेहमान या नौकर, इससे कोई अन्तर नहीं पड़ता था।' (वही, पृ. 130) मेहरा साहब की मनोदशा का उपर्युक्त पंक्तियाँ सच्चा बिम्ब सामने लाती हैं। उनके जीवन में शेष बचा क्या है? केवल निराशा और अकेलापन।

'मैं' वहीं पर एक छोटे से घर में रहता है और मेहरा साहब के 'कुछ नहीं' संसार को निकट से देखता है। 'मैं' के साथ मुरलीधर लालटेन लेकर आता है और उसके पीछे बंशीधर और उसकी काली कुतिया। 'मैं' ने मेहरा साहब के पास जाकर देखा, वे आँखें मूँदे कुछ सोच रहे हैं। सहसा बोले और मेज की दराज़ से चौकोर नोट बुक निकाली और कहा—'कल तुमने पूछा था तो मुझे याद नहीं आया। लेकिन अब देखो वह वहाँ है जहाँ मैंने पेंसिल से निशान लगाया है।' नोट क्या है—अफ्रीका का नक्शा है—दूसरे पेज पर सिर्फ पहाड़, जंगल, नदियाँ। 'मैं' ने तीसरा पेज खोला तो कागज़ की लम्बी कतरन—अफ्रीका और आस्ट्रेलिया और बंगाल की खाड़ी के सागर में उठा हुआ उज्ज्वल, स्वर्ण-फूल, ब्रिटिश इंडिया। अगले पन्ने पर दिखाई दिया—'वर्ल्ड एटलस'—मैकमिलन पब्लिशर्स 1935 कल यहीं अटके थे मेहरा साहब जबकि पता नहीं क्यों मेहरा साहब को दिन-महीना-साल याद रहते हैं—शहर भूल जाते हैं। 'मैं' को नक्शे में 'जिन्द' दिखाई देता है—एल छूट गया—जिन्दल। दरिया में डूब गया। मेहरा साहब यहाँ नौकरी करते थे। 'मैं' ने पूछा—'आप वहाँ काफी अरसे रहे'। उन्होंने कहा—'हाँ, अगर बाढ़ न आती तो। जिस सर्किट हाउस में ठहरा हुआ था वह आधा से अधिक डूब गया था—उसी दरिया में, जो तुमने नक्शे में देखा था।'

क्या चीज़ है अतीत-स्मृति—हमारी स्मृति का व्यतीत वर्तमान। जिसमें हर पिछली घटना रील-सी खुलती जाती है। 'याद आने और भूलने के बीच जो खाई आती थी,

उससे बचने के लिए मुझसे पूछते, क्यों साहब, मैं कहाँ ठहरा था।' (पृ.19) 'मैं' कहता—'बाढ़ पर'। यह सुनते ही कह उठते—'यह तो अच्छा हुआ मेरी पत्नी मेरे साथ नहीं थी, वरना कोई ऐसी जगह नहीं थी जहाँ वह मेरे साथ नहीं जाती थी। अगर वह मेरे साथ आतीं तो मुझे ही तिया को उनके पेट से बाहर निकालना पड़ता। वह हँसने लगे—'तुमने तो बिटिया को देखा है...उन दिनों वह उनके पेट में थी। तीन दिनों तक मैं अपने कमरे में ही बैठा रहा। खाना-पीना सब बन्द। लेकिन मुझे इसकी चिन्ता नहीं है। मृत्यु कोई समस्या नहीं है।'—वह बेटी की माँ बन गयी थी और जाने पर देखा—वह बैडमिंटन खेल रही थी। उसके साथ दूसरी महिला थी।

अन्नाजी वही महिला है जो कोर्ट में बैडमिंटन खेल रही थी। इस जर्मन महिला का बचपन 'ब्लैक फोरेस्ट' में बीता और दूसरे महायुद्ध के बाद भारत आयी है। कुछ वर्ष फरीदकोट में रही है। मिसेज मेहरा बताती थीं कि युद्ध के दिनों में उस पर कड़ी निगाह रखी जा रही थी—घर पर हरी झंडी फहराती थी ताकि आने वाले को पता चल सके कि वह घर पर है। हरी झंडी प्रेतात्माओं को भगाने के लिए नहीं है। वह स्वयं जर्मन कम 'वनदेवी' अधिक दिखाई देती थी। 'मैं' जब अन्ना के घर गया तो वहाँ निरंजन बाबू बैठे थे। निरंजन बाबू अन्नाजी से दो किलोमीटर दूर रहते हैं—उनके पास सेबों का बगीचा है।

इस उपन्यास में कुछ ऐसे पात्र हैं जो अपने घर, अपना देश छोड़कर पहाड़ों पर रह रहे हैं। निरंजन बाबू तो अपना पूरा परिवार छोड़कर सेबों के बगीचे का काम करते हैं। यहाँ पत्नी की मृत्यु के बाद मेहरा साहब अकेला जीवन गुजार रहे हैं और वहाँ रहते हैं डा. सिंह। सभी का इलाज करते हैं। मेहरा साहब की बेटी पिता से दूर रहती है (इस उपन्यास में दो कुत्तों को स्थान मिला है 'काली' और 'पुस्की'।) बहुत से ऐसे भी पात्र हैं जो दिखाई महत्त्वहीन देते हैं पर उनका विशेष अर्थ-सन्दर्भ है।

निरंजन बाबू 'मैं' से मेहरा साहब के विषय में जानकारी हासिल करना चाहते हैं। अन्ना भीतर जाकर एक चौकोर बोतल ले आयी—'वाटर ऑफ लाइफ' अर्थात् संजीवन जल। वे तीनों पीते रहे और मेहराजी की पत्नी दीवा के विषय में बातें करते रहे। अन्ना ने 'मैं' से जानना चाहा कि क्या मेहराजी कभी दीवा की बात करते हैं? 'मैं' ने कहा कि वे कभी-कभी तो यह भी भूल जाते हैं कि दीवा अब नहीं है। अन्ना ने कहा—'तो उन्हें लगता है जीवित समझते हैं।' 'मैं' ने कहा—जब नोट्स लिखवाते हैं तो उन्हें लगता है, दीवा कमरे में बैठी है। अन्ना ने याद कहते हुए कहा कि दीवा ने एक बार कहा—'तुम्हें मालूम है मैं क्रिश्चियन हूँ'। 'मैंने हँसकर कहा इससे क्या फ़र्क़ पड़ता है...।' 'फ़र्क़ पड़ता है'—उसने

कहा...'मुझे कभी-कभी डर लगता है क्रिश्चियन होने से?' 'मैं' ने पूछा नहीं, वह बोली, 'अगर उन्होंने मुझे कब्र में दफना दिया और मेरे भीतर जान बची हो? मैं चाहता हूँ कि मुझे जमीन में गाड़ने से पहले थोड़ा जलाया जाए।' (वही, पृ. 37)

कई बार अन्ना को लगता है कि दीवा कितनी भाग्यवान है जो अपनी ही धरती में लेटी है। निरंजन ने अन्ना से पूछा—क्या आपका मन नहीं करता घर लौटने को? अन्ना ने प्रसन्न भाव से कहा—मन की बात सुनती तो आपके साथ कैसे बैठती होती? अन्ना ने कहा आप यूनिवर्सिटी की नौकरी छोड़कर सेब के बाग लगाने कैसे आ गये? लेकिन निरंजन बाबू बात को छोड़कर 'मैं' के साथ बतियाते चल पड़े। पूरे भरे-पूरे परिवार की चर्चा 'मैं' से की। परिवार के साथ न रहकर पहाड़ों का एकान्त जीवन जी रहे हैं। 'मैं' यहाँ विज्ञापन देखकर नौकरी करने आया और यहीं का हो गया। यहीं 'जिन्दगी का अन्तिम छोर' कटेगा। पुराने गृहस्थ उम्र हो जाने पर घर-परिवार छोड़कर पहाड़ों पर 'अन्तिम यात्रा' के लिए चले जाते थे।

'मैं' की भेंट छोटे-से कॉटेज में जाते ही हीरालाल डाकिया से होती है। वह मेहराजी की चिट्ठी लाता है—लेकिन उस दिन वह तिया की चिट्ठी 'मैं' के लिए आया। चिट्ठी में तिया ने पिता के बारे में पूछा था तथा कहा कि पिता की तबियत गड़बड़ नजर आये तो तुरन्त खबर करें। हीरालाल 'मैं' का वह बंडल भी लाया था—पुरानी किताबों का, जिसे कलकत्ता का कोई बुकसेलर भेजता था। अचानक मुरलीधर आया और 'मैं' को सुबह आने को कह गया। मिलने गया तो देखा, मेहराजी दरवाजा बन्द करके बैठे हैं। फिर दरवाजा खुला तो एक चिट्ठी सौंपते हुए कि यह चिट्ठी रजिस्टर करवा देना। 'मैं' ने देखा सफेद दाढ़ी, कई दिनों का अनशेव्ड चेहरा। 'मैं' ने डॉक्टर को चेकअप के लिए बुलाने को कहा, तो वे मना करते रहे। 'मैं' ने तिया की चिट्ठी आने की बात कही तो मेहराजी ने कहा शाम को आओ तो लेते आना। उसे अन्ना की बात याद आ गयी कि क्या उन्हें मेहराजी के साथ खालीपन का अहसास नहीं होता। 'मैं' की मनोदशा में धँसा खालीपन उभरता है और लगता है कि आज का समाज इसी तरह की जिन्दगी जी रहा है—समाज में 'आधुनिकता' की भीतरी मार का अकेलापन बढ़ा है।

'मैं' और डॉक्टर सिंह की बातचीत में मेहराजी का जीवन-दर्द। डॉक्टर साहब कहते हैं कि कितनी बार कहा कि बेटी के पास क्यों नहीं जाते। किन्तु मानते कहाँ हैं? उनका तर्क है कि बेटी के घर बोझ क्यों बनूँ। प्रश्न है, यहाँ उनका है कौन जो यहाँ से जाना नहीं चाहते। डॉक्टर सिंह बोले, 'क्यों? मिसेज मेहरा नहीं है', 'नहीं मैं सिमिट्री की बात नहीं कर रहा, जहाँ वह दबी हैं।'

आदमी की काया छूट जाती है—घर नहीं छूटता। घर में प्राण बसते हैं। 'मेहरा साहब, क्या उन्हें पीछे अकेला छोड़कर जा सकते हैं?' (पृ. 59) आत्मा में विश्वास करने वाला भारतीय मन। यह मन निर्मल वर्मा में हर जगह सक्रिय मिलता है। 'मैं' की बाट जोहते मेहराजी। पता नहीं भीतर के किस मोड़ से गुजर रहे हैं। 'मैं' से कहा आज अन्ना दीवा की कब्र पर फूल चढ़ाने आयी थी। लौटते हुए यहाँ रुक गयी। कह रही थी तुम उसके घर गये थे। फिर आलमारी से 'अजीब किताब' देने का मन confession of a country priest—कभी एक फादर ने पढ़ने को दी। कहाँ मिले थे—जेसुएट फादर? केरल के थे—राँची में मिले थे—वहाँ किसी पिछड़े आदिवासी इलाके में स्कूल चलाते थे। कहते थे—ईश्वर, जिसे कभी देखा ही नहीं, उसका क्या अभाव? फिर दीवा की चर्चा—'तुम जानते हो दीवा क्रिश्चियन थी?' पेट में ट्यूमर था—उसी से मरी। लेकिन यातना को ग्रेस से बर्दाश्त किया। 'यातना भी एक यात्रा' है—मरने के इन्तजार की यात्रा। बद्रीनाथ जाने वाले यात्रियों की एक-एक कदम चढ़ती यात्रा। स्मृति के धक्के खाते मेहराजी कह रहे थे 'वह जो आज तक अपनी पीड़ा से बचाती आयी थी—अब उससे छुटकारा पाने के लिए मुझसे भीख माँग रही थी।' (पृ. 66) दीवा अपने पति से पीड़ा के अन्त के लिए धक्के से कुएँ में गिराने की भीख माँग रही थी। पीड़ा से जुड़ा प्रेम का धागा खिंचता है तो दर्द की लहर उठती है। उस रात 'मैं' को सपना आया—'हम सिमिट्री में खड़े हैं, वह नीचे उतर रही है...।' एक लम्बा सपना—आखिर सच-मृत्यु। 'मैं' की स्मृति में निरंजन बाबू और कॉलेज के दिन। निरंजन बाबू की पत्नी का नाम—बिज्जू। बिज्जू की इच्छा थी यहाँ स्कूल चलाने की। निरंजन बाबू की पत्नी अब यहाँ नहीं आना चाहतीं। 'मैं' और निरंजन रम पीते रहे। जयपुर और दूसरी पहाड़ की जिन्दगी। इधर 'मैं' एक तड़पता अस्तित्व। पिछली रात की बातें पास आने लगीं। 'मैं' को लगता निरंजन सन्त-संन्यासी तो है नहीं फिर गृहस्थी छोड़कर यहाँ सेबों के बगीचा का चक्कर क्यों? उधर मेहराजी का डॉक्टर सिंह द्वारा रूटीन चेकअप। 'मैं' को लगता है कि मेहरा के सत्तर वर्ष के ढाँचे में कितना कुछ बदल गया है, सूख गया है, बह गया है। मेहरा साहब से डॉक्टर कहते हैं कि उन्हें ऐसी कोई बीमारी नहीं है जिसका इलाज किया जा सके। समस्या यह है कि मेहराजी इस संसार के मायाजाल से ऊब गये हैं।

'मैं' डॉक्टर सिंह के साथ सिमिट्री के रास्ते जाता है जहाँ मिसेज मेहरा सो रही थीं। 'मैं' एक दिन मुरलीधर के क्वार्टर गया—वहाँ तनकू भी रहता है। शराब के नशे में मुरलीधर 'मैं' से कहता है—आजकल मेहराजी अजीब-अजीब हरकतें करने लगे हैं। आधी रात वह उसका दरवाजा खटखटाता है। मुरलीधर को अन्ना

भी जादूगरनी दिखाई देती हैं। 'मैं' इन बातों से भ्रमित। मिसेज मेहरा का गरीबनेवाज बिम्ब। मिसेज मेहरा तिया की दूसरी माँ। जबकि तिया उन्हें कभी भी अपनी माँ मानने को तैयार नहीं। इस उपन्यास के सभी पात्र मि. मेहरा, अन्ना, तिया, निरंजन, मुरलीधर—अपनी भीतरी पीड़ा-अवसाद-अकेलेपन से ग्रस्त हैं और स्वयं उनके साथ 'मैं' भी टूटा-उधड़ा-छिला व्यक्ति। मिसेज मेहरा के विज्ञापन से आया 'मैं'। लेकिन तिया को उसने उन दिनों जाना जब 'शहर में पानी का भीषण अकाल पड़ा'। पहाड़ पर पानी की समस्या और 'मैं' के साथ तिया का झरनों पर पानी भरने जाना। 'मैं' से तिया का यह कहना—'आप क्या सोचते हैं मेहरा साहब की तबियत उतनी ही सीरियस है, जितना डॉक्टर सिंह बताते हैं?' तिया के शब्दों में रिश्ते की नमी कहाँ गयी? क्यों आ गया क्लीनिकल किस्म का रूखापन? कहाँ है पिता-पुत्री का स्नेहिल रिश्ता? तिया जानना चाहती है कि मेहरा साहब पूरे दिन क्या करते हैं? तिया अपनी माँ को 'चाची' कहती है और जर्मन अन्ना को याद करती रहती है। 'मैं' सोचता है—बीती हुई दुनिया और वर्तमान का दर्द। निर्मल जीवन की सामान्य से सामान्य घटनाओं को विशिष्ट अर्थ-सन्दर्भ देते हैं। घटनाओं के संकेत, प्रतीक या कुरूप में बदल कर अर्थ की अनेकार्थी गूँज छोड़ते हैं। निर्मल के पास ऐसा हुनर है कि कविता की आँख से गद्य रचते हैं और गद्य में ऐसी नाट्यात्मकता को फेंटकर मिला देते हैं कि उनके गद्य को जागरूक पाठक गटागट मीठे दूध की तरह पीता है और उसकी मलाई का स्वाद जीभ भूलती ही नहीं। इसका कारण है निर्मल वर्मा की कथा-संवेदना, पात्र-संवेदना, भाषा-रूप-संवेदना में जीवन के यथार्थ का अनुभूत सच। पात्रों की अन्तर्मनोदशाओं में निर्मल वर्मा प्राय: जैनेन्द्र, अज्ञेय, काफ्का से ज्यादा गहरे धँसते हैं। यदि किसी विदेशी रचनाकार से निर्मल की गद्य मानसिकता का साम्य दिखाई देता है तो प्रूस्त या वर्जीनिया वुल्फ से। वैसी ही भाषा की चौकसी और शब्दों की आलोक दीप्त अर्थच्छायाएँ और वक्रोक्तियाँ।

बेटी तिया के आने पर पिता मेहरा साहब एकदम प्रसन्नता से भर जाते हैं। न उनपर उम्र का बोझ रहता है, न बीमारी का प्रेशर। बाग के तीन-चार चक्कर। अकेले ही 'मैं' के पास जाकर हँसी-मजाक—'क्यों गवर्नर साहब, देखता हूँ जबसे बिटिया आयी है आप मुझे भुला बैठे है।' तब 'मैं' को लगता है जो अतीत मिसेज मेहरा के साथ कब्र में दब गया है वही तिया के आने पर चलने, चहकने लगता है। कहना चाहिए निर्मल वर्मा दु:ख के बीच सुख को ऐसे लाते हैं कि थोड़ी देर के लिए जीवन खरगोश हो जाता है। 'मैं' कभी-कभी मेहरा साहब को 'माया सभ्यता' की किताब दिखाता है तो कहते-पूछते हैं कि 'वे सचमुच मानुष-मांस खाते थे। 'मैं' कहता देवताओं को नरबलि दी जाती थी। फिर 'मानुष मांस का भोग। मेहराजी को बंगाल

का तान्त्रिक शिवमन्दिर याद आता है और याद आती है बंकिम की 'कपाल कुंडला'। इसी बीच तिया के पास अन्ना का आना। तिया का अन्ना से कहना— 'कौन सा घर? यह?' वह हँसने लगीं—'आपको तो मालूम है, मैं यहाँ कैसे आयी थीं, मुझे यहाँ किसी ने बुलाया था—मैंने किसी की आवाज नहीं सुनी थी। मैंने अपने को पराये घर की सीढ़ियों पर पाया था उसे आप मेरा घर कहती हैं?' (पृ. 152) तिया के अन्तर्जगत की उठती टीस और अन्तर्ध्वनियों की कल्लाहट। यह वही तिया है जिसकी माँ उसे पिता की सीढ़ियों पर छोड़कर चली गयी थी—पर तिया माँ को कैसे भूल सकती है? वह आज भी उसे गाँव में खोज रही है।

बारिश क्या हुई पहाड़ पर, पूरी मनोभूमिका बदल गयी। पानी की समस्या हल हो गयी। तिया और 'मैं' का संक्षिप्त संवाद और सूखा पड़ने को लेकर एक लम्बी बातचीत। 'मैं', तिया हो या मेहराजी—सभी का अन्तर्जगत टटोलता है—कि उनके अन्धे कुओं में क्या मौजूद है? मृत्यु की प्रतीक्षा, जीवन के रीतने की व्यथा, अतीत की सीढ़ियों पर चढ़ता-उतरता जीवन। बच्चों की तरह फूटकर रोता अकेलापन और स्मृति के आकाश में तलाश। मेहराजी को लेटे-लेटे यह अनुभूति घेरे रहती है कि कोई उन्हें खिड़की से बुला रहा है और उठकर वहाँ जाते हैं तो कोई नहीं। उन्हें सुनाई देती है जानवरों की गुर्राहट, झाड़ियों में फँसे परिन्दों की फड़फड़ाहट और इसी तरह की ध्वनियाँ। 'हम एक साथ दो में बँट जाते है। एक मैं जो वह है, एक वह जो मैं हूँ।' (पृ. 168) कैसी तान्त्रिक शब्द-कला में रहस्य जिज्ञासा का प्रसार। आत्मा, चेतना और देह की व्यंजना में नाथों-सिद्धों का पुनर्नवा चिन्तन नहीं है क्या? निर्मल की 'भारतीयता' का एक नया रंग मुरलीधर लोक मन का प्रतीक पात्र है जो मेहराजी से लोक दर्शन बोलता रहता है जैसे—'वक्त का कुछ नहीं मालूम साहबजी, वह घंटा बजाकर थोड़े ही आता है?' यही लोक मन, लोक स्मृति निर्मल के कथा-साहित्य में 'तीसरा महाकाव्य' है। निर्मल वर्मा का एक लेख है—'भारतीय सभ्यता : तीसरा महाकाव्य'। 'मुझे हमेशा लगता रहा है कि भारतीय-संस्कृति के दो नहीं, तीन महाकाव्य हैं—रामायण और महाभारत उसके लिखित पाठ हैं तीसरा अलिखित महाकाव्य स्वयं भारतीय-सभ्यता है, जिसे हम पढ़ते नहीं, क्योंकि हम स्वयं उसके द्वारा रचित हैं, उसके अनलिखे पन्नों पर हम स्वयं को लिखते हैं।' ('आदि, अन्त और आरम्भ', पृ. 192) यह अनलिखा पन्ना ही मुरलीधर के रूप में मौजूद है जो लोक विश्वासों को टीपता मिलता है। आधुनिकता के जो खँडहर मेहराजी, अन्ना, निरंजन, तिया, 'मैं' में दिखाई देते हैं वे मुरलीधर में गायब हैं—परम्परागत भारतीय-मानस का ठेठ मानुष। मेहराजी को लगता है कि वे नकली दुनिया में हैं, असली दुनिया में अभी जाना है।

मेहराजी एक दिन 'मैं' को निरंजन बाबू द्वारा सुनाई गयी कहानी सुनाते हैं—'निरंजन बाबू ने फिलॉसफी छोड़ दी, लेकिन साधु-संन्यासियों से मिलने की धुन सवार हो गयी...जो भी संन्यासी मिलता, उससे बात करने बैठ जाते।' (पृ. 178) मेहराजी का अकेलापन और पत्नी का स्मृति-समय लगभग उन्हें 'एबनार्मल' कर देता है। उनके मन में तिया के आने का हर क्षण इन्तजार क्या है? रागात्मक मनोभूमिका की भटकन। 'मैं' ने निरंजन से तिया की माँ के बारे में जानना चाहा तो निरंजन बोले—'वह एक बार आयी थीं...किसी को मालूम नहीं कब...सिवा दीवा के, वह जानती थी। उन्हें सब मालूम था...उनकी कब्र खोदेंगे, तो पता नहीं कितने कुलबुलाते भेद बाहर आएँगे। तुम खुशकिस्मत हो, तुम अब आये, जब सबके रोल पूरे हो चुके थे...।' (पृ. 191) निरंजन बाबू उन सेबों का जिक्र करते रहे जो ऊपर से लाल सुर्ख—लेकिन भीतर कीड़े ही कीड़े। वे कीड़े बाहर नहीं आते, गूदे के प्राण खींचते हैं—ऐसे ही होते हैं बहुत से लोग। 'मैं' को याद आता है अपना बचपन। 'जब हम बच्चे थे, तो हर साल हमारे पिता का ट्रांसफर दूसरे शहरों में होता रहता था। हम भाई-बहनों को हमेशा पुरानी जगहों को छोड़ते हुए दुःख होता था।'(पृ. 193)

निरंजन बाबू के जाने के बाद 'मैं' को मुरलीधर सूचना देता है कि मेहराजी कहीं चले गये हैं। उनकी तलाश शुरू होती है। रास्ते में खोजने निकले 'मैं' को एक पुरानी कहानी याद आती है—एक डाकिये का करतब। वह रोज चिट्ठियों का बैग लेकर निकलता और बाँटने की बजाय उन्हें एक घाटी में फेंक देता।' ऐसे ही हम सबकी 'वैली ऑफ डेड लेटर्स' के पत्र हैं। मेहराजी के बारे में 'मैं' को शंका होती है कि कहीं उन्होंने अपने को इन घाटियों में खत्म तो नहीं कर लिया? तभी मुरलीधर ने आकर बताया कि साहब 'तारादेवी' के मन्दिर की सीढ़ियों पर बैठे हुए हैं। इस तरह रोज जगह बदलते मेहराजी। आखिरकार 'मैं' उनके साथ ही रहने लगा। फिर तिया के पास जाने की बात। मेहराजी के भीतर ही भीतर उठते अनेक तूफान। अपने आपको तिया की माँ का हत्यारा मानने का अपराधबोध। लेकिन तिया के घर जाने की तैयारी का 'सुख'। क्या हुआ? लकवे का आघात और असर जुबान पर भी। लेकिन किसी को पहचान नहीं रहे—चाहे अन्ना हो या कोई और।

'मैं' किसी के बुलाने पर भी मेहराजी को छोड़कर नहीं जाना चाहता। लेकिन निरंजन से मिलता है, क्लब में पीता-खाता है। निरंजन बाबू 'मैं' से मेहराजी का याद करते हुए कहे जा रहे थे—'सुख कभी पूरा होता है?' आदमी न जाने कितने किए-धरे कामों की पोटली है। (पृ. 237) निरंजन जेल गये तो 'मैं' को तिया के आने की खबर मिली। लेकिन तिया के बाबू तो उड़ चुके थे।

तृतीय खंड में निर्मल वर्मा ने 'मृत्यु' के बाद होने वाले संस्कारों का लम्बा-

चौड़ा ब्यौरा प्रस्तुत किया है। 'पंचतत्त्व' में विलीन प्राणी की कथा का विस्तार। धधकती आग में जलता शरीर—तिया का नहीं, सभी का हो गया। मरते ही आदमी एक का नहीं रहता, सभी का हो जाता है। 'आदमी मृत्यु के बाद दो बार मुक्त होता है, पहली बार दूसरों से, दूसरी बार स्वयं अपने से। मेहरा साहब अपने अस्थि पिंजर से इस तरह बाहर निकल आये थे जैसे कोई आदमी अपने जलते घर से बाहर निकल आता है—हल्का, मुक्त, बदहवास।' (पृ. 249) मृत्यु का गहरा चिन्तन और चिन्तन में मुक्त होने की आवाज। अस्थि-कलश में समाया व्यक्ति और बच्चों की उसके प्रति आदर भरी दृष्टि। तिया उन्हें मिसेज मेहरा की कब्र के इतने पास नहीं सुलाना चाहती—'शायद उन्हें अच्छा नहीं लगेगा...अनन्त काल के लिए इतने पास-पास रहना। 'आँसुओं से तर तिया का चेहरा और 'मैं' का वहाँ से चलने का विचार। हिन्दू धर्म का संस्कार कर्म है— मृतक की अस्थियों को पवित्र नदी में प्रवाहित करना। मृत्यु का पूरा कर्मकांड हिन्दू चिन्तन में मौजूद है। अज्ञेय के उपन्यास 'अपने-अपने अजनबी' में मृत्यु की प्रतीक्षा और 'अन्तिम-अरण्य' में निर्मल वर्मा का मृत्यु पर चिन्तन। यहाँ 'मैं' मेहराजी के अस्थि-कलश को लेकर 'पारुल कोटि' और वहाँ 'सरया' नदी की तलाश। मैं को लगा, जैसे कोई उसके साथ चल रहा है—प्रेतात्मा नहीं, हाड़-मांस का जीवित मनुष्य। उस आदमी ने 'मैं' से कहा—मुझे 'सरया' माई बुलाती है तो मैं आ जाता हूँ। फिर किया 'मैं' ने विधिवत 'पोटली खोलकर' संस्कार कर्म। सरया नदी की कल-कल और मन्त्र उच्चार। मन्द होती आवाज, एक कौवा पंखों को डुलाता हुआ आकाश के नीचे उतर रहा था। कौवा चावल पिंडों की ओर आ रहा था और चावलों से बने पिंडों को खाने लगा। फिर अन्तर्मन का चिन्तन—'आप सोचते हैं ये अपनी भूख मिटाने आये हैं, वे उन तृष्णाओं को चुगने आते हैं जो लोग पीछे छोड़ जाते हैं। ये न आते तो जिन्हें आप साथ लाये हैं उनकी प्रेमात्मा भूखी-प्यासी भटकती रहती—क्या आप सोचते हैं, देह के जलने के बाद मन भी मर जाता है... ?' (पृ.279)

कौवों के जाने के बाद 'मैं' मेहराजी की अस्थियों को सरया नदी में प्रवाहित कर देता है—'पता नहीं मरने के बाद आदमी दूसरा जन्म लेता है या नहीं, पर जो पीछे रह जाता है उसके पुर्नजन्म की आशा बन जाती है।' (वही, 280) 'मैं' मेहराजी का 'अन्तिम संस्कार' करने के बाद कभी उस शहर में वापिस नहीं गया। सालों बीत गये—तिया उनकी प्रतीक्षा कर रही है—'क्या वे अब भी वहाँ हैं—सेब के बगीचों में नक्षत्र-मंडल को देखते हुए, जहाँ अब भी आकाशगंगा बहती है ?' (पृ. 282)

दरअसल, उत्तर-निर्मल वर्मा के कथा-कर्म में धर्म और स्मृति का 'स्पेस' बढ़

गया है। इसलिए वे 'अन्तिम अरण्य' के बुढ़ापा-विलाप को अनुभवों के स्मृति-प्रवाह में पहचान पाते हैं। उनके लिए धर्म विवेकानन्द और गाँधी की तरह एक सांस्कृतिक सवाल है जो 'भारतीयता' के भीतर तक धँसा हुआ है। इसलिए निर्मल स्मृति की बात करते हैं तो उसमें आत्म के साथ अन्य तदाकार है। वे यही कारण है कि इतिहास और स्मृति को एक नहीं मान पाते। मनुष्य इतिहास का उपनिवेश नहीं है। वह स्मृति का भंडार है और ऋता का अंश। इस स्मृति में पूरा सांस्कृतिक विमर्श नये पाठ के साथ 'उपस्थिति'। इस विमर्श की गहन तह में मुक्ति के लिए संघर्ष है व्यक्ति-मानव मुक्ति के साथ समूह मानव-मुक्ति की। उस अहं से मुक्ति, जो 'आत्म' को संकुचित करता है और वह धर्म-कर्म पूजा-पाठ नहीं है—समग्र परिवेश की पवित्रता का संलग्नता-बोध है। यह धर्म ही मानव को अकेलेपन की पीड़ा, यातना से मुक्ति दे सकता है। इसीलिए निर्मल वर्मा के पूरे सृजन-कर्म में मुक्ति के लिए छटपटाहट है। यह मुक्ति न बाबावाद है, न भारत-व्याकुलता, न रूपवादी-आध्यात्मिक सौन्दर्य-शास्त्र। यह तो अपनी पूरी लय में भारतीय सभ्यता-संस्कृति की अटूट जीवन-ध्वनि है। यह उपन्यास 'बुढ़ाता पुराण' भर नहीं है—उत्तर जीवन का यथार्थ है। छिपे हुए जीवन-सत्य का यथार्थ में रूपान्तरण। इसी से इस कलाकृति की पूरी सर्जनात्मकता उद्वेलित हो रही है। पुनर्जन्म की अवधारणा निर्मल को विचलित करती है और समझ में नहीं आता कि कैसे-क्या मृत्यु के बाद आदमी पूरी तरह नष्ट हो जाता है। भारत का कौवा पुरखा-प्रतीक है—लोक-विश्वास से भरा मिथक। जीवन का 'भारतीयता' का अनुभव सूक्ष्म-गहन भाव से 'अन्तिम अरण्य' में निचुड़कर आ गया है। यहाँ अध्यात्म का अर्थ धार्मिक ठिठुरन न होकर अस्तित्व की खोज है। हिन्दुत्व का राग नहीं है—'भारतीयता' की गम्भीर अर्थ-दृष्टि है। इस अर्थ-दृष्टि से कम्युनिस्ट चिढ़ते हैं लेकिन निर्मल उनकी परवाह नहीं करते रहे हैं। वे अपनी शर्तों पर आधुनिक बनने की चुनौती स्वीकार करते रहे हैं।

निर्मल वर्मा का अन्तिम उपन्यास 'लालीबुआ' अधूरा रह गया है। वे इस उपन्यास पर सक्रिय थे लेकिन इस अधूरे उपन्यास से पाठक कोई धारणा कथ्य के बारे में नहीं बना सकता। निर्मल ने कहा है—'अभी अधूरा है वह। पहला ड्राफ्ट है। लिख रहा हूँ, अन्तिम रूप क्या होगा, अभी यह कहना नामुमकिन है। उतना अंश पढ़कर पूरे का अनुमान नहीं लगाया जा सकता। उसमें विभिन्न परिवारों के सदस्यों के वैयक्तिक जीवन और उनके अन्तर्सम्बन्धों को व्यक्त करने का प्रयास किया है। लेकिन यह अभी कच्ची और अधूरी शक्ल में मौजूद है।' ('संसार में निर्मल वर्मा', सम्पा. गगन गिल, पृ. 206)

निर्मल वर्मा के उपन्यासों में नर-नारी सम्बन्धों की जटिलता, बच्चों की एक जीवन्त दुनिया, आधुनिकता का तनाव, प्रकृति के चेतना, अकेलापन, आत्मनिर्वासन,

उदासी-अवसाद, यातना और करुणा, अन्धकार और मृत्यु का 'पाठ' नये तरह से पढ़ा गया है। बीमारी-उदासी, बुढ़ापा-मृत्यु से उनका कथा-मन जकड़ा हुआ है। अपने पूरे सन्दर्भों में ये सभी नारी प्रधान उपन्यास हैं। नारी-विमर्श वालों के लिए इनमें बहुत बड़ा खजाना मौजूद है। इनकी कथ्यात्मक संवेदना नयी है और भाषा तकनीक विलक्षण। निर्मल की सर्जनात्मकता इसी में निहित है कि वे घटना-सन्दर्भों के लघु आख्यानों को उठाकर उनको नया अर्थ देती है। इसलिए निर्मल के इन उपन्यासों का 'पाठ' हर पाठक अपनी तरह करता है। सच बात तो यह है कि उनके 'पाठ' का अर्थ 'पाठक' के साथ बदलता रहता है—अपनी अनन्त अर्थ-व्यंजनाओं, अर्थ-निष्पत्तियों के साथ। यही कारण है कि यहाँ हिन्दी उपन्यास जैनेन्द्र-अज्ञेय-रेणु की कथा-भूमि का नये सिरे से रचना-विस्तार करता है।

यात्रा-वृत्तान्त : 'चीड़ों पर चाँदनी' और 'हर बारिश में'

निर्मल वर्मा ने यात्रा-वृत्तान्त लेखन में गहरी दिलचस्पी ली है। लेकिन उनमें 'आत्मकथा' लेखन के प्रति उदासीनता का भाव रहा है। उनका विश्वास रहा है कि सच्ची 'आत्मकथा' तो गाँधी ही लिख सकता है। अपने को भीतर तक उधेड़कर सच कहने के लिए साहसी कलेजा चाहिए। 'आत्मकथा' में सच को छिपाना आत्म-देवता को धोखा देना है जबकि यात्रा-वृत्तान्त में सत्य-कथन की अपेक्षा तो है, उसे कसौटी नहीं माना जा सकता। फिर हिन्दी में अज्ञेय, दिनकर, राहुल, रमेशचन्द्र शाह जैसे रचनाकारों ने थोड़े से यात्रा-वृत्तान्त लिखे हैं। वास्तविकता यह है कि हिन्दी में यात्रा-वृत्तान्त लेखन एक नयी विधा है। हिन्दी जाति में ही यायावरी वृत्ति का अभाव दिखाई देता है जबकि यूरोप में यात्रा-वृत्तान्त लेखन की धूम रही है और औपनिवेशिक, उत्तर औपनिवेशिक काल से इसका गहरा रिश्ता रहा है। विश्व युद्धों के बाद के लेखन में हम यात्रा-वृत्तान्तों पर 'विमर्श' करते हैं तो उनके 'पाठ' से यह स्पष्ट संकेत मिलता है कि कैसे एक संस्कृति दूसरी संस्कृति से अलग छवि का निर्माण करती है। एक कनाडियन लेखिका मेरी लाऊस प्राट्ट ने 'इम्पीरियल आईज़' में यात्रा-वृत्तान्त को एक 'साहित्यिक युक्ति' के रूप में प्रयुक्त करने के पीछे छिपे तर्क को खोजते हुए कहा कि यह लेखन औपनिवेशीकरण की प्रक्रिया से जुड़ा है।

'ओरियंटलिज़्म' पुस्तक के लेखक एडवर्ड सईद ने यह विचार प्रस्तुत किया है कि अन्य संस्कृतियों के विषय में लिखते हुए यूरोपीय पात्रों, वृत्तान्त-लेखकों में एक दिमागी वर्चस्ववाद सक्रिय रहता है। 'मैं' या 'हम' सत्ताधारी गोरे जातियों की आँखों से 'अन्य' (अदर) को देखता है। इस देखने में 'ऑब्ज़र्वर' और 'आब्ज़र्व्ड' की 'भिन्नता' शान्ति भंग करने वाली होती है क्योंकि वह दो संस्कृतियों, जीवन-पद्धतियों, जीवन मूल्यों की 'असमानताओं' को उभारती है—जैसे यूरो-केन्द्रित दृष्टि से अफ्रीका और भारत को देखा गया है। 'हम' (वी) अर्थात् सत्ताधारी के द्वारा 'अन्य' या शासित-पराधीन को देखने का अर्थ हुआ अपनी सभ्यता-संस्कृति को ऊँचा मानकर 'अन्य' को बर्बर-जंगली-पिछड़ा-असभ्य सिद्ध करना। मैं या हम का 'सब्जेक्टिव'

दृष्टिकोण 'अन्य' के साथ न्याय नहीं कर पाता। अन्य की सांस्कृतिक-अस्मिता के बुनियादी प्रश्नों से हटकर वह 'अन्य' को अपने से हीन सिद्ध करता है। भारत में आने वाले तमाम यूरोपीयों के यात्रा-वृत्तान्तों में भारत की 'पिछड़ी-असभ्य' छवि उभारी गयी। इसलिए उनकी आँख का सच 'अन्य' के लिए एकांगी, अधूरा और अपर्याप्त कहा जा सकता है। फिर 'हम' ने 'अन्य' से एक दूरी रखते हुए लिखा। 'हम' की शेखी यह रही है कि 'अन्य' के पिछड़ेपन को सुधारना है जबकि 'अन्य' का वह पिछड़ापन था ही नहीं। वह तो उनके जीवन की मूल लय थी जिसे 'हम' समझ ही नहीं सके। यूरोकेन्द्रित दृष्टि का 'हम' श्रेष्ठ और 'अन्य' पिछड़ा हुआ। ज़ेन्स मोरियर ने उपन्यास 'एडवेन्चर्स ऑफ हाजी बाबा ऑफ इस्पाहान' में (1924) यही किया। श्रेष्ठ अर्थात् यूरोपीय संस्कृति तथा 'बैड' अर्थात् पर्शियन मुसलमानों की संस्कृति। नैरेटर हाजी पाता है कि अँग्रेज़ जाति ज्ञान के प्रति बहुत समर्पित है—अँग्रेज़ जहाँ जाते हैं वहाँ के हर 'डिटेल' नोट कर ले आते हैं और उससे अपने देशवासियों की जागरूकता में वृद्धि करते हैं। सच बात तो यह है कि 'अन्य' ने—भारत जैसे देश ने—इन यूरोपीय घुमक्कड़ों से ही यात्रा-वृत्तान्त लिखने की प्रेरणा ग्रहण की है। यूरोप के घुमक्कड़ों ने पाया कि भारत के लोग अतिशयोक्ति प्रधान आख्यानों के प्रेमी, आलंकारिक कथनों में माहिर और रूपाकात्मक प्रवृत्ति के होते हैं। इस प्रवृत्ति के कारण प्राय: उनकी 'बौद्धिक तटस्थता' खो जाती है। इस तरह पश्चिमी लोगों ने पाया कि 'ओरियंट' एक 'काल्पनिक सत्ता' है—उनसे 'भिन्न' और 'इन्फीरियर'। अपनी इसी जड़ समझ के कारण पश्चिमी प्राच्यविद-पूर्व के देशों की विविधताओं, विशिष्टताओं, सांस्कृतिक लयों, जीवन पद्धतियों और विचार की आन्तरिकताओं को समझ नहीं सके। नतीजा यह हुआ कि उन्होंने पूर्वी लोगों को 'व्यक्ति के रूप' में न देखकर 'वस्तु' के रूप में देखा। ऐसे स्टीरियो टाइप व्यक्ति के रूप में जिनकी न कोई जीवन-दृष्टि है, न इतिहास है, न साहित्य-दर्शन है, न विकास है। वे केवल एक 'प्रजाति' मात्र हैं—स्थिर-अपरिवर्तनशील, पिछड़े लोग। 'हम' को केवल 'अन्य' की स्त्रियाँ लुभाती हैं—लेकिन वे भी उन्हें व्यक्ति के रूप में नहीं—'सेक्सुअली अट्रेक्टिव' एक 'वस्तु' के रूप में। इस तरह उनका पूरा नजरिया लोलुप-कामी-लुटेरों का रहा। इसी दृष्टिकोण की प्रतिक्रिया में 'इम्पायर राइटस बैक' की थियरी ने जन्म लिया और भारत के लेखकों-चिन्तकों ने 'यूरोकेन्द्रित' औपनिवेशिक मानसिकता के प्रपंचों को उघाड़ कर रख देने का अरमान व्यक्त किया। अपनी सभ्यता-संस्कृति-साहित्य-दर्शन की समग्र दृष्टि से एकाग्र होकर पश्चिम को समझने-परखने की दृष्टि विकसित की। हिन्दी में 'घुमक्कड़ शास्त्र' के प्रवर्तक राहुलजी ने तथा अपनी यायावरी वृत्ति से सभी को चकित करने वाले

अज्ञेय ने 'एक बूँद सहसा उछली' तथा 'अरे यायावर रहेगा याद' में अपनी भारतीयता को नया सन्दर्भ देकर यात्रा-वृत्तान्त लिखे हैं। अज्ञेय यूरोप की आधुनिकता से न ग्रस्त रहे हैं, न आतंकित। इस तरह हिन्दी में यात्रा-वृत्तान्त लेखन की सच्ची शुरूआत राहुल और अज्ञेय से ही माननी चाहिए। यात्रा-वृत्तान्त-लेखन ब्रिटिश फेनोमिना या प्रवृत्ति रही है। इस प्रवृत्ति को हिन्दी में अज्ञेय ने अपनी 'भारतीयता' से अर्थ दिया। इसी अर्थ का विस्तार रमेशचन्द्र शाह ने 'एक लम्बी छाँह' और निर्मल वर्मा ने 'चीड़ों पर चाँदनी' जैसे यात्रा-वृत्तान्त लिखकर किया है।

निर्मल वर्मा लम्बे समय तक यूरोप में रहे। लेकिन यूरोप प्रवास के दिनों में भी उनके भीतर का 'भारत' लगातार धड़कता रहा। बल्कि कहना चाहिए विदेश ने उनकी भारत के प्रति भक्ति और सजगता को और दीप्त किया। हिन्दू घरों के संस्कार उनकी आत्मा में निरन्तर आलोक-दीप्त रहे और अपनी इसी देशप्रेमी मानसिकता से उन्होंने विदेश की सभ्यता-संस्कृति, शहरीकरण को देखा।

निर्मल वर्मा का एक निबन्ध है 'मेरे लिए भारतीय होने का अर्थ'। इस निबन्ध को प्राय: उनके विरोधी निशाना बनाते रहे हैं और उन पर 'हिन्दूवादी', 'भारत व्याकुल', 'बाबावादी' होने का आरोप मनमाने ढंग से लगाते रहे हैं। वामपन्थियों से क्षुब्ध होकर उन्होंने 'एक साक्षात्कार' में कहा है—''वामपन्थी अकसर यह करते रहे हैं कि जब कोई उनकी विचारधारा की भेड़चाल में शामिल नहीं होता है तो वे इसी तरह के आरोप लगाते हैं। दिलचस्प बात यह है कि ये लोग कभी मुझ पर यह आरोप लगाते थे कि मैं यूरोपीय विचारधारा और यूरोप से आक्रान्त रहा हूँ और पश्चिम से प्रभावित हूँ। वास्तविकता यह है कि इन्हें भारतीय संस्कृति के भीतर जितने सम्प्रदाय विकसित हुए हैं—बौद्ध धर्म, हिन्दू धर्म, इस्लाम, ईसाई धर्म, उनमें किसी के प्रति गहरा लगाव नहीं है। अज्ञान से असहिष्णुता उत्पन्न होती है जिसे वे 'सेक्युलरिज़्म' का नाम देते हैं। 'भारतीयता' को 'हिन्दुत्व' घटाना उस तथाकथित सेकुलर विचारधारा की उपज है जिसे हमने आजादी के बाद के भारत में एक सरकारी 'आइडियालॉजी' के रूप में स्वीकार किया है। मैं उसका अंग नहीं हूँ। यह जरूर है कि मैं आज के यूरोप के संकट के विकल्प के रूप में भारतीय संस्कृति को रखता हूँ। मुझे लगता है यूरोपीय सभ्यता जिस बीहड़ और क्रूर दौर में है, उसके सवालों से हमें टकराना पड़ेगा। इन्हीं सवालों से टकराते हुए मैंने कुछ निबन्ध लिखे हैं। यूरोपीय सभ्यता का भारत के समाज पर असर पड़ा है। उसके कारण हमारे समाज में किस तरह की फाँकें और दरारें पड़ी हैं, उस पर मैंने विचार किया है। मुझे लगता है पिछलों दो सौ सालों में भारत ने अपनी सनातन अस्मिता को खो दिया है।'' ('मेरे साक्षात्कार', पृ. 131) निर्मल वर्मा पश्चिम की इन चुनौतियों में निबटना चाहते हैं, इसलिए उन पर भारतीय संस्कृति का रंग गहरा है जबकि वे यूरोपीय चिन्तकों और रचनाकारों के उतने ही ऋणी हैं जितने भारतीय

मनीषियों-दार्शनिकों-रचनाकारों के हैं।

'चीड़ों पर चाँदनी' शीर्षक यात्रा-संस्मरण की प्रेरणा-भूमि को ध्यान में लाकर उन्होंने कहा है कि 'पहले जब मैं यूरोप गया था, तो मैं पहली बार हिन्दुस्तान के बाहर यूरोप के सम्पर्क में आया था और इसी उत्साह में मैंने अपने यात्रा-संस्मरण भी लिखे थे। मैं आइसलैंड गया था, तो वह बिल्कुल नयी तरह का अनुभव था। एक नया लैंडस्केप, नयी तरह के लोग मेरी इच्छा होती थी मैंने जैसा अनुभव किया है उसे संस्मरण की विधा में लिखूँ। एक कारण यह भी था कि मैं कहानी लिखता हुआ भी बहुत तंग आ गया था और क्योंकि कविता मैं लिखता नहीं हूँ इसलिए मैं दूसरी ही विधा को अपनाना चाहता था। और मुझे हमेशा यात्रा-संस्मरण की विधा अपने बहुत अनुकूल जान पड़ती रही है।' (वही, पृ. 19) निर्मल वर्मा ने ज्यादातर यात्रा-संस्मरण अपने हृदय पर अंकित प्रभावों को आधार बनाकर लिखे। ऐसे कम संस्मरण हैं जिनमें निष्कर्षात्मक रगड़ ज्यादा है—जैसे पश्चिम बर्लिन या पश्चिम-सभ्यता-संस्कृति के बारे में 'निष्कर्ष' दिये हैं। वस्तुतः इस तरह के 'पके निष्कर्ष' उनके निबन्धों की भी रीढ़ रहे हैं। उदाहरण के लिए 'पूर्व और पश्चिम' निबन्ध तुलनात्मक दृष्टि को लेकर लिखा गया निष्कर्षात्मक निबन्ध का अद्‌भुत उदाहरण है। निर्मल ने इस निबन्ध में लिखा है—'अँग्रेज़ी, फ्रांसीसी, स्पेनिश भाषाएँ एक-दूसरे से अलग होते हुए भी चेतना के स्तर पर एक सूचित सन्दर्भों से बँधी हैं। यूनानी सभ्यता की पीठिका और ईसाई, यहूदी, धार्मिक परम्पराओं ने यूरोप को ऐसी सांस्कृतिक इकाई में ढाला है जो एशिया, विशेषकर भारत की जीवन-दृष्टि और आध्यात्मिक चरित्र से बहुत अलग हो जाती है। यही कारण है कि संस्कृत में रचित अनेक दार्शनिक प्रत्ययों का यूरोपीय भाषाओं में कोई पर्याय नहीं मिलता...या उनका अनुवाद अशुद्ध होता है। यह अकारण नहीं कि कुमारस्वामी जैसे विद्वान भारतीय दर्शन और उसके धर्म-ग्रन्थों के यूरोपीय अनुवादों और टीकाओं के प्रति गहरी वितृष्णा रखते थे। यों भी किसी साहित्यिक कृति का विदेशी भाषा में अनुवाद अपना मर्म और सौन्दर्य खो देता है और यदि भाषा किसी नितान्त अलग संस्कृति के सन्दर्भों से सम्बन्ध रखती है तब तो अर्थ का अनर्थ हो जाने की आशंका और बढ़ जाती है। अपने यात्रा-वृतान्तों में निर्मल काफी सतर्क भाव से यूरोप तथा भारतीय सभ्यता-संस्कृति-साहित्य की तुलना करते हैं और इस तुलना में उनका कोई वैचारिक दुराग्रह नहीं है। उन्होंने किसी भी नये देश के बारे में केवल 'प्रभावों को आधार' बनाकर नहीं लिखा जबकि वे मानते हैं कि यात्रा-निबन्ध या यात्रा-वृत्तान्त को पठनीय बनाने के लिए 'प्रभाव बहुत ज़रूरी होते हैं।' 'बल्कि भारतीय लेखन या हिन्दी के यात्रा संस्मरणों में अगर कोई कमी है तो वह

यही है कि यहाँ के लेखक ठोस, जीवन्त अनुभवों की अवहेलना करके मोटे-मोटे सामान्यीकरणों में ही लिखना पसन्द करते हैं जबकि हम अगर किसी विदेशी लेखक की चीज़ पढ़ें, जो कि रात के बारे में लिखता है तो हमें खुद आश्चर्य होता है कि वह छोटी-से-छोटी चीज़ों को देखता है जिन्हें हम अकसर नजरअन्दाज कर देते हैं।' ('मेरे साक्षात्कार', निर्मल वर्मा, पृ. 19) मूल ध्वनि यह कि स्वयं निर्मल वर्मा ने वह लिखा जो उनके भीतर का सच रहा। वह नहीं लिखा जिसे सम्पादक या बाजार लिखवाना चाहता रहा है। इसलिए उन्होंने न आत्मकथा लिखी, न जीवनी—केवल यात्रा-निबन्ध और यात्रा-संस्मरण लिखे हैं। इन यात्रा-संस्मरणों में उनकी आवाज परम्परा के चौखटों में जकड़ी-जकदी आवाज नहीं है—उसमें उनकी अपनी स्वतन्त्र अस्मिता की गूँज-अनुगूँज है।

'चीड़ों पर चाँदनी' के लेखक को यह बात भूली नहीं है कि भारत की स्थिति लैटिन अमेरिकी देशों से बहुत भिन्न रही। भारतीय सभ्यता-संस्कृति विदेशी सत्ता द्वारा क्षत-विक्षत अवश्य हुई, पूरी तरह नष्ट नहीं हुई। भारतीय यायावर विदेशों में रहता हुआ भी अपने सांस्कृतिक-धार्मिक संस्कारों में 'भारतीय' ही रहा। योरोप के रचनाकारों-बौद्धिकों ने हिटलर के हॉलोकास्ट, स्तालिन के लेबर-कैम्पों में मरने वाले लाखों प्राणियों की यातना पर बहुत कम ध्यान दिया और यूरोपीय-सभ्यता के पुनर्मूल्यांकन में भी अधूरे मन से प्रवृत्त हुए। पश्चिम के हर अमानुषिक कृत्य को सही और तर्कपूर्ण ठहराने की भी परम्परा यहाँ रही। ये लोग पूर्व के 'अन्ध विश्वासों' पर तो रोते रहे—यूरोप की आत्म-उन्मूलित परम्परा पर आँख मूँदे रहे। पश्चिमवाद ने भारतीय-स्मृति-मंडल को नष्ट करने के लिए नव मैकालेवाद को जन्म दिया। लेकिन हम भारतीय अटकते-भटकते-बचते रहे। इसी का नतीजा है कि निर्मल वर्मा के काव्यात्मक गद्य में कहानी, निबन्ध, डायरी और यात्रा-वृत्तान्त एक-दूसरे में अपनी सीमाएँ तोड़कर मिलते रहे हैं। गद्य-विधाओं की सीमाओं को स्मृतियों के मेघखंडों ने तोड़ा है जिनकी उमड़न-घुमड़न बौछार और झमाझम में निर्मल का मन स्नान करके तरो-ताजा महसूस करता रहा है।

निर्मल वर्मा ने 'चीड़ों पर चाँदनी' की 'भूमिका' में एक मनमोहक बात कही और संकेत किया है कि 'अरसे बाद अपने इन स्मृति खंडों को दोबारा पढ़ते समय मुझे एक अजीब-सा सूनापन अनुभव होता रहा है—कुछ वैसा ही रीता अनुभव, जब हम किसी जिन्दा फड़फड़ाते पक्षी को क्षण-भर पकड़ कर छोड़ देते हैं—उसकी देह हमसे अलग हो जाती है लेकिन देर तक हथेलियों पर उसकी धड़कन महसूस होती रहती है। एक दूरी का अभाव जो सफारी सूटकेस पर विभिन्न देशों के लेबलों पर लटका रहता है—उन्हें न रख पाने का मोह रह जाता है, न फेंक पाने की निर्ममता ही जुड़ पाती है।' (वही, पृ...) इन स्मृति खंडों में कितने जिन्दादिल व्यक्ति

धड़क रहे हैं और कितनी गरमाहटों के स्पर्श निहित हैं। साथ ही, शहरों-होटलों-पार्कों-पबों का उदास चेहरा टँगा हुआ है जिन्हें कौन भूल पाता है।

''शिमला के वे दिन आज भी नहीं भूला हूँ। सर्दियाँ शुरू होते ही शहर उजाड़ हो जाता था। आसपास के लोग बोरिया-बाँधकर दिल्ली की ओर 'उतराई' शुरू कर देते थे। बरामदे की रेलिंग पर सिर टिकाए हम भाई-बहन उन लोगों को बेहद ईर्ष्या से देखते रह जाते थे। चीड़ के साँय-साँय करते पेड़, खाली भुतहे मकान, बर्फ में सिमटी हुई स्कूल जाने वाली पगडंडी। उन सूनी, कभी न खत्म होने वाली शामों में हम उन अनजाने देशों के बारे में सोचा करते थे जो हमेशा दूसरों के लिए हैं, जहाँ हमारी पहुँच कभी नहीं होगी। तब कभी कल्पना भी नहीं की थी कि एक दिन अचानक अपने छोटे से कमरे, ग्रामोफोन, काग़ज़-पत्रों को छोड़कर बरसों 'सात-समुद्र पार' रहना होगा।' जीवन में 'चमत्कार' हुआ और निर्मल ने लम्बे समय तक 'सात समुद्र पार' अपने को पाया और जिया। इसलिए 'वास्तव में इस भूमिका में मैं इस 'चमत्कार' ही चर्चा करना चाहता था। इन यात्राओं में अनेक ऐसी घड़ियाँ आयी थीं, जिन्हें मैं शायद आज याद नहीं करना चाहूँगा...लेकिन घोर निराशा और दैन्य के क्षणों में भी यह ख्याल कि मैं इस दुनिया में जीवित हूँ, हवा में साँस ले रहा हूँ, हमेशा एक मायावी चमत्कार-सा जान पड़ता है।'' (भूमिका) जीवन की क्रूरताओं और छलनाओं के अनुभव अपनी संश्लिष्टता में कई बार शक्ति देते हैं और कष्ट भीतर से पकाकर मानव को पक्का बनाते हैं। कष्टों-पीड़ाओं को चाहे हम न कहें, लेकिन उन्हें भूलते तो नहीं हैं क्योंकि वे ऐसी रगड़ के निशान हैं जिनसे काया बार-बार लहूलुहान होती रही है। इसलिए 'महज साँस ले पाना, जीवित रहकर धरती के चेहरे को पहचान पाना यह भी अपने में एक सुख है, इसे मैंने इन यात्राओं में सीखा...। हर चमत्कार के पीछे ज़रूर कोई न कोई 'एंजिल' छिपा रहता है—ऐसा मैं विश्वास करने लगा हूँ। यदि इस समय मुझे स्वामीनाथन, बरेन रॉय और आइसलैंडी कवि थोर्गियेर-थोर्गियर सैन याद आते हैं तो उनके प्रति सिर्फ अपना आभार प्रकट करने नहीं, बल्कि इसलिए कि उनके बिना शायद कोई भी चमत्कार सम्भव न हो पाता।' (भूमिका) जीवन में 'चमत्कार' का महत्त्व असन्दिग्ध है; क्योंकि चमत्कार के बिना न कोई रस है, न रहस्य, न क्रीड़ा, न लीला, न कोई रूपक। निर्मल इस सच के भीतर रहते रहे हैं—बिना रमे 'चीड़ों पर चाँदनी' का इतना बिम्ब-बहुल सर्जनात्मक गद्य लिख पाना सम्भव ही नहीं होता। रमण में या चित्त-रमण में एकाग्रता हो तो वाक्-देवी उदारता से दान देती है और वाक् की प्रतिपत्ति में पावन आलोक भर जाता है। लेकिन इसके लिए अपने को पहले 'अपने को उलीच कर खाली करना पड़ता है फिर भरने का भाव आता है।'

'चीड़ों पर चाँदनी' को पढ़ना 'ग्लोबल निर्मल' की अन्तरंग की 'नागरिकता'

को पहचानना है। हो सकता है कि आपका प्यार निर्मल पर उमड़ पड़े—जबकि मार्क्सवादियों को निर्मल 'दुश्मन' लगते हैं। निर्मल को मार्क्सवादी 'आइडियालॉजी' की गुलामी स्वीकार नहीं है और जो मार्क्सवाद का गुलाम नहीं है, वह 'दुश्मन' है। उसे मार्क्सवाद हर साँस में—कलावादी नीचट बहुरूपिया कहते हैं। फिर निर्मल को तरह-तरह की शराब पसन्द थी और तरह-तरह के खुले-मस्त-घुमक्कड़ लोग भाते थे। इसलिए वे 'गटागटवादी' सम्प्रदायवाद से दूर थे। टुच्चे समकालीनों की स्याह आधुनिकता के आशय उन्हें ज्ञात थे—इसलिए उनके यात्रा-विमर्श, निबन्ध-विमर्श एक नया 'पाठ' पैदा करते हैं—और इस पाठ का करारापन-पैनापन यह है कि उच्चतर वैचारिक आक्रमण से अपने दुश्मनों को ध्वस्त करते रहते हैं। इसलिए अपने समय-समाज और सांस्कृतिक बोध की सर्वाधिक चौकन्नी आवाज रही। शीतयुद्ध के दिनों का रियाज़ इस गम्भीर आवाज के विरोध में था और कम्युनिस्ट पूरी वैचारिक लड़ाई में अज्ञेय और निर्मल से टकरा रहे थे। लेकिन कम्युनिस्ट का मार-मार मिजाज तब भी बना रहा है—जब शीतयुद्ध समाप्त हो गया और प्रतिमान बदल गये। क्या विडम्बना है कि निर्मल को उनके समय के प्रतिबद्ध आलोचकों ने नहीं, अनन्त खुले मन के पाठकों ने 'अपना प्रिय' चिन्तक माना। निर्मल अपने चिन्तन में पोर-पोर आधुनिक-उत्तर आधुनिक। आधुनिकतावादी पश्चिम से लड़ते-झगड़ते-खटते-पटते विचारक हैं निर्मल वर्मा। उनसे भारतीय अर्बनाइजेशन ने सर्जनात्मक रंग पाया है। निर्मल में गाँव नहीं, शहर बोलते हैं। फिर उनकी ग्लोबल मिजाज नागरिकता नकचढ़ी नागरिकता नहीं है—एकदम मुक्त और बौद्धिक दायरों में व्यापक। उनके सृजन का अर्बनाइल्ड चेहरा क्या है? शहरीकरण की यातना से भरा आत्म-उन्मूलित चेहरा।

निर्मल वर्मा के यात्रा-संस्मरण 'चीड़ों पर चाँदनी' को जिस एंगल से क्लोजरीडिंग में पढ़ा जाना चाहिए था, नहीं पढ़ा गया। उनके उत्तर औपनिवेशिक विमर्श की कीमत भी नहीं पहचानी गयी और उन्हें हिन्दी लेखन में एक 'समस्या' के रूप में लिया गया जबकि वे मामूली लेखक नहीं हैं। मानव-मुक्ति की अगुआई करते चिन्तन-सर्जक रहे हैं। उनकी कला में मानव के प्रति अथाह राग है और यही राग कला का दर्द बना है। उनके कहानियों-यात्राओं-संस्मरणों का 'अकेलापन' —समाज निरपेक्ष पागल अकेलापन नहीं है—चिन्तन की गहराई से उपजा चिन्तन का अकेलापन है जिसकी 'सामाजिकता' बहुत गहरी है। कहना होगा कि यात्रा-वृत्तान्तों का सन्तृप्त अकेलापन बाँझ नहीं है—उसमें अनन्त यूरोपीय यात्राओं का अनुभव बोलता है। जो ग्लोबल मिजाज रचनाकार की क्लासिकल संवेदना का मानव-राग, आत्मीयता का संसार उनमें निर्मित होता है—पूर्व और पश्चिम, दोनों इस राग में संवाद करते मिलते हैं। फिर उनकी भाषा का जादुई सम्मोहन अच्छे-अच्छों का पराया नहीं रहने देता। दरअसल

उनके चिन्तन में 'अन्य' पश्चिमी अर्थ में 'अन्य' रहा ही नहीं। चाहे वह आइसलैंडी कवि थोर्गियेर हो या अन्य कोई यूरोपीय। लेकिन पश्चिम से जब-जब बहस व्याख्या-संवाद होगा—निर्मल का उत्तर औपनिवेशिक विमर्श हमारे साथ होगा। उसकी निर्वैयक्तिकता पर हम गर्व करेंगे और उनके 'पाठ' में एक ग्लोबल नागरिक की 'उपस्थिति' पाएँगे और पाएँगे मानवीय रचनात्मकता की छल रहित अभिव्यक्ति। उनके एकान्त के साथ संवाद का सुख और एक आत्मचेतस् मानस का पवित्र-लोक। 'वे दिन' और 'परिन्दे' के निर्मल 'चीड़ों पर चाँदनी' में पाठक को बहुत लाड़-दुलार से अपनी बीती सुनाते हैं—उनकी बात में आत्म-अनुसन्धान तथा आत्म-उन्मोचन, दोनों की कला का जादू है। उनका आत्म-संघर्ष शब्दों में उतारता है और सम्बन्धों-स्मृतियों से अपना भाष्य स्वयं करता है। मुक्तिबोध की आंशकाएँ निर्मल में यातना-पीड़ा भरी प्रश्नाकुलताएँ बनती हैं। निर्मल वर्मा ने रघुवीर सहाय की तरह सत्ता से पिसता-मरता-मिटता-मतदाता देखा है—इसलिए इनमें अजीब तरह का मोहभंग, अवसाद का अँधेरा तनता है। यात्रा-वृत्तान्तों का 'प्राग वसन्त' और निबन्धों का 'प्राग-वसन्त' पूरी दास्तान में दोगलेपन से दूर रहता है। महत्त्वपूर्ण बात यह है कि उनके कथा-साहित्य की संवेदना 'चीड़ों पर चाँदनी' को मदद देती है—उनका अन्तर्जगत दो खंडों में नहीं बँट पाता। एक अखंड 'आत्म' इसमें अपनी संवादिता के सत्य को उजागर करता है। यह सृजन चित्रमय है और चित्त की चकित छाया से उपजा है। इसलिए इसका 'पाठ' कई कोणों से किया जाना चाहिए। पढ़ने का हर कोण उसमें नया अर्थ पा सकता है और बना-बनाया विचार इससे टूटकर नयी अवधारणाओं की निष्पत्ति करता है। अभिजात्य और पाश्चात्य-चिन्तन की खाइयों को लाँघकर वे कैसे 'भारतीयता' तक पहुँचे इस अन्तर्यात्रा का इतिहास इस पूरी मनोभूमिका को उजागर करता है।

'उत्तरी रोशनियों की ओर' जाते ही 'ब्रेख्त और एक उदास नगर' में अन्तर्प्रवेश का अपना ही अनुभव है। वे एक चीनी कहावत से शुरू होते हैं कि 'हजार मील की यात्रा एक छोटे कदम से आरम्भ होती है।' यात्रा की रात की धुँधली-सी याद और 'बीयर' छक लेने के बाद का समय। सिर्फ इतना याद है कि वह शुरू वसन्त की एक शाम थी, शहर प्राग था और मैं अपने आइसलैंडी मित्रों के संग नीचे 'बेंसमेंट' की एक 'बार' में बैठा था। यह मालास्त्राना का छोटा-पुराना-सा 'होस्पोदा' था। 'होस्पोदा' में पियक्कड़ गले में आपके हाथ डालकर गाते हैं जहाँ 'वेटर' को अपनी प्रेमिकाओं से ही अवकाश नहीं मिलता। इसलिए लन्दन का 'टेवर्न' ही 'हास्पोदा' के नजदीक आता है। किन्तु अँग्रेज़ी में पीने की संस्कृति कहाँ?

निर्मल के आइसलैंडी मित्र छुट्टियों में अपने देश वापस जा रहे थे। उनके

देश के प्रति निर्मल का गहरा पहेली-सा आकर्षण। उनके मित्र 'थोर्गियर सिनेमाटोग्राफी' के छात्र। उनकी कविता निर्मल ने भारत की पत्रिका 'कृति' में भेजी थी। सबसे घुमक्कड़ व्यक्ति पेरिस से प्राग आये हैं। अब वह प्राग को छोड़कर हमेशा के लिए आइसलैंड जा रहे हैं—अपने 'कोर्स' को अधूरा छोड़कर। इसी मित्र ने निर्मल से आइसलैंड चलने को कहा। 'भारत से यूरोप आना भी मुझे इतना असम्भव नहीं लगा था, जितना आइसलैंड जाने की कल्पना करना। मेरे लिए आइसलैंड की यात्रा 'आउटर स्पेस' को छूने से कम चमत्कारपूर्ण नहीं थी। ('चीड़ों पर चाँदनी', पृ. 16) इस 'चमत्कार' पर विश्वास न कर पाना पाजीपन होगा। वे मित्र के साथ प्राग-बर्लिन इंटरनेशनल ट्रेन में बैठकर चल पड़े। मारिया ने सुझाव दिया कि इस यात्रा की 'डायरी' लिखना चाहिए। निर्मल की स्मृतियों में कूदते मगरमच्छ। आधी यात्रा में पहुँचकर प्राग की स्मृति। टाल्स्टॉय के 'वार एंड पीस' का ख़याल। पहला पड़ाव बर्लिन। पूर्वी जर्मनी का ट्रांजिट वीज़ा। भागती ट्रेन में मध्य यूरोप का प्रकृति-दृश्य जून की उजली उनींदी धूप का मज़ा। जर्मन व्यक्तियों को देखकर काफ्का की कथाओं का स्वाद तथा टामस मान को पढ़ने की लगन। टामस मान जर्मनी के हैं—काफ्का चेकोस्लोवाकिया के लेखक। बर्लिन के 'थियेटर' में महान् नाटककार ब्रेख्त का नाटक देखने का रंग। वे नात्सी सत्ता स्थापित हो जाने के बाद जर्मनी से बाहर चले गये थे। उनके लोकप्रिय नाटक 'गैलीलियो', 'मदर करेज' आदि हैं। पश्चिम के आलोचक तो ब्रेख्त की महानता को स्वीकार करते हैं लेकिन उनके कम्युनिस्ट तेवर को नहीं। 'शीतयुद्ध का रुग्ण वातावरण एक महान् लेखक के इर्द-गिर्द कितना उपहास्यास्पद विरोधाभास निर्मित कर सकता हैं, ब्रेख्त इसके सजीव उदाहरण हैं।' (वही, पृ. 20) भाग-दौड़कर थियेटर 'बर्लिन एन्सेबल' गये और निर्देशिका हैलेन बेगेल से ऐतिहासिक मुलाकात की। उस रात 'टेरर एण्ड मिजरी' नाटक देखते हुए पाया कि 'समकालीन' शब्द कितना विकृत हो चुका है। यहाँ लैक्सनेस से भेंट और आइसलैंडी खुलेपन का भीतरी स्पर्श। आइसलैंड पहुँचे और शहर की भव्यता से चकित हुए।

'रोती हुई मर्मेड का शहर' में तिवोली के तीन चक्कर और कोई होटल खाली नहीं। स्कैंडेनेविया में कोपनहेगन शायद यात्रियों का भारी आकर्षण केन्द्र। लड़के-लड़कियाँ कन्धों पर 'डफन बैग' और कैमरा, हाथ में शहर का नक्शा और 'जीन्स' पहने मस्त। हजारों लड़के-लड़कियाँ हर वर्ष यूरोप में बनजारों की तरह घूमते हैं। नॉर्वे में एक आस्ट्रियन लड़की ने बताया कि उसने फ्रांस, इटली, स्पेन 'हिच-हाइकिंग' अर्थात् फ्री घूमे हैं। कोपनहेगन की नुमाइश, सरकस, रोमांटिक झीलें और रेस्तराँ और नाइट-क्लब। बीयर-पब, मेरी गो एराउंड तथा ओरियंटल देशों की मस्जिदें। कोपनहेगन

में 'एंगई' की स्मृति। एक भारतीय निर्मल, जो एक कम्युनिस्ट देश से आ रहा है। शीतयुद्ध आयरन कर्टेन का राजनीतिक माहौल। लाखों यहूदियों को यातनागृहों में भेजना तथा जार्ज आर्वेल की याद। शीतयुद्ध के बाद एक नयी तरह की 'नारी' का जन्म। डेनिश के किर्केगाद का सिरफिरापन और प्राग के काफ्का की कल्पना। मौला-मस्त लड़कियों-लड़कों की हनुमान सेना। उनकी जिप्सी-स्मृतियाँ और पियक्कड़ों का इन्द्रधनुषी मतवालापन। एक गोरी दाढ़ी पूछ रही है तुम कम्युनिस्ट हो? भारतीय निर्मल का उत्तर 'नहीं' फिर लम्बी चुप्पी। कुछ देर बाद बीयर और बहस का प्रेमालाप। कभी आइसलैंड डेनमार्क का उपनिवेश था किन्तु आज मुक्त सेकुलर कल्चर का विकास। यहाँ धीमे संगीत के बीच अज्ञेयजी की याद। दिनभर आर्ट गैलरियों और म्यूजियमों के चक्कर के साथ रोती हुई मर्मेड की झलक। डांसिंग हाल, डेन लड़कियाँ, अमेरीकी सैनिक, वेश्याओं के दलाल, स्ट्रीट वाकर्ज एक अधीर हताश सम्मोहन। 'वेटिंग फॉर गोदो' आज के युग का महत्त्वपूर्ण नाटक तथा सार्त्र के उपन्यास की याद। मेरे गिलास से 'एकुआ-विते' पीती लड़की। (वही पृ. 48)

'उत्तरी रोशनियों की ओर' दिन और रात का मायावी संसार हैं समुद्र की लहरों में युवा-उठान का आलम। समुद्री पक्षी। छह दिन का सागर-पथ। फलत: उदासी-चक्कर-थकान और नये मित्र बनाने की ललक और उमंग। डेनिश बीयर और फ्रेंच कोन्याक, आदिम लहरों से उठती बनैली गन्ध, हिचकोले जैसा छोटा भूकम्प। सी-सिकनेस—शाम का 'बार'। कई पबों में बँटे यात्री। एडिनबोरी—ऊँचा-नीचा शहर, अँग्रेज़ी की आभिजात्य मानसिकता से मुक्त। गली के नुक्कड़ों पर इब्सन के पात्र और पबों के पियक्कड़ों की चीखें। मित्र थोर्गियर का साथ, जो कह रहे हैं—'बीच यात्रा में मुहब्बत से बचना चाहिए'। प्रिय चित्रकार 'रेम्ब्रा, हालास और स्टील के चित्र तथा आर्ट-गैलरी में तितियान के चित्र। बीटानिक कवि, जुलाई का नीरव उजला आकाश। बर्ट से मुलाकात, जो राधाकृष्णन की पुस्तक 'हिन्दू व्यू ऑफ लाइफ' पढ़ रही है। भारत को लेकर विशेष उत्सुक है। कहती है 'आज के संकट का हल आपके देश में मिल सकता है।' (पृ. 61) लोग निर्मल को मंगोल, तिब्बती, कोरियाई जिप्सी समझ रहे हैं। दूर शहर कविता, बीयर और वर्षा में भीग रहा है।

'सफेद रातें और हवा'—एक शहर के दो चेहरे होते हैं—एक दुलहिन चेहरा-दूसरा अवसाद भरा बीहड़। आइसलैंड की इस राजधानी का नाम है रिक्याविक। प्रेमिका की चिकनी देह सा गदराया शहर है। ज्यादा बर्फ़ नहीं पड़ती फिर भी नाम आइसलैंड। रिक्याविक के नदी नहरें यानी धुएँ का शहर—गर्म पानी के झरनों का शहर। सहज प्रकृति का अंग है यह देश। अद्‌भुत आत्मीयता से भरे लोग, स्वाधीन स्वभाव की स्त्रियाँ। आइसलैंड का स्वाधीनता-संघर्ष एक लम्बा सत्याग्रह रहा है। भरा-

पूरा इतिहास, कलाओं के प्रति आदर और स्वतन्त्रता का सम्मान, दीवार पर दगे गोलियों के निशान। एक पुरानी स्मृतियों से भरी कविता की तरह शहर है। 'चीड़ों पर चाँदनी' खंड का पहला संस्मरण—'लिदीत्से : एक संस्मरण अद्‌भुत स्मृति' है। एक स्कूल का छात्र नक्शे पर चेकोस्लोवाकिया को देखता है। आँखों के सामने दो-तीन नाम—मासारिक, कॉरेल चापेक और तस्वीर में प्राग की सड़कों पर मार्च करते जर्मन सैनिक। फिर एक नया उभरा—लिदीत्से। एक छोटा-सा कस्बा लिदीत्से—कुल दो सौ की आबादी। बचपन में सुना यह नाम एक दिन निर्मल वर्मा की आँखों के सामने साकार हो गया। बस से वहाँ पहुँचे यूरोप के युवक-युवतियाँ संग हैं—इटली, जर्मनी, रूस, फ्रांस—सब स्लाब भाषाओं के छात्र। एक होस्टल में साथ रहने से परिचय और वहाँ हमारे संग फ़िलालॉजिकल फैकल्टी के डीन डॉ. फ्रीड। 'अकसर सोचता हूँ, कौन-सा सही तरीका है किसी देश के जातीय गुण जानने का। शायद बहुत छोटी-छोटी बातों से, जिनका कोई विशेष महत्त्व नहीं, जिन्हें आसानी से नजरअन्दाज किया जा सकता है। किन्तु इन्हीं नगण्य घटनाओं के बीच कुछ मूक, अदृश्य संकेत मिल जाते हैं। चेक लोगों के संग रहते अरसा हो आया—बीयर पब्ज में शराब पीते हुए, साहित्यिक मसलों पर बहस करते हुए, उन्हें अलग-अलग पहलुओं से देखने का अवसर मिला है...।' (वही, पृ. 92) होता यह था कि पहले जब कभी किसी स्थान पर स्मारक को देखने जाते थे तो डॉ. फ्रीड उसका कलात्मक महत्त्व समझाते थे। लेकिन इस बार ऐसा नहीं हुआ। यही वह कस्बा था जिसे नाजियों ने रात की चन्द घड़ियों में राख के ढेर में बदल दिया था। इसके ध्वन्स की खबर संसार भर में बिजली-सी फैली। यूरोप का कोई अन्य शहर होता तो फासिस्ट विरोधी भाषण सुनने को मिलता। किन्तु डॉ. फ्रीड चुप बैठे रहे। उनका मौन मरी हुई बस्ती के मौन का प्रतीक था और 'हमने देखा—अपने में ही अपने लिए जो अर्थ-ग्रहण किया, उसे किसी भी राजनैतिक टिप्पणी में व्यक्त करना असम्भव है।' निर्मल की निगाह में पूरा दृश्य घूमता है—घाटी की गोद में लिदीत्से का गाँव था—अब नहीं है—फासिज़्म से पहले की पहाड़ियाँ, नीला, आकाश कैसे घिरा होगा फासिज़्म के बूढ़ों से। 10 जून 1942 का दिन प्राग से मिलिटरी ट्रकें लिदीत्से आयीं। कुछ दिन पहले किसी ने वहाँ जर्मन अफसर को मार डाला था। साधारण लिदीत्से की बस्ती। डॉ. फ्रीड का स्वर फूटा—'स्कूल के सारे बच्चों को जर्मनी के कन्सनट्रेशन कैम्पों में भेज दिया गया—फिर विनाश हुआ।'

लिदीत्से के म्यूजियम में—जिसे युद्ध के बाद निर्मित किया है उस विनाश-लीला की तस्वीरें हैं। दीवारों पर अखबारों की कटिंग, विजिटर्स बुक। एक तोड़ती कसकती अनुभूति ने निर्मल को घेर लिया। मन में आया कि "यूरोप के शहरों में घूमते हुए मुझे अकसर यह महसूस हुआ है कि इन लोगों के बीच में महज 'आउट-

साइडर' हूँ—एक बाहर का आदमी। यूरोप के लिए फासिज़्म का जो अर्थ रहा है क्या मैं उसे कभी सही-सही समझ सकूँगा, महसूस कर पाऊँगा? आज वह उनकी आत्मा का एक हिस्सा है—पूरे अर्थ में एक 'पाप'...।'' (पृ. 97)

'बर्त राम्का : एक शाम' मौन भी अजनबी-सा, चाँदनी रात से भरी खामोश माला-स्त्राना की गलियाँ हैं। शहर की पीली जर्द आँखों पर हमारी छाया है। बीती समय की स्मृतियों का खुलता कोई पर्त। यह प्राग की चाँदनी रात है, कभी-कभार बूँदा-बादी। वल्ता नदी के पास सिमटी पहाड़ी, चर्च का हरा गुम्बद, लारंतों चैपल, मायावी संगीत, लोक कथाएँ, कहानियों के पात्र, स्मृतियों का अकेलापन। ऐसी चाँदनी रात की खामोशी कभी मोत्सार्ट ने देखी होगी। सूनी सड़कों पर खड़े लैम्प पोस्ट—सामने 'बर्त राम्का' और 'तिन थियेटर'। प्राग की गलियों में अंगूर तलाओं की गन्ध—मोत्सार्ट की धड़कती याद। उनका प्रसिद्ध ओपरा 'डान-जुआन' प्राग में प्रस्तुत हो रहा था—बाहर 'कान्सर्ट' आर्केस्ट्रा के कलाकार, कुहरे के हजारों सालों को काटता अतीत। आज प्राग का वेनिस, जहाँ वल्तावा नदी बहती है—लहरों की लय—संगीत का माया लोक और प्रार्थना। पूरी स्मृति यहाँ कविता है—हुड़क जागृत करती कविता।

'पेरिस : एक स्टिल लाइफ' में दोस्तोयवस्की के पात्र पेरेसियन वेश्या के पैरों में लोटकर पूरी जीवन-गाथा सुना रहे हैं। दीवारों पर खजुराहों के चित्र लगे हैं जो 'दुबुआ सिमट-सिमटकर खजुराहो के मन्दिरों में चित्र खींचते थे—उनकी रहस्यमय मुद्राओं की। दुबुआ के साथ कभी निर्मल वर्मा के बड़े भाई चित्रकार, कथाकार रामकुमार ठहरे थे—आज वहाँ ठहरे निर्मल। जल्दी में टुबुआ बाहर का दरवाजा बन्द कर गये—निर्मल ने झेला—'टार्चर चेम्बर'। पेरिस में रेड वाइन पीता लेटा रहा और आये टुबुआ तो नशे में टुन्न हँसते हुए कहा 'गेगरीन'। अन्तर्राष्ट्रीय रेन्दूबू और ऊबकर आये टुबुआ। फ्रेंच लड़कियों से ऊबे और मस्त। देहों को डिस्कवर करता पेरिस और लारेंस डरेल के शब्दों की याद-यात्राएँ बाहर स्पेस में ही नहीं ले जातीं—उन अज्ञात स्थानों की ओर भी ले जाती हैं जो हमारे भीतर हैं। अजनबी शहरों का अर्किटेक्चर—पेरिस का नजारा। इतिहास के ट्रेजिक म्यूजिक का मेलोड्रामा। स्मृति का छाया अकेलापन। युग की नर्वस अकुलाहट। बीसवीं शती के एक बड़े शहर की अन्तहीन ऊब। आधुनिक युग की नर-नारी ग्रन्थियाँ। अपनी शताब्दी की कास्मिक इमेज, जिसमें हर व्यक्ति अकेला है। अब बीथोवन का आत्ममन्थन नहीं है—अब है मोत्सार्ट की गुनगुनाती रात का सौन्दर्य। फ्रेंच अस्तित्ववादियों के कैफे हैं पर उन पर आज अमरीकी टूरिस्टों की भीड़ है। निर्मल वर्मा भी बीयर पीते टूरिस्ट हैं—मस्त और मदिर। 'मुझे हमेशा दुख रहेगा कि पेरिस में मैं कम दिन रह सका।' (पृ. 118) किसी सुन्दरी के साथ बितायी एक रात—फिर यादों के बादल। यायावर निर्मल का चित्त जीतता पेरिस—एक

परीकथा है। फिर 'वियना' की एक दोपहर। वियना का खाली दिन, बीयर और चर्च, नाचते हुए जोड़े, पियानो पर एक नीग्रो। भाषा साथ नहीं दे रही थी, हमारे इशारों से बात समझ रहे थे। एक लड़की ने गिलास उठाकर कहा 'प्योर इंडिया'। एलिस का क्रेजी व्यक्तित्व। निर्मल वर्मा के मन-आकाश में स्मृतियों के मेघखंडों की भाग-दौड़ इस यात्रा-वृत्त को जीवन्तता प्रदान करती है। एलिस की नीली आँखों का रंग डेन्यूब के रंग जैसा—प्यारा और विस्तृत। नील-निशा का यूरोप निर्मल में चलता है। 'चीड़ों पर चाँदनी' में प्रश्न—'' 'इन पहाड़ों के पीछे क्या होगा?' पहाड़ हमारी आँखों में ऐसे बसे थे जैसे बच्चे की आँखों में माँ की शक्ल। शिमला का वर्षों पहले छूटा घर—छोटे-बड़े हिल-स्टेशनों के होटलों का रास्ता और पहाड़ों की अभेद्य ऊँचाइयों की रहस्यमयता बचपन से हृदय में रची-बसी है।'' निर्मल ने टामस मान का 'मैजिक माउंटेन' बहुत बाद में पढ़ा लेकिन जब पढ़ा तो लगा पहले बहुत बार पढ़ा है। शिमले से अलग स्विटजरलैंड की पहाड़ी चोटियाँ, बर्फ की चादर में लिपटा शहर निर्मल में बचपन के शिमले को जगा देता है। खिड़की के सामने देवदारू के पेड़, जिसकी नंगी शाखों पर रुई के मोटे-मोटे गालों-सी बर्फ चिपक गयी थी। लगता था जैसे वह 'सान्ता-क्लाज' हो। यह पूरा यात्रा-संस्मरण एक अनमोल कविता है—रुई-सा मुलायम संवेदना का स्पर्श, अनेक अनुभूतियों को लेकर उड़ता शिशु विहग और उसका संगीत। बिम्ब से चकित करती भाषा 'हवा में चाकू की पैनी धार-सा तीखापन था'। (पृ. 129) या 'फिर साँप की आँख जैसा अविस्मृत-सम्मोहन', जाखू की पहाड़ियाँ-पहाड़ी चरवाहों का गीत स्वर। प्रकृति-लय का जादुई सम्मोहन लिए निर्मल वर्मा का गद्य।

'देहरी के बाहर' क्या है? 'लैक्सनेल : एक इंटरव्यू' का संसार। रिक्याविक की मधुर चाह। लेक्सनेस ने निर्मल से पूछा—'कैसा लगा आइसलैंड'? उनकी आँखों में बच्चे की-सी उत्सुकता थी। निर्मल वर्मा ने उनका रेखाचित्र प्रस्तुत किया है और फिर कहा 'हमारे युग के सबसे नार्मल साहित्यकार हैं।' (पृ. 139) उनके रिक्याविक के मकान में निर्मल वर्मा गये थे। लैक्सनेस ने पूछा कि आपने आइसलैंड के पुराने सागा-ग्रन्थों को पढ़ा है?' दुर्भाग्यवश ज्यादा नहीं, केवल 'न्याल-सागा' पढ़ा है। सागा-ग्रन्थों का अँग्रेज़ी अनुवाद चुनौती है। लैक्सनेस ने सागा-ग्रन्थों से प्रेरणा लेकर लिखा है—उनका उपन्यास 'हैपी वारियर्स' इन सागा-ग्रन्थों के प्रभाव में डूबा है। आइसलैंड पर जर्मनी, फ्रांस, इंग्लैंड के प्रभाव भी पड़े हैं और यूरोप के मध्ययुगीन सांस्कृतिक धार्मिक आन्दोलन के भी। डेनिश का प्रभाव बहुत कम जबकि डेनिश का राजनीतिक प्रभुत्व रहा। पश्चिम के आधुनिक लेखकों की समस्या है—मनुष्य का अकेलापन। इसलिए वे एलियट और कामू के प्रशंसक थे। उन्होंने कहा, टैगोर यहाँ कुछ भी हों—पश्चिम के लिए अजनबी ही बने रहेंगे। फिर कहा, आज के प्रचार-

युग में लेखक की आवाज का महत्त्व कम हुआ है। सस्ती फिल्में, रेडियो, टेलीविजन का धन्धा पनपा है। इस इंटरव्यू का सर्वाधिक दिलचस्प 'सच' यह है कि लैक्सनेस को भारत के आधुनिक लेखक 'आधुनिक' नहीं जान पड़ते। हाँ, उनकी शैली पर यूरोप की छाप है। निर्मल ने पाया कि किसी भी बातचीत में लैक्सनेस अपना संकोच नहीं छोड़ पाते। फिर भी निर्मल ने उनसे आत्म-संवाद किया है।

यहाँ काफ्का और चापेक के समकालीन चेक साहित्य की गहन चर्चा छूटी नहीं है। इस चर्चा में निर्मल का मानस बसता है। वे पाते हैं कि छोटे देश का प्रतीक-चेकोस्लोवाकिया और बीसवीं शताब्दी के छोटे आदमी का प्रतीक चार्ली चेपलिन। यह दुनिया दोनों के प्रति काफी क्रूर रही। बड़े के बीच घिर कर दोनों ने कॉमिक और ट्रेजिक चरित्रों का निर्माण किया इसलिए दोनों बाहर की वस्तु न रहकर आत्मा के ही प्रक्षेपण (प्रोजेक्शन) हैं। साथ ही, हम उनके आर्मर को उनकी देह से अलग नहीं कर सकते चाहे वह व्यंग्य में निहित हो या पर्सनल प्रतीक के भीतर। आधुनिक चेक साहित्य के एक सीमान्त पर यारोस्लाव हाशेक और दूसरी सीमा पर काफ्का। एक हमारे युग का प्रखर व्यंग्यकार, दूसरा सबसे महान ट्रेजिक लेखक। इन लेखकों का देश पश्चिम से प्रेरणा लेकर भी पूर्व की ओर झुका रहा। पूर्व या पश्चिम का प्रश्न किसी न किसी रूप में चेक बुद्धिजीवियों को घेरे रहा। उन पर रूस की भारी धमक। बौद्धिक चेतना के लिए रूस उनका तीर्थ स्थान रहा। आधुनिक चेक संस्कृति के भाव-बोध पर फ्रांसीसी राज्यक्रान्ति का गहरा असर है। तमाम तरह के उत्पीड़न झेलकर चेक साहित्य नवजागरण की ओर प्रवृत्त रहा। एक गाँव-गँवई की लेखिका बोजेना न्यमसोवा के उपन्यास 'दादी माँ' के दो सौ से अधिक संस्करण निकले। फिर आये प्राग के नेरूदा-एक युग बदल दिया। इनके भीतर से उभरे काफ्का। विश्व साहित्य के मूर्धन्य लेखक। वे जर्मन भाषा में लिखते थे किन्तु संस्कार प्राग के थे। वे चेक लोगों में जर्मन और जर्मन लोगों में यहूदी। परिणामतः दोनों में 'बाहरी आदमी' रहे तभी तो उपजा काफ्काई अकेलापन। सात वर्षों तक फासिस्ट जर्मनी ने चेकोस्लोवाकिया को रौंदा। चेक लेखक उनके यातना-गृहों से लौट नहीं सके। चापेक खुद कान्सनट्रेशन कैम्प में मरे। हम भारतीयों को युद्धोत्तर यूरोप की मानसिक स्थिति का दस्तावेज निर्मल वर्मा का यात्रा-वृत्तान्त साहित्य है। इसमें 'देहरी के भीतर : चेखव के पत्र' जैसा निबन्ध-कहानी का पत्र-संसार है।

यहाँ कहना होगा कि 'चीड़ों पर चाँदनी' के यात्रा-वृत्तान्त हिन्दी पाठकों में बहुत लोकप्रिय हुए हैं। पहली बार हमारे पाठकों ने यूरोप को भीतर तक झाँक कर देखा है। उसकी सांस्कृतिक विविधताओं, साहित्य की विधाओं, राजनीतिक विचारधाराओं

के चक्रवातों से सीधा साक्षात्कार किया है। निर्मल वर्मा का सर्जनात्मक गद्य एक इतिहास ही बन गया और उसकी पैनी, बौद्धिक वयस्कता ने कम्युनिस्टों की रातों की नींद को छीन लिया। निर्मल वर्मा से नाराज वामपन्थी उन्हें विचारक सन्त न मानकर 'बौद्धिक शैतान' तक कहने पर आमादा हैं। वे यह भूल जाते हैं कि निर्मल वर्मा ने हिन्दी में पहली बार निबन्ध-कहानी और संस्मरण-रेखाचित्र सभी को मिला-मिलाकर फ्यूजन कला के यात्रा-वृत्तान्त लिखे हैं। इन यात्रा-वृत्तों का स्वाद अनोखा है और अनुभव अनूठा। देखने वाली आँख और दिखाई देने वाला दृश्य एक तरह से एकात्म हो गया है। इस यात्रा-वृत्त का जादुई चमत्कार पाठक को मुद्रित करता है। अपने घर में बैठा पाठक यूरोप की परिक्रमा करता है और उसके 'विजन' का विस्तार होता है।

निर्मल वर्मा के यात्रा-निबन्धों का संग्रह 'हर बारिश में' हिन्दी पाठकों में अपने ढंग से लोकप्रिय रहा है। वे 1959 में प्राग, चेकोस्लोवाकिया के प्राच्य विद्या संस्थान और वहाँ के लेखक संघ द्वारा आमन्त्रित किए गये। वहाँ सात वर्ष रहकर जीवन के अनेक तरह के अनुभवों से गुजरे। फिर सात वर्षों तक यूरोप के अनेक देशों में रहे। इन यात्राओं के दौरान यूरोप की आन्तरिक लय या रिद्म को भीतर से महसूस किया कि यूरोप की एशिया से अलग चाल है, धड़कन है। दो विश्वयुद्धों की यातना और ध्वंस से गुजरा यूरोप अपने घावों के दर्द को भूलकर जीने की कोशिश कर रहा है। बीसवीं शताब्दी का अँधेरा और उस अँधेरे समय में विचारों का अरमान। इस समय में यूरोप का संस्कृति-उद्योग-पूँजी, टेक्नालोजी, संचार और लोकप्रिय संस्कृति के साथ कला के सम्बन्धी को परखना शुरू करता है। नये--नये सांस्कृतिक विमर्श निर्मल वर्मा के सामने थे और थी मास मीडिया तथा टेक्नालोजी के विकास की 'लोकप्रिय संस्कृति' की अवधारणा। इस अवधारणा का अभी हाल में जन्म ही हुआ था कि सोचने वाले लोगों के बीच यह बहस छिड़ गयी थी कि लोकप्रिय संस्कृति कैसे गम्भीर कला रूपों को अपदस्थ करने का हौसला रखती है। इसलिए विद्वानों ने शुरू के वर्षों में ही भेद को स्पष्ट रूप देने के लिए उच्च संस्कृति (हाई ब्रो) और निम्न संस्कृति (लो ब्रो) जैसे पद गढ़ डाले। लोकप्रिय संस्कृति मुनाफे के लिए गढ़ी गयी थी और मीडिया की ताकत से पनप रही थी। इसलिए इसमें मास-मीडिया का अर्थशास्त्र था। यह बहस भी उठ रही थी कि कलाकृतियों को लोकप्रिय संस्कृति में गिना जाए या नहीं। इसलिए उच्च संस्कृति तथा निम्न संस्कृति के बीच भयंकर वैचारिक संग्राम हुआ। इस वैचारिक संग्राम का गहरा असर निर्मल वर्मा की मानसिकता पर पड़ा है। वे यूरोप की कला, संगीत, नृत्य, साहित्य, थिएटर, पत्रकारिता, सभा-गोष्ठी, टेलीविजन, धारावाहिक, खेलकूद, बदलाव का रंग लिए स्त्रियाँ, राजनीतिक चर्चाएँ, टॉक-शो, मानवीय त्रासदियों की लोमहर्षक प्रस्तुतियाँ, उत्तेजक बहसें और पबों की जिन्दगी तक को निकट से जीने

लगे। उन्होंने पाया कि लोकप्रिय संस्कृति कलाओं के साथ, विज्ञापनों, फैशन शो, फास्टफूड, भव्य आयोजनों में अनेक छवियों को धारण कर थिरक उठी है। नतीजा यह हुआ कि संस्कृति अब एक उद्योग का रूप ले उठी है।

दुष्चेक काल का प्राग वसन्त, सोवियत स्वप्न का टूट-फूटकर बिखरना, पेरिस के बैरिकेडों पर जनमती अरमानों की दुनिया, लोकप्रिय संस्कृति की अभूतपूर्व छवियों का अवतार आदि ऐसी घटनाएँ थीं जिन्हें बीसवीं शताब्दी के ढलते वर्षों में निर्मल ने जीने की कोशिश की। निर्मल की आँखों के सामने वह इतिहास था जिसको लेकर 'दस वर्ष बाद' निबन्ध में निर्मल ने लिखा है 'जहाँ अपनी आँखों से मुझे इतिहास को किताबों में नहीं, गली-सड़कों पर लोगों के चेहरों पर देखना पड़ा। यह इतिहास से मेरी पहली नंगी, भयावह मुठभेड़ थी। पहली बार मुझे पता चला कि अखबार की सुर्खियों और सेमिनारों की वातानुकूलित बहसों से बाहर इतिहास का चेहरा कितना यातनामय, उदास, भयानक, वीभत्स और नेत्रहीन हो सकता है, वहाँ सत्य और असत्य के लिए गुंजाइश नहीं। टैंकों के यथार्थ और आँसुओं के बीच जो रेखा खींची जाती है उसे केवल बरसों बाद पहचाना जाता है।' ('हर बारिश में') निर्मल ने यूरोप की यातना-विद्रूपता की जो जानकारी पाठक को दी है वह भारत के लिए नयी और चौंकाने वाली है। लेकिन इस लेखन को यात्रा-वृत्त, यात्रा-संस्मरण, रिपोर्ताज, आख्यान रम्य-रचना, यात्रा-निबन्ध जैसा कोई नाम नहीं दिया जा सकता। यहाँ एक विधा दूसरी विधा के घर में बिना जूते-मोजे उतारे धड़ल्ले से प्रवेश कर रही है। यहाँ कथाकार निर्मल और निबन्धकार दोनों एक होकर गले मिल रहे हैं। ठीक यूरोप के बीच लिखने के कारण 'यात्रा' कहने का लोभ उभरता है—इनमें यात्रा की गन्ध है भी। यात्रा पर निकले निर्मल का मन था कि 'मैंने जो प्राग या लन्दन में देखा, उसका लेखा-जोखा दूँ बल्कि लालसा यह भी थी कि उन अधकचरे, अनपके, छटपटाते अनुभवों को एक ऐसे तात्कालिक खतरे के पैटर्न में बाँध सकें, जिसे मैंने बीसवीं शती के भीतर धड़कते हुए सुना था; मुझे लगा कि प्राग के वसन्त और पेरिस के बैरीकेडों में यूरोप की संकटग्रस्त संस्कृति ने आखिरी बार अपने को मुक्त करने के लिए पंख फड़फड़ाये थे।' (वही)

निर्मल वर्मा की मनोभूमिका में भारत बराबर यूरोप के साथ चलता रहा है। वे बराबर अपने 'आत्म' का निरीक्षण करते हुए चलते हैं—'मैंने तब सोचा भी न था कि कुछ वर्षों बाद स्वयं मेरे देश में जागरण और भक्ति की पुकार 'सम्पूर्ण क्रान्ति' के देशव्यापी आन्दोलन में सुनाई देगी। ध्यान से देखें तो 68 के आस-पास जगने वाली यूरोपीय आकांक्षा और भारतीय जन के स्वप्नों में कोई मूलभूत अन्तर न था। दोनों ही एक विराट् सांस्कृतिक संकट की छाया में उन्मेषित हुए थे।' (वही) यह प्रश्न उठता है कि यह सांस्कृतिक संकट क्या था और इससे भारत जैसे देश को कैसे मुक्ति

मिल सकती थी। अपनी बात के 'कथ्य' को स्पष्ट करते हुए निर्मल का कथन है ''हर बारिश में' के निबन्ध एक हद तक, बहुत धुँधले ढंग से इन प्रश्नों से टकराते हैं। मैं 'धुँधला' शब्द जान-बूझकर कह रहा हूँ क्योंकि मैं उस समय अपनी शंकाओं और दुविधाओं की एक ऐसी जमीन पर चल रहा था जहाँ मुझे अपने विश्वासों की कोई दिशा दिखाई नहीं देती थी। 'हर बारिश में' ये निबन्ध सार्वजनिक शंकाओं के अँधेरे और निपट वैयक्तिक अलगाव में लिखे गये थे। इस दृष्टि से वह मेरी पहली यात्रा पुस्तक 'चीड़ों पर चाँदनी' से बहुत भिन्न हैं, जिसमें मैंने भोले उल्लास से पहली बार यूरोप को रखा था; वहाँ भोगने का सुख था, शंका करने की गुंजाइश नहीं थी।'' (वही)

इसी बीच निर्मल वर्मा के 'शब्द और स्मृति' के निबन्ध विचार के मन्थन में व्यस्त थे। 'दूसरे छोर पर इस पुस्तक' में 'शब्द और समृति' के निबन्धों की वह पहुँच नहीं है, जिस बिन्दु पर गुफा के अँधेरे से कुछ दूर पर रोशनी की किरण दिखाई देती है, फिर चाहे यह रोशनी बीच के अँधेरे से कहीं ज्यादा क्रूर और पथरीली ही क्यों न हो। 'हर बारिश में' एक बीच की कड़ी है—जहाँ न भोग का सुख है, न समाधान का निश्चय। केवल एक अनुभव की कड़ी, जिस पर खास ऐतिहासिक लम्हे से जुड़े मेरे स्मृति-चित्र टँगे हैं।' यूरोप के इन स्मृति-चित्रों में 'अर्थ-सन्दर्भ' के रूप में निर्मल समाए हुए हैं। रेल की खिड़की से देखा हुआ बाहर का दृश्य हृदय में धँसा हुआ है। इसलिए इनमें 'स्मृति' की खास सर्जनात्मकता का खास जादू है।

यहाँ भी मूल कथ्य मानव, संस्कृति और स्मृति से जुड़ा हैं। 'हर बारिश में' निबन्धों का क्रम इस प्रकार है : (1) केन्द्रीय मानवीय स्थिति, (2) दो संस्कृतियों के बीच, (3) यूरोप में भारतीय, (4) अँग्रेज़ों की खोज में, (5) अँधेरे में एक चीख, (6) प्राग का आधुनिक रंगमंच, (7) प्राग : एक स्वप्न, (8) अँधेरे के खिलाफ, (9) परम्परा और प्रतिबद्धता : एक बातचीत, (10) राब्ब ग्रिये के साथ : एक शाम, (11) सौन्दर्य की छायाएँ। इन सभी निबन्धों पर निर्मल वर्मा की टिप्पणी है—'इनकी अगर कोई प्रासंगिकता है तो वह रास्ता टटोलने की है, दिशा पाने की नहीं। आज दस वर्ष बाद मेरे लिए 'पश्चिमी संस्कृति का संकट' कोई बाहर की बीमारी नहीं है जिससे पल्ला झाड़कर मैं अपनी पवित्र और शाश्वत परम्परा में सुरक्षित रह सकूँ। न ही भारतीय संस्कृति सिर्फ मेरे संस्कारों की उपज है, जिसका दूसरों से कोई वास्ता नहीं। दोनों के बीच चलते हुए मैंने एक भारतीय लेखक की हैसियत से अपने लेखन की नियति को पहचानने की कोशिश की है।' दोनों संस्कृतियों के बीच यह अन्तर्यात्रा पाठक में एक नशा पैदा कर देती है और वह सोचने लगता है कि क्या हमारी संस्कृति इन पतनशील तत्त्वों से मुक्त है? लेकिन यह आत्मतोष एक धोखा है, क्योंकि भारतीय संस्कृति

'घायल संस्कृति' है और मरने के इन्तजार में जिए जा रही है। हम ऐसे अपनी संस्कृति से ऊब गये हैं जैसे बादलेयर अपने समय की खोखली और अर्थहीन सभ्यता से ऊब गये थे। उन्होंने अपनी आशा उस आधुनिक संस्कृति के जहाज पर केन्द्रित कर रखी थी जो आधुनिक संस्कृति की गन्दगी को किनारे छोड़कर सागर की मुक्त लहरों में खो जाएगा। उनके लिए 'पेरिस' सुलभ था—'हिन्दुस्तान' स्वप्न। उनका यह सभ्यता-संस्कृति-स्वप्न पूरा नहीं हो सका।

अनेक प्रभावों को ग्रहण करती हुई कला एकाकी मार्ग पर चलती है। इसलिए निर्मल जैसे रचनाकार के लिए उसकी सर्जनात्मकता में अकेलेपन का वैभव रहता है एडवेंचर रहता है। यह एडवेंचर ही भारतीयता का अतिक्रमण करने में समर्थ होता है या हो सकता है। इस अन्तर्यात्रा में तुलसीदास से ज्यादा टॉलस्टॉय आपकी संवेदना के निकट हो सकते हैं। उसे आप त्याग कर भाग नहीं सकते कि वह देशी नहीं है विदेशी है। इसलिए 'आधुनिकता' महज 'भारतीयता' में बद्ध नहीं है, वह एक खुली प्रक्रिया है ।'यहाँ परम्परा की शव साधना' का दर्शन भी कुछ अर्थ नहीं रखता जिसे हम 'जातीयता' के नाम पर अपनी पीठ पर ढोए जा रहे हैं। हमें छुटकारा पाना होगा उस 'भारतीयता' से जो कलाकार को संकुचित करती है और वर्ण व्यवस्था से मुक्त होकर ग्रहण करना होगा नवजागरण को। जबदी मनोवृत्तियों से मुक्ति पाते हुए हमें चिन्तन की कठमुल्लावादी मध्ययुगीनता से मुक्त होना ही पड़ेगा।

गतिशील ग्रहणशील मार्ग की बाधा पिछड़ी मानसिकता है जिसमें बौद्धिक आलस्य और हीन भावनाओं का जमावड़ा है। 'इस कटु सत्य को हम निगल नहीं पाते कि सभ्यता के जो जीवन्त तत्त्व सदियों पहले हम में मौजूद थे, इतिहास चक्र ने उन्हें किन्हीं दूसरे देशों और सभ्यताओं को हस्तान्तरित कर दिया है।' ('हर बारिश में', पृ. 12) भारतीय कलाकार को पश्चिम की वैज्ञानिक संस्कृति से गुजरना पड़ेगा और तभी वह अपनी आत्मा और संस्कृति की जीवन्तता को खोज सकेगा। पश्चिम के कलाकार अपनी मुक्ति बौद्ध धर्म और वेदान्त में खोज सकते हैं तो हम हक्सले और कालरिज से क्यों बचते रहे। 'दो संस्कृतियों के बीच' हम रह रहे हैं—जिनमें खिंचाव है, तनाव है—खोटी फिल्में और घटिया लोकप्रिय साहित्य का बाजार है—बाजारवाद है। एडोर्नो तक मानते हैं कि मास मीडिया का गला लोकप्रिय संस्कृति ने पकड़ रखा है। तभी तो 'डायलेक्टिस आफ एनलाइटेनमेंट' का मानते हैं कि 'संस्कृति उद्योग' का विचार केन्द्रीय मुद्दा है। बाजारवादी और बाजारू संस्कृति की अमानवीयता ने व्यक्ति को अकेला, अवश और अजनबी बना दिया है। सतही संस्कृति उभर रही है और उच्च संस्कृति का पतन हो रहा है। यह भी पश्चिमी बुर्जुआ संस्कृति के अभिशाप हैं। संस्कृति के सभी माध्यम सतही और हल्के हो गये हैं। पश्चिम के बुद्धिजीवी घबराकर अपनी मुक्ति पूर्व की संस्कृति के समाजवाद में खोज रहे

हैं, यह कितनी बड़ी विडम्बना है।

भारतीय बुद्धिजीवी यूरोप जाते समय भारतीय कसौटी को पीछे छोड़ जाते हैं जबकि जापानी व्यक्ति अपनी कसौटी को नहीं छोड़ता। भारतीय बुद्धिजीवी के संस्कार अँग्रेज़ी संस्कृति के साथ जितने जुड़े हैं उतने अन्य किसी देश की संस्कृति के साथ नहीं। हम भारतीयों को पता ही नहीं चलता कि हमारा 'अँग्रेज़ी ज्ञान' अन्य यूरोपीय संस्कृतियों को समझने में बाधा बन जाता है। यूरोप की सांस्कृतिक चेतना 'लोकल' है, स्थानीयता में ही उसका सौन्दर्य है। हम इस विचार को भूल गये हैं कि यूरोप की समूची सांस्कृतिक धारा एक निश्चित ऐतिहासिक चेतना पर आधारित है जबकि भारतीय संस्कृति में उस ढंग का कालबोध है ही नहीं। इसलिए हमारी सर्जनात्मक परम्परा यूरोप की परम्परा से भिन्न है। हमारी संस्कृति में टी. एस. एलियट का अविर्भाव नहीं हो सकता और उनकी संस्कृति में अज्ञेय-सा रघुवीर सहाय पैदा नहीं हो सकते। क्योंकि दोनों देशों का सांस्कृतिक वातावरण भिन्न है।

'अँग्रेज़ों की खोज में' का अर्थ अँग्रेज़ों के 'स्व-भाव' की खोज है। अँग्रेज़ अनुशासनप्रिय होकर स्वच्छन्दताप्रिय होता है—भारत में हम समझते रहे हैं कि अँग्रेज़ दबंग और अनुशासन प्रिय जाति है। लेकिन आप अँग्रेज़ की संस्कृति के निकट जाने पर पाते हैं कि वे 'साहब संस्कृति' से दूर रहते हैं। हाँ, नीग्रो उनसे नाराज रहते हैं। 'अँधेरे में एक चीख' इसी कहानी के अन्त की चीख से निकली है—नयी कहानी। यहाँ लिजलिजे समझौते नहीं हैं, टेरर है।

संक्षेप में, निर्मल वर्मा के यात्रा-निबन्ध भारत और यूरोप की संस्कृति से साक्षात्कार कराते हैं, पूरी विश्वसनीयता के साथ। इन निबन्धों में बीसवीं शती का इतिहास अपनी पूरी यातना से मौजूद है। 'आधुनिकता' से आयी 'प्रगति' ने मानव को पाशविकता में बदल दिया है। मास मीडिया कल्चर और फिल्मों ने संस्कृति की प्रपंचकारी भूमिका को सर्वसत्तावादी वर्चस्व में। यह मीडिया का वर्चस्ववाद नयी पीढ़ी के लिए खतरा है क्योंकि वह गहन विचार-मन्थन की क्षमता को धीरे-धीरे नष्ट कर देता है। आदमी सतह पर लगता है और उठा लेता है पशुतावाद की ओर कदम। अतिशय उपभोक्तावादी संस्कृति का यह सबसे विनाशकारी हस्तक्षेप है। निर्मल वर्मा इसी हस्तक्षेप से बचने की सलाह देते हैं।

भाई रामकुमार और निर्मल वर्मा के पत्र : यात्रा की स्मृति

निर्मल वर्मा के निधन के बाद उनके बड़े भाई रामकुमार के नाम लिखे गये पत्रों का प्रकाशन-सम्पादन—गगन गिल ने 'प्रिय राम' शीर्षक से किया है। बड़े भाई प्रसिद्ध चित्रकार, कथाकार रामकुमार को प्राग से लिखे इन पत्रों में कथाकार- अनुवादक निर्मल की 'मनोभूमिका' का 'आन्तरिक जगत्' बहुत निश्छल रूप में देखा-समझा जा सकता है। रचना में प्रतीक-व्यंजना बहुत कुछ छिपा लेती है। कलाकृति वह लीला स्थल है जिसमें मिथक, रूपक, इतिहास, परम्परा, दर्शन-भाषा-स्मृति की छाया और मनुष्य की संवाद का खेल चलता है। लेकिन रचनाकार के द्वारा लिखे पत्रों में उसका 'अन्तर्जगत्' धुले आकाश की तरह अपना और आत्मीय होता है, जिसमें वह अपनी बात बिना किसी दुराव-छिपाव के कहता है। इसलिए विश्वभर के साहित्य में रचनाकारों द्वारा लिखे गये पत्रों को बहुत महत्त्वपूर्ण माना गया है, क्योंकि उन पत्रों से रचनाकार के जीवन-संघर्षों, तनावों, द्वन्द्वों, आन्तरिक युद्धों, उलझनों, अन्तर्विरोधों का समझने में मदद मिलती है। रचनाकार का खुला पत्र एक तरह का अपूर्व आनन्द है—एक एक्स्टेसी का स्फुरण-स्पन्दन जो भाषा में अमिट स्मृति है। यह अमिट-स्मृति कलाकृति की सृजन-प्रक्रिया के रहस्य को भी टटोलती है जिसमें 'परिवेश' कुछ कह रहा होता है। सृजन-कर्म में चेतन और अचेतन का बहुत ही नाजुक क्षण झूल रहा होता है जो पुष्प-गन्ध में लीन भौंरे की तरह होता है।

यहाँ संकलित अधिकांश पत्र प्राग से रामकुमार को साठ के दशक में लिखे गये हैं। दोनों भाइयों की अन्तरंगता का यह अद्भुत आत्मीय विश्व है—जिसके व्यंजक पाठक को नया भाष्य देते हैं। भारतीय परिवारों में बड़े भाई की भूमिका छोटे भाई के लिए 'पावन-प्रेरणा का स्पर्श ' लिए होती है और कभी-कभार तो दोनों का बचपन उसमें 'बोलता' मिलता है। निर्मल वर्मा के संस्कार-निर्माण में उनके बड़े भाई रामकुमार की इतनी बड़ी भूमिका रही है कि उसे शब्दों में कहा नहीं जा सकता। उसका तो

अनुभव ही किया जा सकता है। दिल्ली में अनुवादक की नौकरी करते निर्मल को चेकोस्लोवाकिया जाने का अवसर रामकुमार ने ही दिलाया। चेक अधिकारियों को एक अनुवादक की जरूरत थी—इस 'जरूरत' ने निर्मल को विदेश जाने का पहला सौभाग्य दिया। बड़े भाई की सलाह से निर्मल प्राग गये, चेक सीखी और चेक से अनुवाद किये। यह एक अलग जीवन प्रकरण है लेकिन जीवन का बहुत बड़ा मोड़।

यह संयोग ही है कि दोनों भाइयों की मनोभूमि से सर्जनात्मक और कलाकार की सूक्ष्म-गहन संवेदना का प्रकृत राग था। दोनों भाइयों ने अपनी सर्जनात्मकता को अलग-अलग पथों पर डाला। रामकुमार कथाकार की भूमि से खिसककर चित्रकार की स्थायी भूमि पर खड़े हुए और निर्मल अनुवादक, पुस्तक-समीक्षक, संवाददाता की भूमि से धीरे हटकर कथाकार और निबन्धकार-यात्रा-संस्मरणकार; चिन्तन की परती भूमि को तोड़ने में सुख पाते रहे। इस तरह दोनों एक दूसरे के पाँव पर पाँव रखकर नहीं चले। एक-दूसरे से प्रेरित, प्रभावित होकर भी स्वतन्त्र अलीकी राहों पर चले और मात्र राही बनकर नहीं—राहों के अन्वेषी बनकर। अज्ञेय की प्रेरणा का रामकुमार और निर्मल वर्मा में 'राही नहीं, राहों के अन्वेषी' वाला चटकीला रंग है और है लुभावनी अलीकी प्रयोग-विश्वासी प्रेरणा शक्ति। प्रयोगवाद और नयी कविता की युग मानसिकता उस युग के अन्य रचनाकारों के साथ इन दोनों भाइयों में भी सक्रिय थी। 'गीतांजलि' से प्रभावित होकर अँग्रेज़ी में कविता लिखने वाले निर्मल वर्मा गद्य की सर्जनात्मकता में आये तो भुरभुरापन लेकर नहीं, नयी कथ्यात्मक काव्यात्मकता के साथ। तभी तो उन्हें किसी-किसी ने 'गद्य कवि' का गौरव देकर याद किया है। इन दोनों भाइयों की सर्जनात्मक प्रज्ञा ने ऐसी सिद्धि पायी कि वे दोनों अपनी-अपनी यात्रा के शिखर पर पहुँचे और सम्मानित हुए।

'प्रिय राम' शीर्षक से संकलित इन पत्रों के अन्तरंग में झाँकने पर हम पाते हैं दोनों ने अपने समय-समाज-साहित्य-कला चिन्तन की प्रश्नाकुलताओं, चिन्ताओं को पत्रों में प्रस्तुत किया है। प्राग से 12.1.1967 को रामकुमार को निर्मल ने लिखा। 'प्रिय राम, आज ही तुम्हारा पत्र मिला, आइसलैंडी मित्र का कार्ड भी उसके साथ था।' यह वही आइसलैंडी मित्र है जिसने 'चीड़ों पर चाँदनी' के यात्रा-संस्मरणों में 'मैग्नेट' का काम किया है।

आगे इस पत्र में लिखा 'तुम्हें यह जानकर प्रसन्नता होगी कि तुम्हारी प्रदर्शनी की सब तैयारी हो गयी है। 25 जनवरी को उद्‌घाटन होगा। हुसैन की तस्वीरें अभी तक नहीं आयी हैं, अत: सिर्फ तुम्हारे चित्र ही प्रदर्शनी में होंगे। कुछ दिन पहले मैंने कैटालॉग भी देखा था—प्रूफ रीडर उसे मुझे दिखाने के लिए लाये थे। शायद इस सप्ताह तक तैयार हो जाएगा। मैं उसकी कुछ प्रतियाँ तुम्हें भेज दूँगा। श्यामलाल का लेख

(चेक अनुवाद में) कैटालॉग में रहेगा।

प्रदर्शनी अब एक दूसरी गैलरी में होगी जो शहर के बीच में है, हमारे घर के बहुत निकट। लन्दन से लौटने पर डॉ. क्रासा एक बार घर आये थे। वह पेरिस में दो दिन ठहरे। पिकासो की प्रदर्शनी ने उन्हें बहुत प्रभावित किया। ...नये वर्ष पर बकुल प्राग में ही थीं। हम उस शाम घर में ही रहे—कुछ मित्र शराब की बोतलें ले आये थे। बारह बजे शैम्पेन पी और फिर कुछ देर तक Wenceles Square में घूमते रहे। यह वर्ष प्राग में अन्तिम होगा, यह ख्याल उस रात रह-रह कर मेरे भीतर भटक रहा था। किन्तु पीने के बाद मैंने सोचा, यह सही भी है...खूबसूरत चीजें ज्यादा अर्से तक नहीं टिकतीं...कम-से-कम मेरे हाथों में नहीं—वे गायब हो जाती हैं या मैं उन्हें खुद बिगाड़ देता हूँ।

बकुल का स्वास्थ्य बीच में काफी गिर गया था : अत: अस्पताल से उन्होंने एक महीने पहले ही छुट्टी ले ली है। अब वे प्राग में ही हैं। यहाँ पर इन्हें सलाह-मशविरा देने वाला भी कोई नहीं है जिसके कारण मैं कभी-कभी चिन्तित-सा हो जाता हूँ। इधर वह बेहतर हैं—या घबराहट का कोई कारण नहीं है। बकुल की काफी इच्छा है कि छोटी भाभी गर्मियों में प्राग आये। मौका मिलने पर वे किसी दूसरे देश भी जा सकती हैं। तुम लोगों को इस बारे में गम्भीरता से सोचना चाहिए।

कहानी-संग्रह के लिए तुम नामवर जी को ये कहानियाँ दे देना, जो मैं पीछे छोड़ गया था। कहानियों के शीर्षक हैं... (1) 'बाहर' (कहानी), (2) 'धागे' (कल्पना), (3) 'पिछली गर्मियों में' (सारिका), (4) 'खोज' (नयी कहानियाँ), (5) 'कमरे' (कल्पना)।

बाकी कहानियाँ मैं उन्हें भिजवा दूँगा। कारेल चापेक का कहानी संग्रह तुमने देखा होगा। इस बीच मैंने एक छोटा-सा लेख letter from prague श्यामलाल जी को भेजा था। यदि कभी उनसे मिलो तो उनके बारे में पूछ लेना। यदि वह उन्हें ठीक लगा, तो मैं नियमित रूप से उन्हें कुछ-न-कुछ भेजता रहूँगा। 'नयी कहानियाँ' बन्द हो रही है यह जानकर काफी आश्चर्य हुआ।... स्वामीनाथन की पत्रिका का दूसरा अंक निकल गया होगा, यदि सम्भव हो तो समुद्री डाक से उसे भिजवा देना।

यहाँ कुछ दिन पहले मैक्स अर्नेस्ट की प्रदर्शनी देखने का अवसर मिला। मेरे लिए एक नितान्त नया अनुभव था। खासकर उनके लैण्डस्केप्स—जिनमें एक अलौकिक किस्म की शान्ति और नीरवता है। कुछ नयी फ्रेंच फिल्में भी देखी हैं... भीष्म का एक पत्र मिला था... माँ जी कब तक कानपुर से लौट रही हैं?... टुलू की आजकल छुट्टियाँ होंगी। दिनभर क्या करते हैं?—निर्मल वर्मा। ('प्रिय राम', सम्पा. गगन गिल, पृ. 17-19)। लम्बा पत्र है। इस पत्र में घर-परिवार-साहित्य-मित्र, क्या नहीं है और

अपने लेखन-प्रकाशन की चिन्ता। इस पत्र का 'डिटेल भाष्य' करने पर निर्मल का भीतरी संसार खुलता है। अपने समय के तमाम नामी-गरामी व्यक्तियों से परिचय और अन्तरंगता। क्या कुछ नहीं है इस वर्ष में और प्राग के जीवन के लिए गहरी चाह।

इन पत्रों में प्राग जीवन की छवियाँ होने के साथ स्वदेश की स्मृतियों ने निर्मल के सर्जन और चिन्तन को न केवल उद्वेलित-प्रभावित किया है बल्कि वह खमीर उठाया है जिससे रचना में नया 'विजन' निष्पत्ति पाता है। अभी तक न जाना-पहचाना जीवन पाठक के 'पाठ' का परिवेश बना है। साथ ही, इनमें उस राजनीतिक-सांस्कृतिक चिन्तन के सूत्र हैं—जिनके कारण वे अपने समय में असहमति की प्रखर आवाज बने। इस पुस्तक में 'फ्लैप' पर लिखा है—'इन पत्रों के निर्मल एक संघर्षरत युवा लेखक हैं। विदेश में अभावग्रस्त लेकिन समर्पित कला-प्रेमी। एक नन्ही बच्ची के नये-नये बने पिता हैं और बढ़ते शिशु जीवन को देखकर प्रफुल्लित। यहाँ विकट राजनीतिक और आर्थिक परिस्थितियों के बीच बनती-बिगड़ती उनकी पहली गृहस्थी की छायाएँ हैं और लेखन के प्रति गहरी होती जाती उनकी प्रतिबद्धता। इन पत्रों में दर्ज साठ और सत्तर के वे दशक हैं जब कम्युनिस्ट पार्टी से उनकी निराशा और गहरी हुई और अपनी अस्मिता की भारतीय पहचान की आकांक्षा और उत्कट। इन पत्रों में चिन्तक निर्मल वर्मा के मोहभंगों के सूत्र हैं। वह एक दिन में वाम विरोधी नहीं हो गये थे, न एक दिन में भारत-प्रेमी, जैसा कि उनके कई आलोचकों का आक्षेप रहा है।'

इन पत्रों में निर्मल वर्मा का जीवन सघन होकर फैला है और उनके लेखन का चौकन्नापन। क्लाद्नों से जुलाई 1967 में निर्मल ने रामकुमार को पत्र लिखा—'मैंने गिनकर हिसाब लगाया कि लगभग बीस वर्ष पहले मैं कश्मीर गया था। उसकी स्मृति अब भी बहुत साफ है—क्या तुम मानस बल या बुलर भी गये थे? टुनू के लिए तो यह बिल्कुल नया और दिलचस्प अनुभव रहा होगा। क्या तुमने कुछ दिन पहलगाम और गुलमर्ग में भी गुजारे।' विदेश में कश्मीर की यात्रा का मन करता है और फिर पत्नी तथा क्लाद्नों पर—'मैं तुम्हें क्लाद्नों से लिख रहा हूँ, जहाँ बकुल का अस्पताल है। वह और पुतुल एक ही कमरे में रहते हैं। जब बकुल निचली मंजिल में काम करने जाती है तो नर्सें पुतुल की देखभाल बहुत अच्छी तरह करती हैं। किसी प्रकार की असुविधा नहीं है। अस्पताल शहर के एक सुदूर कोने में है—चारों तरफ घने पेड़ों के झुरमुट घास के मैदान और नये मकानों की बस्ती है। इन दिनों का हरापन और उज्ज्वल धूप सर्दी के सुन्न कुहासे के बाद बहुत अच्छी लगती है। पास ही एक स्वीमिंग टैंक है और अस्पताल के पीछे रेलवे लाइन, जहाँ से प्राग की दिशा में रेलें जाती हैं।' विदेश में निर्मल कहीं रहे, कैसे भी रहे पर प्राग की 'हुड़क' में डूबे रहते हैं। निर्मल का प्राग-प्रेम अद्भुत है। भाई को लिखते हैं—'प्राग में आजकल मेट्रो बनाने के लिए सड़कें खोदी जा रही हैं, सब कुछ उलटा-पुलटा जा रहा है ... यों भी

मुझे गर्मियों में प्राग बहुत पराया शहर लगता है—टूरिस्टों से भरा हुआ—इसलिए हफ्ते में यहाँ एक-दो बार आकर बहुत अच्छा लगता है।' (वही, पृ. 20-21)

अज्ञेय की भाँति ही निर्मल को यायावरी का बहुत चस्का रहा है। इसीलिए पत्र में कहा—'इस बार न जाने क्यों मैं कहीं बाहर जाने के लिए उत्सुक नहीं हूँ—वैसे भी जिन देशों को देखने की इच्छा है, वे या तो बहुत दूर हैं, स्पेन सा ग्रीस या उन्हें एक बार देख चुका हूँ जैसे इटली किन्तु दुबारा इटली के कुछ शहरों को देखना बुरा नहीं लगेगा। मैं यों भी अब hurricane दूरों से घबराता हूँ—इच्छा होती है, किसी नयी या पुरानी जगह जाकर कुछ दिन आराम से वहाँ ठहरा जाए।'

फिर लेखन के संसार से जुड़े भारत के लोगों की स्मृति—'ओम प्रकाश जी के एक पत्र से पता चला कि नामवर जी ने राजकमल छोड़ दिया है—क्या तुम्हें इस बारे में कुछ पता चला? मुझे अपने कहानी-संग्रह के प्रकाशन के बारे में भी कोई सूचना नहीं मिली। क्या उन्हें मेरी सब कहानियाँ मिल गयीं? मैंने 'आलोचना' के लिए 'चेक लेखकों' के साथ एक इंटरव्यू भेजा था—क्या उसका पहला अंक प्रकाशित हो गया?... डॉ. मदान मेरी कुछ कहानियों को अपनी 'भूमिका' के साथ सम्पादित करना चाहते हैं। संकलन में उन्होंने कुछ कहानियाँ भी चुनी हैं जो मेरे नये संग्रह में शामिल नहीं है। मैं काफी असमंजस में हूँ—क्या उन्हें इसके लिए अपनी अनुमति देना संगत होगा?... तुम इस बारे में क्या सोचते हो? 'सारिका' की कहानी तुम्हें अच्छी लगी, यह जानकर बहुत खुशी हुई। कमलेश्वर ने उसका पारिश्रमिक तुम्हें भेज दिया—क्या तुम्हें मिल गया? तुमने इधर कोई कहानी लिखी? मैंने एक छोटा उपन्यास शुरू किया है—जो बहुत धीमी गति से चल रहा है।' (वही, पृ. 21) निर्मल के इस पूरे पत्र के 'पाठ' को ध्यान से टटोलें तो पता चलेगा कि वे कितने सावधान और योजनाबद्ध लेखक रहे हैं। छोटी से छोटी बात पर विचार-पुनर्विचार और जंगल में बँधे शिकारी कुत्तों की तरह हर आहट पर सतर्क-चौकन्ने। साथ ही विदेश की सांस्कृतिक-साहित्यिक गतिविधियों पर एकाग्र उनकी आँख। 'यहाँ कुछ दिन पहले हमने मार्सेल मार्चा का एक प्रदर्शन देखा, जो बहुत पसन्द आया था। रूसी फिल्म War and Peace के दो भाग भी देखे—फिल्म काफी रियलिस्टिक है और बहुत बड़े पैमाने पर बनाई गयी है—उसे देखते हुए मैं बराबर किताब के बारे में सोचता रहा जो वर्षों पहले पढ़ी थी। अन्तोनियोनी फिल्म 'रेड डेजर्ट' भी यहाँ दिखाई जा रही है। यों गर्मियों के साथ कलात्मक कार्यवाहियाँ यहाँ बहुत मन्द पड़ गयी हैं। डाली के ग्राफिक्स की एक प्रदर्शनी शुरू हुई है जो अब तक मैं नहीं देख सका। आन्द्रे मैसो की एक छोटी-सी प्रदर्शनी में गया था और वह मुझे बहुत प्रभावशाली जान पड़ी।' इस तरह के बहुत से उल्लेखों के पता चलता है कि वे कलाओं के प्रति किस तरह समर्पित होकर जिये और इनसे उनके अन्तर्जगत का कितना उत्कर्ष हुआ। किस तरह उनमें कलाओं

के प्रति पावनता-जनित संस्कार विशद हुआ। इस मनोभूमिका का इन पत्रों में पूरा इतिहास मौजूद है।

निर्मल के पत्र में स्वामीनाथन न हों, यह सम्भव नहीं है। भाई रामकुमार की चित्र-प्रदर्शनियों की प्रतिक्रिया जानने का उत्साह हर समय—'क्या कुछ चित्र बिके? पत्रों की कैसी प्रतिक्रिया रही? तुम्हारा नया काम देखने की बहुत उत्सुकता है। क्या दिल्ली में कोई प्रदर्शनी करने का इरादा है? स्वामीनाथन आजकल क्या कर रहे हैं? क्या उनका पत्र अब भी जारी है—उसके कुछ अंक भेज सको तो बहुत खुशी होगी।' फिर 'घर' पर माँ की स्मृति—'पुतुल ठीक है—माँ जी से कहना किसी बात की चिन्ता न करें। डरेल के शब्दों में—हर बच्चा एक उपन्यास की तरह होता है—आरम्भ में काफी गड़बड़ के साथ किन्तु धीरे-धीरे खुद-बखुद अपनी गति पकड़ लेता है।' (वही, पृ. 22)

घर-परिवार की स्मृति निर्मल वर्मा से कभी नहीं छूटती। 26.7.67 को 'प्रिय राम' को लिखा—'तुमने अन्तिम सप्ताह कश्मीर में पहलगाम में बिताया । दिल्ली लौटने पर सचमुच भयानक-सा लगता होगा।...यों भी कश्मीर का पतझड़ अपने में अद्वितीय सुख है—जिसकी मैं सिर्फ कल्पना ही कर सकता हूँ।' विदेश में कश्मीर की चाह एक 'भारतीय' का देशभक्ति से जुड़ा मन है। अपने देश के सौन्दर्य की मन में लय। फिर प्राग की भयंकर गर्मी की चर्चा—गर्मी से कमरे में दमघोटू वातावरण। यहाँ से मोटाविया और पोलैंड जाने की इच्छा। प्राग की गर्मी से ऊबकर क्लादनों के घने-जंगलों की सैर और शान्ति का अनुभव। पर्वत और वृक्षों से निर्मल की पूरी मानसिकता निर्मित हुई है।

कलाओं को भोगने का व्यसन उनके 'सुमनस्' की चाह है। 'कभी-कभी यहाँ रात को माला-स्राना के बागों में चैम्बर म्यूजिक के कन्सर्ट होते हैं। पिछले सप्ताह मैं एक ऐसे ही कन्सर्ट में गया था—ऊपर खुला आकाश, कुछ थोड़े से लोग और बीथोवन या मोत्सार्ट का संगीत। ऐसी घड़ियों में सब थकान और ऊब मिट जाती है। इधर हाल में Roualt के चित्रों की प्रदर्शनी भी हो रही है, जो अपने में बहुत गहरा अनुभव था।' प्राग में गर्मियों में कन्सर्ट और प्रदर्शनियों का दौर रहता है क्योंकि थियेटर इन दिनों बन्द रहते हैं। निर्मल को थियेटर का भी शौक रहा। खाली समय पाते ही दिलचस्प पुस्तकें पढ़ने की लगन। भाई को लिखा—'अगर तुम्हें स्टीफन स्पेंडर की आत्मकथा 'वर्ल्ड विदिन वर्ल्ड' पढ़ने को मिले तो अवश्य पढ़ना। पिछले दिनों शायद ही किसी पुस्तक ने अपनी ईमानदारी और संवेदनशीलता के कारण मुझे इतना उद्वेलित किया हो। उसे पढ़ते हुए आदमी खुद अपने जीवन की उलझनों, कुंठाओं और तनावों को ज्यादा सफाई और तटस्थता से समझने की कोशिश करने लगता है। किन्तु जिस चीज ने मुझे सबसे अधिक प्रभावित किया, वह लेखक की humbleness या

capacity to bear humiliations है—एक कवि का गद्य भी इतना 'पवित्र' और प्रवाहपूर्ण हो सकता है। यह मेरे लिए अद्वितीय अनुभव था। उसके अलावा नीरद चौधरी की भी अन्तिम दो पुस्तकें पढ़ीं—'मैं धीरे-धीरे उनका 'भक्त' होता जा रहा हूँ। शायद हिन्दुओं का इतना खरा और सही विवेचन तुम्हें कहीं और नहीं मिलेगा।' (प्रिय राम, पृ. 24) नीरद चौधरी से निर्मल वर्मा इतने प्रेरित, प्रभावित हुए कि उन्होंने 'धर्मयुग' पत्रिका में 'लेखमाला' लिखने का मन बनाया। इतना ही नहीं, निर्मल के सर्जन और चिन्तन के भीतर का 'खरापन' भी इस तरह की प्रेरणाओं से ही आया है।

निर्मल वर्मा के व्यक्ति की सांसारिकता कभी 'कल्पना' में प्रकाशित कहानी 'कमरे' को लेकर जाग उठती है, कभी माँ—बकुल की माँ को लेकर। लिखते हैं 'मैं चेक को दस्तखत के साथ भेज रहा हूँ। क्या तुम उसमें से 200 रुपये बकुल की माँ को भेज सकते हो? उनकी अवस्था आजकल पहले से भी खराब है।' इस तरह निर्मल का हृदय-विस्तार घर-परिवार, स्वजन-आत्मीय सभी से जुड़ा रहा है।

जनवरी 1968 में प्राग से अपने बड़े भाई राम को बकुल तथा पुतुल के बारे में लिखने के बाद प्रसन्न भाव से लिखा—'तुमने अपने पत्र में भारतीय Medical Council से जो कुछ अपनी पूछताछ के बारे में लिखा, उसे पढ़कर बकुल का मन काफी आश्वस्त हुआ। लन्दन में कुछ समय प्रेक्टिस करना भी काफी उपयोगी होगा, किन्तु मैं वहाँ क्या करूँगा, इस बारे में अभी बहुत अनिश्चित हूँ।' फिर रामकुमार के चित्रों को लेकर चर्चा—'कुछ दिन पहले भारतीय दूतावास के Cultural Attache से तुम्हारे चित्रों को भारत भेजने के सिलसिले में बातचीत हुई थी। वह बताते थे कि उन्हें भारत के शिक्षा मन्त्रालय से इस बारे में कोई निश्चित सूचना नहीं मिली कि चित्रों को भारत भिजवाने का खर्च कौन वहन करेगा। इस बारे में कपिला से अवश्य पूछ लेना बेहतर यह होगा कि तुम्हारे चित्र भारतीय दूतावास या चेक सरकार द्वारा भेजे जाएँ—ऑफीशियल स्तर पर, ताकि तुम्हें कस्टम इत्यादि के झंझट में न पड़ना पड़े। हुसेन के चित्रों को Indian Ministry ने अपने खर्च पर वापिस भिजवाया था। सम्भव हुआ तो इस बारे में मैं डॉ. क्रासा से भी बात करूँगा'—पत्र में यूरोप की बर्फ-सर्दी ठिठुरन के साथ भारत की स्मृति-शिमला की स्मृति दिल्ली के घर की तड़प भरी स्मृति। अचानक पश्चिम की कम्युनिस्ट पार्टी के बदलाव का ध्यान आया—'पश्चिम में बहुत से समाचार पत्रों में आश्चर्य प्रकट किया गया है कि चेकोस्लोवाकिया पहला कम्युनिस्ट देश है जहाँ इतने बुनियादी परिवर्तन भी बहुत शान्तिपूर्ण और डेमोक्रेटिक तरीके से किये गये हैं।

निर्मल के पत्रों में कला-संस्कृति को लेकर अनेक तरह की जिज्ञासाएँ रहती हैं—जैसे 'क्या रजा दिल्ली में अपने चित्रों की कोई प्रदर्शनी करने जा रहे हैं?

तुम्हें चेक पपेट थियेटर कैसा लगा—उसमें टेप रिकार्डर पर मैंने हिन्दी में कमेंट्री पढ़ी थी। टुलू को भी वह काफी पसन्द आया होगा—वह प्राग का सर्वश्रेष्ठ पपेट थियेटर है। तुम्हारा काम कैसा चल रहा है? क्या इन सर्दियों में तुम अपने चित्रों की कोई प्रदर्शनी नहीं करोगे? स्वामी का स्वास्थ्य अब कैसा है? क्या हिम्मत शाह पेरिस चले आए?' (वही. पृ. 27) चित्रों-थियेटरों से निर्मल वर्मा का अन्तर्जगत निर्मित हुआ है और कला के प्रति 'पवित्रता' के भाव में आकाशधर्म गुण पनपा है।

काफी लम्बे समय बाद प्राग में 28.2.68 को राम का पत्र मिला तो गद्‌गद हो गये। कहा—'इन दिनों शायद तुम अपनी प्रदर्शनी में व्यस्त रहे होगे। वहाँ उसकी कैसी प्रतिक्रिया रही? कितने चित्र उसमें शामिल किए गये थे?' घर-परिवार-चित्रों की चर्चा के साथ प्रकृति-चेतना रंग-प्राग की बर्फ बहार, बीच-बीच में धूपीले दिन, नदी के सामने वाले काफी हाउस में बैठक—'मैं अक्सर सुबह-शाम काम करने के लिए नदी के सामने वाले काफी हाउस में चला जाता हूँ। कॉसल के पास की पहाड़ी और पेड़ों की कतार एक सफेद खामोशी में ढँकी रहती है। काम कोई खास नहीं। कुछ कहानियाँ जो अच्छी लगती हैं उनका अनुवाद करने की कोशिश करता हूँ।' चित्र-प्रदर्शनी और स्वामीनाथन की स्मृति के बाद—'यहाँ की राजनीतिक स्थिति धीरे-धीरे एक नयी पटरी पर आ लगी है—शायद ही कोई क्षेत्र हो जहाँ नये परिवर्तन और आन्दोलन न हो रहे हों।' पोलैंड की घटनाओं की तीव्र आलोचना पत्रों में की जाती है—'तुम जब प्राग आओगे तो अपने को एक नये वातावरण में पाओगे। श्यामलाल जी का पत्र मिला था। मैं उनके लिए एक विस्तृत लेख लिखने का इरादा कर रहा हूँ किन्तु मुझे समय अधिक नहीं मिल पाता। दिल्ली की साहित्यिक हलचलों का क्या हाल है? क्या अमृत ने अपनी 'नयी कहानियाँ' का प्रकाशन शुरू कर दिया? भीष्म आजकल क्या कर रहे हैं? वैद के पत्र कभी-कभार मिलते रहते हैं।' इस तरह इन पत्रों में एक जागरूक चिन्तक का चौकन्नापन विस्मय-विमुग्ध करने वाला है।

वसन्त 1968 में प्राग से राम को लिखा—'यों इस सूनेपन को यहाँ की राजनीतिक हलचलों ने बहुत हद तक दूर कर दिया है। कल दोपहर चेक प्रेसिडेंट नोवोली को Public Opinion के सामने झुककर त्यागपत्र देने के लिए बाध्य होना पड़ा। समूचे सामाजिक-सांस्कृतिक वातावरण में एक ऐसी ताजगी दिखाई देती है, जो नये डेमोक्रेटिक परिवर्तनों की उपज है। सुबह-सुबह सब अखबार हाथों-हाथ बिक जाते हैं। रेडियो, टेलीविजन में रोज खुले तौर से पुरानी व्यवस्था की कड़ी आलोचना की जाती है। पूर्वी यूरोप में यह बिल्कुल एक नये किस्म की क्रान्ति है। यहाँ एक रात में सारा सेंसर खत्म हो गया है। हर तरह की पाबन्दी हटा दी गयी है। स्कूल, कॉलेजों, बियर-घरों

और फैक्ट्रियों में हर जगह लोग खुली बहसें करते हैं। इस शान्तिपूर्ण क्रान्ति का ड्रामा देखने के लिए आजकल प्राग में पश्चिमी यूरोप और अमेरिका के सैकड़ों पत्रकार जमा हैं। कहा जाता है कि चीन के रेड गार्ड्स के आन्दोलन के बाद ऊपर से नीचे तक हिला देने वालों का इतना बड़ा आन्दोलन कहीं नहीं हुआ। क्या भारतीय अखबारों में इस बारे में कोई खबरे छपती है? मुझे खुशी है कि इन दिनों मैं यहाँ हूँ।' इन परिवर्तनों का बहुत गहरा असर निर्मल वर्मा की मानसिकता की बनावट पर पड़ा है और निर्मल वर्मा के निबन्धों में यह चिन्तन जज़्ब होकर आया है।

मार्च 1968 में आर्थिक कठिनाइयों-अनिश्चितताओं, बकुल की नौकरी का ठिकाना न होने पर भी लिखा—'कमलेश्वर ने सारिका का एक 'चेक साहित्य विशेषांक' निकालने की योजना बनायी है। उसी के लिए 'सामग्री' इकट्ठा कर रहा हूँ। इधर मैंने कई दिलचस्प पुस्तकें पढ़ी हैं। अमरीकी लेखक जान अपडाइक के उपन्यास, ई.एम. फास्टर का 'लांगेस्ट जर्नी' इत्यादि जो बहुत पसन्द आये हैं' और उसी अनुपात में अपने लेखन के प्रति असन्तोष विरक्ति की सीमा तक पहुँच जाते हैं। इस चिन्तन के बीच राजनीतिक परिवेश के बिम्ब उभरते हैं—'यहाँ पिछले दिनों राजनीतिक स्थिति में तेजी से परिवर्तन हुए हैं। एक स्वतन्त्र डेमोक्रेटिक व्यवस्था धीरे-धीरे उभर रही है—अखबारों में ऐसे 'बोल्ड' आलोचनात्मक लेख देखने को मिलते हैं जिनकी कल्पना कुछ वर्ष पहले नहीं की जा सकती थी। लेखक संघ को लम्बे संघर्ष के बाद दुबारा अपना पत्र निकालने की इजाजत मिल गयी है। हर क्षेत्र में conservativ तत्त्वों और लोकतान्त्रिक शक्तियों के बीच गहरा संघर्ष है जिसका परिणाम चाहे कुछ भी हो, किन्तु वातावरण बहुत अधिक दिलचस्प बन गया है।' इस समय भी निर्मल का ध्यान भारत की गिरती स्थिति पर रहा है और सांस्कृतिक-साहित्यिक गतिविधियों के कार्य-कलाप पर भी।

रामकुमार के पत्र से यह ज्ञात होने पर कि 'गिर पड़ने के कारण माँ जी की हड्डी टूट गयी'—निर्मल वर्मा बहुत चिन्तित हुए—'मेरा ध्यान बराबर उनकी ओर लगा रहता है।' माँ का ध्यान निर्मल वर्मा का 'अवचेतन' है। लन्दन की चकाचौंध और धूमधाम में प्राग की शान्ति का ध्यान और अकेलापन भाता है। लन्दन में धुन्ध और मेघाच्छन्न आकाश के बीच भारत की स्मृति, घर की हुड़क का 'परिवेश' है। लन्दन के अस्पताल में बकुल की नियुक्ति के बाद स्वामीनाथन के लिए प्रेम उमड़ता है। 'सारिका' के 'चेक' विशेषांक में प्राग का संस्मरण और कुछ अनुवाद का जिक्र। लन्दन आने पर 17 सितम्बर, 1969 के पत्र में प्रिय राम को लिखा कि 'क्या तुम सोचते हो कि वापिस आने पर मुझे किसी तरह का काम मिल सकेगा? इतने लम्बे अर्से के बाद मैं अपने को अपने ही देश में काफी अजनबी-सा पाऊँगा, यह चीज मुझे काफी

असंगत और हास्यास्पद-सी लगती है। किन्तु इसका सामना कभी-न-कभी करना ही होगा।' (वही, पृ. 39) चित्रकार नसरीन, हुसेन तथा चित्रकला पर शोधरत गीता तथा 'वे दिन' के अनुवाद में समर्पित वैद सभी का स्मृति-पुंज तथा कहानी पर फिल्म बनाने की चर्चा। रसेल की आत्मकथा और बैलों की किताब 'हरजोग' पढ़ने की सूचना के साथ माँ जी के नवरात्रि व्रत की बातचीत मिलती है।

करोलबाग, दिल्ली आने पर 'म्यूजियम ऑफ मार्डन आर्ट' के साथ 'माया दर्पण' फिल्म की उमड़न। जापान में 'कंटेम्प्रोरी इंडियन आर्ट' के साथ कमलेश के 'फ़र्क़' पत्र की चर्चा है। कृष्णा सोबती, तैयब मेहता, गीता, शेख, नसरीन से भेंट का सुख। साथ ही एक पत्र में अपनी 'सन्न किस्म की शिथिलता' का अन्त। 'माया दर्पण' पर फिल्म बनाने का संकेत और राम के न्यूयार्क के जीवन में रमने की प्रसन्नता का विस्तार है। लेकिन अगले ही पत्र में कठिन समस्याओं का अनुभव है। 22 अक्टूबर, 1970 में दिल्ली से लिखा—'किन्तु पिछले वर्षों में मेरे और बकुल के सम्बन्ध इतने शिथिल और प्रतीतिकर हो गये हैं कि वहाँ सिर्फ पुतुल के लगाव के अलावा मुझे जाने का कोई अर्थ समझ में नहीं आता। यह दयनीय स्थिति है।' इधर माँ जी की चिन्ता के साथ कहा—'श्रीकान्त अमेरिका चले गये हैं।... यदि सम्भव हो तो जीन्स बायज और डिलेनथामस के रिकार्ड और वाल्टर बेंजामिन की पुस्तक इल्यूमिनेशन्स (Illuminations) खरीद लेना। वह एक बहुत महान मार्क्सवादी लेखक थे...मार्टिन बेवर की पुस्तक 'आई एंड दाऊ' मिल सके तो लेते आना।' फिर निर्मल वर्मा लन्दन चले गये और लन्दन में रमे रहे। उन्हें लन्दन बहुत भाया वहाँ के पब और पार्क, फिल्में और थियेटर अनेक आकर्षण रहे। लेकिन 'घर की स्मृति' कभी नहीं छूटी। वे शिमला आ गये और नालडेरा के रेस्ट हाउस का विलक्षण अनुभव रहा। इंस्टीट्यूट आफ एडवांस्ड स्टडीज, शिमला में अकेले रमे रहे। दिल्ली आने पर सप्रू हाउस लायब्रेरी में व्यस्तता रही।

निर्मल वर्मा भोपाल गये 1981 में और सतपुड़ा की पहाड़ियों का आकर्षण भा गया। आदिवासी लोककला और कलाकृतियों को स्वामीनाथन के साथ संग्रह किया। ऊँचाई पर आम के पेड़ों को देखकर आश्चर्य हुआ और रेस्ट हाउस के पास, हिरण, तेंदुए तथा सांबर के दर्शन किये। भोपाल से ही लिखा कि रमेशचन्द्र शाह से पता चला कि इला और अज्ञेय यूरोप यात्रा पर निकल पड़े हैं तथा निर्मल की कहानी का 'साप्ताहिक हिन्दुस्तान' में प्रकाशन। वर्जीनिया वुल्फ की डायरी का प्रथम अंश और शेष अंशों के प्रति अनुराग का भाव। अशोक जैन की जापान-यात्रा और यूनेस्को सम्मेलन में भाग लेने की तैयारी। अचानक मलयज की दिल्ली में मृत्यु से आहत हुए। फिर नर्मदा की चट्टानों का विलक्षण-सौन्दर्य दर्शन किया। फिर पढ़ा, जेम्स ज्वाइस का उपन्यास

'ए पोर्ट्रेट ऑफ एन आर्स्टिस्ट एज ए यंग मैन।' अकेले अमरकंटक गये, नर्मदा के स्रोत को देखा फिर कान्हा-किसली के जंगलों को। लौटकर भोपाल में 'निराला सृजनपीठ' की ओर से आयोजित कवि गोष्ठी की चर्चा में भाग लिया। भोपाल से लम्बी कहानी लिखने की खबर राम को दी।

यहाँ 21.6.86 को लिखा एक पत्र अज्ञेयजी के 14 जान्स इस्टेट, भीमताल जिला-नैनीताल, यू.पी. को लेकर है। वात्स्यायन जी के मकान की चर्चा—झील का मिनियेचर दृश्य और शान्त स्थान। 7.4.1995 प्रशान्त कुटी, बंगलौर से लिखा पत्र भी यहाँ है—'योग आश्रम में निवास का अद्‌भुत सुख। योग क्रीड़ाओं के लिए सुबह साढ़े चार बजे उठना—फिर दोपहर बारह बजे तक योग-आसन। गीता-वेद के श्लोकों का गायन तथा साँस का अभ्यास चलता है। शारीरिक अभ्यास के साथ स्प्रिचुअल मेडीटेशन का आनन्द।' निर्मल को जीवन का विचित्र अनुभव हुआ—शराब-सिगरेट से दूर जीवन। फोन पर गगन से रामकुमार के कृतित्व पर केन्द्रित किताब 'एनर्जी विद इन' की खबर लेते रहते थे।

निर्मल वर्मा के निधनोपरान्त निर्मल वर्मा के नाम रामकुमार का अन्तिम पत्र 25.12.2005 यहाँ मौजूद है। यह पत्र क्या है, स्मृति की शृंखला है जिसमें इतनी लम्बी यात्रा पर जाने वाला व्यक्ति 'अपना पता भी नहीं' दे गया। शिमला के हर्बर्ट विला के कमरे में पैदा होने की स्मृति और भाई-बहिन-परिवार में सातवीं सन्तान यह लड़का। तब पाँच वर्ष के थे रामकुमार और पचहत्तर वर्ष बाद निर्मल से विदाई ली। 'मकड़ी के जालों में उलझी पिछले 60-70 वर्षों की अनगिनत स्मृतियाँ एकदम आँखों के सामने सजीव हो उठी हैं।' बड़े भाई रामकुमार का यह पत्र इतना मर्मस्पर्शी है कि पाठक की छाती भर जाती है। साथ में 1960 के दो पत्र एक कुलाँच मारती जिन्दगी के अहसास से भरे हैं। निर्मल की पहली पत्नी बकुल घोष निर्मल के साथ चेक भाषा की कक्षा में थीं तथा डॉक्टरी की पढ़ाई कर रही थीं। बकुल से 1964 में निर्मल ने विवाह किया था।

यहाँ 'नया ज्ञानोदय' दिसम्बर 2005 में छपा 'अहसमति की अकेली आवाज' शीर्षक से निर्मल वर्मा पर रामकुमार का स्मृति लेख मौजूद है। इस लेख में निर्मल की नितान्त मौलिक चिन्तन-चेतना का रहस्य खुलता है। 'एक विद्रोही जैसा स्वभाव बचपन से ही था जिससे पिता की डाँट प्रायः उन्हें सुननी पड़ती थी। उनकी प्रिय लेखिका वर्जीनिया वुल्फ की पुस्तक 'ए रूम ऑफ वन्स ओन' देखकर पुरानी स्मृति उभरती है। निर्मल ने जो भी लिखा, अपने मन से लिखा। वात्स्यायनजी के आग्रह पर भी 'नवभारत टाइम्स' में कॉलम नहीं लिया। आर्थिक कष्ट झेले लेकिन अपनी आत्मा को कभी नहीं बेचा। इसलिए जीवन के विविध रंगों-दृश्यों का उनमें एक संसार

है। निर्मल के कथा साहित्य में बार-बार माँ और बच्चे, शिमला का बचपन, बटलर हाई स्कूल की शिक्षा, फिर दिल्ली विश्वविद्यालय और देश-विदेश के तमाम मित्र। माँ के साथ निर्मल का बहुत गहरा जुड़ाव रहा। कई कहानियों में 'एक चिथड़ा सुख', 'रात का रिपोर्टर' जैसे उपन्यासों में बरसाती और छत के चित्र हैं। इमरजेंसी का विरोध, पाकिस्तान का साथ देने पर अमरीका की निन्दा, तिब्बत का कष्ट, चेक जनता पर रूसी फौजों की तानाशाही की निन्दा निर्मल की समझौताविहीन राजनीतिक विचारधारा रही है। उनकी साहित्य के साथ धर्म, दर्शन, संगीत, चित्रकला, फिल्म, मीडिया में गहरी दिलचस्पी रही है। कबीर की तरह 'काल को निचोड़कर अमृत पीने का' उनमें अरमान रहा है। उनकी राजनीति की समझ इतिहास, धर्मशास्त्र और समाजशास्त्र से बनी थी।

निर्मल वर्मा की प्रश्नाकुल प्रज्ञा ने अपने निबन्ध चिन्तन से हिन्दी साहित्य को कई तरह से सम्पन्न किया है। इन पत्रों में निर्मल वर्मा के व्यक्ति एवं रचनाकार की अन्तर्यात्रा का भीतरी इतिहास मौजूद है। उनके रचना-कर्म की मानसिक बनावट को समझने के लिए इन पत्रों में बहुत ही मूल्यवान कच्चा माल मौजूद है। हिन्दी में पत्र-साहित्य का अभी तक बहुत कम प्रकाशन हुआ है। आचार्य महावीर प्रसाद द्विवेदी की 'द्विवेदी पत्रावली' श्रीधर पाठक के पत्र, प्रेमचन्द 'चिट्ठी-पत्री' बनारसीदास चतुर्वेदी, सुमित्रानन्दन पन्त, निराला, बच्चन के पत्र कई लेखकों ने संकलित किये हैं। इधर 'पत्र-हजारी प्रसाद द्विवेदी' तथा मुक्तिबोध के पत्रों की चर्चा ने भी पत्र साहित्य के महत्त्व की ओर हिन्दी पाठकों का ध्यान आकृष्ट किया है। बालमुकुन्द गुप्त लिखित 'शिव-शम्भु के चिट्ठे' तथा 'चिट्ठे और खत' की व्यंग्य-परम्परा का नया विस्तार भदन्त आनन्द कौसल्यायन के 'भिक्षु के पत्र' में मिलता है। निर्मल वर्मा को लिखे गये रामकुमार के पत्र तथा रामकुमार के लिखे गये निर्मल वर्मा के पत्रों का साहित्य में महत्त्व इसलिए है कि दो रचनाकारों के दस्तावेज हैं। इन पत्रों के गद्य की सर्जनात्मकता ने हिन्दी गद्य का खुलापन पाठक को परोस दिया है। रचनाकार का जीवन यथार्थ रचना को कैसे शक्ति देता है यह इन पत्रों का सावधानी से अध्ययन करने पर ही महसूस किया जा सकता है। पाठक इन पत्रों के 'पाठ' से न जाने कितने नये अर्थ सन्दर्भ पाता है।

तीन एकान्त : नाट्य-मंचन में कहानियों का टेक्स्ट

'यह सोचना भ्रामक होगा कि 'नाटकीयता' केवल नाटक विधा की सम्पत्ति है—दरअसल कला की हर विधा अलग-अलग ढंग से नाटकीय होती है क्योंकि वह अलग-अलग रूपों में अपने को दुनिया से जोड़ती है (चाहे वह भीतर की दुनिया ही क्यों न हो)। जब किसी ने प्रसिद्ध उपन्यासकार हेनरी जेम्स से कला के रहस्य के बारे में पूछा तो उन्होंने केवल दो शब्दों में उत्तर दिया : 'only dramatize'। जिस तरह नाटक में परदा उठते ही प्रतीक्षा करने लगते हैं कि 'अब कुछ होगा?' उसी तरह जब कोई अनुभूति अपने मूक अँधेरे से उठकर शब्दों के प्रदेश में रास्ता टटोलती है, तब अचानक कुछ होने लगता है। यह स्फुरण बेलौस, गूँगे अस्तित्व में कुछ होने का कम्पन—कुछ और नहीं, सिर्फ वह नाटकीय तत्त्व है, जिसके बिना नाटक ही नहीं, हर कला-विधा मृतप्राय हो जाती है। नाटकीयता हर कला विधा में मौजूद रहती है, किन्तु हर विधा नाटक नहीं होती है।'

('तीन एकान्त', निर्मल वर्मा, लेखक का वक्तव्य, पृ. 12)

कथाकार-निबन्धकार निर्मल वर्मा की परम्परागत छवि नाटककार की नहीं है। उन्होंने नाटकों का अच्छा प्रबुद्ध दर्शक होते हुए भी 'नाटक' लिखे भी नहीं। क्यों नहीं लिखे? यह अलग प्रश्न है। लेकिन राष्ट्रीय नाट्य विद्यालय के निर्देशक देवेन्द्र राज अंकुर ने 'कहानी का रंगमंच' नाम से नये-नये प्रयोग किये और पाया कि कहानी-कविता-उपन्यास की 'नाटकीयता' को मंच पर प्रस्तुत किया जा सकता है। उन्होंने पूरे संकल्प के साथ निर्मल वर्मा की तीन कहानियों को—'धूप का एक टुकड़ा', 'डेढ़ इंच ऊपर' तथा 'वीक एंड' की मंच-प्रस्तुति राष्ट्रीय नाट्य विद्यालय, रेपर्टरी कम्पनी द्वारा विद्यालय के स्टूडियो-थिएटर में 1 मई से 6 मई, 1975 में की—दृश्य-बन्ध और परिकल्पना देवेन्द्र राज अंकुर तथा फोटोग्राफ्स पी. एन. आहूजा ने। इन कहानियों में राजेश विवेक, सुरेखा सीकरी, रतन थियम जैसे कुशल अभिनेताओं ने अभिनय किया। मंच-व्यवस्था—विजय मोहन्ती, संगीत-चयन उत्तरा बावकर, आलोक-सज्जा दीपक केजरीवाल तथा रंजीत कपूर ने की। इन कहानियों की मंच प्रस्तुतियाँ इस कदर सफल

रहीं कि 'कहानी का रंगमंच' दर्शकों को भा गया। इन कहानियों की सफल नाट्य प्रस्तुति ने देवेन्द्र राज अंकुर को प्रेरित इस अर्थ में तो किया ही है कि उसके बाद उन्होंने इस क्षेत्र में अविस्मरणीय कार्य किया है।

'कहानियों का रंगमंचीय संसार' शीर्षक से 'निर्देशक का वक्तव्य' देवेन्द्रराज अंकुर ने देते हुए कहा है कि "इन तीनों कहानियों की मंच-प्रस्तुति के दौरान निर्देशक के नाते यह बात शुरू से ही मेरे सामने साफ थी कि मुझे कहानियों के 'नाटकीय रूपान्तरण' की ओर नहीं बढ़ना, वरन् कहानी के अपने मूल 'फार्म' में निहित कथ्य शब्द और दृश्य को ही मंच पर स्थापित करना है।" (वही, पृ. 17) सच बात है कि यही काम कहानी रंगमंच में अंकुरजी ने किया भी। उनके लिए समस्या रही है कि कहानी को सुनते हुए अथवा उससे भी आगे बढ़ते हुए श्रोता अथवा पाठक के सामने जो एक पूरा दृश्य जगत् बनता चलता है, उसे मंच पर कैसे प्रस्तुत किया जाए? खूब सोच-समझकर उन्हें यह कहना पड़ा कि यह प्रयोग कहानी को सुनने और पढ़ने की कड़ी तो है ही, लेकिन इसे नाटक या फिल्म की संज्ञा भी नहीं दी जा सकती। शायद यह अनुभव 'कहानियों का रंगमंच' जैसी अपनी संज्ञा उत्पन्न कर सके, इसका अभी मात्र एक संकेत ही दिया जा सकता है।' अंकुरजी का 'एक संकेत' ही कहानियों के रंगमंच का सम्पूर्ण व्यंजक शब्द बना उसकी अर्थ-व्यंजना के सन्दर्भ ने एक नया रंग-संसार ही जगमगा दिया। अंकुरजी ने निर्मलजी की कहानियों के कथ्य, शब्द और दृश्य, तीनों में अन्तर्योजना स्थापित करते हुए 'अर्थ प्रकाश' को उसके भीतर से 'लोकेट' किया। वे 'इंटरप्रटेशन' की राजनीति में नहीं पड़े बल्कि कृति की संवेदना में धँसकर ही उसे मंच-प्रस्तुति के अनुकूल 'क्रिएट' किया। फलतः तीनों कहानियों की मंच-प्रस्तुति में निर्देशक का कम से कम 'आरोपण' करना पड़ा। कहानी की रचना-प्रक्रिया की प्रश्नाकुलता में निर्मल 'उपस्थित' रहे और कहानी में हाशिये पर पड़े दमित अर्थ भी प्रसन्न भाव से देख सके हैं।

संयोग ही कहिए कि निर्देशक अंकुर जी ने तीनों कहानियों की 'भावभूमि' और 'फार्म' में एक से अन्त:सूत्रों का अनुभव संसार पाया। तीनों कहानियों में एक-एक पात्र ऐसा है जो आदि से अन्त तक 'मोनोलॉग' या लम्बा संवाद बोलता है और संवाद की शुरुआत किसी अन्य पात्र के साथ होती है लेकिन यहाँ उसकी उपस्थिति का कोई अर्थ नहीं रहता। संवाद स्वकेन्द्रित होकर कथ्य को अर्थ-दीप्ति देता है और पात्रों का 'अकेलापन' जीवन का नये कोण से साक्षात्कार कराता है। अंकुरजी ने पाया कि ये कहानियाँ अकेलेपन के कुछ क्षणों में पात्रों के स्वयं अपने साक्षात्कार की कहानियाँ हैं। इस साक्षात्कार के भाव-दर्शन से ही यह तथ्य पाया गया कि 'इस मूल थीम को रेखांकित करने के लिए हर प्रस्तुति को एक सम्मिलित नाम 'थ्री टेक्स्ट्स इन सॉलीट्यूड' दिया गया। इस नाट्य प्रस्तुति ने एक प्रयोगशील रंगमंच की भूमिका ही तैयार कर

दी। निर्देशक का 'हुनर' ही कहिए, एक निश्चल चौखटे में कहानियों की मंच प्रस्तुति ने अपना अलग व्यक्तित्व पाया और यह मंच-प्रस्तुति एक फिल्म के 'चलायमान स्क्रीन' से बहुत अलग हो सकी।

'धूप का टुकड़ा' कहानी का दृश्य एक पब्लिक पार्क से उठान भरता है और उसकी पृष्ठभूमि में बेंचों, चर्च और बिखरे हुए धूप के टुकड़े हैं। बोलती हुई नायिका के विरोध में एक मौन पात्र नया परिवेश रचता है।

यह बूढ़ा पात्र पैरेम्बुलेटर के सामने बैठा है और अद्‌भुत बात यह है कि उसी बेंच पर आकर बैठ गया है जहाँ यह औरत प्रतिदिन आकर बैठती है। इस तरह मौन ने 'अकेलेपन' की 'उपस्थिति' को प्रभावी बना दिया है। औरत की 'स्मृति' में उतरता 'अतीत' कहानी की पूरी अन्तर्यात्रा है।

'डेढ़ इंच ऊपर' कहानी का फ्रेम 'धूप का टुकड़ा' से एकदम अलग है। कहानी में दो पात्र हैं—एक कहने वाला, दूसरा सुनने वाला। यहाँ भी अंकुरजी ने अपनी परिकल्पना से सुनने वाले पात्र को प्रस्तुत किया है। लेकिन दिलचस्प तथ्य यह कि जैसे-जैसे कहानी का कथ्य बढ़ता गया, सुनने वाला पात्र गायब होता गया। रह गया सिर्फ उसके होने का अहसास। कहानी का आरम्भ छोटे से 'पब' से हुआ। दृश्य बन्ध के नाम पर साधारण बूढ़े पात्र का घर, जेल की सेल, सड़क और बचपन के खेल की स्मृतियाँ। ध्वनि प्रभाव के लिए ऑर्गन-संगीत, चर्च की घंटियों का स्वर, घोड़ा गाड़ी के आने-जाने की ध्वनि। इस तरह से ध्वनि-वैविध्य का प्रभाव। बीयर पीता बूढ़ा पात्र स्वयं को खिड़की की तरह खोलता है। इस तरह तथ्य और पात्र का पूरा 'परिवेश' पाठक में सम्प्रेषित हो जाता है।

'वीक एंड' निर्मल वर्मा की ऐसी कहानी है जिसमें संवाद या बातचीत एकदम नहीं है। मंच-प्रस्तुति के लिए यह कहानी एक चुनौती कही जा सकती है। पूरी कहानी का कथ्यात्मक संसार नायिका के स्वचिन्तन में लिपटा हुआ है। कहानी का आरम्भ सुबह के भूरे आलोक में 'टेपरिकार्ड' की ध्वनि से हुआ। यह गूँजता-संसार एक वक्रोक्ति में बदलकर कहता है—'यह मैं याद रखूँगी, ये चिनार के पेड़, यह सुबह का भूरा आलोक। और क्या याद रहेगा? पेड़ों के बाद बदन में भागता यह हिरन, आइसक्रीम का कोन, घास पर धूप में चमकता हुआ, एक साफ, धुली पीड़ा की फाँक जैसा, मानो अकेला अपने को छोड़ रहा हो।' निर्मल की बिम्ब-बहुल भाषा में अर्थ-ग्रहण के लिए पूरा अवकाश है—कहीं कोई अस्पष्टता या अरूपता नहीं। गुदगुदी मुलायम धुली-धुनी भाषा का भरोसा पाठक को 'विमुग्ध' किए रहता है। घड़ी के अलार्म को सुनकर 'तड़के' उठकर अपने कमरे पर जाने की मनोभूमिका में तैयार हो रही है, उसका प्रेमी अभी तक नींद में है। इस शान्त समय में वह पिछले दिन की 'स्मृति-भँवर' में तैर रही है और कथा-गति कमरे से निकलकर पार्क में पहुँच

जाती है—अकेली नायिका की सजीव-स्मृतियाँ, बिताए गये समय का अलबम खुलता जाता है। कहानी का पूरा दृश्य मंच नायिका की 'मनोभूमिका' को अक्षय रखने की दृष्टि से तैयार किया है ताकि एक चिन्तन में स्मृति की लहरियाँ न टूटने पाएँ। केवल वैयक्तिक अनुभवों की ध्वनियाँ—जैसे बच्ची की चीख या घड़ी के अलार्म का बजना। कहानी में तीन पात्र हैं—नायिका, पुरुष और बच्ची। लेकिन अंकुरजी ने अपनी परिकल्पना से केवल एक पात्र के माध्यम से 'अन्तर्वस्तु' को साकार करने का प्रयास किया है—शेष दोनों पात्र हैं लेकिन 'उपस्थिति' गौण है।

इन तीनों कहानियों की मंच-प्रस्तुति पर निर्देशक ने स्वयं कहा है कि ''तीनों कहानियाँ तो अपने मूल 'फार्म' में ही कुछ इस तरह से आ मिलीं जिसे 'नाटकीय स्वगत्' के अन्तर्गत भी लिया जा सकता है। पूरी प्रस्तुति के दौरान मेरा यही प्रयास रहा कि स्वयं कहानियों के कथ्य के बीच से उभरते दृश्य बिम्बों को ही एक निश्चित मंच के फ्रेम की सीमा में कितनी दूर तक पकड़ा जा सकता है—किसी प्रकार के बाह्य रोपण को तनिक भी प्रश्रय दिये बिना। प्रस्तुति को एक सम्पूर्ण अथवा अनुभव या प्रयोग के परिप्रेक्ष्य में ही देखा जाना चाहिए।'' (वही पृ. 22) मंच प्रस्तुति क्या है? प्रयोग का विज्ञान ही न। नये निर्देशकों की परिकल्पना की नाट्य प्रयोग-दृष्टि। इसका कारण है कि प्रत्येक निर्देशक के लिए इन कहानियों में कथ्य, शब्द और फार्म की नयी-नयी चुनौतियाँ हैं और हर प्रस्तुति पहली प्रस्तुति से अलग तरह का अनुभव। कहानी का सौन्दर्यानुभव 'नाटकीयता' की शक्ति से और भी निखर जाता है।

निर्मल वर्मा की कहानी 'माया दर्पण' पर फिल्म बनी और अद्भुत फिल्म। इसी दौर में तीन कहानियों पर नाट्य मंचन की योजना बनी तो निर्मल ने अनुभव किया कि इनके भीतर 'मोनोलॉग' का खेल सक्रिय है। इनमें परम्परागत नाट्य संवाद नहीं है और न इन्हें नाट्य मंच को ध्यान में रखकर लिखा ही गया है। हाँ, इनका पूरा 'टेक्स्ट' संयोगवश 'नाटकीयता' से लैस है। भोगे गये जीवनानुभवों की विडम्बना-विसंगति यातना से उभरा-उपजा 'नाटकीयता' का विश्व। इस 'नाटकीयता' के सर्जनात्मक अनुभव पर निर्मल वर्मा का कथन बहुत सटीक है कि 'इसलिए कहानी के नाटकीकरण' पर बहस एक हद तक निरर्थक है। कोई भी सार्थक कथा-प्रयोग अपने में नाटकीय होगा, यह मैं मानता हूँ किन्तु वह मंचन के लिए भी उपयुक्त होगा, यह जरूरी नहीं है। नाट्य-मंचन के लिए एक कहानी की विषयवस्तु निर्णायक महत्त्व ही नहीं, बल्कि वह फार्म, वह तन्तुजाल महत्त्वपूर्ण है, जिसमें कहानी के नाटकीय तत्त्वों को बुना गया है। कहानी के फिल्मीकरण और नाटकीकरण के बीच यह मूलभूत अन्तर है।' प्रश्न उठता है कि यह अन्तर क्यों है और कैसे? 'किसी भी कहानी का फिल्मीकरण महज उसकी विषयवस्तु के आधार पर हो सकता है, क्योंकि फिल्म-निर्देशक के लिए वह

'कच्चे माल' से अधिक महत्त्व नहीं रखता। दूसरी ओर, नाट्य-मंचन में कहानी का टेक्स्ट उतना ही महत्त्वपूर्ण है—जितना स्वयं नाट्यकृति का टेक्स्ट होता है। उसमें दृश्य और शब्द, दोनों ही महत्त्वपूर्ण हैं, अन्योन्याश्रित हैं। मंच की रोशनी में दोनों ही एक-दूसरे को उजागर करते हैं।' (तीन एकान्त, पृ. 13)

निर्मल वर्मा को शब्द और दृश्य की नाटकीयता की पहचान है। वे जानते हैं कि कहानी को तोड़-मरोड़कर, उसके शब्दों को बदलकर, उसके फार्म को भंग करके नाट्य मंचन के लिए 'इस्तेमाल' नहीं किया जा सकता। यदि ऐसा किया जाएगा तो कहानी पीछे छूट जाएगी उसके स्थान पर एक नये नाटक का मंचन होगा। कहानी का 'मंच पाठ' प्रभावी हो सकता है यदि उसे नाटकीय उतार-चढ़ाव के साथ कोई कुशलता से पढ़ सके। 'आर्ट ऑफ रीडिंग' में 'टोन' से भी 'नाटकीयता' पैदा की जा सकती है। यह 'नाटकीयता' को कथा-पाठन या कथा-वाचन से ही पैदा की जा सकती है। कहानी की इस हुनर से प्रस्तुति की जाए कि नाटक का भ्रम बना रहे तथा कहानी की कथ्यात्मक लय भी क्षत-विक्षत न हो। इस तरह कहानी को रंगमंच पर नवजीवन दिया जा सके या उसे पुनर्जीवित किया जा सके। कहानी को अभिनेता अपने भीतर जी सके। इस जी सकने में कहानी का सम्पूर्ण अर्थ खुलता है, पाठक कहानी के टेक्स्ट या पाठ में अपने अर्थ की निष्पत्ति कर सके। इस निष्पत्ति में हर शब्द एक स्थिति एक सन्दर्भ बन सके।

निर्मल वर्मा 'स्मृति' के कहानीकार हैं। यहाँ जिन तीन कहानियों को नाट्य-मंचन के लिए चुना गया है, वे संयोगवश 'स्मृति के आलोक' से बनी और भरी कहानियाँ हैं। स्मृति चित्र को एकाग्र होकर 'समग्रता' से पकड़ती है इसलिए स्मृति में अतीत वर्तमान से संवाद स्थापित कर सकता है। अपने एकान्त में जिन कहानियों को पाठक पढ़ता है उन कहानियों को रंगमंच पर देखना एक विस्मय विमुग्धकारी अनुभव है। नाटक एक सामूहिक कला है इस कला में शब्द, कथ्य और अर्थ लय तीनों मिलकर एक नयी लीला रचते हैं। इस लीला में अकेलापन छँट जाता है तथा एक ऐसी रसायन प्रक्रिया घटित होती है कि कहानी का कायाकल्प हो जाता है। उसके कथ्य के आत्ममन्थन से सांस्कृतिक अस्मिता का रंग निखर आता है। हम 'स्मृति' में जैसे अपने को या अन्य को उधेड़ते-बुनते हैं, वैसे ही समय का इतिहास सच्चे अर्थों में इतिहास-विधाता के हाथों अर्थ-सन्दर्भ पाने लगता है।

निर्मल वर्मा को यूरोप के 'अन्य' का नजदीकी अनुभव है। जब हम 'अन्य' के सम्पर्क में आते हैं तो अन्य को 'अनन्यता' को गला देते हैं—हमारी 'निजमोह संकट निवारणता' की साधारणीकृत स्थिति मानवत्व का विस्तार करती है और परिणाम यह होता है कि हमारा 'आत्म' अपने में 'अन्य' को समाहित कर लेता है। यह वह बोध

है जिसमें हम अपना कुँआरापन खोकर आत्मा से भाँवरें डाल लेते हैं और आत्मदान के क्षणों में समर्पित होने का भाव हमें पूर्ण विस्तार देता है। यह आत्मदान की प्रेरणा हमें कहानी, उपन्यास या कविता में 'आत्मबोध' की ओर प्रवृत्त करती है। कहानी का 'स्व-भाव' ज्यादा मनमौजी होता है वह स्मृति को भीतर से माँजकर चमका देता है। कहानी का यह खुलापन 'नाटकीयता' को जज़्ब कर एक नया लोकतन्त्र रच देती है। कहानी का यही लोकतन्त्र निर्मल की इन तीन कहानियों की शक्ति है। कहानी कोई मेनोफेस्टो नहीं है जिसमें शब्द 'माल' की तरह बिक्री के लिए हों। कहानी अपने अनुभव के सच को पाठक तक ले जाने का 'साधन' है जिसके 'पाठ' का अर्थ पाठक ही अपने ढंग से सृजित करता है। ऐसा इसलिए भी होता है कि पाठ का सत्य शब्दों के भीतर ही होता है शब्दों के बाहर तो वह पकड़ में नहीं आता है। कहानी का रंगमंच इसी दृष्टि से कहानी के अन्तर्जगत को यदि विकृति करने का प्रयास नहीं करता है तो 'प्रस्तुति' को भुलाया नहीं जा सकता है।

निर्मल वर्मा की इन तीनों कहानियों का नाटकीय सत्य कहीं ठहरा हुआ निष्कर्ष नहीं है बल्कि अपने प्रवाह के जीवन का वह सौन्दर्य है जिसके लिए पाठक तरसता रहता है। फिर कहानी तो आस्था पर संशय की छाया है और संशय की छाया में आस्था की तलाश। इस कथा-रहस्य को समझते हुए ही इन कहानियों के निर्देशक ने अपने को कहानी के शब्द और कथ्य को थोपा नहीं है। 'तीन एकान्त' की नाट्य प्रस्तुति अपने पाठक को विस्मृति के अन्धकार से उबारकर स्मृति के आलोक में लौटाने-पाने का अनुभव है। यह अनुभव वह सच्चा मोती है जो हमें कलाकृति ही दे सकती है।

शिव के नीलकंठ की तरह है निर्मल वर्मा की डायरी

निर्मल वर्मा की डायरी, नोट्स, जर्नल्स 'धुन्ध से उठती धुन' पढ़ते हुए मुझे एक बहुत सजीव अनुभूति होती है मानों मैं एक पहाड़ी झरने में स्नान करने का अद्‌भुत सुख प्राप्त कर रहा हूँ। थकान को विदा करने के बाद शीतल जल से स्नान। यह निर्मल की डायरी जीवनानुभवों के हीरों की चमक लिए है कई तरह के संशयों-सत्यों का प्रत्यक्षीकरण। प्रकृति-लय में निमग्न लास्य-नृत्य करती राधा का मनमोहन-भाव। इसी मोहनभाव की लय से सम्पन्न वे जीवन काल में ही गद्य की सर्जनात्मकता से 'क्लासिक' ऊँचाई का स्पर्श कर सके और कहानी, उपन्यास और निबन्ध को दे सके नया मोड़। आरम्भ में अँग्रेज़ी में कविताएँ लिखने वाला निर्मल का 'कवि' बाद के लेखन में एक ऐसा गद्यकार बन गया जो कहानी, निबन्ध, यात्रावृत्त-संस्मरण, रिपोर्ताज, डायरी की समस्त विधाओं को फेंटकर अपने 'फ्यूजन' से लुभाने लगा। साथ ही सर्जन-प्रक्रिया और चिन्तन-क्षमता में सभी विधाओं का अलगाव छोड़कर समग्र जीवन-छवियों को साकार करने में समर्पित हो गया। 'धुन्ध से उठती धुन' एक ऐसा जीवन्त गद्य का दस्तावेज है जिसमें मानसिक अन्तःप्रक्रियाओं के सच, स्मृति के द्वार खोलकर सभी का स्वागत करते मिलते हैं। जीवन का चिन्तन मात्र अन्दरूनी शंकाओं तक न ठहकर गहरा सम्प्रेषण-व्यापार बना है। ऊपर की धुन्ध को भेदकर जीवन की आन्तरिक लय को प्राप्त करने और उस धुन को पकड़ने की कोशिश में 'केन्द्राप्रसारी' अर्थ ध्वनि का विस्तार बोध पाठक के बोध को अपने समय, समाज, साहित्य, संस्कृति, यात्रा, घर-परिवार का एक खास सन्दर्भ देती है।

आज भी भूलने के विरुद्ध है बरसों पहले निर्मल वर्मा के यात्रा-संस्मरण 'चीड़ों पर चाँदनी' का प्रखर सर्जनात्मकता से सम्पन्न स्वादिष्ट गद्य। इस गद्य ने न केवल हिन्दी-गद्य के मिजाज को बदला था बल्कि गहरे स्तर पर पाठक को भी बदलने के लिए विवश किया था। 'धुन्ध से उठती धुन' इसी का संशोधित विचार-विस्तार है।

वहाँ रचनाकार पश्चिमी दुनिया का रिपोर्टर था, यहाँ वह पूर्व और पश्चिम के अनुभवों को समेटता-सहेजता, अपने घर लौटने की तैयारी में प्रसन्न चिन्तन और आलोचनात्मक प्रज्ञा से सम्पन्न लेखक। जिन्दा और जानकारी से भरा सात्विक गद्य। अज्ञेय, जैनेन्द्र, मोहन राकेश, रघुवीर सहाय, मुक्तिबोध, मनोहरश्याम जोशी के गद्य से निर्मल का गद्य कितना अलग है। उसमें शब्दों का तप है और कसा हुआ कथन-संयम; साथ ही पैनी वक्रताओं की तेज अर्थ व्यंजनाएँ जिनमें एक छोटे-संक्षिप्त सूत्र वाक्य में एक गहरा जीवन सत्य आलोकित हो जाता है। निर्मल के लिए लिखने की आकांक्षा रेगिस्तान में खिलता हुआ फूल है जो शूलों को चुनौती देकर चिढ़ाने में कभी भयभीत नहीं होता। पश्चिमी और भारतीय मार्क्सवादियों-कलावादियों दोनों के ढोंग को उजागर करने वाला अज्ञेय जैसा निर्भय लेखक है निर्मल वर्मा। निर्मल के लेखक का पीछा पत्रकार करता है और अपने पत्रकार का पीछा करने में उनका लेखक कभी आलस्य नहीं करता है। फलतः लेखक-पत्रकार, दोनों मिलकर वह रचते हैं, वह चिन्तन प्रस्तुत करते हैं जिसमें हिन्दी गद्य की प्रखरता-प्रांजलता और तेजस्विता का तेज दीप्त हो उठा है। एक नयी गद्य-शैली यहाँ पुराने तट तोड़-छोड़ रही होती है।

निर्मल वर्मा के पास बीसवीं शताब्दी के उत्तरार्द्ध में मानववाद की छलनाओं के इतिहास की दहकती स्मृतियाँ हैं। स्मृति क्या है ? व्यक्तित्व वृक्ष की सुलगती टहनी। यात्राओं-यातनाओं को ढोती स्मृतियाँ—जिनमें 'अँधेरा' ज्यादा है, प्रकाश मन्द-मन्द धीमा। जिसमें आधा हिप्पी-आधा जिप्सी निर्मल का अरमान रहता है—तीर्थ यात्री की तरह कल्पवासी की तरह, पाप-पुण्य के कुम्भ मेले में भटकते मानव की तरह। निर्मल में पूरी तरह खाली होकर भरने की तैयारी और सभी धर्मों को त्यागकर कृष्ण के चरणों में समर्पित होने का भाव (यह भाव बाबावाद नहीं है जैसा कि कुछ आलोचक कहते है) इस भाव में अहं त्याग कर 'अकिंचन' हो जाने का कुमारस्वामी वाला चिन्तन है, 'मैं इस मेले में खाली होकर आया था। सब कुछ पीछे छोड़ आया था—तर्क बुद्धि, ज्ञान, कला, जीवन का एस्थेटिक सौन्दर्य। मैं अपना दुख और गुस्सा और शर्म और पछतावा और लांछना—प्रेम और लगाव और स्मृतियाँ भी छोड़ आया था। मैं बिल्कुल खाली आया था—खाली और चुप—क्योंकि शब्द बहुत पहले किसी काम के नहीं रहे थे। चुप और अदृश्य। मैं अथाह भीड़ में अपने को अदृश्य पाना चाहता था।' ('धुन्ध से उठती धुन', पृ. 136) भीड़ में अपने को सर्वसाधारण से मिलाता मानव। अपनी महानता की केंचुल उतार कर सबमें सबके साथ गाता-ठिलता साधारण मानव। यही 'असाधारण' में 'साधारण' मानव निर्मल के सर्जन का श्रेय और प्रेय है।

कुम्भ मेले में प्रागैतिहासिक स्मृतियों के आलोक से साक्षात्कार। असंख्य के बीच, प्रेतों के बीच में एक मानव प्रेत। निविड़ रहस्यमय अँधेरा—डूबते चाँद की

पतली पीली परत झर रही है—रेत के ढूहों पर अखाड़ों की पताकाओं पर फूस के झोंपड़ों पर। अमृत घर खोजते, हवा में उड़ते देवताओं के दर्शन। सीधी सड़क गंगा की ओर, पगडंडी संगम की ओर। 'उनके शब्द गाते हुए भजनों के कुछ पद उनकी थकी हुई आहें, उच्छ्‌वास छिटपुट बातें कानों में पड़ जाती हैं। लगता है, अँधेरे में मैं उनका चेहरा-मोहरा, वेश-भूषा न भी देख सकूँ तो भी सिर्फ शब्दों के उच्चारण बातचीत के लहजे से पता चल जाता है कि कौन मध्य प्रदेश से आया है, कौन बिहार से, कौन राजस्थान से। किन्तु ऐसे भी शब्द हैं जिन्हें मैं बिल्कुल नहीं समझ पाता।' जन-मन का गाता मौन। भारतीय लोक संवेदना से भरा का हृदय—गंगा से जमुना का मिलन। अन्तहीन यात्रियों की कतार। शताब्दियों से चलती हुई थकी, उद्‌भ्रान्त-मलिन, फिर भी प्रवहमान। यही भारतीय संस्कृति की लोकलय का सच्चा-बिम्ब है। 'पता नहीं कहाँ जा रहे हैं, किस दिशा को खोज रहे हैं, एक शती से दूसरी शती की सीढ़ियाँ चढ़ते हुए? कहाँ है वह कुम्भ घटक, जिसे देवताओं ने यहीं कहीं बालू के भीतर दबाकर रखा था? न जाने कैसा स्वाद होगा उस सत्य का, अमृत की उन तलछटी बूँदों का, जिसकी तलाश में यह लम्बी यातना भरी, धूल धूसरित यात्रा शुरू हुई है।' हजारों की लांग मार्च, तीर्थ-अभियान सूखे कंठ की अपार-तृष्णा—जिसे इतिहासकार 'भारतीय संस्कृति' कहते हैं। भारतीय संस्कृति की खोज का अर्थ है—जातीय स्मृति में जीवन-लय की खोज। इसी लय को पश्चिमी आधुनिकता मिटाना चाहती है। एक खास अर्थ में निर्मल वर्मा की डायरी और यात्रा-वृत्त 'आधुनिकता' के विरोध के एक प्रोटेस्ट नोट की ध्वनि को लेकर लिखे गये हैं। कुमारस्वामी पश्चिमी आधुनिकता को सत्यानाशी कहते थे—इसी पश्चिमी आधुनिकता से गाँधी-लोहिया डरते थे। यही पश्चिमी आधुनिकता 'प्रगति' के नाम पर 'स्मृति-विनाश' करना चाहती है—निर्मल डरते हैं इससे। क्यों डरते हैं? आधुनिकता में मानव की आत्मा का एकालाप गायब है। वह संवाद गायब है जिसे सिर्फ तीर्थ-संगम सुनता है। यही वह धड़कन जो विराट मौन सागर में लय होने वाला 'सन्त-चित्त' है। 'धुन्ध से उठती धुन' में निर्मल भारतीय संस्कृति के हिन्दू मन को मन के मर्म और कर्म को ध्यान-योगी की तरह टटोलते हैं। इस हिन्दू-मर्म में न आदि है, न अन्त—सिर्फ अनन्त है। जिसमें कोई 'अन्य' नहीं है—सब अपने हैं—'आत्मवत् सर्वभूतेषु' का दर्शन है। निर्मल लिखते हैं—"कैसा अन्त? क्या कोई जगह है जिससे हम अन्त कहकर छुट्टी पा सकें? जिस जगह एक नदी दूसरी में समर्पित हो जाए और दूसरी अविरल रूप में बहती रहे, वहाँ अन्त कैसा? हिन्दू मानस में कोई ऐसा बिन्दु नहीं जिस पर अँगुली रखकर हम कह सकें, यह शुरू है, यह अन्त है। यहाँ कोई आखिरी पड़ाव 'जजमेंट डे' नहीं है। और मरता कोई नहीं, सब समाहित हो जाते हैं, घुल जाते हैं, मिल जाते हैं। जिस मानस में व्यक्ति की अलग

सत्ता नहीं वहाँ अकेली मृत्यु का भय कैसा? मुझे रामकृष्ण परमहंस की बात याद आती है, 'नदियाँ बहती हैं, क्योंकि उनके जनक पहाड़ अटल रहते हैं।' शायद इसीलिए इस संस्कृति ने अपने तीर्थ स्थान पहाड़ों और नदियों में खोज निकाले थे—शाश्वत अटल और शाश्वत प्रवहमान—मैं एक के साथ खड़ा हूँ दूसरे के साथ बहता हूँ।''

हजारों स्मृतियों की धूप में पका यह गंगाजल क्या केवल मैला पानी है जिसे नायपॉल जैसे सर्जक समझ नहीं पाते और वह इस अँधेरी घायल-घावभरी सभ्यता संस्कृति में केवल मैल और गन्दगी देखते हैं। बाहर से देखने वाला आदमी केवल सतह को देखता है उस 'अन्तर्धारा' को नहीं महसूस कर पाता जो निर्मल और सदा-नीरा है—अपने अखंड प्रवाह के साथ। विदेशी संस्कृतियों के प्रहारों से क्षत-विक्षत भारतीय संस्कृति पर पड़े खून के धब्बे क्या धोए जा सकते हैं? संस्कृति के कीचड़ को साफ करने की कोशिश करनी चाहिए ताकि हम दुर्भाग्य की छूत से दूर हो सकें। निर्मल वर्मा के कुम्भ मेले का कमाया सच है क्या? लोक-संस्कृति की गंगा में अपने को मिला देना। ''पर मैं कहाँ अलग हूँ। घंटों से हजारों यात्रियों को गाता, नहाता, प्रार्थना करता देख रहा हूँ जो कीचड़ से भागते हैं तो उनमें भी नहीं हैं जो आस-पास से दिखते नहीं, उसमें रचे-बसे हैं। यह कौन-सी वर्जना है जो हर बार मुझे अन्तिम मौके पर पकड़ लेती है, अपने अकेलेपन की ओर खींचने लगती है? मेरा रिश्ता अपनी संस्कृति से वैसा ही है जैसा किसी व्यक्ति का यातनापूर्ण प्रेम में दूसरों से होता है—चाहना और निराशा से भरा हुआ। निराशा, जो धीरे-धीरे एक उदासीन, सुमन किस्म की वितृष्णा में बदल जाती है। उससे छुटकारा पाने के लिए ही मैं यहाँ चला आया हूँ—जैसे दूसरों को देखने से ही अपने को पा जाऊँगा।'' आजादी के बाद का खालीपन-निराशा-मोहभंग जिसने भारतीय जनता के मन में अवसाद भर दिया है। लेकिन जन-मन की लय को यह राजनीति नहीं तोड़ सकी है तभी तो लोग मकर संक्रान्ति, अमावस्था की अँधेरी रात में भाव-लय जीते हैं—यहीं रात-दिन सोएँगे-जागेंगे-गाएँगे। कथा-आख्यान, पूजा-पाठ, धर्म-दर्शन, पाप-पुण्य का 'भाष्य' करेंगे और इस डिस्कोर्स से यह अर्थ-ध्वनि ग्रहण करेंगे कि जीवन निराशा में डूबने के लिए नहीं है—यह मानव-देह ही नारायण का सबसे पवित्र मन्दिर है। घट-घट व्यापी कबीर के राम का इसी में निवास है। यही धर्मक्षेत्र-कुरुक्षेत्र है जिसमें नर के नारायण का प्रवाह चल रहा है। यहीं पर आस्था और आनन्द से जिओ-त्याग के साथ भोग करो। कोई यहाँ 'गीता' का भाष्य कर रहा है, कोई 'श्रीमद्‌भागवतपुराण' का नया 'पाठ'। कोई अद्वैत-वेदान्ती सन्त मायावाद-निवर्तवाद पर डटा है—तो कोई रामानन्दी-हनुमानलला वाला भजन गा रहा है। जाति-पाँति का कोई अर्थ नहीं है—हरिभजन-कीर्तन-भक्ति-भाव की चरमभूमि का नाम है—प्रपत्तिवाद।

प्रसिद्ध समाज चिन्तक और नयी कविता के भाष्यकार, रचनाकार निर्मल के

घनिष्ठ मित्र अपने इस मित्र को घास-फूस के पगोड़े में ले जाते हैं—"शायद ही ऋग्वेद की ऋचाओं का इतना मधुर ओजस्वी पाठ मैंने पहले कभी सुना हो। पाठ समाप्त होने पर मेरा परिचय वैदिक दामोदर शास्त्री जोगलेकर से कराया जाता है। वह कर्नाटक से प्रयाग आये हैं—सच्चे महाराज ने उन्हें विशेष रूप से कुम्भ पर्व पर ऋग्वेद का पाठ करने के लिए आमन्त्रित किया है। बातों-बातों में पता चलता है कि उनके पिता, पितामह भी वैदिक थे। वेद पाठ करके ही जीवन-निर्वाह करते थे। वह स्वयं बचपन से वेदों का अध्ययन करते आये हैं—अब यह उनका पेशा ही नहीं 'पैशन' बन चुका है।" निर्मल वर्मा में हम सभी जानते हैं भारतीय परम्पराओं को खोजने-समझने का 'पैशन' था। यह 'पैशन' ही उन्हें गाँधी-लोहिया, रामकृष्ण परमहंस, विवेकानन्द, अरविन्द और महर्षि रमण, जयप्रकाश नारायण और सुभाष, हजारीप्रसाद द्विवेदी और अज्ञेय, प्रसाद और विद्यानिवास मिश्र, विजयदेवनारायण साही और रमेशचन्द्र शाह की ओर खींचकर ले गया। गंगा, संगम, कुम्भ-मेला, साधुओं के अखाड़े, कीर्तन-प्रवचन, वेद-पाठ। सबकी परम्परा है। दरअसल ईश्वर कुछ नहीं है सिर्फ एक प्रवाह है जो हमारे भीतर बह रहा है। इस प्रवाह में जोगी-जती-निरंजनी भी बह रहे हैं और हिप्पी-गिटार वाले भी। कृष्ण की तरह क्राइस्ट भी बोलते हैं—'सब कुछ छोड़कर मेरे पीछे चले आओ। एक ऊँट सुई की नोक से बाहर निकल सकता है किन्तु धनी पुरुष स्वर्ग नहीं जा सकता।' एक बार फॉस्टर ने लेखकों के बारे में कहा था—वे आधी आँख से साहित्य को देखते हैं और आधी से रायल्टी को। उनकी अपनी मुक्ति सम्भव नहीं है—वे बाजारवाद के शिकार हैं। उनमें न टॉलस्टॉय का तप है, न गोर्की का तेज। वे तो स्वयं सभी तरह के महाआख्यानों के अन्त हैं—विचारधाराओं के श्मशान।

'धुन्ध से उठती धुन' के भीतर से गुजरने पर टी. एस. इलियट की एक पंक्ति दिमाग में घूमती रहती है कि क्या कृष्ण का यही मतलब था? हत्या, अपराध, सन्त्रास, यातना, आत्मनिर्वासन, श्रम का परायापन, अमानवीयता और अस्मिता का संकट और उस संकट से उत्पन्न विडम्बना। निर्मल के लिए स्मृतियों का संसार खुलता है जिसमें गंगा, संगम, अखाड़े, भजन, हनुमान मन्दिर, वेद-पाठी महाराज, डंडभू महात्मा, रेत पर चलती वृद्ध-दुर्बल माँ के साथ बंगाली लड़की, अँधेरी झोपड़ी, टिमटिमाती लालटेन—जिसके नीचे बैठकर वे 'डायरी' लिख रहे हैं और कह रहे हैं—शायद अन्त में स्मृति के ये अंक बचे रह जाते हैं, न इस धरती के न इस ईश्वर के—किन्तु दोनों को एक 'एपिक गाथा' में बाँधते हुए। मेरे लिए कुम्भ मेला अपने में बहता-अनलिखा महाकाव्य था, भारतीय-संस्कृति का तीसरा महाकाव्य—गरीबी, गौरव, सुख, यातना को एक

कड़ी में पिरोता हुआ। रिल्के के देवदूत का प्रतिरूप 'रिल्के' ने जिस 'एंजिल' से ईर्ष्या की थी—क्या इस दुनिया में उसका प्रतिरूप एक लेखक नहीं है—एक खबर लेने वाला हरकारा—दोतरफा दूत, जो ईश्वर की खबर मनुष्य को और धरती के सौन्दर्य की झलक ईश्वर को देता रहता है। इस 'डायरी' में उस हरकारे की गूँज-अनुगूँज हर ओर से सुनाई देती है।

कहानीकार निर्मल के मन में हर समय किसी अनलिखी कहानी के परिन्दे उड़ते हैं और स्मृतियों की खिड़कियों पर फन्तासी हर समय झाँकती रहती है, बाहर के दृश्य को अपने में भरने के लिए। उनका कहानी संकल्प उस गंगावासी का कल्पवासी संकल्प है जो कहानी गढ़ने में कभी ऊबता नहीं। निर्मल मानते हैं कि हर कहानी किसी संकल्प के भीतर से जन्म लेती है, आँधी से उठकर सम्पूर्ण की ओर जाती हुई। उसके कितने कटे-फटे हिस्से बाहर निकले रहते हैं, शीशे के कोनों की तरह, जिन्हें बाँधने वाला फ्रेम वह जिन्दगी है जिसे कतर-ब्योंत करने पर ही 'कहानी' बनती है। हर कहानी में जिन्दगी के खून भरे हाथ चिपके रहते हैं, एक कहानी की उतरी हुई थिगलियाँ, जो दूसरी कहानी के लिए पैबन्द का काम करती हैं।'

हार्वर्ड में निर्मल 15 अक्टूबर, 1992 के 'समय' को हेरते हैं। रेमंड कार्वर की अन्तिम पुस्तक के अद्भुत किस्म के 'कोलाज' से चमत्कृत जिसमें मृत्यु से पहले उन्होंने अपनी पत्नी के साथ अपने प्रिय लेखकों-कवियों के उद्धरण जोड़े थे। ''चेखव की कहानियों के अंश कार्वर की कविताओं में कुछ इतनी कोमल सर्जरी के साथ 'क्राफ्ट' किए गये थे कि वे उनका ही अंग जान पड़ते थे। चेखव की कहानियों की अलग-अलग पंक्तियों में सचमुच कविताएँ—मेरा उपन्यास (?) जब मैं यहाँ आया था—इसी, ऐसी ही धुँधली आकांक्षा में जन्मा था।'' निराकार साधना के भीतर से प्रकट होता है, उपन्यास का साकार रूप। इसलिए गोल्डमान के शब्दों में रचना की अन्तर्वस्तु की नहीं, अन्तर्वस्तु में रूप (फार्म इन द कान्टेंट) की आलोचक को विवेचना करनी चाहिए। यहाँ 'रूप' या 'फार्म' का अर्थ रूपवाद नहीं है—अन्तर्वस्तु के रूप के विश्लेषण का अर्थ है रचना के 'मेटा स्ट्रक्चर' अर्थात् रचना की मानसिक संरचना का ग्रहण—'विश्वदृष्टि' का भाष्य।

'धुन्ध से उठती धुन' में जीवन का बनता-बिगड़ता वह दर्शन है जो 'अनित्य', 'अनात्म' और 'दुख' की व्याख्या करता है। हार्वर्ड यूनिवर्सिटी में 'रिलीजन क्लास' को ज्वाइन करना और डायना आइस का बौद्ध धर्म पर लेक्चर सुनना। यह वही महिला थीं जिसने 'बनारस : द सिटी ऑफ लाइट' लिखकर प्रसिद्धि पायी। क्लास में 'योग' पर प्रवचन, पाँच मिनट तक ध्यान की अवस्था। जबकि निर्मल को मेडीटेशन का कभी अभ्यास नहीं। लेकिन यहाँ पाया कि ध्यान रिलीफ देता है। फिर अपना सृजन-अनुभव जोड़ा—''बढ़ती हुई उम्र में लिखना, पेंटिंग, म्यूजिक धीरे-धीरे कलाकार की

जिन्दगी के उन खाली हिस्सों को भरने लगता है जहाँ आकांक्षा बसती थी—शराब, सिगरेट, स्त्री, सैर—वह छोड़ता कुछ नहीं, सिर्फ पाने का मोह बदल जाता है। जवानी के दिनों में लिखना जीने की छाया में होता है, बुढ़ापे में जीना लिखने के आलोक में।'' लिखना-पढ़ना निर्मल के लिए प्रेमिका का प्रेम। एक किताब छोड़कर दूसरी के पास जाना ऐसे जैसे स्थायी प्रेमिका को छोड़कर दूसरी स्त्री के पास। उसका आनन्द हमेशा एक अपराध। कार्लोस फंउटोस के निबन्धों का गद्य पॉज के गद्य से कम आकर्षक। कार्लोस का 'हाईपिच' के फेनिल गद्य। लेकिन पॉज का गद्य कम बोलू और सात्विक। फलतः निर्मल ने पॉज से जिन्दा और जानकारी भरे हुए गद्य की कला सीखनी चाही है। फिर आंद्रे जींद के जर्नल की याद—दूसरा भाग। 'और अचानक मुझे लगा जैसे लेखक ने कहीं भीतर से मेरे गोपनीय अनुभव को अपनी अन्तर्दृष्टि से खोद कर सतह पर ला दिया है।' जींद फ्लाबे का उद्धरण देते हैं—'जब किसी युवा लेखक ने फ्लाबे से लिखने के बारे में सलाह माँगी तो उन्होंने कहा तभी लिखना शुरू करो जब बाहरी दुनिया तुम्हें सिर्फ माया (इल्यूजन) के अतिरिक्त कुछ और न जाने पड़े, जिसका वर्णन तुम्हें करना है।' इस उद्धरण के बाद आन्द्रे जींद ने अपनी डायरी में लिखा—'दरअसल वह चीज ही मेरे भीतर नहीं है जिसे हम यथार्थ और बाह्य जगत कहते हैं, उनका अस्तित्व उससे अधिक नहीं जितना मेरे उपन्यासों की दुनिया का अस्तित्व है।' निर्मल की कहानियों में पार्क हैं, पब हैं, बच्चे बहुत अधिक हैं। इन कहानियों का रचना लोक यूरोप है। ''महादेवी वर्मा की तरह आसपास के चरित्रों पर लिखना चाहूँगा यानी व्यक्तिगत जीवन से हटकर मित्रों, पशुओं, पुराने नौकरों, बच्चों, आदि के संस्मरण।...आत्मकथा के विवरण नहीं। पर आस-पास के जीवन की घटनाएँ मेरे लिखने के जीवन में हस्तक्षेप करती हैं। यात्रा-संस्मरणों में शहर के परिवेश के साथ मैं अपना रिश्ता खोजता हूँ। अपने को देखने का यह एक अप्रत्यक्ष तरीका है—आत्मकथा की विधा के रूप में नहीं। वैसे मुझे गाँधी, नेहरू, बर्ट्रेंड रसेल आदि की आत्मकथाएँ, टालस्टाय या वर्जीनिया वुल्फ की डायरियाँ बहुत अच्छी लगती हैं। वर्जीनिया वुल्फ की डायरियाँ ऐसा युद्ध स्थल हैं जहाँ वह अपने से लड़ती थीं।'' ('मेरे साक्षात्कार', निर्मल वर्मा, पृ. 156) निर्मल मानते थे कि लेखक की प्राइवेट जिन्दगी से उसके लेखन को समझने में कोई मदद नहीं मिलती, न कोई समझ। एलियट ने 'वेस्टलैंड' लिखी तो उसकी पत्नी पागल हो चुकी थी, सम्बन्ध का संकट था। यह आत्मकथात्मक कविता भी है। पर क्या इस जानकारी का कोई काव्यात्मक महत्त्व है? निश्चय ही नहीं।

'धुन्ध से उठती धुन' में निर्मल 'समाजवाद' की खबर लेने में नहीं चूकते। भारत के समाजवादी निर्मल के पीछे इसीलिए पड़ते हैं कि निर्मल पहला हिन्दी

का बड़ा लेखक है जिसने समाजवाद बनाम मार्क्सवाद की बखिया उधेड़ने के लिए 'भारत और यूरोप : प्रतिश्रुति के क्षेत्र' जैसी पुस्तक लिखी और अन्य अवसरों पर भी मार्क्सवाद की काली करतूतों को सप्रमाण उजागर किया। यहाँ 'डायरी' में लिखा 'समाजवाद ने मनुष्य के रिश्तों में कोई आमूल परिवर्तन नहीं किया, सिर्फ सम्पत्ति को व्यक्ति के हाथों से छीनकर राज्य के हवाले सिपुर्द कर दिया। भयंकर बात यह हुई कि इस प्रक्रिया में 'स्वामित्व' (Ownership) की भावना ही नष्ट हो गयी। जब तुम किसी वस्तु के स्वामी हो तो तुम उसके प्रति उत्तरदायी हो।...क्या गाँधी जी का 'ट्रस्टीशिप का सिद्धान्त' इसी दायित्व भावना में निहित नहीं हैं ? ईश्वर हमारा स्वामी है—जैसे हम उसके। और इसी 'परस्पर स्वामित्व' से प्रेम उत्पन्न होता है। राज्य-केन्द्रित समाजवाद मनुष्य को उसकी सम्पत्ति से वंचित करके उसकी दायित्व भावना को भी नष्ट कर देता है—जैसा हमने भूतपूर्व सोवियत समाज में देखा था जहाँ कोई किसी के प्रति जवाबदेह नहीं था।' काफ्का 'समाजवाद' से खिंचकर शायद ईश्वर की ओर मानव दायित्व की भावना से भरकर ही गये थे और टामस मान भी। ड्यूरा के उपन्यास अद्‌भुत यातना से भरे हैं—इस यातना का स्वाद जीभ में छाले पैदा करने वाले तेजाब से भरा है लेकिन सिमोनवेल अपनी पुस्तक 'वेटिंग फार गोदो' में कहती है—'मैं' होना गलत है।' सिमोनवेल कहती हैं कि 'मार्क्सवादी और समूची उन्नीसवीं शताब्दी की सबसे बड़ी गलती यह थी कि वे यह सोचते थे कि सीधा आगे चलते हुए वे एक दिन हवा में उड़ने लगेंगे।' उनमें 'बौद्धिक ईमानदारी' लापता रही। वे यथार्थवाद का भ्रम फैलाते रहे। निर्मल वर्मा ने 1993 में यह इच्छा जाहिर की थी अपनी 'डायरी' में कि वे कुछ पुस्तकें दुबारा चाहेंगे—(1) सोफोक्लीज के सारे नाटक, (2) भवभूति का उत्तर-रामचरित, भास और कालिदास के कुछ नाटक, (3) डिवाइन कमेडी-प्रथम भाग, (4) भगवद्‌गीता, (5) महाभारत के कुछ पर्व, (6) मॉन्टेन के निबन्ध, (7) ब्लैंशों, (8) युद्ध और शान्ति, बद्रर्स कारामजोब, (9) पाल वेलरी (सारे निबन्ध जो अँग्रेज़ी में उपलब्ध हैं)। कहना न होगा कि इन्हीं पुस्तकों से उनकी मनोभूमिका बनी थी और इनके ही 'संस्कार' उनके लेखन में सक्रिय थे। उनके निबन्धों का विचार जगत इन्हीं कृतियों ने आलोकित किया था। इन्हीं के कारण वे अरविन्द, विवेकानन्द, गाँधी, लोहिया, जयप्रकाश नारायण, टॉलस्टॉय, भवभूति, कालिदास में रमे रहे। विदेश में रहकर उन्होंने इन कृतियों से भारतीय परम्परा-संस्कृति-दर्शन-इतिहास-भूगोल आदि को खोज-खोजकर पाया था। इस दृष्टि से वे अज्ञेय और मनोहरश्याम जोशी के नजदीक थे और सहयात्री भी।

निर्मल के मन में यह विचार बार-बार पीड़ा उत्पन्न करता है कि हिन्दी आलोचना की विपन्नता का मूल कारण क्या है ? जब कि सर्जना के क्षेत्र में भारतीय प्रतिभा

किसी से पीछे नहीं। 'आलोचना के भटकाव' का क्या कारण? जबकि आलोचना साहित्य को जानने का तर्क पैदा करता है। आलोचना रचना को भेदकर उसके तर्क को क्यों नहीं गह पाती? ज्यादातर आलोचनाएँ रचनाओं के पीछे चलती हैं और जब पीछे चल पाना सम्भव नहीं हो पाता तो वे उनकी पीठ में छुरा भोंक देती हैं। एक तरफ कायरता, दूसरी तरफ हत्या। रचना की हत्या करके उसे अपने सिद्धान्तों की छाया बना लेना कुकृत्य है जबकि रचना हमेशा सिद्धान्तों से बाहर विचरती है। दुर्भाग्य यह है कि जहाँ रचना है—वहाँ हम जाते नहीं हैं। जहाँ जाते हैं—वहाँ रचना नहीं। हम मार्क्सवाद की ज़ंजीर से बँधें या उदार मानववाद की ज़ंजीर से। ज़ंजीर, ज़ंजीर ही है। खूँटों से बँधी आलोचनाएँ रचना से न वाद-विवाद कर पाती हैं, न संवाद। वे राजनीति के कीचड़ में सनकर रचना के मर्म को छिपाती हैं। निर्मल का विचार है कि समकालीन आलोचना में सिर से पैर तक राजनीति के कीचड़ में गर्क नामवर सिंह राजनीति के योद्धा हैं, खिलाड़ी हैं, साहित्य के मर्मी विश्लेषक नहीं। उनकी आलोचना रचना में चमकती बनैली-बिल्ली का सामना नहीं कर पाती। वे 'रिडक्टिव आलोचक' हैं और अपने प्रिय मुक्तिबोध तक का बेड़ा गर्क करके दम लेते हैं। वे 'कविता के प्रतिमान' के नाम पर हथकड़ी पहनाते हैं रचना को। 'बदलाव को आँकने के लिए सिर्फ कलाकृति के नयेपन को पहचानना काफी नहीं है, बल्कि उसमें अस्तित्व ग्रहण किये स्वयं हमारे संस्कार, परम्परा-बोध और अतीत के परिदृश्य में जो एक नयी अन्तर्दृष्टि और समझ मौजूद है, उसे भी जानना जरूरी है।' ('भारत और यूरोप : प्रतिश्रुति के क्षेत्र') हिन्दी आलोचना में निर्मल वर्मा आलोचना की सही समझ को मलयज, रमेशचन्द्र शाह, कुँवरनारायण और अशोक वाजपेयी में तो पाते हैं, नामवर सिंह और रामविलास शर्मा में नहीं। यहाँ पता नहीं विजयदेव नारायण साही, लक्ष्मीकान्त वर्मा, जगदीश गुप्त और रामस्वरूप चतुर्वेदी आदि का नाम निर्मल कैसे छोड़ गये जबकि इनमें उनकी दृढ़ आस्था रही है।

हमारी आलोचना की विपन्नता के मूल कारण पर निर्मल 'धुन्ध से उठती धुन' में लिखते हैं—''हार्वड की क्लास में' फिक्शनल आत्मकथा का कोर्स। वे सब उपन्यास उसमें शामिल हैं जो 'आत्मकथा' या जो प्रथम पुरुष की शैली में लिखे गये हैं....दॉस्तोयवस्की के 'नोट्स फ्राम द अंडर ग्राउंड', क्नूत हाम्सुन का 'भूख', आन्द्रे जींद का 'इम्मारेलिस्ट' आदि। अध्यापिका का ढंग कुछ यान्त्रिकता से भरा है किन्तु वह अपने प्रश्नों से विद्यार्थियों के बीच बहुत दिलचस्प और उत्तेजक बहसें छेड़ने में सफल होती है और विद्यार्थी अठारह-उन्नीस वर्ष के लड़के-लड़कियाँ, उनकी प्रगल्भता, पुस्तकों के टैक्स्ट के प्रति उनकी तर्कशील, विश्लेषणात्मक दृष्टि और सतर्कता कितना प्रभावित करती है। भारतीय कॉलेजों के छात्रों से कितना भिन्न

है ये। बड़े होकर यही छात्र 'आदर्श पाठक' बनते हैं जिन पर हर लेखक गर्व कर सकता है। सबसे उल्लेखनीय बात मुझे यह लगी कि क्लास में जिस पुस्तक की चर्चा हो रही होती है, सबसे पहले उसकी विषयवस्तु पर नहीं, कहानी पर नहीं उसकी अन्दरूनी संरचना (फॉर्म) पर ध्यान केन्द्रित किया जाता है। उसका ढाँचा, शिल्प, आन्तरिक प्राविधिकी—वे सब कल-पुर्ज़े जिनसे किसी उपन्यास की भीतरी मशीन चलती है—यह एक ऐसा पहलू है, जिसकी हमारी साहित्य कक्षाओं में सबसे अधिक उपेक्षा की जाती है। क्या यह हमारी आलोचना की विपन्नता का मूल कारण नहीं है?'' रचना के टेक्सट से जो सम्प्रेषित होता है—वह क्या पाठक की गलतफहमी का शिकार नहीं होता जिसे हम रीडिंग नहीं, 'मिसरीडिंग' नाम देते हैं। क्या सम्प्रेषण के संकट का बीज उस दूरी में है जो पाठक और समाज के बीच आधुनिकता ने पैदा की है। क्या हमारी स्मृति और संस्कारों के जो सन्दर्भ-स्रोत हैं वे तो सूख नहीं रहे हैं? जिस समाज-संस्कृति-परम्परा में वे स्रोत सूख जाते हैं उसमें लिखित शब्द का अर्थ सम्प्रेषित नहीं होता। साहित्य में आलोचना और सम्प्रेषण को लेकर अज्ञेय और निर्मल की चिन्ताएँ लगभग एक-सी रही हैं। जीवनभर निर्मल की समस्या ईश्वर में आस्था का होना नहीं रही है जो जीवनभर आध्यात्मिक रोगों की बीमारी से ग्रस्त रहे। अकेले में ईश्वर उन पर सवारी करता रहा और वे ईश्वर पर। दोनों में लम्बा प्रेम-संवाद चलता रहा लेकिन वे इस संशय से न उबर सके कि पाप-बोध की यातना बड़ी दारुण है। केवल हिन्दू-धर्म सन्ताप का सत्य पाने की जुगुत करता है और इस जुगुत में निर्मल की आस्था है। वाल्टर बेन्जामिन की आकांक्षा अक्सर 'आत्महत्या' में गर्क मिलती है। वह मृत्यु के प्रति गहरा सम्मोहन महसूस करते थे। हशीश और लिखने में उसका पूर्वानुमान लगाया करते थे। जिन्दगी को शुद्ध रूप में पाने की आकांक्षा। निर्मल में आस्था ने आकांक्षा को जीत लिया है।'आतंक की विचित्र-अनुभूति'। अपने पर गहरा अफसोस। अपने अतीत पर कभी इतनी नंगी वास्तविकता से नहीं सोचा था, जितना पिछले कुछ दिनों में। त्रास का अहसास। कैसे मैं इतने सँकरे दरवाजे से बच निकला, चमत्कार! कितने लोगों को ठेस पहुँचाई, दुखी किया, फिर भी उन्होंने मुझे रहने दिया—'कितनी और कैसी कीमत पर।' फिर यह अवसाद क्यों? हार्वर्ड की 'आर्कीटाइप-स्मृति' में प्रकृति-लय, एक सिम्फनी। संगीत लहरियों की गूँज। शिशिर के पतझड़ी दिनों की याद, यूनिवर्सिटी का उत्सवी आनन्द। निर्मल ने भरे-पूरे जीवन का आर्केस्ट्रा सुना-गुना। अस्तित्ववादी-चिन्तन का निर्मल पर बहुत दूर तक असर है लेकिन वे अस्तित्ववादी नहीं है मूलतः वे लोहियावादी समाजवाद के कायल रहे हैं।

कला-संगीत-कलाकृति पर उनकी टिप्पणियाँ बड़ी मार्मिक और धारदार। देखिए ऐरिक हैलर की पुस्तक 'टॉमसन' पर एक गहन, तीखा, मर्मभेदी विश्लेषण—

''आलोचना का आदर्श जहाँ एक लेखक के 'ग्रीन रूम' में उसके सब मुखौटों के सत्य को परखा जाता है, दर्शन के शुष्क, रूखे चौखटों से निकलकर उसकी तार्किकता को छोड़े बिना, आलोचक की दृष्टि लेखक की समूची सृजन-सृष्टि के साथ घुल-मिल जाती है। हैलर की पुस्तक सिर्फ मान पर नहीं है। वह कला के उन अँधेरे, अनर्थकारी पहलुओं को प्रकाश में लाती है जिन्हें एक लेखक जीवन के समक्ष अवस्थित करता है।'' कला, मुक्ति का स्रोत नहीं, बल्कि एक अभिशाप, आत्मा का रोग, ईश्वर का काला पक्ष। क्या इसे जान लेने के बाद उन सब छात्रों की 'स्क्रीनिंग' नहीं होनी चाहिए जो यूनिवर्सिटी में 'क्रिएटिव राइटिंग' का कोर्स लेना चाहते हैं। विदेशों की नकल पर भारत के विश्वविद्यालयों में 'क्रिएटिव राइटिंग' का कोर्स चलाया गया है। विदेशों से पैसा आया लेकिन इन पाठ्यक्रमों की छाती पर वे अयोग्य महाशय बैठ गये जिनका सर्जनात्मकता से कुछ भी लेना-देना न था। केवल कोर्स पर क़ब्ज़ा और प्रभुत्ववाद का विस्तार। नतीजा यह हुआ कि इन पाठ्यक्रमों की बधिया बैठ गयी है। निर्मल प्रायः अतिथि की आँखों से भारत के विश्वविद्यालयों, मुक्त विश्वविद्यालयों को देखते रहे। विटगेन्स्टाइन, सिमॉनवेल, फ्लाबे, रिनपोचे, काफ्का, वर्जीनिया वुल्फ को पढ़ने वाला निर्मल अपनी डायरी में 'भारत' को खोजता है तो अचरज होता है। धमनियों में गूँजती पॉज, मौरीश ब्लैशों, कामू, मार्लिन मुनरो, फ्रांसिस फूकोयामा के विचारों की बजती धुन। धुन में धुँधले प्रेम की अथाह उमड़न, लालसा, वासना-लगाव, स्वप्न, यातना, भय-आतंक, उदासी और अवसाद में खोया निर्मल वर्मा का मन। नोवालिस के शब्द दुहरा रहा है—''हम सत्य नहीं पा सकते। केवल अपने भ्रमों के आइने से उसकी उपस्थिति का आभास पा सकते हैं।'' जीवन एक बहुत विशाल टेक्स्ट 'पाठ' है एक अधलिखा-तीसरा महाकाव्य। प्रकृति में लिखा महाकाव्य प्रकृति पर लिखा महाकाव्य जिसे भारतीय भाव से निर्मल वर्मा पढ़ते हैं। ठीक 'रास्ते पर' आकर वे उपन्यास लिखते हैं—डायरी, पुस्तक समीक्षा करते हैं। 'धुन्ध से उठती धुन' कहती है—'पीड़ा में पक्षी' का क्या अर्थ-सन्दर्भ ? 12 जून 1973 में निर्मल के मन में प्रश्न उठा था कि क्या सम्पूर्ण निराशा में लिखना सम्भव है ? काफ्का आखिर तक लिखते रहे थे और वे लोग भी, जो मृत्यु को जानते थे। किर्केगार्द आत्मा से प्रश्न पूछते ही रह गये। जवानी में समय भागता है, बुढ़ापे में ठहर जाता है, सिर्फ मृत्यु भागती है हमारी तरफ। निर्मल को रिल्के का वह कथन घोर निराशा को चीरता हुआ याद आता है—''माल्टे, हमें कभी आकांक्षा करना नहीं छोड़ना चाहिए।'' लिखने की आकांक्षा एक पूर्ति है और इस तरह की आकांक्षाओं का कोई अन्त नहीं। अकेलेपन में अपने से पूछो क्या लिखना अनिवार्य है ? और यह मानकर चलो कि बिना ईश्वर में विश्वास किये कोई सन्त नहीं हो सकता। मैं जानता हूँ कि ईश्वर में विश्वास करने वाला निर्मल वर्मा सन्त लेखक है। उसका

कलाकार संसार को छोड़ता है ताकि उसे अपने सृजन में पा सके और यथार्थ को जीवित कर सके। निर्मल माया के यथार्थ और यथार्थ की माया के पीछे जीवनभर भागते रहे। उन्हें टामस मान का यह कथन प्रेरणा देता है—लिखना एक सक्रिय किस्म की उम्मीद है। एक रचनात्मक आस्था।

'डायरी' में निर्मल 'अच्छा' और 'महान्' उपन्यासकार के फ़र्क़ को समझाते हैं—एक अच्छा उपन्यासकार अपनी सहानुभूति को बराबर-बराबर मात्रा में सब पात्रों को देता है, एक महान् उपन्यासकार अपनी सहानुभूति के विरुद्ध संघर्ष करता है।

पूर्व-पश्चिम के इतिहास को लेकर निर्मल जीवन भर वाद-विवाद में उलझते रहे और इस विचार-संघर्ष के बाद पाया कि "हमें पश्चिमी सभ्यता को इतिहास के सन्दर्भ में देखना चाहिए, क्योंकि इतिहास ने उसे पाला-पोसा है। इसके विपरीत भारतीय संस्कृति के सन्दर्भ में हमें इतिहास को देखना चाहिए। क्योंकि उसने इतिहास को अस्वीकृत करके अपना अस्तित्व बनाया है।" इस मूलभेद को समझकर ही हम दोनों को इतिहास और संस्कृति की सही समझ पा सकते हैं। जो नहीं समझते वे भारतीय इतिहास की गलत व्याख्या करते हैं और संस्कृति चिन्तन का नाश कर देते हैं।

आन्द्रे जींद के जर्नल्स के अन्तिम पृष्ठ पढ़ते हुए उन्हें ध्यान आया कि देह और आत्मा के सम्बन्ध में वे जो कहते हैं उस पर हमेशा विश्वास करता आया हूँ। जींद की तर्कशक्ति एक उज्ज्वल चमकीली लौ की तरह चमकती है—लौ की तरह सुलगती रहती है—"अपने को मुक्त करना कुछ भी नहीं है, मुक्त रहना (बीइंग फ्री) यह कठिन काम है।" फिर हम कितनी कोशिशें क्यों न करें, चीज़ों के रूप के पीछे हम वास्तविकता को नहीं पकड़ सकते। इसका भयानक-सा कारण यह हो सकता है कि चीज़ों के अनुभव से अलग उनकी कोई अलग वास्तविकता नहीं है। सिर्फ उथले लोग यह कहते हैं कि चीज़ों को उनके बाहरी रूप से नहीं जान सकता। दुनिया का असली रहस्य दृश्य में निहित है, अदृश्य में नहीं। निर्मल के लिए आस्कर वाइल्ड का यह कथन सच है लेकिन अद्वैत वेदान्त को जानने वाले के लिए यह भ्रामक कथन है। पैगन संस्कृति इस तरह के कथन स्वीकार नहीं करती। साहित्य हमें पानी नहीं देता सिर्फ प्यास का बोध कराता है। नाटक में ट्रेजेडी क्या है—मंच पर कुछ जीवन-तत्त्वों की तीव्र अभिव्यक्ति। कॉमिक भूमिका अदा करने पर भी महान् अभिनेता ट्रेजिक होता है—वह जीवन के सुखद सन्तुलन को भंग करता है। अज्ञेय और जैनेन्द्र की तरह निर्मल रात-दिन सोचने की पीड़ा से ग्रस्त रहे हैं—निरन्तर तनाव में जीने वाले सर्जक। आत्मीय अँधेरे के एकान्त में बैठे वे अरेंड्ट की पुस्तक 'हिंसा' पढ़ रहे होते हैं या हाइनरिख व्योल के उपन्यास को पढ़कर सराह रहे होते हैं—"बहुत सच्ची किताब। इस प्रेरणादायक उपन्यास को पढ़ते हुए निर्मल को अपना वह उपन्यास याद आता है वह आत्म

जीवनी सरीखा उपन्यास जो प्राग में शुरू किया था और जो अपने अधूरेपन में मुझे आज भी त्रस्त करता है।" निर्मल निरन्तर अपने को खोजते हैं और खोजकर निकालने का प्रयत्न करते हैं। इस प्रयत्न में कहते हैं—"क्या मैं एक ही समय में 'सच्चा' और 'कलात्मक', दोनों हो सकता हूँ? क्या हम पूरी ईमानदारी से जीवन के कच्चे माल को एक कलाकृति में परिणत कर सकते हैं? क्या कला जीवन के झूठों को अपने में समा सकती है, काले जहर की तरह—जिसका निशान शिव के कंठ की तरह ही—उसकी सही पहचान बन जाता है।"

शिमला हो, प्राग हो—हर दृश्य को निर्मल की आँख एक रेखाचित्र में बदलकर देखती है और रेखाचित्र में संस्मरण, रिपोर्ताज, कहानी की एक साथ लयभरी उठान। प्रकृति सुन्दरी के धुले उजले यौवन की मांसल-ऐन्द्रिय उठान। पर्वत की ऊँचाई पर देवता का मन्दिर और नीचे ढलान पर ताकते पहाड़ियों के लड़लखड़ाते पैर। ठर्रा शराब में नहाई-बसन्ती-बयार। शोर करता हवा में संगीत।

'बर्फ़ पर दो छायाएँ' मुक्तेश्वर से आयोवा तक 1975 से 77 तक का पसरा समय। भारत में आपातकाल की काली छटाओं से पटा-ठिठका-चिन्ताग्रस्त जीवन। गढ़ मुक्तेश्वर के लोकल स्कूल के मास्टर के द्वारा नसबन्दी की चर्चा। वे कुमाऊँ की लोक चित्रकला की परम्परा पर शोध-कार्य करना चाहते हैं। उन्होंने निर्मल का ध्यान एक दिलचस्प तथ्य की ओर दिलाया कि आम धारणा के विरुद्ध लगभग तमाम लोक चित्र गाँवों में नहीं, नगरों में बनाए जाते हैं। कारण यह कि गाँवों में इतनी हाय-हाय भरी दरिद्रता निवास करती है कि गरीबों को कलाओं के लिए अवकाश ही नहीं मिल पाता। वे गरीबी से ध्यान हटाकर नाच-गाने में समय बिताते हैं तभी तो कुमाऊँ लोक संगीत इतना समृद्ध है।

नसबन्दी का प्रमाण एक होस्टल में ठहरा हुआ था, वहाँ कल रात मिला। पशु-चिकित्सा के ट्रेनिंग वाले डाक्टर कमरों में ठहरे। वे एक ठसाठस भरी एम्बुलेंस गाड़ी में भरकर लाए गये थे' नसबन्दी के 'आपरेशन' के बाद। वे मवेशी-से जान पड़ते थे मानो बाड़ों से खदेड़कर यहाँ भेजा गया हो। सबके चेहरे विवश मुरझाए—खिसियाए। क्या करें, लुटे हुए लोकतन्त्र की तानाशाही। सत्ता का अधिनायकवादी चेहरा। जीर्ण-शीर्ण कपड़ों में पचास अध्यापकों की नसबन्दी। रघुवीर सहाय की कविता 'राष्ट्र-गीत में भला कौन वह भारत-भाग्य-विधाता है' की क्रूर तस्वीर की स्मृति। बचपन से 'अन्तर्मुखी' निर्मल और लेखन में भी 'अन्तर्मुखी' निर्मल वर्मा। इन अध्यापकों को एक 'पाठ' में बदलकर इनका दमित अर्थ करते हैं—बहुलार्थक बेचैन करने वाला असहनीय अर्थ। यह बोध जागा कि कलाकृति सिर्फ आन्तरिक अनुभूतियों को स्फुरित करने का साधन नहीं है—वह उससे कुछ अधिक है, वह उस वस्तुगत सत्य से हमारा साक्षात्कार कराती है जो एक चित्र या संगीत-रचना में मूर्तिमान होती है, जिस

पर हमें अपनी अन्तर्मुखी भावनाओं को प्रक्षेपित नहीं करना चाहिए। इसी में एक कलाकृति के सौन्दर्य और उसके सत्य का रहस्य निहित है। कविता का सत्य रिल्के ने सिजाँ के चित्रों को देखकर प्राप्त किया था, इसीलिए वह सब्जेक्टिविटी से उठकर अपनी कविताओं को अधिकाधिक 'वस्तुगत' बनाना चाहते थे। क्या एक तरह से बाद में एलियट ने 'निर्वैयक्तिकता' का सच इसी सूत्र में नहीं खोजा था? कला के इसी सत्य को 'निज मोह संकट निवारण कहकर भारतीय 'साधारणीकरण सिद्धान्त में नहीं खोजते रहे क्या? कितना लम्बा वाद-विवाद चला और चला अनन्त-भाष्य का दौर।

निर्मल का मन रमता है—कुमाऊँ गप्प, बादल, शाम, झींगुर, निरनिर की आवाज, पक्षी-कलरव, तितीरी की बनैली चीख में। दो अध्यापकों की छायाओं के साथ सैर और चाय। यही तो जीवन है, जीवन के छोटे-छोटे सुख। आरोपित संयमों से भर-भराकर ढहाने के बाद जीवन का सुख। फिर एक दिन महाराज जी से मिलने गया—यह जानने कि एक साधु-संन्यासी कैसे जीता है? कैसा होता है उसका अकेलापन। महाराज अकेली घड़ियों में कविता लिखते हैं और निर्मल का चेहरा देखकर कहते हैं—तुम्हारा चेहरा नग्न सम्राट् से मिलता है।

इस 'डायरी' की विशेषता है कि इसमें निर्मल का बेचैन चिन्तक कभी भी खर्राटेदार नींद नहीं सोता। श्वान निद्रा, वक ध्यान में लीन हर क्षण कला-कलाकृति, सौन्दर्य-आस्वाद, पाठक और समाज, कला को आलोचना पर सोचते हुए थकता नहीं। वह रचनाकारों को सलाह देता है—"हमें उन चीज़ों के बारे में लिखने से अपने को रोकना चाहिए जो हमें उद्वेलित करती हैं—जैसे बादलों में बहता हुआ चाँद, हवा की रात और हवा, अँधेरे में झूमते हुए पेड़, पहाड़ों पर चाँदनी का आलोक, स्वयं पहाड़ और उसकी निस्तब्धता—इन सबको अभिव्यक्त करना ज़रूरी नहीं है, न ही इन्हें नाम देने की कोशिश करनी चाहिए। वे अपनी भावमुद्रा में बहुत रहस्यमय और 'इल्यूसिव' हैं। किन्तु जब हम लिख रहे हों तो इन सब चीज़ों के 'इम्प्रेशन' हमारे भीतर मौजूद रहने चाहिए—एक तरह का ठोस आलोकमंडल, जो चीज़ों की गहराई और पार्थिवता को बरकरार रखता है और उन्हें स्वतः शब्दों में बदल देता है।" कहना न होगा कि निर्मल इस कला में कम उस्ताद नही हैं। उनकी सर्जना में 'प्रकृति' केन्द्र में रहती है। कहानी हो, उपन्यास हो, 'यात्रा-संस्मरण हो'—सभी में प्रकृति केन्द्र में है। इस प्रकृति लय की धुन ने ही निर्मल को कहानी-उपन्यास में कवि बना दिया है—कविता की शर्तों पर लिखी कहानियाँ इसी सच की साक्षी हैं। उनका काव्यात्मक गद्य अज्ञेय, मोहन राकेश, मनोहरश्याम जोशी, हिमांशु जोशी की याद दिलाता है।

कविता का, गद्य-कविता का एक भाव बिम्ब देखिए—"खिड़की से झाँका तो देखा, घास का एक छोटा-सा तिनका धूप में ठिठुर रहा है। वह एक चट्टान के

भीतर से निकल आया था—एक बहुत कमजोर-सा तिनका, जो शायद रातभर आँधी और बारिश से लड़ता रहा होगा। वह बच गया था और जीवित था। उसे देखकर मैंने सोचा 'कितना बहादुर है यह' कोई नहीं जानेगा कि जंगल के बीच इसने मृत्यु और मृत्यु के छिछोरेपन को पछाड़ दिया था। हमारी आत्मा भी इसी तरह है, इस तिनके की तरह। वह हमारे भीतर है और दिन-रात वह उन प्रहारों को सहती रहती है जो हम अपने पर और दूसरों पर करते हैं।'' ('धुन्ध से उठती धुन', पृ. 25) आत्मा मरती नहीं, हम मार देते हैं और एक दिन हमें भयानक अहसास होता है—जहाँ हमारी आत्मा थी, वहाँ एक मरी हुई चिड़िया औंधी पड़ी है, हमारे दिए हुए जख्मों में लथपथ।

पहाड़ पर जनमे निर्मल रचनाओं में पहाड़ों को कभी नहीं भूलते। इन पहाड़ों में निर्मल की आत्मा बसती है और आत्मा में शिमला के पहाड़—देवदार-चीड़-बुरूस के पेड़ और लंगूर और चिड़िया। इसलिए पहाड़ों का भावना गीत सुनिए—''पहाड़ पर चढ़ना एक विचित्र अनुभव है, जैसे हम एक-एक कदम ईश्वर की ओर जा रहे हैं। शुरू में हमें यह अभिमान होता है कि हम पहाड़ को जीत रहे हैं लेकिन चढ़ते-चढ़ते जब हम चोटी के पास पहुँचने लगते हैं तो भीतर एक गहरी अकिंचनता का भाव उमड़ने लगता है। किन्तु शिखर पर पहुँचकर हम बिलकुल बदल जाते हैं। न अभिमान रहता है, न अकिंचनता-दोनों ही ऊँचाई की पवित्र हवा में घुल जाते हैं। चोटी पर खड़े होकर आदमी और पहाड़ एक हो जाते हैं—जैसे ईश्वर के पास पहुँचकर मनुष्य स्वयं ईश्वर हो जाता है।'' इस तरह की दार्शनिकता में निर्मल वर्मा का मन चिरन्तन की अन्तर्यात्रा में सक्रिय रहता है। प्रश्न उठता है क्या यह एक सौन्दर्यवादी सन्त का बाबावाद है? यह बाबावाद पलायनवादी है या कर्मवादी?

उनके चिन्तन की मूलभूमि है—कला में कलाकृति में अर्थ की समस्या। प्रकृति का कोई अकेला अर्थ नहीं है—वह या उसका अर्थ उसकी अनिवार्यता में निहित है। जो है, वही उसका अर्थ है। जब कोई कलाकृति उस अनिवार्यता को उपलब्ध कर लेती है तो वह इतने सम्पूर्ण रूप में अर्थवान हो जाती है कि उसे अर्थहीन भी कहा जा सकता है। फलतः हर कला, हर महत्त्वपूर्ण कलाकृति, संयोग को अनिवार्य में बदलने की कोशिश है। कला चुपचाप यह कार्य करती है कि जीवन से रिश्ता बदल देती है। कलाकृति का टेक्स्ट विज्ञापनबाजी की तरह ठहरा उपयोगितावादी-कंज्यूमर कमोडिटी का टेक्स्ट नहीं है—वह निरन्तर पाठक के स्पर्श से प्रवाहमान अर्थ का 'टेक्स्ट' है जो कभी अर्थ से चुकता नहीं । हम निराला और अज्ञेय की कविताओं को न जाने कितनी बार पढ़ते हैं और हर बार पढ़ने पर नया अर्थ प्रकाश पाते हैं। कलाकृति का अर्थ सीमित उपयोगिता में नहीं—असीम को धारण किये

संरचना में निहित है।

निर्मल की 'डायरी' के गद्य में रंगीले जादू में बाँधने वाली वह मायावी लीला है जिसका जादू कभी खत्म नहीं होता। यहाँ असंख्य रंगों का अद्भुत ड्रामा ऐसा है जो उसे ग. मा. मुक्तिबोध की 'एक साहित्यिक की डायरी' से अलग करता है। मुक्तिबोध दुनिया से ज्यादा बहस करते हैं और उनकी बहस कभी खत्म नहीं होती। 'एक साहित्यिक की डायरी' साहित्यिक प्रश्नों-चिन्ताओं पर जीवन्त बहस का सर्जनात्मक दस्तावेज है जिसमें समानधर्मा समसामयिकों से करारी बहस है। निर्मल की 'डायरी' में बहस कम, कला के गम्भीर प्रश्नों पर गहन चिन्तन-मनन ज्यादा है। उनकी डायरी मधुमक्खियों का छत्ता है जिसमें देशी-विदेशी फूलों से संग्रह किया हुआ मधु है। अज्ञेय के शब्दों में 'स्वयं काल की मौना का मधु संचय'। केवल मधु संचय ही नहीं, वह जहर भी है जो उन्हें नीलकंठी शिव बनाता है। अमृत और जहर, दोनों का स्वाद। निर्मल पढ़ाकू इतने हैं कि पढ़ना एक नशे की तरह है—एक ऐसी लत, जिसकी तलब निरन्तर बढ़ती रहती है। इसी तलब में वे गोएटे की 'इटली यात्रा' और लेविस्ट्रास की 'त्रिस्से त्रापिक' पढ़ते हैं—फ्रांसीसी चिन्तकों में पास्कल से सिमॉनवेल तक और मोन्अन से काम्यू तक। वे अमूर्त से अमूर्त विचारों को जीवन्त और उज्ज्वल आवेगों में अनूदित कर सकते हैं। उनकी सैद्धान्तिक अवधारणाएँ भी काव्यात्मक अन्तर्दृष्टि से छनकर बाहर आती हैं—मांसल तात्कालिक और पारदर्शी। सार्त्र एक अपवाद हैं। उनकी बोझिल और असंगत और उलझी हुई शैली पर जर्मन विचारकों का असर साफ दिखाई देता है।' इस उलझी जटिल जर्मन शैली के विरोधी हैं—निर्मल वर्मा। फ्रांसीसी उन्हें लगता है कि स्वभाव से रूपकों में सोचता है—वह विचार और पैशन के बीच रूपक (Metaphor) को एक सेतु की तरह इस्तेमाल करता है। जहाँ एक की ठूँठ अमूर्तता दूसरे छोर पर सेन्सुअल भाव में घुल जाती है, उनकी कल्पना-शक्ति एक इमेज के द्वारा आकस्मिक छलांग लगाती है जिसमें तर्क का समूचा लैंडस्केप आलोकित हो उठता है।

इस फ्रांसीसी चिन्तन कला को भीतर से जानने-समझने के बाद निर्मल कहते हैं—'यथार्थ को पकड़ने की यह रूपक शक्ति क्या हिन्दू चिन्तन के निकट नहीं आती? उपनिषदों की विचार सूक्तियाँ और गीता में कृष्ण के प्रवचन -मानो मनुष्य का समूचा अस्तित्व (Being) चिन्तन का माध्यम हो जिसमें बुद्धि का रोल काफी गौण है, यह नहीं कि तर्क पद्धति को अस्वीकार किया हो। लेकिन यह सत्य पाने का मुख्य एजेंट नहीं, जैसा यूनानी चिन्तकों में था।' भारत में बार-बार लौटता निर्मल का मन वेद-उपनिषद, महाभारत, गीता को टटोलता है और मथकर निष्कर्ष निकालता है कि क्या यह महज संयोग था कि सुर्रियलिज्म का जन्म कहीं और न होकर फ्रांस में हुआ और माया के मर्म को पहली बार भारतीय आँखों ने भेदा था। माया, महामाया का

दर्शन और त्रिपुरसुन्दरी का नर्तन, काल-भैरव की छाती पर पाँव रखकर विश्राम करने का अनन्त सुख।

निर्मल जब भाव-चित्र बनाने पर आमादा होते हैं तो मुक्तेश्वर से लेकर अल्मोड़ा तक के सभी डिटेल, सूक्ष्म ब्यौरे फिल्म की तरह तैरने लगते हैं। जैसे पैदल यात्रा, लगभग तेरह मील। उतराई, नीचे शीलता का गाँव, देवदारु, चाय की दूकान, सेबों के बाग और पुराने खाली मकान। डाक बँगला, घिनाडू की डाड़ियाँ, लाल बुरूस के फूल । नाले, घास का ढेर ढोती हुई कुमाऊँ लड़कियाँ। पसीने की गन्ध जब वे पास से गुजर जातीं। नशीली और साफ और मेहनती और गदराई गन्ध। खच्चरों की घंटियाँ। काफले, काफल पाकू, बारिश की दीवार ऊपर से नीचे उतरती हुई, चीड़ों के झुंड, एक खाली मकान के आँगन में खाना खाता मानव। घुराड़ी नदी का पुल, दमतोड़ चढ़ाई, ढलती-दोपहर, खुबानी के पेड़, लंगूर, प्राचीन पत्थर और भीमकाय चट्टानें, कैक्टस, लोघिया गाँव, पीतल के चमचमाते चाय के गिलास, बस स्टैंड, अल्मोड़ा धुन्ध और बादलों में डूबा शहर, कीर्तन की ध्वनि, भीगा क्लान्त सूरज, होटल, मच्छर, रात।'

'धुन्ध से उठती धुन' को पढ़ने के साथ निर्मल के सृजन-कर्म पर ध्यान जाता है तो पाठक पाता है कि निर्मल और रिल्के में काफी असमानताएँ हैं। रिल्के दुनिया को 'देवदूत' के भीतर से देखते हैं—निर्मल 'मनुष्य' के भीतर से दुनिया को देखने का संकल्प लिए रहे हैं। रिल्के देवताओं से वार्तालाप करते थे—निर्मल प्रश्न पूछते हैं कि क्या यह एक उपन्यासकार के लिए सम्भव है? सम्भव हो तो भी क्या यह उसके लिए वांछनीय होगा? उनका वास्ता मनुष्य से है, देवदूत से नहीं। मनुष्य की अँधेरी भूल-भुलैया में गये बिना कथाकार उपन्यास की संभावनाओं को उजागर नहीं कर सकता। उपन्यास का काव्यात्मक मर्म एक तरफ मनुष्य के आतंक का गौरव, दूसरी तरफ उपन्यासकार मृत्यु और प्रेम के कीचड़ में लथपथ सत्य को निकालने में ही अपनी कला की सार्थकता मानता है। देवदूत का सुख सच नहीं है, सच है मनुष्य की यातना। काफ्का मानव मन के घाव को भरने में लगे रहे और विगेन्श्टाइन मानव मन के स्वप्न को। दोनों ही भटकते रहे सत्य को पाने के लिए—किन्तु सत्य उनसे दूर होता चला गया। इसी छलना में रिल्के छले गये देवदूत के चक्कर में।

निर्मल खुद सन्त किस्म के आदमी हैं। कौसानी की हवा पर पागल। पहाड़ चीड़ों की कतार हरी सीढ़ियाँ और बादल । इससे अधिक निर्मल को और क्या चाहिए? प्रकृति-औरत-प्रेम या फिर नन्दादेवी और त्रिशूल दर्शन। अज्ञेय ने नन्दादेवी पर कविताएँ लिखी हैं निर्मल ने नन्दादेवी को आँखें से पूजा है। कौसानी में कई तरह के लोगों से परिचय-प्रार्थना। प्रार्थना के बाद एक जज महोदय ने जब परिचय

पूछा ‘अपनी बारी आने पर मैंने हमेशा की तरह झूठ बोला—पत्रकार हूँ। मुझे आज भी अपने को लेखक घोषित करना कुछ दम्भपूर्ण जान पड़ता है। एक दूसरा कारण आलस्य है, मैं उन सब सवालों से बच जाता हूँ जो तुरन्त पूछे जाते हैं—क्या लिखते हैं? कहानियाँ। कैसी कहानियाँ, सामाजिक या मनोवैज्ञानिक? अँग्रेज़ी में या हिन्दी में? पत्रकारिता का मैला आँचल इन प्रश्नों को अपने में ढँक लेता है।’ निर्मल कहें कुछ भी, उनका कथन ‘इंटेशनल फैलिसी’ पैदा करता है। उन्हें निराला-जैनेन्द्र-अज्ञेय-राकेश की तरह हर समय याद रहता है कि वे रचनाकार हैं और कहानीकार हैं। जज साहब गाँधी युग के संस्मरण और बिनोवा के गाँव के अनुभव सुनाते रहे और कहते रहे पुराने गाँधीवादी अब हैं कहाँ? वे इमर्जेन्सी से इतना ज्यादा विक्षुब्ध थे कि कहने लगे कि मैंने 26 जून के बाद अखबार पढ़ना बन्द कर दिया है। सैर करते हुए निर्मल ने सोचा—आज हमारे देश में पुराने गाँधीवादी और कांग्रेसी उतनी ही सन्दिग्ध और शंकालु दृष्टि से देखे जाते हैं जैसे स्तालिनवादी युग में पुराने बोल्शेविकों और क्रान्तिकारियों को देखा जाता था। कैसी क्रूर विडम्बना है कि जो शासन, सत्ता जिन आदर्शों की माला जपती है, उसी के लिए वे लोग सबसे खतरनाक बन जाते हैं जो इन आदर्शों का पालन करते हैं ‘जज साहब को डर लगा कि एक पत्रकार के सामने इमर्जेन्सी की निन्दा और गाँधी-आश्रम का मैनेजर व्याकुल-बेचैन।’ निर्मल वर्मा के यात्रा-संस्मरणों-लेखों में ‘इमर्जेन्सी’ का काला जिन्न अवश्य आता है। भारत में इमर्जेन्सी का उनके लिए अर्थ रहा है—लोकतन्त्र की हत्या और बेरहम अधिनायकवाद। निर्मल 1977 नवम्बर में आयोवा गये। वहाँ कमरे के पीछे नदी और नदी के पार थियेटर। पगडंडी छूती यूनिवर्सिटी। पके दिनों की धूप-पतझड़। हर क्षण बदलते पत्तों के रंग। पेड़ों की फुनगियाँ लाल सुलगती हुईं। रात-दिन फाल-फाल क्या पत्तों का झरना। खिड़की से आती नीली रोशनी। आयोवा नदी पर बिखरते हजारों रंग। बगल में हंगेरियन मित्र के टाइपराइटर की आवाज, उपन्यासकार, व्यंग्य में बोलने वाले हँसमुख। सवेरे-शाम को उपन्यास लिखते और निर्मल सवेरे -उठकर। लेकिन हर समय उपन्यास लिखने का भूत सवार। निर्मल के लेखन में टुच्चापन नहीं है। सांसारिकता है, खुदगर्जीपन है किन्तु लगन है, चित्त-समाधि है।

हर घटना पर उनका चित्त एकाग्र हो जाता है। हो क्या जाता है, एकाग्र रहता है। कल रात शिकागो से लौटे तो देखा, ‘एयरपोर्ट पर ज्यों ही एक टैक्सी ली, एक नीग्रो लड़की का चेहरा दिखाई दिया। वह पहले से ही टैक्सी में बैठी थी। वह भी आयोवा सिटी जा रही थी। दिल्ली में यह घटना अकल्पनीय लगती कि आधी रात को आप टैक्सी लें, जिसमें पहले ही सत्रह बरस की कोई लड़की बैठी हो। फिर निर्मल का लड़की प्रेम अज्ञेय के लड़की प्रेम से कम तो था नहीं। अज्ञेय कांगड़े की

लड़कियों की गोरी-गोल खुली टाँगों का नियन्त्रण समझते हैं—और निर्मल यौवन मस्त लड़कियों के देह-संगीत की धुन-लय के मर्मी। यही दोनों के जीवन की प्रेम लय है—जीवन से कोहरेन्स खोजती लय। दोनों मानते हैं कि आज के मनुष्य का मन यौन-प्रतीकों से लदा हुआ है। दोनों की ख्याति में नारी-प्रेम का राग बड़ा रोल अदा करता है। ध्यान दीजिए, निर्मल पाते हैं—"मिशिगन एवेन्यू, नीग्रो पुरुष, खूबसूरत लड़कियाँ, हवा में फड़फड़ाती उनकी स्कर्ट्स, इतनी तेज हवा शायद किसी शहर में नहीं देखी। मैं तटस्थ दर्शक की तरह उन्हें देखता रहा, सड़कों पर, किताबों की दूकानों में। उनमें से अधिकांश लड़कियाँ चेहरे-मोहरे से यहूदी जान पड़ती थीं। यह कैसा उदास सुख था—आशवित्स कैम्प के मृतकों के सम्बन्धियों को शिकागो की सड़कों पर घूमते देखना।" रात के निर्मम मौन में करेल चापेक की कहानी याद करना फिर काफ्का की कब्र की याद। निर्मल स्मृतियों-परेशानियों-यातनाओं से बने रचनाकार हैं।

निर्मल की डायरी में एक शीर्षक है—'ईश्वर अगर फूल और वृक्ष है तो वह अपनी गन्ध और जड़ें आदमी में फैलाकर दम लेगा।' प्रकृति और मनुष्य एक-दूसरे के सहयोगी। पश्चिमी चिन्तन में मानव 'प्रकृति' का स्वामी। उसे रौंदकर उसका सब कुछ छीनकर दास बनाने वाला मनुष्य। लेकिन भारतीय चिन्तन या पैंगन-संस्कृति में मानव और प्रकृति एक-दूसरे के पूरक सहयोगी-सहचर मित्र, सखा, प्रेमी, परस्पर, अभिन्न।

अगर मानव अतीत को निर्ममता से चीर-फाड़कर 'पाठ' करता है तो वासनाएँ वर्त्तिका सी जलती मिलती हैं। फिर मानव अपनी खोई हुई पवित्रता और पावनता को इसी आग से पुनर्जीवित करता है। चीड़, देवदारु के साथ बीता निर्मल का बचपन हमेशा इनके साथ रहता है—शिमला के देवदारुओं की स्मृति। दहाड़ने वाली स्मृति—रिल्के की मनोदशा के आस-पास का आन्तरिक अव्यवस्थित जीवन। रानीखेत का समय प्रकृति में समर्पित समय। यहाँ वह रिल्के की तरह ईश्वर और सन्त की भीतरी दुनिया में सम्पूर्ण लगाव से प्रवेश कर जाते हैं। स्तान्ढाल की पुस्तक 'ब्रूनार्ड' की अनुभूति 'मानो पहाड़ी झरने का साफ-शीतल जल पी रहा हूँ।' पूरी पुस्तक जीवन-सत्यों का 'क्रिस्टलन' या प्रत्यक्षीकरण है। निर्मल पूरी तरह से नितान्त, निस्संग और प्रकृति-धुन को समर्पित। जीवन की उदास धुन्ध में प्रकृति की धुन्। यह धुन ही जीवनी-शक्ति देती है—संजीवनी है, प्रकृति की लय-गति ही उस पपड़ी को धोकर हटाती है जो आत्मा पर जम जाती है। आत्मा पर जमी धुन्ध की पपड़ी को धोकर प्रकृति अपने प्रकृत रूप में नया नैसर्गिक जीवन प्रदान करती है—वह नैसर्गिकता, जिसे नगरों की यान्त्रिकता-आधुनिकता और यातना ने छीन लिया है। प्रकृति का सन्देश है कि अपने एकान्त में रहकर ही पीड़ा से मुक्त रहा जा सकता है। यह सन्देश

कितना चिन्मय, भव्य, ग्रेसफुल, अन्तर्दृष्टि-सम्पन्न और शक्तिमान। आकाश के नक्षत्र और धरती में धँसे वृक्षों का जीवन दर्शन लेकर ही निर्मल जीवन को भव्य बनाने की 'फन्तासी' बुनते रहे। उन्हें पेसोआ का वह गीत भा गया—'ईश्वर अगर फूल और वृक्ष है। पहाड़ियाँ सूरज और चाँदनी। तब मैं इसमें विश्वास करता हूँ। तब मैं हर घड़ी उसमें विश्वास करता हूँ। तब मेरा समूचा जीवन एक प्रार्थना और यज्ञ है। आँखों और कानों में रचता एक समागम।'

बारिश में हर धुन पर धड़कता भवानीप्रसाद मिश्र की तरह का भोला मन, निर्मल वर्मा का मन है। बारिश में रिल्के के पत्रों का 'पाठ', जिसमें 'पाठक' ही 'पाठ' को नहीं पढ़ता 'पाठ' भी 'पाठक' को पढ़ता है— 'रीडर इन टेक्स्ट' का जादू। निर्मल जीवन और लेखन के बीच की खाई को पाटने का वरदान ईश्वर से माँगते हैं—रीतिकालीन भोगवाद को भोगने की तमन्ना नहीं रखते। उनकी कहानियों के नगर सच्चे हैं—उनका खरा अनुभव उनमें व्यक्त हुआ है। वे नगरीकरण के कहानीकार उपन्यासकार हैं। प्रेमचन्द और रेणु का गाँव उनके अनुभव का क्षेत्र नहीं है। वे उस क्षेत्र में जाते भी नहीं। उनके पास जो अनुभव-अनुभूति की पूँजी है—उसी में से रचते हैं। उन्हें चाहिए पढ़ना और उसमें रमना। ''होमर की 'ओडेसी', रिल्के के पत्र, काम्यू का 'रैबेल' और रात को सोने से पहले 'वुदरिंग हाइट्स'।'' कभी-कभार दुख इस बात पर होता है कि सोने से पहले की किताब। कभी भी फूटे मुँह निर्मल 'श्रीमद्भागवत' का नाम नहीं लेते। कितनी ही बहस कर लीजिए—देश-विदेश में 'श्रीमद्भागवत' से बड़ी और सदाबहार कविता कोई दूसरी नहीं है लेकिन निर्मल के मन का हिप्पी उधर जा नहीं पाता। वे केवल साँ एक्जप्यूरी की पुस्तक 'हवा, रेत और तारे' में बच्चों की तरह बिल में रहते है। उसके 'टेक्स्ट' का यथार्थ क्या है—नयी रीडिंग का नया स्वाद। हर बार एक नयी 'किताब' पढ़ने का अनुभव। इस पुस्तक की निर्मल के द्वारा समीक्षा देखिए—''यह एक असाधारण किताब है जहाँ साहस एक नये आलोक में प्रकट होता है, एक विस्मयकारी हीरोइक चमक में चमचमाता हुआ कोमल लेकिन दृढ़, छलछलाता हुआ। प्रेम सबसे अधिक धवल काव्यमयता से ओत-प्रोत। सिर्फ एक फ्रांसीसी ही ऐसी पुस्तक लिख सकता था। और कितना गहरा अकेलापन, जिसके गढहे से प्रेम एक फव्वारे-सा ऊपर उठा था। मुझे नही लगता, स्यानी गृहयुद्ध के सम्बन्ध में किसी ने इससे बेहतर लिखा है। उस युद्ध की निस्सारता में समस्त युद्धों की निस्सारता प्रकट होती है।'' कैसे पैन-नुकीले और मर्मी पुस्तक समीक्षक हैं निर्मल। उनके इस रूप की ओर हिन्दी जगत् का ध्यान लगभग नहीं गया है जबकि जाना चाहिए। काफ्का की डायरी यदि समुद्र का एक किनारा है तो निर्मल की 'डायरी' दूसरा अविस्मरणीय सागर तट। यह हिन्दी-साहित्य की वह निधि है जिसे ठुकराकर फेंकना कोई नहीं चाहेगा।

यह एक ऐसी साहित्य जिन्दगी पैदा करती है जिसमें कालिदास भवभूमि, रिल्के और काफ्का एक साथ आर्केस्ट्रा पर गाते मिलते हैं।

'डायरी' में 'ढलती शती का शोक गीत' है। 1980 में मास्को फीव-बुदापेस्ट की यात्राओं के अनुभव। भारतीय दूतावास का वह भाग रूस में जहाँ कभी नेपोलियन एक रात ठहरे थे। तातारों के हमलों से पीड़ा भोगा गिरिजाघर, तारकोवस्की की प्रसिद्ध फिल्म 'आन्द्रे रूबीलोब' की शूटिंग। अकसर निर्मल को ध्यान आता रहता है कि क्या 'फोर क्वार्टर्स' की तरह कोई उपन्यास लिखा जा सकता है? एक क्षण से दूसरे क्षण तक पवित्रता और पवित्रता, प्रार्थना ध्यान में जीना, आत्मा में विहार करना एकाग्र संकेन्द्रित मन:स्थिति में रहना। दरिद्र किस्म का 'सेल्फ' लेकर क्या करना। कभी-कभार उनका मन सिमॉनवेल के शब्द दुहराता है—'धर्म राहत नहीं, रोशनी है।' फिर दिल्ली के घर की बरसाती की याद। मीरा बेन की याद, जो इंग्लैंड से गाँधी के वर्धा आश्रम में आकर ठहरी थी। आश्रम में पक्षियों के झुंडों के उड़ने का दृश्य—यह दृश्य इंग्लैंड में कभी नसीब न था।

निर्मल को वॉल्टर बेन्जामिन की 'मास्को डायरी' पढ़ने के अनुभव में हर चीज़ के सूक्ष्मतम ब्यौरों को ध्यान से नोट करने की प्रवृति मिलती है। मिसाल के तौर पर डायरी का एक पन्ना सिर्फ अपने होटल के कमरे में रखी चीज़ों और फर्नीचर के बारे में लिखा गया है। हर छोटी-से-छोटी चीज़ उनकी अनूठी अन्तर्दृष्टि तले कायाकल्प कर लेती है। बेन्जामिन दुनिया की हर चीज़ का मन ही मन 'इंटरप्रटे' करते रहते हैं—परदे के पीछे छिपे सत्य को जानने के लिए बेचैन। दिलचस्प पहलू यह कि हर चीज़ का इंटरप्रटेशन मन की छलनी में छनकर बाहर आता है। उनके मस्तिष्क की 'वर्कशाप' में असाधारण एकाग्र चिन्तन की मेधा का कमाल। मास्को की आर्ट गैलरी में सिजाँ के एक चित्र को देखकर पेंटिंग के स्पेस में अपने अतीत के स्मृति स्थल देखना एक उनकी अभूतपूर्व खोज है। वे प्रेम और प्रेमिका लेकर नायाब अनुभव डायरी में दर्ज करते हैं। जिस तरह पक्षी पेड़ के पत्तों के झुरमुट में शरण खोज लेते हैं, उसी तरह हमारी अनुभूतियाँ उस देह की स्याह झुर्रियों, बेडौल चाल और अदृश्य त्रुटियों में आश्रय पा लेती हैं जिसे हम प्रेम कहते हैं। रास्ते से गुजरने वाला कभी नहीं जान पाएगा कि ठीक उसी जगह जहाँ स्त्री के दोष और दुर्गुण हैं—हमारी आराधना के तीर बिन्धे हैं।

अयोध्या की मस्जिद ढहा दी गयी तो निर्मल 'डायरी' में शान्त नहीं रहे। 9 दिसम्बर 1992 को दर्ज किया—"तीन दिन पहले अयोध्या मस्जिद ढहा दी गयी। कभी-कभी रात को नींद खुल जाती है और लगता है, यह एक दु:स्वप्न है जो बीत जाएगा और यह भाव और भी भयंकर लगता है कि मैं सो नहीं रहा, जाग रहा हूँ और यह असलियत है, ख्वाब नहीं। क्या डर का यथार्थ यह होता है? भारत

से जो खबरें आती हैं, उनका 'डिप्रेशन' अलग है। भोपाल, बम्बई जब मैं सोचता हूँ, कैसे लोगों को उनके घर से घसीटकर मारा जाता है, तो यह कल्पना ही असहनीय लगती है। उस भयावह यथार्थ के सम्मुख 'धर्म' जैसी चीज़ कितनी काल्पनिक जान पड़ती है।'' निर्मल के मन की अन्त:प्रक्रियाओं में एक देशभक्त बोल रहा है—वह हिन्दू नहीं जो 'धर्म' के नाम पर कीचड़ में धँसा हो। ऐसे निर्मल को कट्टरतावादी या 'हिन्दूवादी' कहना दुष्ट प्रपंचवादी बुद्धियों का झूठा प्रचार नहीं है क्या?

डॉटोथी डे की आत्मकथा पढ़कर निर्मल कई तरह के विचार व्यक्त करने निकल पड़े थे। आत्मकथा का शीर्षक है 'लम्बा अकेलापन'। समूचा जीवन 'जीवन का अर्थ' पाने का प्रयत्न। गरीबी के बाद वह कम्युनिस्ट पार्टी में गयी। कम्युनिस्ट पार्टी से निराश होकर वे कैथोलिक धर्म की ओर मुड़ी और उन्होंने अमरीका में एक रेडीकल कैथोलिक मजदूर संघ की नींव डाली। उनके समाचार-पत्र 'कैथोलिक वर्कर' के इर्द-गिर्द कई कम्युनिस्ट सेंटर स्थापित हुए। मजदूरों के कम्यून, जहाँ आन्दोलन में साथ रहने वाले कार्यकर्त्ता साथ रहते थे, पहली बार हार्वर्ड में रहकर मुझे इस तरह के जन-आन्दोलन का परिचय हुआ जो बींसवी शती के आरम्भ में अमरीका के जनसाधारण, इमीग्रेंट लोगों ने शुरू किये थे। डॉटोथी डे की आत्मकथा को पढ़ते हुए कैथोलिक धर्म को बहुत निकट से देखने-जानने का मौका मिला—एक धर्म सम्प्रदाय के रूप में। कितनी अद्‌भुत बात है कि संसार भर की आत्मकथाओं का डूबकर अध्ययन करने वाले निर्मल अपनी आत्मकथा लिखने से कतराते रहे। वे कहते थे कि सिद्धान्तत: मुझे नहीं लगता कि एक लेखक को आत्मकथा लिखनी चाहिए। मुझे अपना जीवन सार्वजनिक करने में गहरा संकोच होता है। मैं लिखना भी चाहूँगा तो आइकोन म्यूजियम—पन्द्रहवीं-सोलहवीं शताब्दी के आइकोन प्रतिमाएँ। यह स्थायी प्रदर्शनी नहीं है। गोर्की की आत्मकथा अनेक स्मृतियों के बन्द दरवाजे खोलती है। म्यूजियम के कक्ष में तेजस्वी चेहरे वाली लड़की स्कूली बच्चों को आइकोन दिखाने के साथ बाइबिल की कहानियाँ सुना रही है जिनसे बच्चे नितान्त अपरिचित। निर्मल के होटल के सामने मायकोवस्की की मूर्ति, वह मकान जहाँ उन्होंने आत्महत्या की थी। फिर मास्को में टॉलस्टॉय का घर। उन्हें मास्को आना पसन्द नहीं था, किन्तु सर्दियों में अपनी पत्नी के आग्रह पर इस घर में रहने आते थे। मकान में विराट् बैंकुएट हाल। उन्नीसवीं शताब्दी का समृद्ध सामन्ती परिवार। उसकी अन्तरंग झाँकी। 'युद्ध और शान्ति' की नताशा इसी मकान में रहती थी। फिक्शन और यथार्थ की सीमाएँ यहाँ आकर जैसे घुल-मिल जाती हैं। लेनिनग्राद में दॉस्तोयवस्की के घर का अनुभव एक नये उपन्यास से कम न था। निर्मल ने पुश्किन आर्ट गैलरी, इम्प्रेशनिस्ट चित्रकारों के चित्र, मातीस, पिकासो, ब्राक के

दुर्लभ चित्र देखे जिन्हें बीसवीं शताब्दी के रूसी व्यापारी खरीद कर लाये थे। फिर इसी संग्रहालय में बैन गॉग का प्रसिद्ध चित्र 'कनविक्ट्स' भी। यहाँ नगरी और कब्रगाह एक दूसरे से सटे बतियाते। चेख़व की कब्र पास ही चैपल, पत्नी और पिता की कब्र। गिरती हुई बर्फ़। 'भयानक सर्दी में मैंने अपना मफलर सिर पर साफे की तरह लपेट लिया।' स्मृतियाँ साकार—लेनिन हिल, नदी, पीछे विश्वविद्यालय का विस्तार, चेखव की कहानी 'मैं तुमसे प्रेम करता हूँ' इसी ढलान पर स्लेज पर उतरते प्रेमियों के बारे में लिखी गयी थी।

खेतों-खलिहानों में टॉलस्टॉय के उपन्यासों का एपिक विस्तार। मृतकों की आत्मा के लिए मोमबत्ती और फूलों का गुच्छा लिए स्त्रियाँ। दूसरे महायुद्ध के मृतक अलग, लेबर कैम्पों के मृतक अलग, साइबेरिया में निष्काषित सगे-सम्बन्धियों के मृतक अलग। लगता है, रूस में मृतकों की संख्या बीसवीं शती में सब देशों से अलग और ऑर्थोडॉक्स चर्च में लिपटी मध्ययुगीन क्रिश्चियनिटी की स्मृति। मास्को में आत्म-मन्थन, गहरे, अनन्त डिप्रेशन से सामना, करुणा की अन्तर्दृष्टि के अभाव में क्रूजा का अनुभव।

'कैंसर वार्ड पढ़ते निर्मल को 'नोवीमीर' पत्रिका की जानकारी। एक मित्र का कथन 'सोल्जेनित्सिन ने अपने मित्रों के साथ विश्वासघात किया।' क्या यह सच है? या सच कुछ और है जिसे छिपाया जा रहा है? पूरी बात एब्सर्ड थियेटर की गप्प। फिर कीवं के जिप्सी परिवार। हजारों साल पहले भारत से गये लोग—हमारे जैसे चेहरे-मुहरे। अचानक चेकोस्लोवाकिया और प्राग की याद। उभरी याद में हँसती लड़की। उसकी माँ कहती है—'हम तुम्हारे देश से आये हैं, मेरी लड़की से शादी कर लो। यह भी तुम्हारे साथ हिन्दुस्तान चली जाएगी।' सुन्दर नग्न सम्राट्-से चेहरे-मोहरे वाले निर्मल की सुन्दरता पर आसक्त लड़की। फिर सच्चे अर्थों में हैंडसम निर्मल वर्मा का पूरा रूपाकार-बिम्ब।

यहाँ निर्मल देख रहे हैं यूक्रेनियन चेहरे वाले ग्रामीण किसान जैसे लोग—"पिछले वर्षों के अन्धाधुन्ध औद्योगीकरण ने अपनी जमीन से उखाड़कर शहरों में ला फेंका है। शायद ही कोई कल्पना कर सके कि रूस में समूहीकरण के अभिशाप ने किसानों की एक पूरी पीढ़ी को कितनी निर्ममता से उन्मूलित कर दिया है। स्तालिन के लेबर कैम्पों से कहीं ज्यादा व्यापक पैमाने पर रूसी कृषक समाज का विनाश हुआ है। उनके मानसिक संस्कारों पर जो जख्म पड़े हैं, वह एक अलग त्रासद घटना है। आश्चर्य है कि जॉन कर्जर ने अपनी पुस्तक 'पिग-अर्थ' में जहाँ यूरोप के अन्य देशों में किसानी संस्कृति के विनाश के भयावह परिणामों का इतना मार्मिक विवेचन किया है, वहाँ रूस में होने वाले 'जेनोसाइड' का कोई उल्लेख नहीं किया। क्या अपने वामपक्षीय दुराग्रहों के कारण?" (वही,

पृ. 46) निर्मल वर्मा की 'डायरी' में आने वाले इन कथनों से वामपन्थी चिढ़ते हैं क्योंकि निर्मल उनकी पोल-पट्टी खेलकर रख देते हैं। वामपन्थियों की आन्तरिक सच्चाइयों को उजागर करने के कारण भारत के वामपन्थी विशेषकर हिन्दी-समाज के वामपन्थी निर्मल की इस 'डायरी' से चिढ़ते हैं। वे नहीं चाहते निर्मल की इस डायरी का प्रचार-प्रसार हो। हाय रे दुश्मन तेरा निशाना!

'डायरी' लेखक निर्मल वर्मा बड़े साहसी हैं—एकदम लोहियाइट मिजाज के निर्भीक और हर जोखिम उठाने को आमादा। आरम्भ में निर्मल 'दिल्ली कल्चरल ग्रुप' के सदस्य थे—वामपन्थी। लेकिन विदेश जाने पर वामपन्थ से उनका सम्पूर्ण मोहभंग हुआ। इस मोहभंग ने वामपन्थी छल-कपट-धूर्तता का भंडाफोड़ किया। हिन्दी के डरे खिसियाये वामपन्थी निर्मल से ऐसे बिदकते हैं जैसे पागल पानी से। लेकिन निर्मल हैं कि उनकी छीछालेदर करने में नहीं चूकते। उन्होंने लिखा—''संयोग से मुझे इसी डायरी के पन्नों में जॉन बर्जर का वह उद्धरण भी मिल गया जो दिल्ली में उनकी पुस्तक से टीपा था। वह सोवियत व्यवस्था के समाजवाद पर उतना ही लागू होता है, जितना पूँजीवादी देशों पर। वह लिखते हैं—'पूँजीवाद की यह ऐतिहासिक भूमिका रही है जिसकी ऐडम स्मिथ और मार्क्स ने कभी कल्पना भी नहीं की थी कि वह इतिहास को ही नष्ट कर देता है। यह भूमिका वह किसानों को नष्ट करने में पूरा करता है, क्योंकि किसानों का एक ही ऐसा वर्ग है जो परम्परा को कायम रखता है। अतीत का बोध इतिहास की चेतना से जुड़ा होता है। पूँजीवादी अतीत से जुड़ी हर श्रृंखला को तोड़ देता है। पूँजी इसी तरह अपने को सुरक्षित रख सकती है कि वह अपने को अनवरत पुनरुत्पादित करती रहे। उसका मौजूदा यथार्थ उसकी भावी सम्पूर्ति पर निर्भर करता है। यही पूँजी का मेटाफिजिक्स है जो अपने को उपभोक्तावाद में परिणत कर लेता है। यह वह सिद्धान्त है जो किसानों को पिछड़ा हुआ वर्ग मानकर चलता है। किसान जीवन के तन्तुजाल में पैठकर उसे उन्मूलित कर देता है, उन्हें शहरों के तरफ धकेल देता है जहाँ वे झुग्गी-झोपड़ी में रहने को विवश होते हैं और समय के साथ-साथ वे अपने समस्त कर्मकांडों, पर्व-अनुष्ठानों को भूल जाते हैं जो कभी उनकी जीवन-प्रणाली को सातत्य प्रदान करते थे। इस प्रकार हम देखते हैं कि जिसे हम इतिहास में 'प्रगति' का नाम देते हैं, वह स्वयं इतिहास को नष्ट कर देती है।'' ('धुन्ध से उठती धुन', पृ. 46)

सत्य-टोहू निर्मल बुदापेस्ट गये। जार्ज लुकाच का घर देखा। वह 'लिविंग रूम' देखा जिसकी खिड़की से डेन्यूब दिखाई देती थी। बुदा की धूमिल धुन्ध लिपटी पहाड़ियाँ—लुकाच की खिड़की। स्टडी रूम में चारों तरफ किताबों के 'टेक्स्ट' और दीवार पर सुन्दर पत्नी का युवा चित्र। लेकिन बिना लुकाच के पूरा घर बूढ़ा और विषादमय-घर क्या पुस्तकों, पांडुलिपियों का अभिलेखागार। सब

जानते हैं कि लुकाच टामस मान के यथार्थ लेखन को काफ्का की आत्मपरक फन्तासियों से कहीं अधिक महत्त्वपूर्ण मानते थे। लुकाच के पास हेगल, मार्क्स, गोल्डमान की पुस्तकों की भरमार। निर्मल ने पूरे दृश्य टिप्पणी करने के बाद लिखा है—''उनकी अपनी पुस्तकें भी वहाँ रखी थीं। मुझे याद आया, बरसों पहले रामकुमार ने लुकाच से इंटरव्यू इसी कमरे में लिया होगा। किताबों के बीच खिड़की से डेन्यूब और बुदा की पहाड़ियों को देखते हुए।''

प्राग में बिताये गरीबी के दिन निर्मल कभी नहीं भूले। वैसे भी गरीबी जगाती है, अमीरी भुलाती है। प्राग से रूस आये तो साथ में सूखी सलामी मछली और मांस के टिन लाये थे ताकि भोजन खरीदना न पड़े। निर्मल के पास यूरोप में गरीबी की न जाने कितनी यादें हैं। वियना से लन्दन जाते समय कुछ नहीं खाया सिर्फ ब्लैक कॉफी पीकर यात्रा की। नॉर्वेजियन कथाकार क्नूत हाम्सुन का उपन्यास 'भूख' पढ़कर जाना कि बिना भूखे रहे कभी भूखे को नहीं जाना जा सकता। फैक्टरी में काम किए बिना उस थकान को नहीं जाना जा सकता जिसे सिमॉनवेल ने जाना था—थकान का सत्य। यहाँ रूस में हंगरी कवि ओतो उर्वान, कथाकार मित्र-मिहाई के अनेक संस्मरण। मिहाई कुछ वर्ष पहले सांस्कृतिक प्रोग्राम में भारत आये थे। वापस जाने पर यात्रा संस्मरणों की पुस्तक प्रकाशित की। भारतीय दूतावास के सांस्कृतिक सचिव ने इस पुस्तक के संस्मरणों को 'भारत विरोधी' कहा और हंगरी सरकार को धमकी दी कि भविष्य में मिहाई जैसे लेखकों को बीजा नहीं दिया जाएगा। इस पर निर्मल की टिप्पणी है, ''क्या हमारे देश के दूतावासों ने 'समाजवादी देशों' से यही सबक सीखा है?''

जलभरे बादलों से भीगते-गाते निर्मल 'धुन्ध से उठती धुन' में मग्न हुए 21 जून 1980 को दिल्ली-मनाली-मणिकर्ण की यात्राओं में पहली बार। 'मो ब्लाँक' पेन से डायरी की शुरुआत अनन्तमूर्ति के आग्रह पर हाइडलबर्ग में खरीदे पेन से की। इतना कीमती पेन झूठे शब्द लिखने के लिए नहीं खरीदा। झूठी विचारधाराओं के झूठ से बचकर ही आत्मा की पवित्रता को बचाया जा सकता है। निर्मल को ज्ञात हुआ कि मनुष्य का जन्म इतिहास में ज़रूर हुआ है किन्तु उस अर्थ में जिस अर्थ में मार्क्स या सार्त्र प्रयुक्त करते हैं। इसी बीच चित्रकार स्वामीनाथन विदेश की खाक छानकर लौटे। पश्चिम से बहुत दुखी और आक्रान्त। स्वामी को पॉज भी अच्छे नहीं लगे और यूरोप सुअरों का बाड़ा। यूरोप ने एक व्यवस्था का निर्माण तो किया किन्तु उसे अर्थ देने में असमर्थ रहे। अर्थहीन व्यवस्था। भारत जीवनविहीन व्यवस्था जीने को अभिशप्त। अर्थ कोई नहीं। वर्जीनिया वुल्फ की 'डायरी' का दूसरा भाग पढ़ा—अँधेरे में भागती विक्षिप्त चेतना का सन्त्रास झेलता मुनष्य। फिर उनकी 'कॉमन रीडर' की प्रयोगशीलता पर आश्चर्य। शायद ही किसी लेखक ने फार्स्टर और प्रूस्त के बीच इतना पैना विश्लेषण किया हो जितना वर्जीनिया

वुल्फ ने। अकारण नहीं है कि हेमिंग्वे अपने शेल्फ में हमेशा 'कॉमन रीडर' रखते थे। वुल्फ के प्रति निर्मल का लगाव भी कम नहीं है। वर्जीनिया वुल्फ की जीवन धुन पर तन्मय निर्मल का मन।

'डायरी' साक्षी है कि 1982 तक निर्मल साहित्य की धुन में धुनी रचनाकार रहे। किन्तु उसके बाद वे राजनीति और धर्म की ओर मुड़े। उतनी ही दूर तक उस ओर मुड़ती जितनी दूर तक वह साहित्य से टकराती है। राजनीति में तो दूर नहीं गये पर 'धर्म' की अन्तर्यात्राओं में बिना थके-छके चले। रामकृष्ण परमहंस की चिन्तनगत निकटताएँ रवीन्द्रनाथ के पास ले गयीं। सिमॉन वेल के साथ टॉलस्टॉय को मथा। सार्त्र की तुलना में काम्यू, हरसन और टामस मान में जज़्ब रहे। उन्हें राजनीति और धर्म में पगा साहित्य प्रिय रहा। इस मानसिकता ने निर्मल की सृजन चिन्तन की भूमिका के आयाम तय किये। जाहिर तौर पर उनके महान और प्रिय कलाकार टाम समान और काम्यू हैं, रवीन्द्रनाथ या निराला नहीं। इसलिए हिन्दी जगत् ने निर्मल को अज्ञेय की तरह विदेशी जूठन पर पलने वाला लेखक ही करार दिया। निर्मल का उत्तर औपनिवेशिक मानस आज भी हिन्दी समीक्षा की 'चक-चक, बक-बक' बना हुआ है।

निर्मल की तड़प और मौन कहानी रमण महर्षि से पूछती है—मौन क्या है? उत्तर मिलता है वह स्थिति, जो वाक् और विचार का अतिक्रमण कर सके मौन है। वह ध्यान है जिसमें कोई मानसिक हरकत नहीं। मौन हमेशा मुखरित हो—भाषा के चिरन्तन प्रवाह में, लय में, अर्थ-ध्वनि में। अज्ञेय का मौन निर्मल के मौन से अलग है। अज्ञेय का मौन जेन-साधना के मौन के निकट है, निर्मल का मौन काम्यू-हेइडेगर के मौन के निकट। निर्मल की कहानी में हरे वृक्षों के कुंजों का गाता लयबद्ध मौन है—'परिन्दे' का मौन, काम्यू के उपन्यास 'हैपी डेथ' का मौन। इस मौन के साक्षी हैं पुश्किन और टामस मान। हिरोशिमा पर कविता लिखना क्यों मुश्किल है? जापानी मित्र के पास यह प्रश्न है, उत्तर नहीं है। वर्जीनिया वुल्फ के शब्दों में, बर्बरता ने भाषा की संवेदना का अन्त कर दिया है। बर्बरता बरती जाती है आदर्श बघारे जाते हैं। इसलिए 'अनुभव का फार्म' बन नहीं पाता। आखिरकार क्यों दो मित्र (रमेशचन्द्र शाह और निर्मल वर्मा) 'अनुभव के फार्म' पर विचार करने को विवश हुए और यह कहकर उठे कि हर अनुभव एक नये अपूर्व फार्म में जन्म लेता है। क्यों जो 'अध्यात्म' पन्त के लिए बोझ बन गया—निराला के लिए वरदान सिद्ध हुआ। एलियट की कैथोलिक आस्था उसकी कविता को नहीं चाट सकी। फोर क्वार्टर्स क्यों बीसवीं शताब्दी की सर्वाधिक चर्चित आध्यात्मिक कविता बनी। हमारे युग की पीड़ित मरुस्थली यातनाओं को उसने कितने दम-खम से आलोकित किया। मूल अर्थ यह निकला कि ब्लेकियन अर्थ 'पर्सलन रिलीजन' काव्यात्मक मेधा को चमका देता है लेकिन हमारे देश में 'आध्यात्म' कविता के साथ चल नहीं पाता।

हमारे दर्शन की प्रकृति ही कविता के विरुद्ध है।

इतिहास के अध्यापक निर्मल को 'अतीत' हमेशा घेरता है फिर मुक्त करता है। भीमबेटिका की काली और सफेद चट्टानी गुफाएँ। लाखों साल के पहले के शिकारियों के घर, रेखाएँ, जानवरों-आदमियों के क्षणभंगुर शरीर जो पत्थरों पर आज भी चलायमान है। इस भीमबेटिका को देखकर निर्मल की कल्पना उड़ान भरती है जैसे 'भीमबेटिका' शीर्षक लम्बी कविता में कवि आलोचक विजयबहादुर सिंह की कल्पना कूदती-उछलती है। अपने अतीत की खोज मानव का स्वभाव है। यह स्वभाव अपने होने की खोज है। इसलिए भीमबेटिका की चट्टानों के अपने-अपने निहितार्थ प्रतीकार्थ है। इन प्रतीकार्थों से विजय बहादुर सिंह की तरह निर्मल संवाद कायम करते हैं, इतिहास को वर्तमान में लाकर।

भीमबेटिका, गाँधी, विट्गेन्स्टाइन्ल, सिमॉन बेल के चिन्तन में गर्क निर्मल इतिहास-मिथक के गोरखनाथ नजर आते हैं 'डायरी' में। शब्दों के तान्त्रिक और शव-साधक जोगी। जब वे कहानी-निबन्ध-उपन्यास, यात्रा-संस्मरण, पुस्तक-समीक्षा लिखते हैं तो अँधेरे में जंगली फूल खिलखिलाते मिलते हैं। 'शब्द और स्मृति', कला का जोखिम', 'ढलान पर उतरते हुए', 'आदि, अन्त और आरम्भ', 'दूसरे शब्दों में' के निबन्ध क्या हैं? विचारों के उज्ज्वल कमल फूलों से भरे सरोवर जिनकी गन्ध से मन-तृप्ति पाता है। विचार-फूल की गन्ध भरे निर्मल ने प्रेमचन्द के सृजन कर्म पर कहा—'अन्तिम उपन्यास और कहानियों में वह सब शरण स्थलों को गाँधीवाद-मार्क्सवाद (जैसा वह जानते थे) छोड़ते गये। चेखव की तरह प्रेमचन्द को किसी आध्यात्मिक या धार्मिक विकल्प ने मोहित नहीं किया।'

क्या यह सच नहीं है कि निर्मल की डायरी में कल्पना नहीं, हर दिन का यथार्थ स्मृति में सक्रिय रहता है। यह स्मृति का ही निष्कर्ष है कि शायद ही किसी कम्युनिस्ट ने गाँधी की तरह भारत की गरीबी देखी हो। लोहिया की तरह 'जनता' का हो गया हो और जयप्रकाश नारायण की तरह 'लोकनायक' बना हो। इस फक्कड़ मस्ती में बड़ी ताकत है—इन तीनों नायकों के तीन मोहक रंग हैं। इन्हें न कोई भगवा दरेरा पा सकता है, न लाल फरेरा।

भारत की देशी गन्ध का मौसम 'यह मौसम नहीं आएगा फिर' की चेतना को जगाता है। मथुरा में यमुना ने कृष्ण की टेर लगाई है—अनन्त प्रेम की टेर। क्या इस टेर को टामस मान या डॉ. फाउस्टस सुन सकता है? कभी नहीं। जबकि यह प्राइवेट अनुभूति नहीं। सार्वजनिक वेदना का राधा-भाव टेर है। गीता के अर्जुन कृष्ण की विचारभूमि में विवेकानन्द का अनुभव आसक्तिहीन आसक्ति का भाव-राग। एलियट की कविता 'वेस्टलैंड' का उपनिषद का सत्य—दान-दमन-दया की बघार। फिर नॉयपाल की याद जैसे ऊसर में गुलमुहर का फूल या पंचमढ़ी के

जटा-शंकर के दर्शन का सुख। अधपढ़ी किताब के पृष्ठों में श्रीकान्त वर्मा के 'मगध' की हुड़क और बोर्खेस की कविताओं का ऋषि अँधेरा। एक असाधारण कवि का आलोक जगत् है इस डायरी में।

बहता पानी निर्मल हो न हो, महुए की मुस्कराहट का अनुपम सौन्दर्य जीवन को देशी-गन्ध से महका देता है। बड़ी मारू होती है महुए की गन्ध। रायपुर-बस्तर, 14 अप्रैल, 1983 का समय। मिहिरजी के साथ मुजरा देखने का निमन्त्रण। मुजरा गौराबाई की पूरी पकी लुभावनी परिपक्व देह से निकलता काम-राग। मिहिरजी उसके नंगे पेट को छूकर कहते हैं—'क्या बकरी की तरह बच्चे जनती है।' गौराबाई हँसते हुए मिहिरजी की तोंद गुदगुदाती है। दोनों में प्रेम-धुन की राग-रागिनी फूटती है। गदराई मांसल देह, सेक्स अपील से अधिक लुभावनी नवाबी अन्दाज की ठसक। निर्मल के निर्णय में यह 'अद्‌भुत औरत'। निर्मल औरत को आँखों से टटोलते हैं और रूप रस पीते हैं—यही महुए की गन्ध का मीठा स्वाद है। निर्मल की 'डायरी' के कैलाश-मानसरोवर हैं, 'माई का मर्म स्रोत', अमरकंटक-कान्हा किसली। यहाँ निर्मल बेझिझक होकर वे बातें लिखते हैं जिन्हें अन्य लोग कहने में घबराते हैं। लोग झूठी प्रगतिशीलता की झोंक में 'धर्म' और ईश्वर से बचते हैं—निर्मल नहीं बचना चाहते। कोई उन्हें कट्टर-धार्मिक हिन्दू कहे, हिन्दूवादी बाबा कहे, अन्धविश्वासी कहे—'धूत कहौ अवधूत कहौ' वाली राह पर निर्मल चलते रहे हैं, बिना किसी परवाह के। फक्कड़, मस्त, निर्भय, यायावर निर्मल का बिम्ब इस 'डायरी' में उभरता है। अपने भारतीय को लेकर विश्वासों, अपनी शर्तों पर जीता एक स्वाधीन व्यक्तित्व। अज्ञेय के शब्दों में स्वाधीन व्यक्ति ही स्वाधीन चिन्तन कर सकता है—फिर निर्मल जो करते हैं, पूरे मन से करते हैं—पाप या पुण्य। अधूरे मन से कुछ भी नहीं। उदाहरण के लिए अमरकंटक रात में पहुँचे और सर्किट हाउस में कमरा न मिलने पर एक 'कल्याण आश्रम' में। 'स्वामीजी को जगाना पड़ा। बहुत सहृदय व्यक्ति। रजिस्टर पर नाम-धाम नोट किया और 11 नम्बर का कमरा दे दिया। होटलों, धर्मशालाओं के कमरों के नम्बरों के बारे में मेरा अजीब पुराना अन्धविश्वास है। यह आदत यूरोप की यात्राओं से चली आ रही है।' भारतीय मानस का लोक-विश्वास, विदेशी के लिए अन्धविश्वास। पर निर्मल की भारतीयता में लोक विश्वासों, लोक कथाओं, लौकिक देवी-देवताओं, मिथकों-प्रतीकों के प्रति हिकारत का भाव नहीं है। निर्मल की पूरी भारतीयता में पश्चिम की स्मृति मेटू आधुनिकता का खुला विरोध है। इस भारतीयता में नदियों, पर्वों-तीर्थों, व्रतों-उपवासों, पूजा-आराधनाओं, सन्तों-महन्थों, वेद-शास्त्रों के प्रति गहरे आदर का भाव है। भाव के साथ गहरी आस्था। इसलिए नर्मदा मैया के दर्शन से भरा मन पहली बार किसी नदी का स्रोत स्थल देख रहा था। यहाँ जब कि एक कुंड है, चार-पाँच छोटे-छोटे मन्दिर, कुंड में

स्नान करते लोग। मैंने एक पण्डित से पूछा 'आखिर स्रोत है कहाँ? यही तो है। उन्होंने कुंड की तरफ इशारा किया। यह कैसा तीर्थ जो कुंड बनाकर नदी का स्रोत ही गायब कर दे।' ('धुन्ध से उठती धुन', पृ. 105) नर्मदा के बहाने निर्मल अपनी संस्कृति के स्रोतों को खोजते रहे हैं, अपनी मूल जड़ों की तलाश में।

'कान्हा' गये तो एक ध्यान सोन नदी के स्रोत पर रहा। न कोई मन्दिर, न भक्तजनों की भीड़। एक बीहड़-सी वीरानगी। सोन नदी को पवित्रता के कक्ष में कोई स्थान नहीं मिला, क्या इसलिए उसका उद्‌गम स्थल इतना सूना है? लेकिन आस-पास की प्राकृतिक छटा इतनी अद्‌भुत है कि नर्मदा माई मुँह ताकती रह जाए।' दरअसल, भारतीय संस्कृति नदी संस्कृति है—पुराणों में नदियों को विराट् पुरुष की नाड़ियाँ कहा गया है। नर्मदा तप की धारा है—सोनभद्र विक्षोभ की फुँफकार। गर्वीला-हठी, जिसने नर्मदा से ब्याह नहीं किया। इससे नाराज नर्मदा उल्टी दिशा में बही। नर्मदा कुँवारी रह गयी और कुँवारा सोन भटकता रहा—उसे अनमने भाव से गंगा मिली। झूठी कुलीनता का दम्भ सोन को ले बैठा और नर्मदा के तप को छूकर पत्थर शंकर हो गया, नर्मदा के रोड़ों से ओंकारेश्वर रचे गये। नर्मदा ने विक्रम का पराक्रम देखा। नर्मदा का तप यात्रा से प्रसन्न उसमें तीन बड़ीं नदियाँ मिलीं—कृष्णा-गोदावरी-कावेरी। इनमें आलावर भक्तों का भक्ति जल प्रवाहित हुआ—इस तरह सब नदियों के रस से भारतीय जन संस्कृति का मन बना है—अपने भक्ति-भाव से समर्पित मन। निर्मल का एक प्रसिद्ध निबन्ध है—'मेरे लिए भारतीय होने का अर्थ'। इस देश से निर्मल प्यार करते हैं, यह देश भक्त निर्मल की उजली भारतीयता है जिसे आज का हरामी बुद्धिजीवी आधुनिकता के छल-छद्‌म के कारण जीभ पर लाने से डरता है।

लम्बे समय तक विदेश में रमने-बहकने-भटकने वाले रिपोर्टर और रचनाकार निर्मल का अपना 'अन्तिम अरण्य' भारत में ही पाता है। परिपक्व अनुभवों से उत्पन्न भारतीयता की गंगाजली है यह 'डायरी/नोट्स-जर्नल्स' से भरी मंजूषा। इसमें कपिल-धारा का दूधिया फेन दुग्ध-धारा है और भारतीय जीवन कामधेनु की अमृतत्व शक्ति भी। इतिहास के मिथक-काल से आधुनिक काल तक पहुँचने की यात्रा में निर्मल ने कहा है 'मैं क्यों भूल जाता हूँ कि तीर्थ यात्रा का मतलब ही इतिहास के 'सेक्युलर काल' से अपने भीतर दबे उस 'मिथकीय काल' में अवगाहन करना है, जिसे इल्माडे ने 'पवित्र काल' की संज्ञा दी थी। कान्हा के जंगल का सन्नाटा निर्मल सुनते हैं और उनके भीतर का वन्यस्थल शेर की दहाड़ से गूँज उठता है जिसे तोड़ता है 'प्रागैतिहासिक मौन, जिसे मनुष्य अपनी उपस्थिति और सभ्यता से भंग करता है। लेकिन नया आदिम मनुष्य भी इस मौन के बीच नहीं रहता होगा—जन्तु, जानवरों, वृक्षों, अँधेरे से अपना रिश्ता जोड़ता हुआ?

अब 'दो दुनियाओं के बीच' निर्मल की कोहिमा गुवाहटी की ओर मणिपुर-नागालैंड 20 नवम्बर, 1978 की यात्रा। यहाँ सँकरी-अँधेरी-गलियाँ नहीं है—न झोंपड़े और गन्दी बस्तियाँ हैं—जैसी शिमला और नैनीताल में दिखाई दे जाती हैं। कोहिमा का पहाड़ी शहर एकदम साफ 'स्पेस' पर बसा है। नागाओं का रंग साँवला है—नख-शिख काफी कोमल और नर्म लेकिन इतने नर्म और सौम्य नहीं जितने इम्फाल में मणिपुरी लोगों के देखे थे। 'हर मणिपुरी लड़की को देखते ही प्रेम उमड़ने लगता था। वे लापरवाही से साइकिलों पर तितलियों सी उड़ती रहती थीं—अपनी रंग-बिरंगी लुंगियों के रंग बिखेरते हुए लगता था, हम भारत से बाहर किसी विदेश शहर में हैं। क्या दिल्ली की सड़कों पर इस तरह उन्मुक्ता से लड़कियों के साइकिल चलाने की कल्पना की जा सकती है? कभी नहीं। आदिवासी युवकों से परिचय और इनमें आपातकाल के प्रति गहरा असन्तोष पाया। कोहिमा में 'मोदू' पिया और देखा वह स्थल जहाँ 1940 में अँग्रेज़ों और जापानियों के बीच घमासान युद्ध हुआ था अन्त में जापानियों को यहीं रुक जाना पड़ा। सैकड़ों सिपाही यहाँ दबे पड़े हैं। उनके कब्रें फूलों की क्यारियों की तरह बिछी हैं। यहाँ हिन्दुओं का श्मशान स्थल देखकर यायावर निर्मल मुकोकचुंग की दुर्गम यात्रा रवाना हुए। रहस्यमय आरण्यकों के दर्शन। भोजन में सुअर का गोश्त और चावल खाया नहीं गया। 'एक सुन्दर नगा लड़की सन्तरे बेच रही थी—वह इतने प्यारे ढंग से मुस्करा रही थी कि मैं उससे सब सन्तरे खरीद लेना चाहता था।' हर यात्रा में सुन्दर लड़कियों को देखकर बहके निर्मल में नारी प्रेम की न जाने कितनी चाह थी। तुनसियांग गाँव में बुनाई करती लड़की झलक निर्मल की पूरी कविता है—यहाँ नगा कबीलों को ईसाई मिशनरी भरमा रहे हैं, यह चिन्ता की बात है।

अब यात्रा का वह पड़ाव 'जहाँ कोई वापसी नहीं' है। सिंगरौली 1983 धान की रोपाई का समय और नवागाँव। एक गाँव का नाम अमझर—आम के पेड़ों से घिरा गाँव, जहाँ आम झरते हैं लेकिन दो-तीन साल से पेड़ों पर सूनापन। आदमी उजड़ेगा तो पेड़ जीवित रहकर क्या करेंगे। 'प्रगति' और 'विकास' के नाम पर भयंकर उजाड़वाद। आधुनिकता की भस्म करने वाली आग का विध्वंस निर्मल ने लिखा है—'टिहरी-गढ़वाल में पेड़ों को बचाने के लिए आदमी के संघर्ष की कहानियाँ सुनी थीं, किन्तु मनुष्य के विस्थापन के विरोध में पेड़ भी एक साथ मिलकर मूक सत्याग्रह कर सकते हैं, इसका विचित्र अनुभव सिर्फ सिंगरौली में हुआ। मेरे लिए एक-दूसरी दृष्टि से भी यह अनूठा अनुभव था। लोग अपने गाँव से विस्थापित होकर कैसी अनाथ, उन्मूलित जिन्दगी बिताते हैं, यह मैंने हिन्दुस्तानी शहरों के बीच बसी मजदूरों की गन्दी, दमघोंटू, भयावह बस्तियों और स्लम्स में कई बार देखा था, किन्तु विस्थापन से पूर्व वे कैसे परिवेश में रहते होंगे, किस तरह की

जिन्दगी बिताते होंगे, इसका दृश्य अपने स्वच्छ, पवित्र और खुलेपन में पहली बार अमझर गाँव में देखने को मिला। पेड़ों के घने झुरमुट, साफ-सुथरे खप्पर लगे मिट्टी के झोंपड़े और पानी।' पानी में डूबे धान के खेत-धान रोपती औरतों की पानी में छप-छप, सुन्दर-सुडौल धूप में चमचमाती काली टाँगें—सिरों पर चटाई के किश्तीनुमा हैट जैसे फिल्मों में देखी वियतनामी औरतें हों। ''यह समूचा दृश्य इतना साफ और सजीव है कि अपनी स्वस्थ मांसलता में इतना सम्पूर्ण और शाश्वत कि एक क्षण के लिए भी विश्वास नहीं होता कि आने वाले वर्षों में सब कुछ मटियामेट हो जाएगा—झोपड़ों, खेत, ढोर, आम के पेड़—सब एक गन्दी 'आधुनिक' औद्योगिक कालोनी की ईंटों के नीचे दब जायेगा और यह हँसती-मुस्कराती औरतें भोपाल, जबलपुर या बैढ़न की सड़कों पर पत्थर काटती दिखाई देंगी। शायद कुछ वर्षों तक उनकी स्मृति में अपने गाँव की तस्वीर एक स्वप्न की तरह धुँधलाती रहेगी, किन्तु धूल में लोटते उनके बच्चों को तो मालूम भी नहीं होगा कि बहुत पहले उनके पुरखों का गाँव था जहाँ आम झरा करते थे।'' ये लोग आधुनिक भारत के नये 'शरणार्थी' हैं जिन्हें औद्योगीकरण के झंझावत ने अपने घर जमीन से उखाड़कर हमेशा के लिए निर्वासित कर दिया है। प्रकृति और इतिहास के बीच यह गहरा अन्तर है। 'प्रगति' के नाम पर इतिहास उन्हें उन्मूलित करता है—स्मृति विनाश के साथ, सत्यानाशी आधुनिकता के साथ।

निर्मल की डायरी, नोट्स, जर्नल्स का यह दस्तावेज आज हमारे साहित्य की मूल्यवान धरोहरों में से एक है। इसमें एक प्रदेश नहीं, पूरा भारत बोल रहा है—पूरा यूरोप, जिसके रेशे-रेशे को निर्मल ने धर्म-इतिहास-परम्परा-संस्कृति-साहित्य, दर्शन-भूगोल-समाजशास्त्र आदि से छानने-जानने की ईमानदार कोशिश की है। इस 'डायरी' की मूल अर्थ-व्यंजना का स्वर यही है कि 'विकास' और 'प्रगति' के उजाड़वादी पक्षों में व्यापक पैमाने पर विनाश, अवसाद, यातना, आत्मनिर्वासन और अमानवीयता का अँधेरा छाया हुआ है। 'आधुनिकता' के नाम पर पूरी भारतीय जीवन-प्रणाली को उन्मूलित और विकृत किया जा रहा है। भूमंडलीकरण, बाजारवाद, मंडी-अर्थशास्त्र, उपभोक्तावादी-संस्कृति के विश्वग्राम में बहुत कुछ मटियामेट किया जा रहा है। पर्यावरण का गम्भीर संकट भारत के लिए कितना क्रूर है इस पर सोचना पड़ेगा। नहीं सोचेंगे तो बर्बाद हो जाएँगे।

दुर्भाग्यवश, हिन्दी में कुछ बौड़मों ने निर्मल के जीवन-चिन्तन का इस कदर उछाला है कि उनकी अपनी आस्था पर इस तरह से पर्दा पड़ जाये कि हम उनके चिन्तन की धुन से वंचित हो जाएँ, उन्हें 'हिन्दुत्ववादी', 'बाबावादी', आध्यात्मवादी पागल' कहकर खारिज कर दें। उनके अनमोल गद्य की सर्जनात्मकता को रूपवादी-कलावादी चमत्कारवादी कहकर नकार दें। कभी जिन लोगों ने अज्ञेय और मोहन

राकेश को दुत्कारा था वे ही निर्मल को दुत्कार रहे हैं। लेकिन अब चिन्ता की बात नहीं है क्योंकि निर्मल की यह 'डायरी' गहरे अर्थों में देश-विदेश के सच को उजागर कर रही है। इस डायरी को किसी प्रचलित विधा के अन्तर्गत रखना मुश्किल होगा क्योंकि इसमें कहानी, रिपोर्ताज, रेखाचित्र, संस्मरण, निबन्ध—सभी विधाओं को मिलाकर एक नया विचार-रसायन तैयार किया है।

सार-संक्षेप यह है कि निर्मल की डायरी क्या है ? अपने से ही लड़ना-जूझना-लहूलुहान करना, शंकाओं से निबटना। संशयों-तनावों-शंकाओं से लड़ते-खटते कुछ भीतरी सचों को छिपाना क्योंकि भीतरी साजिशों का कोई खुलासा नहीं करना चाहता। इसलिए इसमें छद्म भी चलता है, गप्प भी चलती है—हिपोक्रेसी भी चलती है और रिश्तों-सम्पर्कों के विस्तार का उदात्तीकरण भी चलता है। डायरी जीवन की चुनींदा, सजी-धजी नायिका होती है जो भीतरी कमरे से अपने को सँवार कर बाहर निकलती है। पूरी सावधानी से अपने समय, समाज, संस्कृति, साहित्य, धर्म, कला, सिनेमा, घटना-प्रसंग, मार्मिक प्रकरण, प्रेमाख्यान और व्यक्तियों के सम्पर्क पर की गयी टिप्पणियों में ऐसा बहुत कुछ 'अनकहा' रह जाता है जिसके 'पाठ' का अलग से भाष्य करना पड़ता है। उसमें लेखक के वे टुच्चे-लुच्चे, कमीने, कमसिन समझौते भी शामिल होते हैं जिन्हें निर्मल क्या कोई भी मोहन राकेश या कृष्णबलदेव वैद नहीं कहना चाहता। इसलिए डायरी जटिल-संश्लिष्ट तथा संलक्ष्य क्रम वाच्य ध्वनि की कठिन विधा है। वर्जीनिया वुल्फ, आन्द्रे जींद, काफ्का की डायरियाँ 'आन्तरिक छवियों' के कारण प्रसिद्ध रही हैं, उनमें पूरी ईमानदारी खोजना ज्यादती है।

निर्मल वर्मा का अनुवाद-कर्म

निर्मल वर्मा के अनुवाद और लेखन का आरम्भ लगभग एक साथ सन 1957–58 में हुआ। निर्मल वर्मा ने लिखा है—"फिर उन्नीस सौ सत्तावन में राज्यसभा सचिवालय में अनुवादक का काम मिल गया। पहली सुचारु नौकरी। दस से पाँच काम लगा। स्नेही मित्र बन गये। राज्यसभा में जो डिबेट होती थी, मैं उसका हिन्दी अनुवाद करता था। उनसठ में चेकोस्लोवाकिया गया। ओरिएंटल इंस्टीट्यूट ने आमन्त्रित किया था। तब वहाँ चेक सीखने, समकालीन चेक लेखकों के लेखन का अनुवाद करने का मौका मिला। वहाँ आठ वर्ष रहकर कई चेक लेखकों—मिलान कुन्देरा, इवान क्लीमा, हराबाल आदि की रचनाओं का हिन्दी में अनुवाद किया। वहीं मेरा पहला उपन्यास 'वे दिन' जो चेक पृष्ठभूमि पर था, आया। नहीं, वह लिखा यहीं था दिल्ली में। तब दो साल की छुट्टी पर आया था मैं दिल्ली। चेकोस्लोवाकिया जाने से पहले 'परिन्दे' प्रकाशित हो चुका था। कम्युनिस्ट पार्टी के 'पब्लिशिंग हाउस' ने उसे छापा था। हाँ, परिन्दे अट्ठावन में आ गया था। तो इस तरह आप देखें, मेरे लेखक और अनुवादक की जिन्दगी एक-साथ शुरू होती है।" ('संसार में निर्मल वर्मा', सम्पा. गगन गिल, पृ. 194)

बड़ी बात यह है कि हिन्दी के अन्य बड़े रचनाकारों-आलोचकों की भाँति निर्मल वर्मा अनुवाद कर्म में समर्पित रहे। उन्होंने अनुवाद कर्म को सृजन कर्म से कम महत्त्व नहीं दिया। कहना न होगा कि वे अनुवाद कर्म के सांस्कृतिक संवाद से बहुत दूर तक परिचित थे और केवल अँग्रेज़ी के ही पीछे न थे। चेक आदि भाषाओं के साहित्य को उन्होंने उनके मूल से अनूदित किया। निर्मल जानते थे—अपने अनुभव से कि भारतीय पाठक को अँग्रेज़ी पुस्तकों के अलावा किसी अन्य देश का साहित्य उपलब्ध नहीं हो पाता। और जब उपलब्ध होता है तो "वह अँग्रेज़ी अनुवादों के माध्यम से, जो स्वयं अपने स्तर में बहुत विश्वसनीय माध्यम नहीं है। पश्चिमी देशों में विदेशी साहित्य की माँग-पूर्ति कुछ इने-गिने प्रकाशक करते हैं जिसमें साहित्यिक रुचि की अपेक्षा सस्ती लोकप्रियता ज्यादा महत्त्व रखती है। संख्या, स्तर और चयन की दृष्टि से अँग्रेज़ी अनुवादों की स्थिति कितनी दयनीय है, इसका अनुमान 'टाइम्स

लिटरेरी सप्लीमेंट (यूरोपीय साहित्य विशेषांक) के सम्पादकीय को पढ़कर लगाया जा सकता है। हमारे देश में यह काम व्यापक और संयोजित रूप से केवल सरकारी संस्थान और साहित्य अकादमियाँ ही कर सकती हैं। किन्तु पिछले वर्षों में इस दिशा में जो काम हुआ है, उसे देखते हुए स्थिति ज्यादा आशाप्रद नहीं दिखाई देती।'' ('प्राग वर्ष—एमेके तथा अन्य चेक कहानियाँ', प्राक्कथन, प्र. सं. पृ. IX)

निर्मल वर्मा के लिए इस समस्या को हल करने का एक ही उपाय है कि 'इस समस्या का समाधान उस समय तक नहीं हो सकेगा जब तक हम यूरोपीय और एशियाई देशों का साहित्य बिना अँग्रेज़ी पर निर्भर रहे, सीधे हिन्दी में अनुवाद करना नहीं सीख लेंगे। इस दृष्टि से जापान एक आदर्श है जहाँ जर्मन, फ्रेंच या रूसी पुस्तकें तुरन्त सीधे जापानी में अनुवाद की जाती हैं—उन्हें पढ़ने के लिए पाठकों को अँग्रेज़ी अनुवादों का मुँह नहीं जोहना पड़ता। इसके लिए हमारे पास विभिन्न भाषाविज्ञों की एक योग्य टीम तैयार रहनी चाहिए जो अन्य देशों में होने वाली नवीन और दिलचस्प प्रवृत्तियों और नव प्रकाशित पुस्तकों को बराबर 'सूँघते' रहें और फिर ऐसी पुस्तकों का चयन करें जिनका अनुवाद बिना किसी विलम्ब के सीधे हिन्दी में किया जा सके। इसका एक बड़ा फायदा यह होगा कि आज तक हम जो अँग्रेज़ी अनुवादकों की चयन-रुचि की गुलामी करते आये हैं, उससे छुटकारा पा सकेंगे। यों भी खुद अपनी जुबान से चखने और चुनने का स्वाद कुछ दूसरा ही होता है चाहे वह भोजन हो या साहित्य।' (वही, पु. 1/) चेकोस्लोवाकिया जाने पर निर्मल ने चेक भाषा सीखी और समकालीन चेक साहित्य का मनोयोगपूर्वक अध्ययन किया। अपने साहित्य स्वाद के अनुसार श्रेष्ठ चेक लेखकों की कहानियों और श्केवोरस्की के लघु-उपन्यास 'एमेके : एक गाथा' का बहुत ही सर्जनात्मक हिन्दी अनुवाद किया। निर्मल के अनुवाद पहले संस्करण में (कहानियाँ और उपन्यास) अलग-अलग जिल्दों में प्रकाशित हुए लेकिन नये संस्करण में पाठक इन्हें एक साथ पा सकता है।

बीसवीं शताब्दी के छठे दशक में जब ये चेक अनुवादों के संकलन प्रकाशित हुए थे तो उनकी परोस एकदम ताजी थी। इनमें से अनेक रचनाकार भारत के लिए ही नहीं, पश्चिमी दुनिया के लिए भी अपरिचित नाम थे। मिलान कुन्देरा, वात्सलाव हावेल, जोसेफ श्केवोरस्की और ईवान क्लीमा के उपन्यास और नाटकों से ज्यादातर पाठक अपरिचित थे। निर्मल वर्मा की प्रशंसा की जानी चाहिए कि उन्होंने इन रचनाकारों से भारत के पाठकों का पश्चिमी यूरोप और अमरीका में प्रकाशित होने से पूर्व ही हिन्दी अनुवादों के माध्यम से भारतीय पाठकों का परिचय कराया। इन अनुवादों से कम-से-कम इस सत्य की व्यंजना तो होती ही है कि हम अँग्रेज़ी अनुवादों की निर्भरता छोड़ दें। अपने बलबूते पर यूरोपीय भाषाओं को लगन से सीखें और उनके साहित्य

का सीधे-सीधे हिन्दी में अनुवाद करें। ऐसा करने पर ही तमाम विदेशी साहित्य हिन्दी में लाया जा सकता है।

निर्मल वर्मा ने अँग्रेज़ी अनुवादों से हटकर सीधे-सीधे चेक से अनुवाद किया और ऐसे डूबकर अनुवाद किया कि उसका मूल कथ्य और शिल्प बर्बाद नहीं हुआ। मूल 'पाठ' का एक बेहतरीन दूसरा हिन्दी 'पाठ' तैयार किया। यह दूसरा पाठ पाठक को अपनी आत्मीयता से पकड़ता है और चेक साहित्य के प्रति पाठक का प्रेम बढ़ाता है। क्या यह सच नहीं है कि केन्द्रीय यूरोप के देशों में चेक संस्कृति विदेशियों के लिए आकर्षण का प्रधान कारण रही है। निर्मल वर्मा ने इसी सच को थाहते हुए कहा है कि 'प्राग, यूरोप का प्रयाग रहा है—पूर्व और पश्चिम की सांस्कृतिक धाराओं का पवित्र संगम-स्थल। यहूदी विद्वानों, जर्मन लेखकों या रूसी क्रान्तिकारियों के लिए प्राग एक ऐसा शरण-स्थल रह चुका है जिसकी देहरी (प्राग का अर्थ ही 'देहरी' है) पार करते ही वे अपने को सुरक्षित सा महसूस करने लगते थे। उन दिनों शायद पेरिस या वियना या बर्लिन की चकाचौंध उसमें नहीं थे। लेकिन एक अनूठी गरिमा और संवेदनशीलता अवश्य थी जिसने चेक या प्राग में बसने वाले जर्मन और यहूदी लेखकों की तत्कालीन कलाकृतियों को एक विरले रंग और ढंग में ढाला था। चेक साहित्य प्राग से अलग करके देख पाना असम्भव जान पड़ता है।' (वही, पृ. IX)

प्रथम विश्य युद्ध के बाद पूर्वी यूरोप के अनेक देश अन्धे रास्तों की ओर मुड़ गये। इस अन्धे मोड़ से चेकोस्लोवाकिया बचा रहा। इसका कारण इस देश के अन्तर्जगत में रची-बसी मानववादी विचारधारा थी। चापेक और काफ्का उसी भावभूमि के भाष्यकार हैं। चेक का साहित्य वर्गीकरण के वितण्डावाद में नहीं पड़ा, पूर्व और पश्चिम की मानवीयता में आस्था के कारण वह उखड़ा नहीं। चेक साहित्य की अच्छी कहानियों में पाठकों का ध्यान अपनी नवीन कथ्यात्मक संवेदना से किया। कुन्देरा की कहानी 'मैं : एक पीड़ित ईश्वर' को 'समाजवादी अस्तित्ववाद' की धारा का प्रवर्तक माना जाता है। निर्मल वर्मा ने ज्यादातर उन कहानियों के अनुवाद किये हैं जो 1960 के बाद प्रकाशित हुई हैं। स्तालिन युग का प्रदूषण नष्ट होने लगा था और चेक साहित्य की मनोभूमिका में नया परिवेश निर्मिति पा रहा था। यहाँ इन कहानी संग्रहों की अनेक कहानियों की लोकप्रियता चरम सीमा छूती रही है। 'इन लेखकों की लोकप्रियता का अनुमान सिर्फ इस बात से लगाया जा सकता है कि उनकी पुस्तकों के दस-बीस हजार प्रतियों के संस्करण पहले दिन ही हाथोंहाथ बिक जाते हैं। सुबह-सुबह ही किताबों की दूकानों के आगे लोगों की लम्बी लाइनें देखने का अनहोना दृश्य केवल प्राग में ही मिल सकता है।' भारत में किताब का हज़ार-दो हज़ार वाला संस्करण सालों में नहीं बिकता। हिन्दी का पाठक पुस्तकें खरीदने में बहुत तंगदिली से काम लेता है। पुस्तक-संस्कृति हिन्दी में विकसित है ही नहीं। इसलिए वह विदेशी पुस्तकों के

अनुवादों में बहुत दिलचस्पी नहीं दिखाता। चेकोस्लोवाकिया के महान साहित्यकार श्केवोरेस्की अपने विश्वविख्यात उपन्यास 'द कावर्ड्स' (1958) के कारण बहुत चर्चित हुए। उन पर यह अभियोग लगाया गया कि वे 1945 की क्रान्ति पर प्रहारात्मक रहे हैं और स्वतन्त्रता के लिए बनी रेड आर्मी के प्रति उनके मन में सम्मान का भाव नहीं है और अपनी झोंक में वे लिबरेशन आर्मी को 'मंगोलियन' होने का फ़तवा देते हैं। कहते हैं, उन पर अमरीका के बिगड़ैल रचनाकार फॉकनर का प्रभाव था। उन्होंने फॉकनर की 'ए फेबल', अर्नेस्ट हेमिंग्वे की 'फेयरवेल टू आर्म्स' का अनुवाद भी किया था। इसी मानसिकता से भरा आत्मकथात्मक उपन्यास है—'कायर'। इस उपन्यास पर ऐसा तूफान उठा कि सरकार ने इस पर पाबन्दी लगा दी। 'कायर' के बाद उनका एक लघु उपन्यास 'एमेके : एक गाथा' आया। इसका अनुवाद निर्मल वर्मा ने हिन्दी में किया है। 'एमेके : एक गाथा' को लेकर 'मेरा यह उपन्यास' में कहा है कि इसमें जैज का मतवालापन है और बीट म्यूजिक का नशा। यहाँ हर चेहरा एक धुँधला धब्बा है। एमेके लड़की की कहानी मात्र कहानी नहीं है, जीवन का भोगा यथार्थ है। उसका पति कमीना, शराबी और संकीर्ण। एमेके मानती है कि सच्चा प्रेम दैहिक से ज्यादा आत्मा का प्रेम होता है। निर्मल वर्मा ने ऐसा रचा-बसा अनुवाद किया है कि लगता है कि हम कोई भारतीय उपन्यास पढ़ रहे हैं। एमेके कहती है कि मनुष्य का सब कुछ ईश्वर देता है—त्याग या प्रेम, कुछ भी हो—'उसने आपको कितना कुछ दिया है, औरों से कहीं ज्यादा...आप जवान, सुन्दर और स्वस्थ हैं। सब आदमी आपके पहले पति की तरह नहीं होते और न ही उन कारणों से लोगों के वैवाहिक सम्बन्ध टूटते हैं। ऐसे पुरुष भी होते हैं जो सचमुच स्त्रियों से प्रेम करते हैं और सिर्फ वैवाहिक जीवन के दैहिक पक्ष के कारण नहीं, हालाँकि वह भी प्रेम का एक जरूरी हिस्सा है।' ('प्राग वर्ष—एमेके तथा अन्य चेक कहानियाँ'—मूलचेक से अनुवाद—निर्मल वर्मा, पृ. 56 राजकमल प्रकाशन, दिल्ली)।

एक हंगेरियन लड़की की जीवनानुभूतियों का कथ्यात्मक विस्तार है यह लघु उपन्यास। निर्मल वर्मा का रचनाकार उनके अनुवादक की सर्जनात्मकता की हर सम्भव ताकत है। इसलिए भाषा में उलझाव न होकर धूप-सा खिलापन है। मुलायम-मसृण-रेशमी गद्य का अनुवाद में कलात्मक विस्तार है और रचनाकार की मूल संवेदना को बहने का संकल्प। अनुवाद में शब्द किसी विचित्र प्रेरणा से खिंचते चले आते है। उनमें एक कविता है, जीवन का छंद है। पूरी गद्य कविता सोलोमन के गीत की तरह सुन्दर है।

लड़की और मास्टर की प्रेम कथा का बारीक अंश कहीं भी अनुवाद में छूट नहीं पाया। ''बाद में एक दिन वह सहमत हो गयी और उसे अपने कमरे में ले गयी

और मास्टर ने अपनी बात जारी रखते हुए मुझसे कहा 'कमरे में मुझे लाकर कहने लगी कि यहाँ रोशनी बहुत है कि उसे शर्म आ रही है। वहाँ उस कमरे में सिर्फ तार पर बिजली का नया बल्ब झूल रहा था। कोई शेड नहीं, कुछ भी नहीं, और तब मैंने अपनी नीली पतलून उतार कर उस बल्ब पर लटका दी और कमरे में कुछ उस तरह का धुँधला अँधेरा हो गया जैसे लड़ाई के दिनों में ट्रामों में ब्लैक आउट के समय कर दिया जाता है और फिर मैंने उसके साथ...।'' (वही, पृ. 24) निर्मल वर्मा ने बिम्ब बहुल भाषा की व्यंजना शक्ति से इस अनुवाद को जिया फिर किया है इसलिए दूध ही दूध है, पनीलापन इस अनुवाद में नहीं है और न ही सांस्कृतिक विमर्श की उजली धार मलिन पड़ी है।

यहाँ निर्मल वर्मा ने जोसेफ श्केवोरेस्की के दूसरे प्रसिद्ध लघु उपन्यास 'मास्टर जी' का अनुवाद भी पाठकों को सुलभ बनाया है। गरीब यहूदी मास्टर की कथा। श्री काट्स—प्रथम महायुद्ध के संकटकाल में किसानों को जर्मन पढ़ाकर गुजारा करते थे। बदले में किसान उन्हें खाने-पीने का समान देते थे। यह लघु उपन्यास है या कहानी, कहना कठिन है।

मिलान कुन्देरा (जन्म 1929) के कविता संग्रह और आलोचनात्मक ग्रन्थ 'उपन्यास की कला' बहुत चर्चित रहे। उनका नाटक 'कुंजियों के मालिक' राष्ट्रीय थियेटर में खेला गया। उनकी तीन लम्बी कहानियों का संग्रह 'हास्यास्पद प्रेम घटनाएँ' 1963 में प्रकाशित हुआ। निर्मल वर्मा ने इसी संग्रह से 'मैं एक पीड़ित ईश्वर' का अनुवाद किया है। जोन नामक सुन्दर, भोली लड़की की कहानी। निर्मल वर्मा ने कहानी के अनुवाद में भारतीय स्थितियों, मनःस्थितियों का बेहतरीन उपयोग किया है—'क्या आपने संगीत स्कूल में उस छात्रा को देखा है—एक अत्यन्त सुन्दर लड़की जो अक्सर बच्चे के साथ दिखाई देती है? अगर देखा है, तो मैं उसे एक दिलचस्प संयोग मानूँगा। आप शायद बर्नों में एक दिन ही रहेंगे, लेकिन अगर आपने उस लड़की को देखा है तो आप एक अत्यन्त मनोरंजक घटना से परिचित हो सकते हैं, केवल एक नजर के माध्यम से । वह बच्चा भी बहुत खूबसूरत है। क्या आपने उसे हँसते देखा है?' (वही, पृ. 115) सुविवाहित जेन का प्रेम में जन्मा बच्चा। उजले बालों वाली अत्यन्त सुन्दर लड़की की साँचे में ढली देह। मानवीय सौन्दर्य का बेजोड़ आदर्श। एक ग्रीक युवक के प्रेम में मदहोश गर्भवती हुई और लोगों के उपहास से न डरकर जीने का साहस करती रही। उसने डेनियल को पास नहीं भटकने दिया। संगीत कंडक्टर अरिव लिस से प्रेम और रतिक्रीड़ा। इस अनुवाद में निर्मल ऐसे रमे हैं कि हर वाक्य में चमकते मिलते हैं, एकदम तदाकार।

बोहुमिल हराबाल (जन्म 1914) का कहानी संग्रह 'गुदड़ी के लाल' से

'पाखंडी' कहानी का अनुवाद।' हराबाल व्यंग्य एवं विषाद में माहिर तथा बेहद प्रयोगशील। अपने दो लघु उपन्यासों के कारण प्रसिद्ध। 'पाखंडी' एक मनोभूमिका से बनी कहानी है जिसका अनुवाद निर्मल वर्मा ने इतनी चतुरता से किया है जैसे कोई कँटीली झाड़ियों के भीतर से कोमल देह वाली चिड़िया को बिना कोई खरोंच के बाहर निकाल लेता है।

अनोश्त लुस्तिग (जन्म 1926) को यहूदी होने के कारण कई वर्ष कान्सन्ट्रेशन कैम्पों में गुजारने पड़े। युद्धोपरान्त वे पत्रकार हो गये लेकिन यातना शिविरों की पीड़ा को नहीं भूल सके। उनके प्रसिद्ध कहानी संग्रह का नाम है 'रात और उम्मीद'। यहाँ 'एक टुकड़ा' एर्विन की कहानी है लेकिन अनुवाद में निर्मल वर्मा ने अपनी सर्जनात्मकता से इस कहानी को नयी पहचान दी है। फिर यारोस्लाव पुतीक की कहानी 'इतने बड़े धब्बे' का अनुवाद किया। यह कथाकार भी जर्मन कान्सन्ट्रेशन कैम्प में रहा। छूटने पर जापान, चीन, भारत की यात्राएँ कीं जिनके संस्मरण 'दूरियाँ' नाम से संगृहीत हुए हैं। इनका उपन्यास 'दीवार' तथा 'इतने बड़े धब्बे' कहानी बहुत प्रसिद्ध हुए। निर्मल वर्मा ने इसी प्रसिद्ध कहानी का अनुवाद किया। कहानी का आरम्भ बेहद आकर्षक— 'तीन सप्ताह पहले जब मैं सुबह उठा, मुझे लगा कि मैं मर गया हूँ। आप गलत न समझें, मैं पूरी तरह नहीं मरा था।' (वही, पृ. 177) एक लीक से हटकर मनोवैज्ञानिक कहानी। बहुत चुनौती भरा था इस कहानी का अनुवाद । लेकिन चुनौती न हो तो निर्मल वर्मा को मजा नहीं आता । निर्मल वर्मा के प्रज्ञालोक में कहानी की मूर्त्त देह जागृत रहती है। इसलिए अनुवाद में रचना की पुनर्रचना अविस्मरणीय है।

ईवान क्लीमा (जन्म 1931) की कहानी 'एक रात के प्रेमी', 'एक खूबसूरत दिन' शीर्षक कहानी संग्रह से ली गयी है। क्लीमा के उपन्यास 'खामोश घड़ी' ने चेकोस्लोवाकिया में होने वाली समाजवादी क्रान्ति के काले-उजले पक्षों को उजागर किया है। उनकी एक प्रसिद्ध पुस्तक 'कारेल चापेक : एक अध्ययन' नितान्त मौलिक है। ईवान क्लीमा बराबर मार्क्सवाद और अस्तित्ववाद के बीच झूलते रहे। उनकी कहानी प्रेम से रिझाती है—'लेकिन सुनो—मैं प्रतीक्षा कर सकती हूँ। किसी दिन ऐसी ही सुबह होगी कोई मेरे ऊपर झुकेगा, अपने हाथ से मुझे खींचेगा, पास बहुत पास और मैं उसे पूरा का पूरा पा लूँगी और उसकी गरमाई मुझे अपने में घेरती जाएगी।' (वही. पृ. 190) कहानी के अनुवाद में निर्मल वर्मा का शब्द -जादू। अनुवाद कर्म में तो शब्दों के मायावी तान्त्रिक हैं निर्मल वर्मा। फिर कहानी प्रेम की हो तो वे 'सदाबहार' की तरह खिल जाते हैं, खिलखिलाते शब्दों के साथ। इसलिए निर्मल वर्मा के अनुवाद को पढ़ना मूल के अनुभव में उतरना-धँसना है। निर्मल ने लुटवीक अश्केनाजी के अनुवाद में गजब कर दिया है। 'एक परिवार एक आदर्श' पाँच लघु कथाओं का

अनुवाद है। अश्केनाजी युद्ध के समय सोवियत संघ में थे और वहाँ उन्होंने जर्मनी फासिज्म के विरुद्ध सक्रिय संघर्ष में भाग लिया। युद्धोपरान्त वे चेक रेडियो में विदेशी टिप्पणीकार नियुक्त हुए तथा अमरीका, जापान, भारत की यात्राएँ कीं। उनकी प्रसिद्ध पुस्तक 'शैशव की झलकियाँ' बहुत लोकप्रिय रही तथा कई नाटक धमाकेदार रहे। 'लोग कैसे एक-दूसरे को खोजते हैं?', 'हमने तुझे कैसे ईजाद किया था?' 'मैंने तुझे कैसे पहचाना?' तथा 'एक आदमी' पाँच लघु कथाओं का अनुवाद इतना रचनात्मक है कि पाँच गीत मोहक रूप में सामने आ जाते हैं। कान्सन्ट्रेशन कैम्पों की स्मृति इनमें भरी है और पूरी मानसिकता पर दर्द के बादल दुर्दिन से झर रहे हैं।

मूल चेक से निर्मल वर्मा ने कारेल चापेक की कहानियों का 'टिकट संग्रह' शीर्षक से अनुवाद किया है। हम भारतीय केन्द्रीय और पूर्वी यूरोप के साहित्य से बहुत कम परिचित रहे। थोड़ा-बहुत परिचय पाया भी तो अँग्रेज़ी माध्यम से और एकदम अपर्याप्त। काफ्का, मान, रिल्के को छोड़कर अन्य रचनाकारों के अनुवाद अँग्रेज़ी में भी नसीब कहाँ हैं? हम तो एंग्लो अमरीकी साहित्य के प्रभाव में उसी खिड़की से दुनिया देखते रहे। नतीजा यह हुआ कि हाशेक, अतिला जोसेफ, चापेक या कालक्रास की क्लासिकल कृतियों से वंचित रह गये। कारेल चापेक तक के अनुवाद हिन्दी में नहीं हुए। सौभाग्यवश यह कार्य निर्मल वर्मा ने पूरी लगन से किया। कारेल असाधारण अन्तर्दृष्टि के रचनाकार और चिन्तक थे इसलिए भी निर्मल वर्मा ने उनकी शक्ति को पहचाना। और कहानियों के साथ कैरेल चापेक के प्रसिद्ध नाटक 'आर.यू .आर.' का अनुवाद साहित्य अकादेमी, दिल्ली के लिए किया। वैज्ञानिक चमत्कारों से उत्पन्न अमानुषिक भय को चापेक ने शब्द मूर्त किया। आधुनिक बौद्धिकों के प्रति वे शंकालु और जर्मन नाजियों की धमकियों से घबराहट भरे। उन्होंने फ्रेंच कविता के डटकर अनुवाद किये। चापेक के उपन्यास-नाटकों के 'यूटोपिया' को निर्मल वर्मा ने बीसवीं शताब्दी के छठे दशक के लिए गह लिया है। चापेक का लेखन निर्मल वर्मा को बहुत प्रिय रहा है। इसलिए उन्होंने उनकी ज्यादातर प्रसिद्ध रचनाओं का हिन्दी में सर्जनात्मक अनुवाद प्रस्तुत किया है।

निर्मल वर्मा को यह पता है कि चापेक के लेखन में 'स्मृतियाँ' उसकी संस्कृति का निर्धारण करती है, उसके स्वप्न और छाया भी उसी में पलते हैं, किसी भी देश की संस्कृति ऐतिहासिक झंझावातों से घायल भले ही हो जाएँ, उसके सत्य और सातत्य-भाषा संवेदना में बचे रहते हैं। भाषा, मिथक और स्मृति का यह सम्बन्ध निर्मल वर्मा के इन अनुवादों की शक्ति बना है। निर्मल वर्मा को ध्यान रहता है, 'जब हम एक भाषा से दूसरी भाषा में अनुवाद करते हैं तो वह सिर्फ शब्दों का अनुवाद

नहीं है, शब्दों द्वारा भाषा की समूची सृष्टि अपने पूरे माल-असबाब के साथ दूसरी भाषा में अवतरित होती है।' ('दूसरे शब्दों में', पृ. 54) निर्मल ने चापेक की कहानियों को सांस्कृतिक-दार्शनिक सन्दर्भों में प्रस्तुत करना चाहा है। उनके सामने प्रश्न अच्छे-बुरे अनुवाद का नहीं है बल्कि भाषागत प्रत्ययों की विलक्षणता का है।

अनुवाद किसी भी देश की सांस्कृतिक अस्मिता को विस्मृति के अँधेरे से बाहर लाने का प्रयास करता है। इसी दृष्टि से उन्होंने चेक कथाकृतियों का अनुवाद किया है। निर्मल वर्मा ने कुप्रीन की कहानियाँ, रोमियो-जूलियट और अँधेरा, झोंपड़े वाले, बाहर और परे, बचपन आदि का वर्षों जी लगाकर अनुवाद किया है। निर्मल वर्मा के इस अनुवाद-कर्म पर हिन्दी समाज का ध्यान कम गया है। यह बहुत ही महत्त्वपूर्ण कार्य है। इस ओर हमारा ध्यान जाना चाहिए। इस अनुवाद-कर्म की सर्जनात्मकता और रुझान में निर्मल वर्मा का अपना सृजन-हृदय छिपा है। इसलिए इन अनुवादों की उपेक्षा अपराध है।

परिशिष्ट

(क) निर्मल वर्मा : संक्षिप्त परिचय

— 3 अप्रैल 1929 को शिमला में जन्म। सेंट स्टीफेन्स कॉलेज, दिल्ली विश्वविद्यालय से एम.ए. इतिहास। कुछ वर्ष अध्ययन। दिल्ली कल्चरल फोरम से जुड़े रहे।

— कुछ वर्ष राज्य-सभा में अनुवादक। 1959 में प्राग, चेकोस्लोवाकिया के प्राच्य संस्थान और चेकोस्लोवाकिया लेखक संघ द्वारा आमन्त्रित। सात वर्ष चेकास्लोवाकिया में रहे और कई चेक कथाकृतियों के अनुवाद किये।

— कुछ वर्ष लन्दन प्रवास के दौरान 'टाइम्स ऑफ इंडिया' के लिए वहाँ की सांस्कृतिक-राजनीतिक समस्याओं पर लेख और रिपार्ताज लिखे। 1972 में वापिसी।

— 1977 में इंटरनेशनल टाइटिंग प्रोग्राम, आयोवा (अमेरिका) में हिस्सेदारी।

— 'माया दर्पण' कहानी पर फिल्म बनी, जिसे 1993 का सर्वश्रेष्ठ हिन्दी फिल्म पुरस्कार प्राप्त हुआ।

— निराला सृजन पीठ, भोपाल (1981-83) और यशपाल सृजन पीठ, शिमला (1989) के अध्यक्ष।

— 1988 में इंग्लैंड के प्रकाशक टीडर्स इंटरनेशनल द्वारा निर्मल वर्मा की कहानियों का संग्रह 'द वर्ल्ड एल्सव्हेयर' प्रकाशित उसी अवसर पर उनके व्यक्तित्व पर बी.बी.सी. चैनल-4 पर एक फिल्म प्रसारित तथा इंस्टीट्यूट ऑफ कांटेपरेटी आर्टस (आई.सी.ए.) ने वीडियो संग्रहालय के लिए उनका लम्बा इंटरव्यू रिकॉर्ड किया।

— 'कव्वे और काला पानी' के लिए साहित्य अकादेमी पुरस्कार (1985)

— सम्पूर्ण कृतित्व के लिए साधना-सम्मान (1993)

— उत्तर प्रदेश, हिन्दी संस्थान का सर्वोच्च राम मनोहर लोहिया अतिविशिष्ट सम्मान-1995

— ज्ञानपीठ का मूर्तिदेवी पुरस्कार (1995)

— ज्ञानपीठ पुरस्कार (2000)

— सन् 1996 में यूनिवर्सिटी ऑफ आंकलाहोन अमेरिका की पत्रिका 'द वर्ल्ड लिटरेचर' के बहुसम्मानित पुरस्कार न्यूश्ताद् अवॉर्ड के लिए भारत से मनोनीत किए गए। साहित्य-अकादेमी के महतर सदस्य। फ्रांस के प्रतिष्ठित सम्मान 'शैवलियत ऑफ द आर्डर ऑफ आर्ट्स एण्ड लेटर्स' से सम्मानित। भारत के राष्ट्रपति द्वारा तीसरा नागरिक सम्मान पद्मभूषण उन्हें सन् 2002 में दिया गया। अक्टूबर 2005 में निधन के समय निर्मल वर्मा भारत सरकार द्वारा औपचारिक रूप से नोबेल पुरस्कार के लिए नामित थे।

(ख) आधार-ग्रन्थ

निबन्ध-

आलोचना — *शब्द और स्मृति,* 1976, राजकमल प्रकाशन, नयी दिल्ली-110002।

— *कला का जोखिम,* 1984, राजकमल प्रकाशन, नयी दिल्ली-110002।

— *भारत और यूरोप : प्रतिश्रुति के क्षेत्र,* 1991, राजकमल प्रकाशन, नयी दिल्ली-110002।

— *आदि, अन्त और आरंभ,* 2002, राजकमल प्रकाशन, नयी दिल्ली-110002।

— *दूसरे शब्दों में,* 1997, राजकमल प्रकाशन, नयी दिल्ली-110002।

— *शताब्दी के ढलते वर्षों में,* 1995, राजकमल प्रकाशन, नयी दिल्ली-110002।

— *सर्जना पथ के सहयात्री,* 2006, राजकमल प्रकाशन, नयी दिल्ली-110002।

— *साहित्य का आत्मसत्य,* 2006, राजकमल प्रकाशन, नयी दिल्ली-110002।

— *इतिहास, स्मृति और आकांक्षा,* 1997, वत्सलनिधि, दिल्ली।

संचयन — *दूसरी दुनिया,* 1978, सम्भावना प्रकाशन, हापुड़

यात्रा-वृत्तान्त — *चीड़ों पर चाँदनी,* 1978, राजकमल प्रकाशन, नयी दिल्ली-110002।

— *हर बारिश में,* 1970, राधाकृष्ण प्रकाशन, दिल्ली।

कहानी-संग्रह— *परिन्दे,* 1959, राजकमल प्रकाशन, नयी दिल्ली-110002।

— *जलती झाड़ी,* 1965, राजकमल प्रकाशन, नयी दिल्ली-110002।

— *पिछली गर्मियों में,* 1968, राजकमल प्रकाशन, नयी दिल्ली-110002।

— *बीच बहस में,* 1973, राजकमल प्रकाशन, नयी दिल्ली-110002।

— *कव्वे और काला पानी,* 1983, राजकमल प्रकाशन, नयी दिल्ली–110002।

— *सूखा तथा अन्य कहानियाँ,* 1995, राजकमल प्रकाशन, नयी दिल्ली 110002।

— *वे दिन,* 1964, राजकमल प्रकाशन, नयी दिल्ली–110002।

— *लालटीन की छत,* 1979, राजकमल प्रकाशन, नयी दिल्ली–110002।

— *एक चिथड़ा सुख,* 1979, राजकमल प्रकाशन, नयी दिल्ली–110002।

— *रात का रिपोर्टर,* 1989, राजकमल प्रकाशन, नयी दिल्ली–110002।

— *अन्तिम अरण्य,* 2000, राजकमल प्रकाशन, नयी दिल्ली–110002।

डायरी, नोट्स,
जर्नल्स — *धुंध से उठती धुन,* 1997, राजकमल प्रकाशन, नयी दिल्ली–110002।

— *मेरे साक्षात्कार,* 1999, किताबघर, नयी दिल्ली–110002।

— *संसार में निर्मल वर्मा,* संपा. गगन गिल, 2006, रेमाधव पब्लिकेशंस, दिल्ली।

— *प्रिय राम* (निर्मल वर्मा के पत्रों का संग्रह), सम्पा. गगन गिल

नाटक — *तीन एकान्त,* 1990, राजकमल प्रकाशन, नयी दिल्ली–110002।

व्याख्यान — *इतिहास, स्मृति और आकांक्षा,* वत्सलनिधि, दिल्ली।

पत्र — देहरी पर पत्र, युवा लेखक जयशंकर के नाम, वाणी प्रकाशन दिल्ली 2010

— चिट्ठियों के दिन–शाह परिवार के नाम पत्र सं. गगन गिल, वाणी प्रकाशन 2010

अनुवाद — *पराजय* : अलेक्सांद्र फ़ेदयेव, वाणी प्रकाशन, दरियागंज, नयी दिल्ली–2010

— *ओलेस्या तथा अन्य कहानियाँ* : अलेक्सांद्र कुप्रीन, वाणी प्रकाशन, दरियागंज, नयी दिल्ली–2010

— *रत्न–कंगन तथा अन्य कहानियाँ :* अलेक्सांद्र कुप्रीन, वाणी प्रकाशन, दरियागंज, दिल्ली–2010

— *बचपन* : लियो टॉलस्टॉय, वाणी प्रकाशन, दरियागंज, दिल्ली–2010

— *रोमियो जूलियट और अँधेरा* : यान ओत्चेनाशेक, वाणी प्रकाशन, दरियागंज, दिल्ली–2010

— *झोपड़ीवाले तथा अन्य कहानियाँ* : मिहाइल सादौवेनू, वाणी प्रकाशन, दरियागंज, दिल्ली–2010

— *बाहर और पने* : इर्शी फ्रीड, वाणी प्रकाशन, दरियागंज, दिल्ली–2010

— *आर यू आर* : कारेल चापेक, वाणी प्रकाशन, दरियागंज, दिल्ली–2010

— *टिकट संग्रह* : कारेल चापेक, वाणी प्रकाशन, दरियागंज, दिल्ली–2010

— *खेल–खेल में* : प्रतिनिधि चेक कहानियाँ, वाणी प्रकाशन, दरियागंज, दिल्ली–2010

— *एमेके एक गाथा* : जोसफ़ श्क्वोरस्की, वाणी प्रकाशन, दरियागंज, दिल्ली–2010

(ग) सहायक–ग्रन्थ

1. *निर्मल वर्मा,* सम्पादक : अशोक वाजपेयी, राजकमल प्रकाशन, नयी दिल्ली
2. *साहित्य का अध्यात्म,* नन्दकिशोर आचार्य, सूर्य प्रकाश मन्दिर, बीकानेर
3. *अवलोकन भाग 1–2,* सम्पादक : नन्दकिशोर आचार्य, वाणी प्रकाशन, दरियागंज, नयी दिल्ली
4. *नयी कहानी की भूमिका,* कमलेश्वर, ईशान प्रकाशन, नयी दिल्ली
5. *संवाद और एकालाप,* मलयज, राजकमल प्रकाशन, नयी दिल्ली
6. *बकलम खुद,* मोहन राकेश, राजपाल एण्ड संज, कश्मीरी गेट, नयी दिल्ली
7. *कहानी : नयी कहानी,* नामवर सिंह, लोक भारती प्रकाशन, इलाहाबाद
8. *हिन्द–स्वराज,* गाँधी जी, नवजीवन प्रकाशन मन्दिर, अहमदाबाद
9. *उत्तर आधुनिकतावाद की ओर,* कृष्णदत्त पालीवाल, आर्य प्रकाशन मंडल, दिल्ली
10. *जापान में कुछ दिन,* कृष्णदत्त पालीवाल, किताबघर प्रकाशन, दरियागंज, नयी दिल्ली
11. *हिन्दी गद्य : विन्यास और विकास,* रामस्वरूप चतुर्वेदी, लोक भारती प्रकाशन, इलाहाबाद
12. *हिन्दी साहित्य और संवेदना का विकास,* रामस्वरूप चतुर्वेदी, लोक भारती प्रकाशन, इलाहाबाद
13. *आधुनिक परिवेश और अस्तित्ववाद,* शिव प्रसाद सिंह, नेशनल पब्लिशिंग हाउस, नयी दिल्ली
14. *हम हशमत,* कृष्णा सोबती, राजकमल प्रकाशन, नयी दिल्ली
15. *अकेला मेला,* रमेशचन्द्र शाह, किताबघर प्रकाशन, दरियागंज, नयी दिल्ली
16. *कथा–पुरुष निर्मल वर्मा पर चार निबन्ध,* मदन सोनी, वाग्देवी प्रकाशन, बीकानेर
17. *गाँधी, आम्बेडकर, लोहिया और भारतीय समाज की समस्याएँ,* रामविलास शर्मा, वाणी प्रकाशन, नयी दिल्ली
18. *सर्जना और सन्दर्भ,* अज्ञेय, नेशनल पब्लिशिंग हाऊस, दरियागंज नयी दिल्ली
19. *परम्परा बन्धन नहीं,* विद्यानिवास मिश्र, राजपाल एंड संज, कश्मीरी गेट, नयी दिल्ली

20. *सृजन का अन्तःपाठ : उत्तर आधुनिक विमर्श,* कृष्णदत्त पालीवाल, सामयिक प्रकाशन दिल्ली

21. *निर्मल वर्मा,* कृष्णदत्त पालीवाल, साहित्य अकादेमी, रवीन्द्र भवन, नयी दिल्ली

(घ) पत्र-पत्रिकाएँ

— *नया ज्ञानोदय,* प्रभाकर श्रोत्रिय, मई 2003

— *आजकल,* जुलाई 2000

— *पूर्वग्रह,* संपा. अशोक वाजपेयी, निर्मल वर्मा अंक

— *बहुवचन,* निर्मल वर्मा अंक, 2006

— *कलावार्ता,* उदयन वाजपेयी, अगस्त 1998

— *दस्तावेज़,* विश्वनाथ प्रसाद तिवारी, जुलाई-सितम्बर 1998

— *साक्षात्कार,* विजय बहादुर सिंह, 2001

— *जनसत्ता,* 12 जुलाई, 1998, 14 अप्रैल, 2002, 4 अप्रैल, 2004, 27 अक्टूबर, 2005, 30 अक्टूबर, 2005

— *आलोचना,* वर्ष 38, अंक 90, जुलाई-सितम्बर-1989

❑ ❑ ❑

णाणं पयासयं

वी. नि. 2470 ई. सन 1944

भारतीय ज्ञानपीठ